Recruiting von SAP®-Fach- und Führungskräften

SAP PRESS

SAP PRESS ist eine gemeinschaftliche Initiative von SAP SE und der Rheinwerk Verlag GmbH. Unser Ziel ist es, Ihnen als Anwendern qualifiziertes SAP-Wissen zur Verfügung zu stellen. SAP PRESS vereint das Know-how der SAP und die verlegerische Kompetenz von Rheinwerk. Die Bücher bieten Ihnen Expertenwissen zu technischen wie auch zu betriebswirtschaftlichen SAP-Themen.

Damit Sie nach weiteren Titeln Ihres Interessengebiets nicht lange suchen müssen, haben wir eine kleine Auswahl zusammengestellt.

Sarah Niesel

Recruiting von SAP®-Fach- und Führungskräften

Erfolgsstrategien für die digitale Zukunft

Rheinwerk
Publishing

Liebe Leserin, lieber Leser,

SAP-Landschaften sind komplex, und wir alle wissen, wie schnell sich Technologien und Anforderungen in der IT-Welt ändern. Genau da setzt SAP PRESS an: mit Büchern, die nicht nur Theorie vermitteln, sondern konkret im Alltag helfen.

In diesem Buch finden Sie direkt umsetzbare Ratschläge, praktische Beispiele und Lösungen für drängende Herausforderungen. Unsere Autor*innen sind Profis, die wissen, wo der Schuh drückt – und wie man Probleme effizient löst. Mit ihrer Erfahrung an Ihrer Seite können Sie Ihre SAP-Projekte gezielter angehen, fundiertere Entscheidungen treffen und die vielen Facetten von SAP besser meistern.

Ob Sie gerade erst beginnen oder schon lange im SAP-Umfeld tätig sind: Wir sind davon überzeugt, dass dieses Buch Ihnen hilfreiche Anleitungen und Tipps an die Hand gibt, um Ihre täglichen Aufgaben und Projekte erfolgreich zu meistern.

Wir freuen uns stets über Lob, aber auch über kritische Anmerkungen, die uns helfen, unsere Bücher zu verbessern. Zögern Sie also nicht, sich bei mir zu melden; Ihr Feedback ist jederzeit willkommen.

Wir wünschen Ihnen viele Aha-Momente und eine erfolgreiche Umsetzung mit diesem Buch!

Ihre Janina Schweitzer
Lektorat SAP PRESS

janina.schweitzer@rheinwerk-verlag.de
www.rheinwerk-verlag.de
Rheinwerk Verlag • Rheinwerkallee 4 • 53227 Bonn

Auf einen Blick

Wir hoffen, dass Sie Freude an diesem Buch haben und sich Ihre Erwartungen erfüllen. Falls Sie Anregungen, Wünsche und Kommentare haben, lassen Sie es uns wissen: **service@rheinwerk-verlag.de**.

Informationen zu unserem Verlag und Kontaktmöglichkeiten finden Sie auf unserer Verlagswebsite **www.rheinwerk-verlag.de**. Dort können Sie sich auch umfassend über unser aktuelles Programm informieren und unsere Bücher und E-Books bestellen.

Autorin Sarah Niesel
Lektorat Janina Schweitzer
Copy-Editing Claudia Lötschert, Neuss
Typografie & Layout Vera Brauner
Satz SatzPro, Krefeld
Herstellung Nadine Preyl
Covergestaltung Bastian Illerhaus
Coverbild iStock: 2177591371 © VioletaStoimenova, 2163799404 © narvo vexar, 981750082 © shapecharge
Druck Beltz Grafische Betriebe, Bad Langensalza

FSC
www.fsc.org
MIX
Papier | Fördert gute Waldnutzung
FSC® C089473

Dieses Buch wurde mit mineralölfreien Farben auf FSC-zertifiziertem Papier aus nachhaltiger Waldwirtschaft gedruckt. Hergestellt in Deutschland.

Bibliografische Information der Deutschen Nationalbibliothek:
Die Deutsche Nationalbibliothek verzeichnet diese Publikation in der Deutschen Nationalbibliografie; detaillierte bibliografische Daten sind im Internet über *http://dnb.dnb.de* abrufbar.

ISBN 978-3-367-10874-9

1. Auflage 2025

Rheinwerk Verlag GmbH • Rheinwerkallee 4 • 53227 Bonn
service@rheinwerk-verlag.de

Inhalt

Anhang 417

Einleitung

Stellen Sie sich vor, Sie haben eine SAP-Vakanz, die seit Monaten unbesetzt ist. Der Druck auf das bestehende SAP-Team wächst, die Projekte stapeln sich – doch Sie finden einfach nicht die richtige Person. Ihr Recruiting-Team hat unzählige Stellenanzeigen geschaltet, die Bewerbungen bleiben jedoch aus. In Meetings wird die Situation zunehmend kritischer diskutiert: »Wir brauchen diese Person dringend!« Doch woher nehmen, wenn nicht stehlen?

SAP-Jobmarkt ist und bleibt herausfordernd

Diese Herausforderung ist kein Einzelfall, sondern der neue Normalzustand im SAP-Jobmarkt. Die Zeiten, in denen Unternehmen eine Anzeige schalteten und aus einer Vielzahl qualifizierter Bewerbender wählen konnten, sind vorbei. Heute müssen Sie sich bei den besten Talenten beweisen, die genau wissen, was sie wert sind. Und genau dabei möchte dieses Buch helfen.

Ein System wie SAP, das unzählige Möglichkeiten bietet, Geschäftsprozesse abzubilden, zu optimieren und zu transformieren, entfaltet seine Wirkung nicht allein durch technische Exzellenz, sondern durch die Menschen, die es implementieren, nutzen und weiterentwickeln. Technologie wird für den Menschen gemacht – und bislang auch hauptsächlich von Menschen. Bald geschieht das vielleicht noch intensiver im Zusammenspiel mit künstlicher Intelligenz (KI), aber der entscheidende Faktor bleibt: Menschen gestalten diese Technologie. Und damit sind wir bei einer zentralen Wahrheit des Recruitings:

> *»Recruiting – it's a people business.«*

Mensch im Zentrum

Diese Analogie zwischen SAP und Recruiting ist faszinierend. So wie SAP Unternehmen dabei hilft, Prozesse effizienter zu gestalten, so geht es im Recruiting nicht einfach um das Besetzen von Stellen – sondern darum, Menschen zusammenzuführen, die gemeinsam Innovation und Wertschöpfung vorantreiben. Ein SAP-Job ist keine abstrakte Position, sondern eine Rolle, die darüber entscheidet, ob ein Unternehmen wirtschaftlich erfolgreich bleibt, den technologischen Wandel mitgestaltet oder in der Bedeutungslosigkeit versinkt.

Recruiting ist keine Nebendisziplin, sondern geschäftskritisch. Die Menschen, die Sie für Ihr Unternehmen gewinnen, beeinflussen maßgeblich dessen Zukunftsfähigkeit. Das ist eine enorme Verantwortung, aber auch eine große Chance.

SAP-Recruiting als Prozess und organisationsweites Kommunikationssystem

Modernes SAP-Recruiting ist weit mehr als ein linearer Bewerbungsprozess. Eine exzellente *Candidate Experience* ist dabei entscheidend. Candidate Experience meint die verschiedenen Kontaktpunkte, die die gesamte Reise eines Bewerbenden in Ihrem Unternehmen bis zur Einstellung und darüber hinaus beinhaltet. Diese Reise durchzieht das gesamte Unternehmen und weist Schnittstellen zu Vertrieb, Marketing, Social Media, IT und dem C-Level auf. Erfolgreiches Recruiting ist Teamarbeit, erfordert strategische Kommunikation und ein kollaboratives Mindset. Wer am liebsten allein arbeitet, hat es schwer, mit der Dynamik dieses Markts Schritt zu halten, denn sowohl das Recruiting als auch die SAP-Welt selbst befinden sich im permanenten Wandel. Dieser Wandel hat direkte Auswirkungen darauf, wie Sie SAP-Talente gewinnen.

Fachkräftemangel im SAP-Kosmos

Der Wettbewerb um SAP-Fachkräfte ist intensiver denn je. Es gibt mehr attraktive Jobangebote als passende Fachkräfte. Wie groß der Fachkräftemangel genau ist, lässt sich kaum beziffern, aber die Tendenz ist eindeutig steigend. Für Ihr SAP-Recruiting bedeutet das: Der Markt hat sich gedreht. Unternehmen bewerben sich bei Talenten, nicht umgekehrt.

Möglich machen von SAP-Laufbahnen

Recruiting-Verantwortliche ermöglichen zunehmend SAP-Laufbahnen, begleiten Karrierepfade aktiv mit viel Empathie und Fachwissen und machen sich im Unternehmen für die neuen Talente stark. Das gilt gerade dann, wenn die Lebensläufe sich nicht als vermeintliche Bilderbuchkarrieren lesen lassen. Gegenüber dem Fachbereich und organisationsintern werden sie zu beharrlichen Sparringspartnern mit einem klaren, pragmatischen Blick für eine gute Lösung, gepaart mit einem entwicklungspositiven Ansatz. Wer die neue Welt im SAP-Recruiting ignoriert und weiter in alten Mustern verharrt, wird es schwer haben, die richtigen Menschen zu gewinnen.

Zielgruppe dieses Buchs

In diesem Buch möchte ich Sie einladen, frischen Wind in Ihr SAP-Recruiting zu bringen, unabhängig von Ihrer Ausgangslage. Es richtet sich an folgende Zielgruppen:

- **HR-Profis in SAP-Unternehmen**

  Sie erhalten neue Impulse und Strategien zur Talentgewinnung.

- **Einstieg in das Recruiting**

  Sie machen sich ein umfassendes Bild von der SAP-Joblandschaft und den Best Practices.

- **HR-Mitarbeitende in Anwenderunternehmen**

  Sie erhalten Lösungsansätze für schwierige SAP-Besetzungen.

- **SAP-Beratungen**

  Sie lernen Strategien zur Ansprache verschiedener Zielgruppen kennen: Quereinstieg, Frauen und internationale Talente.

- **SAP-Führungskräfte**

  Sie erfahren, wie Recruiting zur Führungsaufgabe wird.

- **SAP-Personalberatungen**

  Sie lernen neue Wege zur nachhaltigen Besetzung von Positionen und zum Aufbrechen veralteter Vorgehensweisen kennen.

Aufbau dieses Buchs

Das Buch folgt einer klaren Struktur, die praxisnahe Strategien, Methoden und Best Practices vermittelt. Die Kapitel behandeln unter anderem Folgendes:

- **Kapitel 1, »Die menschliche Seite der technologischen Transformation«**

  Recruiting verändert sich grundlegend, ebenso wie die Rolle von Arbeitnehmern und Arbeitgebern. Dieses Kapitel zeigt, warum der Mensch im Mittelpunkt erfolgreicher Personalgewinnung steht.

- **Kapitel 2, »Recruiting-Hacks: 7 Abkürzungen für alle, die wenig Zeit zum Lesen haben«**

  Das Kapitel richtet sich an alle, die schnell Ergebnisse sehen wollen. Hier versammele ich meine persönlichen 7 wichtigsten Lernerfahrungen und Insights aus der Praxis als SAP-Recruiterin, um SAP-Positionen effizienter zu besetzen.

- **Kapitel 3, »Ein Erkundungsgang durch die SAP-Landschaft«**

  Wer SAP-Professionals gewinnen möchte, muss die Besonderheiten der SAP-Welt verstehen. Dieses Kapitel liefert einen Überblick über Module, Rollen und die sich wandelnden Anforderungen.

- **Kapitel 4, »Anforderungsprofile für SAP-Fachkräfte erstellen«**

  Unrealistische Jobprofile schrecken Talente ab. Hier erfahren Sie, wie Sie ein passgenaues Anforderungsprofil definieren, das sowohl die Unternehmensbedürfnisse als auch die Erwartungen der Personen, die sich bewerben, berücksichtigt.

- **Kapitel 5, »Strategien zur Anwerbung von SAP-Fachkräften: Passive Sourcing«**

  Hier lernen Sie passive Recruiting-Methoden kennen: von klassischen Stellenanzeigen bis zu modernen Sourcing-Kanälen wie Podcast, Video oder LinkedIn und anderen Tools, um die verborgenen Talente zu erschließen.

- **Kapitel 6, »Employer Branding und Positionierung als SAP-Arbeitgeber«**
  Unternehmen stehen im Wettbewerb um Talente. Dieses Kapitel zeigt, wie Sie sich als attraktiver Arbeitgeber positionieren und Ihre Arbeitgebermarke gezielt für SAP-Fachkräfte stärken können.
- **Kapitel 7, »Der Auswahlprozess«**
  Viele Unternehmen scheitern nicht daran, Bewerbungen zu erhalten, sondern am Auswählen der richtigen Talente. Dieses Kapitel beleuchtet, wie Sie Interviews, Assessments und Entscheidungsprozesse optimieren und was Erfolgsfaktoren im Recruiting sind.
- **Kapitel 8, »Onboarding, Retention und Returnship als Teil von Recruiting«**
  Recruiting endet nicht mit der Vertragsunterschrift. Erfahren Sie in diesem Kapitel, wie Sie neue Mitarbeitende erfolgreich integrieren und langfristig an Ihr Unternehmen binden.
- **Kapitel 9, »Headhunting von SAP-Führungskräften bis ins C-Level«**
  Die Suche nach Führungspersönlichkeiten erfordert besondere Strategien wie Active Sourcing oder die Zusammenarbeit mit Headhuntern. Hier erfahren Sie, worauf es ankommt, um SAP-Führungskräfte zu gewinnen.
- **Kapitel 10, »Female Recruiting: Gezielte Ansprache von Frauen in der IT«**
  Frauen sind in der IT unterrepräsentiert, doch gezielte Maßnahmen können das ändern. Dieses Kapitel zeigt, wie Sie weibliche Talente empowern und zu einer SAP-Karriere verhelfen.
- **Kapitel 11, »SAP-Quereinstieg: Von der Anwendung zur Beratung«**
  Nicht alle SAP-Professionals starten in der Beratung. Dieses Kapitel zeigt Karrierewege für den Quereinstieg auf und wie Unternehmen von dieser Talentquelle profitieren können.
- **Kapitel 12, »Internationales Recruiting«**
  In diesem Kapitel erfahren Sie, wie Sie den Talente-Pool vergrößern, und erhalten Tipps, um geeignete SAP-Fachkräfte aus dem Ausland zu gewinnen.
- **Kapitel 13, »SAP-Nachwuchstalente für sich gewinnen«**
  Ermöglichen Sie mit den Tipps aus diesem Kapitel jungen Menschen den Zugang zu Ihrem Unternehmen und seien Sie bereit für die nächste Generation.

- **Kapitel 14, »Die Zukunft des Recruitings«**

  Digitalisierung, Automatisierung und neue Arbeitsmodelle verändern das Recruiting. Welche Trends werden in den kommenden Jahren entscheidend sein? Wie wird sich die Staffing-Branche entwickeln? Um diese Themen geht es in diesem Kapitel.

- **Kapitel 15, »Recruiting Best Practices: 4 innovative Ansätze und ein Tool«**

  Unternehmen, die SAP-Recruiting exzellent umsetzen, teilen in diesem Kapitel ihre Erfahrungen. Lassen Sie sich inspirieren.

Informationskästen

In hervorgehobenen Informationskästen finden Sie in diesem Buch Inhalte, die wissenswert und hilfreich sind, aber etwas außerhalb der eigentlichen Erläuterung stehen. Damit Sie diese Informationen sofort einordnen können, haben wir die Kästen mit entsprechenden Symbolen gekennzeichnet:

- [«] In Kästen, die mit diesem Symbol gekennzeichnet sind, finden Sie Informationen zu *weiterführenden Themen*.
- [!] Die mit diesem Symbol gekennzeichneten *Tipps* geben Ihnen spezielle Empfehlungen aus unserer Projektpraxis, die Ihnen die Arbeit erleichtern können.
- [zB] In diesen Kästen finden Sie *Beispiele* oder Vorlagen für Ihr Recruiting.

Danksagung

Ich wünsche Ihnen – und euch, liebe SAP-Community – ganz viel Inspiration und Freude. Ein großes Dankeschön geht an alle, die mir zu einzelnen Fachfragen Auskunft erteilt haben, mir ihre Sicht auf den SAP-Kosmos nähergebracht und mir so viel wertvolle Unterstützung rund um dieses Buch gegeben haben. Auch für die einzigartige Chance und die professionelle Begleitung möchte ich dem Rheinwerk Verlag, namentlich meiner Lektorin Janina Schweitzer, danken.

Ich freue mich sehr über persönliches Feedback und auch gerne ein Posting zu diesem Buch.

Ein besonderer Dank geht an meinen Mann und Ankerkopf-Co-Gründer Daniel, der es mir ermöglicht hat, mir die Zeit für dieses Buch zu nehmen. Ebenso geht ein besonderer Dank an meine beiden Kinder, die nun selbst ein Buch mit mir schreiben möchten – und voller Stolz sind, dass Mama ihr erstes Werk fertiggestellt hat.

Sarah Niesel

Kapitel 1
Die menschliche Seite der technologischen Transformation

Überall Veränderung: Nicht nur das ERP-System von SAP durchläuft einen Transformationsprozess, sondern auch die Rollen von Arbeitnehmenden und Arbeitgebern. Das Recruiting befindet sich in einem Umbruch. Betriebe und Recruiting fokussieren sich darauf, Menschen zu ermöglichen, ihre berufliche Identität zu finden.

Recruiting ist eine Arbeit mit Menschen. Dies sollte man sich insbesondere im Umfeld der Technologiebranche immer wieder bewusst machen. Nicht nur die SAP-Technologie entwickelt sich derzeit mit großen Schritten in eine »neue Welt«. Wir alle stehen vor enormen Veränderungen. Das betrifft uns als Menschen in Europa oder der DACH-Region, als diejenigen, die in Berlin oder Bielefeld leben, als Eltern und als Beschäftigte – auf vielen verschiedenen Ebenen und in unterschiedlichen Systemen. Wir üben einen Einfluss darauf aus, wie sich das Recruiting entwickelt. Technologisch befinden wir uns bereits mitten in einem neuen Zeitalter. Die Personalgewinnung muss diesem Tempo noch folgen und auf die Veränderungen der technologischen Transformation und deren Auswirkungen auf die Menschen reagieren, wenn sie erfolgreich sein soll.

Im Wandel der Zeit

In diesem Kapitel schauen wir uns zum Einstieg in dieses Buch in Abschnitt 1.1 zunächst genauer an, warum sich die Haltung von Arbeitnehmenden derzeit im Wandel befindet und welche Folgen dies für Ihr Recruiting hat. Es soll auch darum gehen, was Recruiting überhaupt ist, welche Rollen es dabei gibt und wer eigentlich Recruiting betreibt. Die gar nicht so eindeutigen Antworten auf diese scheinbar einfachen Fragen machen deutlich, wie sehr auch das Personalwesen (Human Resources, HR) Teil der digitalen Transformation ist und wie komplex und vielschichtig Veränderungsprozesse verlaufen – von ganz neuen Karrierewünschen von Frauen über die Väterzeit, an die es zu denken gilt, bis zu New Work und hybriden Arbeitswelten.

1.1 Haltung im Wandel: Folgen für die Personalgewinnung im SAP-Umfeld

Unsere Gesellschaft und damit auch die Arbeitswelt durchlaufen derzeit einen Wandel. Wohin genau sich das Verständnis von Arbeit, Arbeitskraft, Bezahlung, Rollen und Vereinbarkeiten entwickeln wird, lässt sich derzeit nicht abschließend festhalten. Der Ausgang dieser gewaltigen Transformation ist noch offen, und diese Offenheit gilt es auszuhalten und damit im Bereich Personalgewinnung umgehen zu können.

1.1.1 Willkommen in der VUKA-Welt!

VUKA

Die gewaltige Veränderungswelle wird von einigen mit dem Begriff *VUKA-Welt* beschrieben. Das Akronym VUKA (engl. VUCA) steht für Volatilität, Unsicherheit, Komplexität und Ambiguität. Ursprünglich stammt der Begriff aus dem Militärwesen, wird nun aber im Bereich New Work verwendet, um die Welt, in der wir aktuell leben und arbeiten, zu beschreiben.

Im Folgenden versucht ich, das VUKA-Konzept auf die Arbeitnehmerwelt zu übertragen:

- **Volatilität**

  Arbeitnehmende sind heute ständig mit unvorhersehbaren Ereignissen konfrontiert, auf die sie als Individuen Bezug nehmen müssen. Infolge des COVID-19-Ausbruchs mussten etwa plötzlich alle einen Arbeitsplatz im Homeoffice einrichten.

- **Unsicherheit**

  Arbeitnehmende müssen schwerwiegende Entscheidungen treffen, ohne alle ausschlaggebenden Faktoren zu kennen. Nach dem COVID-19-Ausbruch haben beispielsweise viele SAP-Consultants einen neuen Job zu 100 % im Homeoffice begonnen. Viele Unternehmen versicherten, dass die Jobs auch in Zukunft vollständig remote stattfinden würden, vertraglich wurde das aber nicht unbedingt festgehalten.

- **Komplexität**

  Eine Vielzahl von Faktoren greift ineinander und bedingen einander, ohne dass man die einzelnen Variablen analysieren und Einfluss nehmen könnte. Durch den Kriegsausbruch in der Ukraine kam es beispielsweise zu Lieferengpässen und Transportproblemen, was trotz voller Auftragsbücher in vielen Betrieben zur Kurzarbeit führte. Betriebsbedingt wurden daher keine Neueinstellungen vorgenommen, auch wenn erst kürzlich eine Stelle im Bereich SAP Supply Chain ausgeschrieben wurde.

Eine entsprechende Absage könnte als ungerecht empfunden werden, was zu schlechten Bewertungen des Unternehmens auf Business-Plattformen führen kann.

- **Ambiguität**

  In der SAP-Arbeitswelt und insbesondere bei Einführungs- oder Transformationsprojekten haben wir es mit überdurchschnittlich viel Mehrdeutigkeit zu tun. Die Neueinführung von SAP S/4HANA beispielsweise ist für den Chief Technology Officer (CTO) ein Business Enabler, für das externe Beratungshaus ein Projekt von vielen, für die Key-User womöglich eine Zumutung, und IT und Fachbereiche fühlen sich jeweils in ihren Zuständigkeiten beschnitten. Die Geschäftsführerin erwartet einen baldigen Return on Investment (ROI), und der Einkäufer sieht vorwiegend die Lizenzkosten.

Entwicklung von Lösungen und Rollen im SAP-Umfeld

Inmitten dieser sich stark verändernden Welt entstehen neue Rollen und andere werden überholt. Neue Menschen wollen in Ihr Unternehmen oder in ein anderes wechseln. Auch die Entwicklung der Rollen im SAP-Umfeld ist durch die skizzierte Transformation unserer Arbeitswelt bedingt, aber auch durch das Spannungsfeld der technologischen Entwicklung, das die Weiterentwicklung der ERP-Software von SAP mit sich bringt.

SAP als Unternehmen befindet sich unter dem neuen Vorstandsvorsitzenden Christian Klein im Wandel – ebenso wie die Softwareprodukte selbst. Manche Produkte werden abgekündigt, während neue entstehen oder von SAP ins eigene Portfolio hinzugekauft werden. Auch Tools, die der Einbindung von Fremdanbieterlösungen in die Systemlandschaft dienen, werden auf den Markt gebracht. Ein SAP-Consultant muss daher nicht nur mit der eigenen fachlichen Heimat vertraut sein, sondern für manche Rollen auch über den Tellerrand hinausblicken und verstehen, welche Lösungen der Wettbewerb zu bieten hat. Auch Grundsteine des SAP-Systems wie das Finanz- und Controlling-Modul sind dem heutigen Wandel unterworfen, etwa, wenn es um den Bereich Analytics geht.

Eckpfeiler der Veränderung

Wenn wir Medienberichten und Fachdiskussionen folgen, ergibt sich ein Bild, das Cloud, künstliche Intelligenz (KI), Daten, Prozessautomatisierung, Mobilität und Nachhaltigkeit als zentrale Eckpfeiler der Veränderung von SAP in den Mittelpunkt stellt. Richten wir den Blick noch einmal auf das Thema KI: Müssen Entwicklungsteams zukünftig überhaupt noch Code schreiben können, oder reicht es, den Code zu verstehen und gut zu prompten? Benötigen Sie also künftig Expertise in der SAP-Entwicklung oder im SAP-KI-Prompt-Consulting?

[zB]

Geänderte Rollen in der Entwicklung

Warum und für welchen Einsatz wird es auch zukünftig noch SAP-Entwickler*innen geben? Wenn alle Systeme in der Cloud betrieben werden und von der KI programmiert wird, geht es bald vielleicht nicht mehr um das Schreiben des ABAP-Codes, sondern um die Architektur und Integration. Welche Skills muss dann ein Mitglied des Entwicklungsteams mitbringen, und wie finden Sie heraus, ob eine Person für die Aufgaben der neuen Welt geeignet ist? Was sind Entwicklungsfertigkeiten, die Sie als Unternehmen noch beibringen können, und was sind die Hard Skills, die bereits vorhanden sein müssen, damit die Person ihren Job überhaupt ausüben kann?

Zukunft bisheriger Recruiting-Maßnahmen

Das geänderte Rollenverständnis hat massiven Einfluss auf Ihre SAP-Personalgewinnung. Maßnahmen, die das Recruiting in den vergangenen zehn Jahren perfektioniert hat, können heute bereits ein Auslaufmodell und morgen obsolet sein. Wie ist das bei Ihnen? Welche Recruiting-Maßnahmen haben Sie bisher zu neuen Menschen in Ihrem Unternehmen geführt, bringen nun aber nicht mehr die gewünschten Resultate?

- War es eine Premium-Anzeige in einem Jobportal, bei der Sie früher die Sicherheit hatten, mindestens fünf gute Bewerbungen zu erhalten?
- War es die Teilnahme an einer Ausbildungsmesse oder einem Campus-Tag, infolge derer Sie Ihre Junior-Stellen gut besetzen konnten?
- War es die Zusammenarbeit mit einer Personalberatung, die zwar kostenintensiv war, aber immer zu einer erfolgreichen Besetzung geführt hat?

Schreiben Sie gerne einmal auf, was bei Ihnen früher zuverlässig funktioniert hat, aber jetzt nicht mehr den gewünschten Erfolg bringt. Überspringen Sie diesen Schritt einfach, wenn Sie noch am Beginn Ihrer Recruiting-Karriere stehen:

____

____

____

____

____

Typisch VUKA!

Was Sie früher alles für Maßnahmen ergriffen haben, um neue Menschen in Ihr Unternehmen zu holen. Das sollten Sie wertschätzen! Wenn diese Maßnahmen auch bei Ihnen nicht mehr so zuverlässig funktionieren wie früher, können Sie jetzt sagen: »Typisch VUKA!« Seien Sie versichert: Es geht allen anderen auch so. Die entstandene Liste können Sie auch verwenden, um die einzelnen Maßnahmen zu überprüfen und zu verbessern. Von manchen dieser Maßnahmen werden Sie sich nach der Lektüre dieses Buchs gegebenenfalls verabschieden und damit Kapazitäten für neue Maßnahmen freimachen.

1.1.2 Der Mindset-Shift: Was haben Sie als arbeitgebendes Unternehmen zu bieten?

Was haben Sie zu bieten?

Wechseln wir einmal die Perspektive und nehmen wir die Sicht Ihrer zukünftigen SAP-Entwicklerin oder Ihres zukünftigen SAP-Entwicklers ein: Wie können Sie ihr oder ihm eine Perspektive für ihre oder seine Laufbahn geben und ihr oder ihm die Sorge nehmen, technisch nicht mehr am Ball zu sein, beispielsweise, wenn Ihr Unternehmen heute noch im alten SAP-ERP-System unterwegs ist? Warum sollte die Person zu Ihnen wechseln? Was haben Sie ihr – auch in technologischer Hinsicht – zu bieten?

Sich diese Fragen zu stellen, erfordert einen Wechsel in Ihrem Denken oder Ihrer Haltung (ein *Mindset-Shift*). Er wird Ihnen in diesem Buch noch an verschiedenen Stellen begegnen. Die neuen Fragen lauten: Was können Sie als Unternehmen der sehr gefragten SAP-Fach- und Führungskraft bieten? Was haben Sie als Jobpaket im Angebot? Was ist Ihre einzigartige Unique Selling Proposition (USP)?

Das Verhalten gegenüber der Transformation

Ich denke, wenn ich behaupte, dass sich die Menschheit noch nie in einem größeren Umbruch befand als genau jetzt, inmitten der Digitalisierung, spreche ich keine Minderheitenmeinung aus. Menschen gehen mit solchen Veränderungen sehr unterschiedlich um. In meiner Arbeit in der SAP-Personal- und Karriereberatung habe ich die Erfahrung gemacht, dass sich grob drei Gruppen unterscheiden lassen, wie Menschen auf Veränderungen reagieren:

- **Innovationsorientierte und antreibende Haltung**

  Dieser Typ Mensch steht Veränderungen positiv gegenüber und möchte sie mitgestalten.

- **Neutral bis offene Haltung**

  Dieser Typ verhält sich Änderungen gegenüber neutral bis offen, mit kleineren Abweichungen in die eine oder andere Richtung.

- **Verhindernde Haltung**

  Dieser Typ stellt sich quer gegen jede Veränderung – häufig lautstark oder über den Flurfunk. Bisweilen sabotiert er Veränderung sogar. Oft stehen dahinter jedoch Menschen, die nostalgisch an Bewährtem festhalten und Veränderungen skeptisch gegenüberstehen. Sie verhindern eine erfolgreiche Transformation weniger laut, aber dennoch wirksam.

Test: Wo ordnen Sie sich ein?

Wo ordnen Sie sich hinsichtlich dieser Typisierung auf einer Skala von 1 bis 5 ein? Machen Sie dazu auf jeder der Skalen an der Stelle ein Kreuz, an der Sie sich zwischen den beiden Polen am wohlsten fühlen.

Haltung gegenüber Veränderungen						
ablehnend						offen
Innovationswille						
gering						groß
Aktives Antreiben						
(noch) nicht aktiv						sehr aktiv

Welche Folgen hat Ihre eigene Denkweise für Ihr Recruiting? Was bedeutet es für Ihren Recruiting-Erfolg, wenn Menschen an der alten Ordnung und den bekannten Regeln festhalten wollen, wenn sie Klarheit, Planbarkeit und Vorhersagbarkeit wollen, obwohl der Wandel im Grunde unaufhaltsam ist (Stichwort: VUKA-Welt)? Auf diese Fragen komme ich in diesem Buch immer wieder zurück.

1.1.3 Hybride Arbeitswelt

Größerer Job-Radius

Homeoffice oder ein hoher Remote-Anteil sind seit dem Ausbruch von COVID-19 keine Seltenheit mehr, wenn wir auf den SAP-Kosmos schauen. Bei diesem Thema geht es mir weniger um Ihre Kultur oder um Mitarbeiter-Benefits, vielmehr müssen Sie sich in diesem Zusammenhang darüber im Klaren sein, dass durch das hybride Arbeiten Ihre Konkurrenz größer geworden ist, da der Job-Radius für SAP-Fach- und Führungskräfte immens zunimmt. Ihr SAP-Job muss heute mehr bieten als vergleichbare Stellen bei lokalen Konkurrenten. Er konkurriert auch mit Positionen in der Hauptstadt oder den besser bezahlenden südlichen Bundesländern.

Gleichzeitig ist die Erweiterung des Job-Suchradius einer SAP-Fachkraft auch eine Chance für Sie, denn auch Sie können Ihren Recruiting-Radius ausweiten. Wie stark genau, hängt von Ihren Arbeitsbedingungen ab. Wie oft müssen die Menschen ins Büro kommen? Wie digital sind Ihre Onboarding-Prozesse? Wie ist Ihr SAP-Team kulturell unterwegs? Diese Fragen sollten Sie ehrlich beantworten, um einschätzen zu können, wie erfolgversprechend Ihr Such-Radius für SAP-Teammitglieder derzeit ist und ob Sie den

Talente-Pool mit dieser kleinen Maßnahme vergrößern können. Es ist wichtig zu beachten: Remote-Work ist in der Arbeitswirklichkeit von SAP-Fach- und Führungskräften angekommen, und mit dieser Situation müssen Sie im Recruiting einen zielführenden Umgang finden. Die Interviews mit SAP-Professionals in Abschnitt 3.5, »Menschen und ihre SAP-Laufbahnen«, vermitteln einen grundlegenden Eindruck davon, wie Remote-Work für welche Arbeit eingesetzt wird. Auch in Abschnitt 6.2, »Was ist SAP-Talenten bei ihrem Arbeitgeber wichtig?«, werde ich auf die räumliche und zeitliche Flexibilität als Attraktivitätskriterium für SAP-Arbeitgebende noch einmal detaillierter eingehen.

1.1.4 Frauenkarrieren im SAP-Consulting

Wie hoch ist Ihr Frauenanteil?

Wie hoch ist in Ihrem SAP-Team oder Ihrem Beratungshaus der Frauenanteil? Ja, insbesondere, wenn Sie die Mitarbeiterinnen aus der HR-Abteilung abziehen. Vermutlich liegen Sie nicht bei 50 %, aber wenn doch, dann beglückwünsche ich Sie, denn das wäre eine Top-Leistung!

Wenn wir von einem durchschnittlichen Frauenanteil von rund 17 % in der IT (Quelle: Bitkom) ausgehen, können Sie als niedrige Benchmark auch diesen Anteil zur Hand nehmen, um zu überprüfen, wo Ihr Unternehmen steht: Ist jede fünfte SAP-Fachkraft bei Ihnen weiblich? Ist jede fünfte Bewerbung im SAP-Fachbereich bei Ihnen weiblich?

Frauen in SAP-Führungsrollen

Blicken Sie als Nächstes einmal ganz gezielt auf Ihre Führungsebene. Wie sieht die Verteilung da aus? Das Ziel sollte auch hier in näherer bis mittlerer Zukunft bei 50 % Frauenanteil liegen. Dabei geht es nicht nur um Fairness und Geschlechtergerechtigkeit, sondern auch um Wirtschaftlichkeit. Wenn ein Großteil der SAP-Talente nicht ausgeschöpft wird, ist das ungenutzte Recruiting-Potenzial.

Wiedereinstieg in Teilzeit

Schauen Sie bei Ihren weiblichen SAP-Fachkräften auch gerne einmal auf die Stundenanzahl: Arbeiten diese Personen bei Ihnen in Vollzeit oder Teilzeit? Vergleichen Sie diese Werte einmal mit denen Ihrer männlichen SAP-Angestellten. Überprüfen Sie dann Sie einmal diese Werte dahingehend, ob eine Frau bei Ihnen nach dem Mutterschutz bzw. dem Wiedereinstieg nach einer Elternzeit ihre Arbeit in der Regel mit reduzierter oder mit gleicher Stundenanzahl wieder aufnimmt.

Wir haben mit unserem Unternehmen Ankerkopf im Rahmen unserer SAP-Gehälter-Studie herausgefunden, dass nur ein kleiner Anteil der Väter nach einem solchen Wiedereinstieg die Stunden reduziert, aber über 30 % der Frauen, die im SAP-Umfeld tätig sind (siehe Abbildung 1.1). Wir haben bei der Väterstudie explizit die Teilzeit nach dem Wiedereinstieg erfragt. In unserer Gehälterstudie erfassen wir darüber hinaus die Wochenstundenanzahl insgesamt.

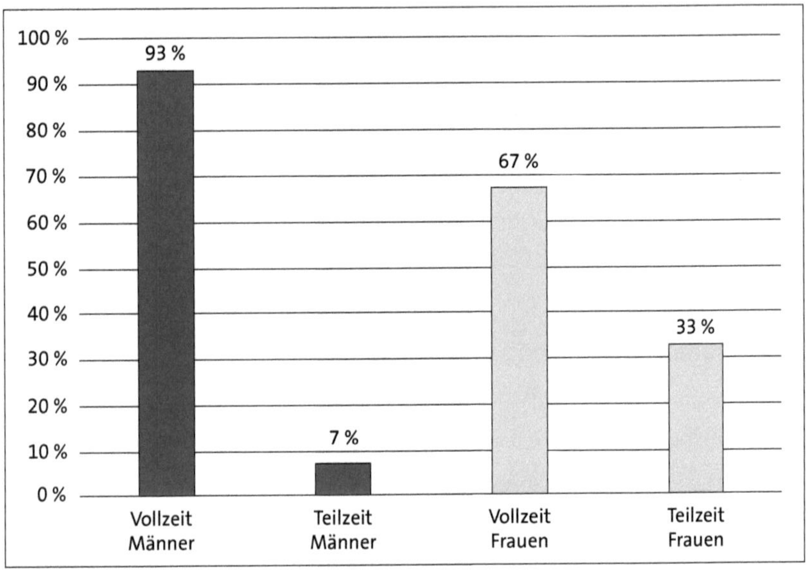

Abbildung 1.1 Auszug aus der Ankerkopf-Studie »SAP Gehälter Report« bezogen auf den Anteil von Teilzeit und Geschlecht, vorgestellt auf dem DSAG-Jahreskongress 2024 in Leipzig

Gerade in Zeiten des SAP-Fachkräftemangels führt die Teilzeitanstellung von Frauen zu einer deutlichen Verschärfung der nicht genutzten Ressourcen. Für Unternehmen macht es einen erheblichen Unterschied, ob eine Frau statt der theoretisch möglichen 40 Stunden nur 15 oder 20 Stunden arbeitet. Jede Arbeitsstunde zählt, und wenn Sie als Unternehmen Frauen durch mehr Flexibilität und Homeoffice unterstützen können, statt auf 20 oder 25 Stunden auf 30 oder mehr Stunden wöchentliche Arbeitszeit zu kommen, ist das für Sie ein echter Gewinn an SAP-Facharbeitskraft. Bestimmt gibt es auch in Ihrem Unternehmen noch Möglichkeiten, wie Sie Frauen in Ihren SAP-Karrieren fördern und sie beim täglichen Work-Life-Hustle unterstützen können. In Kapitel 10, »Female Recruiting: Gezielte Ansprache von Frauen in der IT«, gehe ich auf das vielschichtige Thema »Recruiting von Frauen im SAP-Kosmos« ausführlicher ein. An dieser Stelle möchte ich aber bereits an Sie appellieren: Gehen Sie mit den Frauen in Ihrem Unternehmen ins Gespräch, und führen Sie Lösungen und Testimonials für Ihre Bewerberinnen an.

Muttersein und berufliche Karriere

In meinem Podcast-Projekt »Alice im Serverland« habe ich mit sehr vielen Frauen aus der IT und dem SAP-Umfeld gesprochen. Dabei zeigte sich, dass die Wünsche, was die Themen Kind und Karriere angeht, sehr individuell sind. Es gibt Frauen, die sich einfach nur einen Teilzeitjob wünschen, um bei ihren zwei oder drei Kids den Großteil der Care-Arbeit zu übernehmen. Es gibt solche, die zielstrebig und unabhängig vom Muttersein Ihre berufliche Karriere voranbringen wollen. Und es gibt ein sehr breites Spektrum dazwischen, in dem sich vermutlich mindestens die Hälfte der weiblichen SAP-Talente bewegt. Für Unternehmen geht es darum, die Unterschiedlichkeit bei den Laufbahnen von Frauen zu erkennen, im Dialog mit ihnen zu sein und individuelle Wünsche möglich zu machen.

1.1.5 Vereinbarkeit fordern auch männliche SAP-Talente

Wenn wir über Vereinbarkeit von Beruf und Familie sprechen, genügt es nicht mehr, die Frauen unter die Lupe zu nehmen: Sie müssen den männlichen Vertretern unserer Spezies genau das gleiche Recht einräumen. »Müssen« ist hier natürlich ein provokanter Begriff. Sie müssen natürlich erst einmal gar nichts, aber wenn Sie es tun und dies dann auch noch in die Außenkommunikation einbringen, steigert dies Ihre Attraktivität als Arbeitgeber ungemein.

Studie zum Thema »Väter und Elternzeit«

Mit Ankerkopf haben wir eine Studie durchgeführt und als Yellow Paper veröffentlicht, in der 30 Väter aus dem SAP- und IT-Kosmos in qualitativen Interviews rund um das Thema Elternzeit befragt wurden. Es ging u. a. um Themen wie Elternzeit-Anteil, Vorbehalte, Karriereauswirkung und das Umfeld sowie Impulse, wie Unternehmen Väter im SAP-Kosmos besser unterstützen können. Zwei Drittel der befragten Väter gaben in diesen Interviews an, das Unternehmen wechseln zu wollen, d. h., zu kündigen, wenn ihr Wunsch nach Elternzeit nicht unterstützt würde (siehe Abbildung 1.2).

Triple-Win für Ihr Recruiting

Dieser hohe Wert kann ein echtes Triple-Win für Ihr Recruiting bedeuten:

- Sie können sich als Arbeitgeber zeitgemäß positionieren, indem Sie damit werben, eine Väterzeit zu unterstützen.
- Sie bieten (zukünftigen) Vätern einen Raum, die junge Familienzeit zu genießen, und schaffen damit Mitarbeiterzufriedenheit.
- Sie tragen zu einem System bei, das gleichberechtigte Care-Arbeit etabliert, und damit Frauen in ihren SAP-Karrieren stärkt.

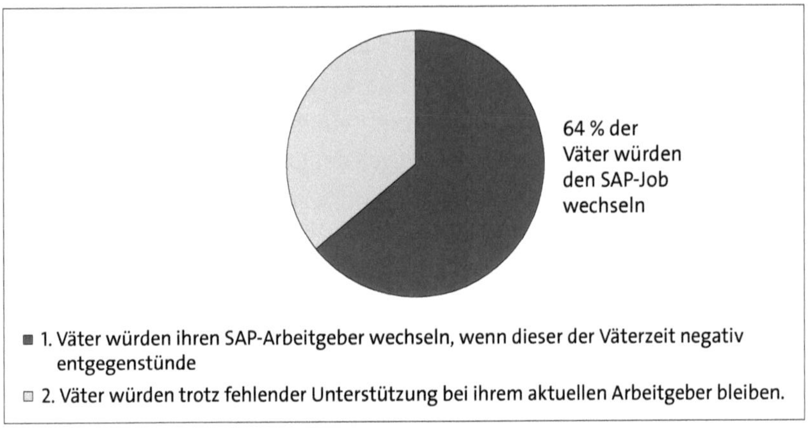

Abbildung 1.2 Hohe Wechselbereitschaft von Vätern im SAP-Kosmos, wenn Arbeitgeber Elternzeit nicht unterstützen

1.1.6 New Work im SAP-Consulting

Die vielschichtigen Veränderungen in der Arbeitswelt, wie Unternehmen konstruktiv damit umgehen und welche Lösungen sie anbieten können, fasse ich unter dem Begriff *New Work* zusammen. Alternative Begriffe sind *Future of Work*, *New Leadership* oder schlichtweg *neue Arbeitswelt oder -kultur*.

Es mag Branchen wie Marketing oder E-Commerce geben, in denen New Work vielleicht schon länger an der Tagesordnung ist als in der SAP-Branche. Sie können jedoch sicher sein, dass auch im SAP-Consulting gerade eine neue Haltung entsteht. Dabei wird es verstärkt um das Warum gehen, also darum, aus welchen Gründen Menschen eigentlich SAP-Consultants geworden sind. Und auch die Grenzen zwischen Arbeit und Nicht-Arbeit, die durch die großflächige Digitalisierung und die hybride Arbeitsweise fließend geworden sind, werden noch einmal neu gesteckt werden.

Entwicklungen im SAP-Umfeld

Die Arbeitsdichte ist im SAP-Consulting höher geworden. Microsoft-Teams-Meetings reihen sich in vielen Unternehmen nahtlos aneinander. Die Fahrten zum Kunden, die für manche auch Reflexionsmomente waren, entfallen größtenteils. Kann eine solche Arbeitsdichte 8 Stunden oder länger durchgehalten werden? Ergibt es Sinn, an der Zeit als Maßstab für die Bezahlung von Arbeit im SAP-Umfeld festzuhalten?

Diese und noch viel mehr Fragen strömen auf die Geschäftsführung und Personalverantwortliche herein. Wir alle sind massiv von den Veränderungen der Arbeitswelt betroffen und müssen diese offenen Fragen aushalten. Gleichzeitig müssen wir im Recruiting Menschen dazu bewegen, ihre aktuelle Komfortzone, also ihren alten Job, zu verlassen, um eine Fahrt ins Ungewisse und mitunter ins doch recht abenteuerliche Pionierland zu unternehmen. Manche Unternehmen setzen heute bereits auf das Konzept der Vier-Tage-Woche oder des Fünf-Stunden-Tags – und das bei vollem Gehalt. Warum nicht? New Work heißt für mich auch ein klares »Ja« zum Experimentieren und ein Loslassen alter Ordnungen.

Psychologische Sicherheit als Anker

Jobwechsel bringen immer auch Unsicherheit mit sich. Neben aller Freude darüber, einen neuen Weg einzuschlagen, kommen in einem unterschiedlichen Maße Gefühle von Unsicherheit, Zweifel, Kontrollverlust und auch Versagensängste sowie ein schlechtes Gewissen gegenüber dem alten Team und Vorgesetzten hinzu. Diese negativen Gefühle halten manche Menschen im letzten Schritt sogar zurück, einen neuen Job anzutreten oder anzunehmen. Und nicht erst bei Vertragsunterschrift setzen diese Gefühle ein, sondern bereits, wenn Menschen den Prozess des Wechselns gedanklich durchspielen oder Ihre Stellenanzeige lesen. Die SAP-Branche macht da keine Ausnahme. Im Recruiting sollten Sie sensibel auf diese Signale reagieren und in Ihrem kompletten Recruiting-Prozess bestmöglich darauf achten, möglichst große psychologische Sicherheit herzustellen. Welche Faktoren hier hineinspielen, zeigt Abbildung 1.3.

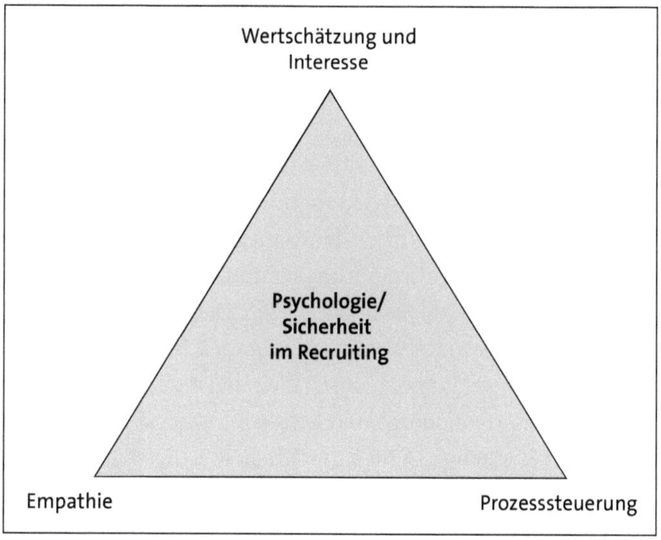

Abbildung 1.3 Psychologische Sicherheit im Recruiting

Psychologische Sicherheit im Kennenlerngespräch

Psychologische Sicherheit entsteht im Grunde durch die Schaffung von Kommunikationsräumen, von Situationen, Gesprächen, Themen usw., die das Gegenüber als vertrauenswürdig und stressfrei empfindet. Auch hier gibt es keine One-Fits-All-Lösung, weil jede Organisation etwas andere Prozesse im Recruiting hat. Als Grundhaltung sollte jedoch gelten: Seien Sie den Bewerbenden gegenüber wertschätzend, interessiert und empathisch, und kommunizieren Sie, wie genau das Kennenlernen stattfinden wird und was genau das Gegenüber erwarten kann. Sprechen Sie selbst oder lassen Sie andere aus der Fachabteilung im Sinne von Recruiting-Botschaftern diese Rolle übernehmen. Denken Sie genau über die Anzahl, die Art und die Teilnehmerzahl von Bewerbungsgesprächen nach. Arbeiten Sie mit einer zeitgemäßen Wortwahl in Ihren Texten, greifen Sie auf Bilder, Videos und Podcasts zurück und kreieren Sie Ihren eigenen authentischen Stil, um trotz aller Veränderung, die auf die Bewerbenden zukommt, ein hohes Maß an psychologischer Sicherheit herzustellen.

[»]

Bewerbungsgespräch vs. Kennenlerngespräch

Ich bevorzuge hier übrigens nach innen wie außen den Begriff *Kennenlerngespräch*, um das häufig negativ konnotierte Wort *Bewerbungsgespräch* zu vermeiden. Denn ich denke auf Basis meines eigenen Erlebens bei diesem Wort an eine Aneinanderreihung ziemlich schlimmer und enttäuschender Situationen. Es löst sozusagen eine Gedankenkette von Erinnerungen an Fails aus. Mit dieser Assoziation bin ich nicht die Einzige, wie ich seit meiner Arbeit als SAP-Karrierecoach weiß.

Ich werde auf die neuen Recruiting-Tools in Kapitel 7, »Der Auswahlprozess«, noch ausführlicher eingehen.

Flexiblere SAP-Karrierepfade

Wenn wir auf die Jobrollen aus der alten SAP-Welt blicken, lassen sich diese in die Kategorien SAP-Basis, SAP-Entwicklung, internes/externes SAP-Consulting, SAP-Projektleitung – und natürlich das Management – clustern. Eine gute Fachkraft wurde irgendwann zur Führungskraft und kletterte damit in dem Bild von der Karriereleiter eine Stufe nach oben. Die Karrierepfade waren in der Vergangenheit mehr oder weniger klar vorgeschrieben. Welchen Weg man einschlug, war außerdem noch durch eine meist relativ stringente Präferenz für entweder die Anwenderseite oder die Beratungsbranche oder ein Arbeiten direkt beim Hersteller SAP festgeschrieben. Einige haben als Alternative den Weg als SAP-Freelancer eingeschlagen oder sich selbstständig gemacht, um ein eigenes Unternehmen zu gründen. Ein Wechsel zurück in die Festanstellung – fast undenkbar. Gerade in kleineren Anwenderunternehmen gab es manchmal auch Generalist*innen oder Hybridformen, die in Beratung und Entwicklung gleichermaßen versiert waren. Wie in Kapitel 3, »Ein Erkundungsgang durch die SAP-Landschaft«, noch dargelegt werden wird, sind die Karrierepfade und SAP-Jobrollen heute deutlich vielfältiger geworden.

Im Grunde war damit bis vielleicht vor etwa 10 Jahren der Großteil aller Vakanzen abgedeckt. Die Betriebszugehörigkeitsdauer ist im Durchschnitt in Deutschland nicht gesunken. Sie liegt bei rund 10 Jahren (Quelle: Institut für Arbeitsmarkt- und Berufsforschung (IAB), Destatis (Statistisches Bundesamt)). Die Wechselbereitschaft von Menschen, die in der IT und im SAP-Umfeld tätig sind, mag eine Ausreißer-Situation darstellen. Nicht selten sehen wir hier Lebensläufe mit einer Wechselfrequenz zwischen 2 und 4 Jahren. Menschen wechseln im Tech-Umfeld scheinbar häufiger ihre Jobs, und dabei entstehen auch ganz andere Laufbahnen. Das ist einerseits ein Risiko und eine Herausforderung für die Mitarbeiterbindung, andererseits aber auch eine Chance fürs Recruiting.

Karriere als Wanderweg

Von einer Karrieretreppe oder einer Kaminkarriere, also einem geradlinigen Aufstieg von unten nach oben, als Karriereziel auszugehen, ist aus meiner Sicht nicht mehr zeitgemäß – zumindest nicht bei einem Großteil der SAP-Consultants. Lassen Sie uns stattdessen das Bild eines Wanderwegs nutzen, um zu verdeutlichen, dass sich auch in der Laufbahngestaltung einiges verändert hat. Die Menschen werden freier und lösen sich bisweilen von dem Bild der klassischen Karriere. Phänomene wie *Downsizing*, also der bewusste Wechsel von einer Führungsrolle zurück zu einer untergeordneten Position, kommen ebenso vor wie längere Auszeiten (*Sabbaticals*) bei hohen Führungskräften. In der alten Arbeitswelt wären solche »Schlenker« beim Blick auf den Lebenslauf vermutlich als Scheitern bewertet worden. Heute werden sie als Stärke aufgefasst.

Aber auch ganz andere Konzepte, wie das *Jobsharing*, also das Aufteilen eines einzelnen Jobs auf zwei Menschen, oder *digitale Nomaden*, die zu 100 % remote arbeiten, sind Teil der neuen Arbeitswelt – und das auch zunehmend bei deutschen Mittelständlern.

Es geht beim Recruiting immer um den Menschen, also um das Individuum, das sich dem Spannungsfeld aus VUKA-Welt, SAP-Technologie und persönlicher Karrierevorstellung bewegt. Im Recruiting müssen Sie über vielfältige mögliche Kommunikationswege diese Menschen von Ihrem Angebot überzeugen und die Vorzüge Ihres Jobs gegenüber den Dutzenden, manchmal sogar Hunderten anderen Angeboten hervorheben.

1.2 Was ist Recruiting, und wer kann Recruiting betreiben?

Wer macht eigentlich heutzutage Recruiting? Meine Antwort auf diese Frage lautet: Alle können Recruiting betreiben. Damit meine ich nicht nur, dass es keine spezielle Ausbildung oder ein spezielles Studium gibt, das einen für diese Aufgabe qualifiziert, sondern vor allem, dass es sich beim Recruiting auf einer System-Ebene um ein komplexes *Kommunikationssystem* handelt.

1.2.1 Recruiting als Kommunikationssystem

Mein Verständnis von Recruiting

Ich verstehe Folgendes unter Recruiting:

- Recruiting ist die Verbindung zwischen Organisation und Mensch auf Grundlage einer mehr oder weniger kommunizierten Jobrolle.
- Recruiting ist ein komplexer Prozess, den Sie in Ihrer Organisation definieren und im besten Fall laufend optimieren.
- Als vielschichtiges Kommunikationssystem umfasst Recruiting verschiedene Akteure und Medienformen – von Text über Bilder und Videos bis zum gesprochenen Wort. Die Vielfalt der Kommunikationsebenen und Plattformen gewinnt dabei zunehmend an Bedeutung.

Die These vom Recruiting als Kommunikationssystem bedeutet: Jede Person in einer Organisation kann neue Mitarbeitende für das eigene Unternehmen gewinnen. Vielleicht wird die Person diese neuen Mitarbeitenden nicht im juristischen Sinn einstellen. Sie kann jedoch dazu beitragen, dass ein neues Talent sich bei Ihnen bewirbt oder mit Ihrem Unternehmen in Kontakt tritt und damit zu einem neuen möglichen Talent wird. Ihre Reinigungskraft kann etwa in ihrem Familienkreis davon berichten, was für ein toller Arbeitgeber Sie sind. Hört dies die studierende Enkeltochter, ruft sie möglicherweise Ihre Karriereseite auf, um sich über eine SAP-Traineestelle zu informieren. Postet die CIO eines mittelständischen Industrieunternehmens auf LinkedIn einen Beitrag über eine der wichtigsten Anwendermessen, und sieht dies ein SAP-EWM-Consultant in seinem Feed, denkt er vielleicht: »Mensch, ich wusste gar nicht, dass dieses Unternehmen auch SAP im Einsatz hat, und dann auch noch genau mein Modul. Da folge ich doch direkt einmal der Frau XY.«

Corporate Recruiting

Recruiting ist also ein System mit sehr vielen Beteiligten. Von der Reinigungskraft bis zur CIO *können* alle zu Jobbotschafter*innen werden, auch wenn die eigentliche Rolle im Unternehmen eine ganz andere ist. Dieses große Feld lässt sich als *Corporate Recruiting* bezeichnen (siehe Abbildung 1.4). Es umfasst eine Seite des Recruitings, die vor allem im Passive Sourcing und beim Employer und Personal Branding relevant wird. Sie sind dann die oder der *Head of Recruiting*. In dieser Rolle haben Sie viele *Helping Recruiting Hands*, die auch als Botschafter*innen für die SAP-Rollen in Ihrem Unternehmen fungieren.

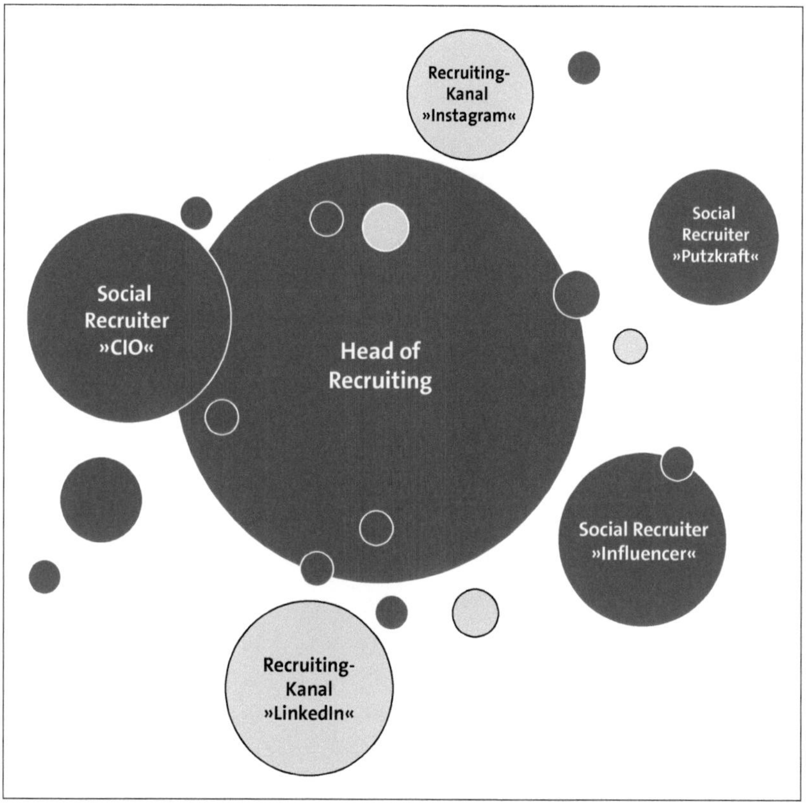

Abbildung 1.4 Corporate Recruiting als komplexes Kommunikationssystem mit vielen Kontaktpunkten und Akteuren

Schauen Sie sich doch für Ihr Unternehmen einmal gezielt an, wo genau Sie hier Potenzial erkennen:

- Gibt es besondere kommunikative Menschen, die möglicherweise auch bereits offiziell oder inoffiziell als *Corporate Influencer* agieren und deren Strahlkraft Sie für Ihr Recruiting nutzen können?
- Gibt es bestimmte Unternehmenskanäle, die Sie nutzen oder noch aufbauen können?

Wie schaffen Sie es als Head of Recruiting aus diesem »Rauschen« echte Bewerbungen zu generieren und Einstellungen vorzunehmen, um Ihr SAP-Fachkräftethema zu lösen? Manche Antworten auf diese Fragen werden Sie bereits in Kapitel 2, »Recruiting-Hacks: 7 Abkürzungen für alle, die wenig Zeit zum Lesen haben«, als Abkürzung erhalten. Andere Möglichkeiten werden wir uns im Verlaufe dieses Buchs genauer ansehen.

An dieser Stelle ist es zunächst mein Ziel, Sie zu sensibilisieren: Nutzen Sie die Helping Recruiting Hands, die Ihnen zur Verfügung stehen.

Nicht-lineares System

Durch die Transformation unserer Kommunikation, vor allem der Social-Media-Kommunikation, muss Recruiting als ein System gedacht werden, das jenseits eines linearen Bewerbungs-Einstellungs-Prozesses verläuft, den Sie bestmöglich steuern können. Es gehen etwa Bewerbungen in Form von LinkedIn-Nachrichten bei den Menschen ein, die dort posten. Wie können Sie als Head of Recruiting für ein System sorgen, in dem alle Leads bei Ihnen ankommen? Hier stellt Sie nicht nur die Konformität mit der Europäischen Datenschutz-Grundverordnung (DSGVO) vor Herausforderungen. Auf manche Prozesse und Akteure können Sie mehr Einfluss nehmen als auf andere. Es gilt, die relevanten Faktoren in Ihrem eigenen System zu analysieren und die vielversprechenden Knotenpunkte zu identifizieren.

1.2.2 Recruiting als interner Prozess

Recruiting-Prozess

Dem gegenüber steht das *Recruiting als interner Prozess*, für den Sie als Head of Recruiting die Verantwortung tragen. Abbildung 1.5 stellt dar, wie ein solcher Prozess typischerweise bei Ihnen ablaufen könnte.

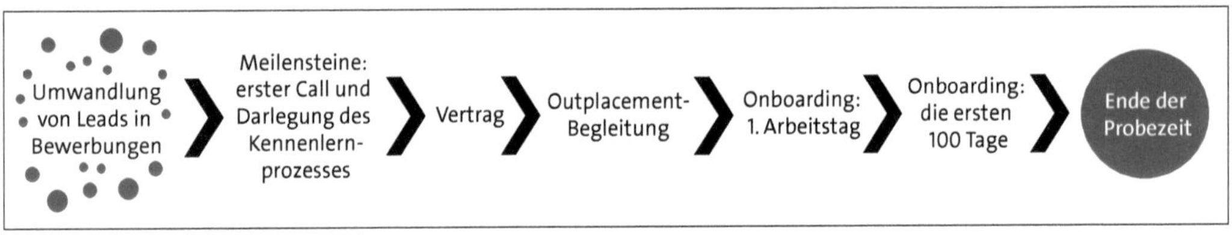

Abbildung 1.5 Recruiting als interner Prozess

Meilensteine

Der Recruiting-Prozess beginnt meiner Auffassung nach beim ersten zielgerichteten Kontakt mit den (zukünftigen) Bewerbenden und endet mit dem erfolgreichen Ende der Probezeit. Dieser Prozess umfasst einige wichtige Meilensteine:

1. interessierte Personen zu einer konkreten Bewerbung motivieren
2. der erste direkte Kontaktpunkt, z. B. ein Telefonat zur Schilderung des Bewerbungsprozesses
3. das erste Kennenlernen mit Ihnen und/oder einer weiteren Person
4. das zweite Kennenlernen mit dem Fachbereich oder dem zukünftigen Team
5. der Vertragsversand und gegebenenfalls Vertragsverhandlung
6. die beidseitige Unterzeichnung des Arbeitsvertrags

7. die Kündigung des alten Vertrags mit möglichem Gegenangebot, (siehe Abbildung 1.5 unter *Outplacement-Begleitung*)
8. der Start zu Arbeitsbeginn
9. das Onboarding
10. die ersten 100 Tage
11. das Gespräch zum Ende der Probezeit

Recruiting als Prozess zu begreifen, bedeutet dabei auch, mit den Menschen im Austausch zu bleiben, die aktuell gar nicht zu einer Ihrer Vakanzen passen oder die aus ganz unterschiedlichen Gründen im laufenden Recruiting-Prozess abspringen. Menschen haben manchmal ein schlechtes Gewissen ihrem alten Arbeitgeber gegenüber, weil dieser sie in der Vergangenheit unterstützt und gefördert hat. Manche fürchten, ihr gewohntes Team zu vermissen, oder bekommen einfach kalte Füße. Viele von den wechselwilligen SAP-Professionals stehen gleichzeitig in Gesprächen mit verschiedenen neuen Arbeitgebern, doch nur ein Unternehmen kann letztlich den Zuschlag erhalten. Und auch ein Gegenangebot, mit dem der alte Arbeitgeber bei der Kündigung ein höheres Gehalt in Aussicht stellt, kann Menschen veranlassen, den begonnenen Bewerbungsprozess abzubrechen.

Ihr eigener Recruiting-Prozess

Der hier beschriebene Prozess kann in Ihrem Unternehmen auch ganz anders und genauso sinnvoll ablaufen. Skizzieren Sie doch einmal, wie der Prozess des SAP-Recruitings bei Ihnen tatsächlich abläuft:

1. ______________________________
2. ______________________________
3. ______________________________
4. ______________________________
5. ______________________________
6. ______________________________
7. ______________________________
8. ______________________________
9. ______________________________

Wenn Sie sich Ihren eigenen Prozess ansehen: An welchen Stellen haben Sie das Gefühl, dass es schon richtig gut läuft? Wo entstehen überdurchschnittlich häufig Schwierigkeiten oder erfolgen sogar Abbrüche? Nehmen Sie Ihren Ist-Zustand als Ausgangslage für eine schrittweise Optimierung an den zentralen Kontaktpunkten. Diese Kontaktpunkte zusammengenommen bilden übrigens Ihre *Candidate Journey*, also die Summe von Erfahrungen, die eine Person mit Ihnen und Ihrem Unternehmen macht. Auf diese haben Sie maßgeblich Einfluss. Wie Sie gesehen haben, hört erfolgreiches Recruiting meiner Einschätzung nach erst mit dem Ende der Probezeit auf und muss gemeinsam mit einer Retention-Strategie gedacht werden (siehe hierzu auch Abschnitt 8.1, »Onboarding vom Vertragsabschluss bis zum Ende der Probezeit«).

Großer Zeithorizont

Wenn wir unseren Recruiting-Prozess auch in seinen zeitlichen Ausmaßen näher unter die Lupe nehmen, ergibt sich eine Candidate Journey von bis zu einem Jahr und mehr, abhängig von der Kündigungsfrist der von Ihnen neu eingestellten Person in ihrem aktuellen Job. Der Zeithorizont des Recruiting-Prozesses erstreckt sich über einen so großen Zeitraum, bis Sie sichergestellt haben, dass die Person die angedachte Rolle in Ihrem Unternehmen auch *wirklich* antritt.

Prozesssteuerung

Immer wieder hören wir in unserem Netzwerk von Fällen, in denen Unternehmen berichten, dass Bewerbende trotz unterschriebenem Arbeitsvertrag am ersten Arbeitstag nicht erschienen sind – und auch nicht an einem der folgenden. Erfolgreiches Recruiting erfordert daher eine Prozesssteuerung bis zum Antreten des Arbeitsverhältnisses und darüber hinaus. Diese Prozesssteuerung ist über einen mehrmonatigen Zeitraum hinweg erforderlich und sollte alle genannten Meilensteine von der Umwandlung eines Leads in eine konkrete Bewerbung über den Kennenlernprozess und die Vertragsunterzeichnung bis zum Ende der Probezeit umfassen. In all diesen Prozessphasen gilt es, größtmögliche Kontrolle auszuüben und nichts dem Zufall zu überlassen.

Test: der eigene Wirkungskreis

Wenn Sie auf Ihren eigenen Wirkungskreis im Recruiting-Prozess schauen: Wie bewerten Sie diesen auf einer Skala von 1 bis 10? Haben Sie hinsichtlich Ihrer Kontrollmöglichkeiten das Gefühl, dass »alles nur noch VUKA« ist? Oder nehmen Sie eine große Selbstwirksamkeit wahr?

Wie schätzen Sie das Ausmaß Ihrer eigenen Kontrolle auf den Recruiting-Prozess ein?											
Keine Kontrolle											Sehr hohe Kontrolle

Überlegen Sie auch einmal, wie Sie die gleiche Frage vor einigen Jahren beantwortet hätten. Wo standen Sie früher, und hat sich an Ihren Kontrollmöglichkeiten etwas verändert? Falls Sie unzufrieden mit Ihren Einflussmöglichkeiten sind: Was könnte Ihr nächster Schritt sein? Mit der im folgenden Abschnitt beschriebenen Rollenaufteilung kommen Sie Ihren Zielen näher.

1.3 Welche Rollen gibt es im SAP-Recruiting-Prozess?

Vier Rollen im Recruiting-Prozess

Meiner bisherigen Recruiting-Erfahrung nach braucht es vier verschiedene Rollen, um den Recruiting-Prozess erfolgreich steuern zu können:

- die Rolle des *Socializers* oder *Social Recruiters*
- die Rolle des *Kümmerers* oder der *Kümmerin*
- die Rolle des *Sparringspartners* oder der *Sparringpartnerin*
- die Rolle des *Closers*

Es ist dabei möglich, dass sich eine Person in Personalunion mehrere dieser Hüte aufsetzt. Die einzelnen Rollen lassen sich geeigneten Personen aus dem HR-Team oder dem Fachbereich anvertrauen, sodass Sie als Recruiting-Team agieren. Wichtig ist, dass alle Rollen in jedem Recruiting-Prozess grundsätzlich abgebildet sind, auch wenn sie abhängig von der jeweiligen Vakanz und den Bewerbenden unterschiedlich gewichtet werden können. Im Folgenden stelle ich die einzelnen Rollen kurz vor.

Social Recruiter

Die Rolle des *Social Recruiters* haben Sie in Abschnitt 1.2.1, »Recruiting als Kommunikationssystem«, bereits als Corporate Influencer oder Recruiting-Botschafter*innen kennengelernt. Diese Rolle soll an den Orten, an denen sie sich bewegt – digital oder ganz konkret im *Real Life* – auf Ihr Unternehmen als spannenden Arbeitgeber hinweisen. Es geht dabei immer darum, neue Zugänge zu SAP-Talenten zu schaffen und diese in Kontakt mit Ihrem Unternehmen treten zu lassen. Im Recruiting sollten Sie diese Rolle selbst leben, sich als SAP-Jobbotschafter*in für SAP-Positionen verstehen und entsprechend auftreten. Mit einem funktionierenden Kommunikationssystem haben Sie jedoch ganz viel Unterstützung und damit mehr Social-Recruiting-Potenzial.

Vertrauensperson im Bewerbungsprozess

Die *Kümmerer -Rolle* ist meines Erachtens von großer Relevanz für eine erfolgreiche Personalgewinnung. »Sich kümmern« darf hierbei wörtlich verstanden werden. Die Person in dieser Rolle kümmert sich um wichtige Termine und zentrale Beteiligte, legt Meilensteine fest und ist eine Vertrauensperson für die Bewerbenden. Diese Person sollte auch klare Zeitpunkte vorgeben, wann Kontakte stattfinden.

Sparringspartner*in

Es lohnt sich auch, die *Sparringspartner-Rolle* einmal gedanklich zu verfolgen und zumindest teilweise zu übernehmen. Ich schreibe über diese Rolle vor allem aus dem Blickwinkel der SAP-Personalberaterin, denn in unserem Besetzungsprozess ist das Sparring auf Augenhöhe ein integraler Bestandteil. Es geht hierbei darum, die Fachabteilung zeigen zu lassen, wer sie ist, was sie leistet, wie sie arbeitet und welche Projekte anstehen.

Dies müssen auf der anderen Seite auch die Bewerbenden zeigen und sollten dabei auch sich selbst und das neue Unternehmen kritisch hinterfragen. Beim Entwickeln einer eigenen Haltung, ob Ihr Unternehmen zur Karrierevorstellung passt, sowie beim Herausarbeiten von Entscheidungskriterien sind Sie in der Sparringspartner-Rolle gefragt. Natürlich möchten Sie eine Person einstellen und Ihre Vakanz füllen, aber nicht um jeden Preis. Wenn es nicht matcht und das in dieser frühen Phase des Kennenlernens bereits erkennbar ist, sehen Sie sich lieber noch weiter um. Trotz Fachkräftemangel geht es beim Recruiting nicht um ein Bittstellertum, sondern um Kommunikation auf Augenhöhe. Im Recruiting ermöglichen Sie Karrieren und vertreten gleichzeitig die Interessen Ihrer Kandidierenden im Unternehmen.

Closer

Auch im Recruiting-Prozess gibt es die Rolle des *Closers*, der den Arbeitsvertrag abschließt, sich immer wieder »reinhängt« und den Prozess vorantreibt. Das kann im Zweifelsfall exakt die gleiche Person sein wie die Kümmer*in, aber ihr Fokus ist ein anderer. Geht es im ersten Fall um sinnvolle Kontaktpunkte, Vertrauensaufbau und die Überbrückung eines längeren Zeitraums zwischen der Annahme des Vertragsangebots und dem tatsächlichen Jobantritt, treibt der Closer maßgeblich die Abläufe zwischen dem ersten Kontaktpunkt mit den Bewerbenden bis zur Unterschrift des Arbeitsvertrags zeitlich voran.

Auf Schnelligkeit kommt es an!

Genau für diese Phase des Recruiting-Prozesses möchte ich eine Alltagsweisheit aus den großen Personalberatungshäusern mitgeben:

> *»Time kills Deals.«*

Damit ist gemeint, dass häufig zu viel Zeit z. B. zwischen dem ersten und dem zweiten Kennenlerngespräch vergeht. Schnelligkeit ist meines Erachtens einer der Hauptfaktoren in der erfolgreichen Personalgewinnung. Das kann man sich nicht oft genug ins Bewusstsein rufen.

Womöglich stellen Sie sich nun die Frage, was »zu viel Zeit« in diesem Kontext bedeutet? Mein Anspruch ist es, maximal 48 Stunden zwischen Bewerbungseingang und einem ersten Telefonat oder einem anderweitigen persönlichen Kontakt vergehen zu lassen, auch wenn Feiertage, Wochenenden, Brückentage oder Ferien dazwischenliegen. Denn diese äußeren Einflüsse zählen in der Lebenswirklichkeit der Bewerbenden nicht. Im Zweifelsfall reagiert ein anderes Unternehmen schneller als Sie und sichert sich damit schon einmal einen Startvorteil.

Auch zwischen dem ersten und dem zweiten Gespräch sollte meiner Erfahrung nach durchschnittlich nicht mehr als eine Woche vergehen. Sollte es

z. B. wegen plötzlicher Krankheit wichtiger beteiligter Personen doch zu einer längeren Zäsur kommen, sollten Sie einen zusätzlichen kurzen Kontaktpunkt einbauen und den zeitlichen Verzug erläutern. Haben Sie hier immer die Gegenseite und deren Erlebnis im Blick, wenn es zwei großartige erste Kontaktpunkte gab – und dann erst einmal, genau, nichts kommt.

Es können in diesem Zeitraum so viele unvorhersehbare Dinge passieren, die den Prozess gefährden. Je mehr Zeit dabei vergeht, desto wahrscheinlicher sind solche Zwischenfälle und desto unwahrscheinlicher wird der Abschluss. Zumindest auf SAP-Fachstellen trifft dies in hohem Maße zu.

Geben Sie Gas!

Geben Sie also Gas, und versuchen Sie, Ihren Recruiting-Prozess zeitlich zu optimieren. Stellen Sie sich dazu die folgenden Fragen:

- **Können Sie zeitlich mit dem digitalen Zeitalter mithalten?**

  Wenn Sie ein digital arbeitendes Sales-Team oder auch E-Commerce-Team zu Ihrem Kollegenkreis zählen, erkundigen Sie sich doch einmal nach konkreten Zeitvorgaben für die Lead-Generierung im Business-to-Customer-Umfeld. Sie erhalten so Richtwerte aus anderen Fachdisziplinen, die nah am Kunden arbeiten.

- **Ist Ihr Prozess so stabil, dass auch in Ausnahme- und Urlaubszeiten alle zeitlichen Ziele eingehalten werden?**

  Prüfen Sie unbedingt jeden einzelnen Kontaktpunkt und insbesondere die Umsetzung und Zusammensetzung Ihrer Bewerbungsgespräche.

- **Wer betreut das neue Teammitglied nach der Unterzeichnung des Arbeitsvertrags?**

  Ist sichergestellt, dass das neue Teammitglied ein gutes Onboarding erhält?

- **Wie sorgen Sie dafür, dass das neue Teammitglied am 1. Tag tatsächlich bei Ihnen erscheint?**

  Rufen Sie wenige Tage vor Antritt noch einmal an, erkundigen Sie sich, wie es der Person geht. Oder schreiben Sie eine nette Nachricht auf LinkedIn, dass es bald losgeht und sich das Team freut. Fragen Sie dabei auch, ob Sie noch etwas ausrichten können.

Nachdem Sie ein erfolgversprechendes Rollenschema für Ihren SAP-Recruiting-Prozess kennengelernt haben, sehen wir uns in den folgenden Abschnitten genauer an, welche Personen oder Personenkreise diese Rollen besetzen können und welche Voraussetzungen sie dafür mitbringen sollten.

1.3.1 HR als Partner für die SAP-Fachabteilungen

HR Business Partner

Meiner bisherigen Erfahrung nach können Sie im Recruiting am besten, d. h. am erfolgreichsten agieren, wenn Sie einen gewissen Handlungsspielraum haben. Dieser Handlungsspielraum sollte sich einerseits auf den Bereich der Unternehmenskommunikation und des Marketings erstrecken (Näheres in Kapitel 5, »Strategien zur Anwerbung von SAP-Fachkräften: Passive Sourcing«, und Kapitel 6, »Employer Branding und Positionierung als SAP-Arbeitgeber«). Andererseits sollte er auch gegenüber dem Fachbereich vorhanden sein, also gegenüber der Business Unit oder dem Team, in dem die SAP-Vakanz besteht, die es zu füllen gilt.

Auch sollten Sie über sinnvolle Berechtigungen im *Bewerbermanagement-System* verfügen, die ein effizientes und flüssiges Arbeiten ermöglichen, etwa wenn es um Terminabstimmungen oder Vertragsanpassungen geht. Personal-Fachkräfte mit entsprechenden Befugnissen werden häufig als *HR Business Partner* bezeichnet.

Die Idee des HR Business Partners ist es, in der Personalabteilung nicht bloß administrative Aufgaben zu übernehmen. Der Bedarf geht bei diesem Rollenbild nicht ausschließlich vom Fachbereich aus und wird dann vom Personalbereich passiv entgegengenommen, sondern HR und Fachbereich treten auf Augenhöhe auf. Abbildung 1.6 veranschaulicht dieses Konzept. Seine konkreten Vorteile, insbesondere im SAP-Kosmos, möchte ich im Folgenden verdeutlichen.

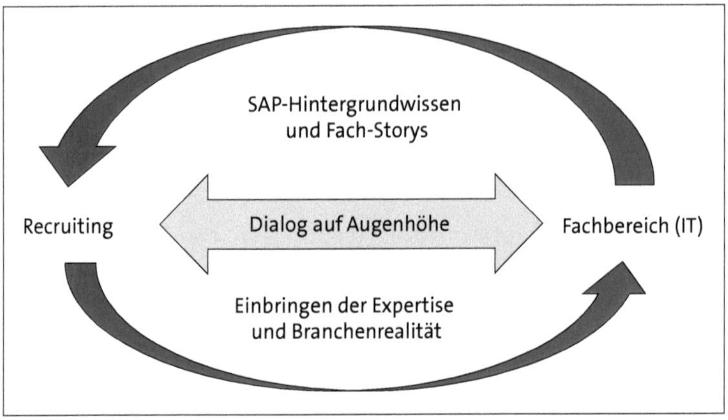

Abbildung 1.6 HR Business Partner: Zusammenarbeit von HR und Fachbereich

Erfahrungsschatz einbringen

Sehen sie sich selbst als HR Business Partner, werden Recruiting-Fachkräfte dazu eingeladen, sich mit ihrem Erfahrungsschatz aktiv einzubringen. Sie haben häufig einen sehr realistischen Blick darauf, welche SAP-Profile aktuell besonders selten oder nicht mehr ganz en vogue sind. Sie stehen schließlich täglich im Austausch mit einer breiten Zielgruppe ganz unterschiedlicher Menschen. Ihr Wissen können sie im Sinne eines Realitätschecks an den Fachbereich zurückgeben. Wir erleben häufig, dass die Hinterfragung der Anforderungen aus dem Fachbereich zu einem etwas realistischerem Profil führt oder sich hierdurch Nebenpfade auftun können.

[zB]

Allrounder mit MINT-Abschluss

Wenn der Fachbereich einen Allrounder mit MINT-Masterabschluss sucht (also in den Fächern Mathematik, Informatik, Naturwissenschaft und Technik), sollte der HR Business Partner diesen Wunsch hinterfragen dürfen. Dazu muss sie oder er wirklich verstehen, was diese Person fachlich genau leisten soll und wofür der angestrebte MINT-Abschluss Voraussetzung ist.

Predictive Recruiting

Der HR Business Partner sollte auch die Möglichkeit haben, initiativ spannende Profile zur Überprüfung an die Fachabteilung weiterzugeben. Manchmal stehen sich Unternehmen selbst im Weg, indem sie nur auf die ganz aktuelle Fachkräftesituation und den akuten Bedarf schauen, also auf die Stellen, an denen die Hütte genau jetzt oder auch schon seit mehreren Monaten brennt. Schon angesichts der mehrmonatigen und manchmal sogar einjährigen *Time to Hire* im Recruiting-Prozess, also der Zeit bis zur Einstellung, sollte verstärkt die Haltung eines *Predictive Recruitings*, also eines vorausschauenden, zukunftsgerichteten Recruitings eingenommen werden. Ein schönes Best-Practices-Beispiel hierzu finden Sie in Kapitel 14, »Die Zukunft des Recruitings«. In diesem konkreten Fall ging es um die Besetzung einer CIO-Rolle bei einem SAP-Anwenderunternehmen in einem ländlich geprägten Gebiet.

Oft genug erleben wir in der Praxis die Ablehnung eines Profils, weil es genau jetzt nicht passt, obwohl es in mehreren Monaten passen könnte. Hier lohnt sich der Blick auf die demografische Verteilung in Ihrem SAP-Team. Denn allmählich gehen viele Mitglieder der älteren Generation von SAP-Professionals in Rente oder in den Vorruhestand. Damit geht häufig genug auch Wissen verloren. Es lohnt sich, frühzeitig neues Know-how aufzubauen, indem Stellen vorausschauend und mitunter über einen gewissen Zeitraum auch doppelt besetzt werden.

1.3.2 Die Rolle der Fachabteilung beim Recruiting-Prozess

Gemeinsames Ziel

Wenn wir auf Anwenderunternehmen blicken, sind SAP-Rollen je nach Organisationsstruktur direkt in den betriebswirtschaftlichen Fachbereichen angesiedelt und/oder in der IT-Abteilung. Die Bedeutung der Fachabteilungen im Recruiting-Prozess und ihren Einfluss auf eine erfolgreiche Besetzung schätze ich als sehr hoch ein. Entlang der Recruiting-Prozesskette und auch innerhalb der Außenkommunikation sollte es als gemeinsames Ziel gelten, die SAP-Rollen zusammen mit dem Recruiting-Team zu besetzen.

Die Fachbereiche können wesentlich zum Erfolg im Recruiting beitragen, indem sie Hintergrundwissen beisteuern, die konkreten Aufgaben und die Projekte erklären. Sie wissen, welche Fachthemen für die Bewerbenden spannend sein werden und worauf im Recruiting-Prozess daher besonderes Augenmerk gelegt werden sollte. Hier sollte die Idee des Dialogs auf Augenhöhe aufgegriffen werden. Zu diesem Dialog gehören immer zwei Parteien.

Zu wenig Zeit im Fachbereich: ein Henne-Ei-Problem

Aus der Praxis weiß ich: Die Zeit der wenigen SAP-Fachkräfte ist knapp und kostbar – das ist vollkommen verständlich. Aber die Argumentation, dass die Fachbereiche zu wenig Zeit haben, sich überhaupt mit dem Recruiting zu befassen, führt zu einem Henne-Ei-Problem: Ohne das Fachwissen der SAP-Abteilung kann Recruiting nicht so erfolgreich agieren und die neuen Menschen finden, die dann wiederum die Fachbereiche entlasten. Ich denke, dass es auch hier gilt, einen sinnvollen Rahmen und Räume des Austauschs zu finden.

[+]

Einen Jour fixe für das Recruiting etablieren

Die Denkweise, dass die Personalgewinnung und -bindung auch vom Fachbereich abhängen und maßgeblich positiv gesteuert werden können, lässt sich mit einem monatlichen Jour fixe zwischen Recruiting-Team und Fachbereich fördern. Auch sollten bewusst Kontaktpunkte und Austauschmöglichkeiten zwischen Bewerbenden und der Fachabteilung hergestellt werden. HR kann hierbei eine moderierende Rolle übernehmen, um die zeitlichen Ressourcen der Fachabteilung zu schonen.

Wie Sie schon ahnen, gibt es nicht den einen richtigen Weg, die Fachabteilungen in den Recruiting-Prozess einzubeziehen. Vielmehr ist dies ein Thema der Unternehmenskultur, mit viel Raum zum Experimentieren. Bevor ich in Abschnitt 4.2, »Vom Business Case zum Anforderungsprofil im Team-Workshop«, auf dieses Mindset- bzw. Kulturthema mit einer konkreten

Workshop-Idee zurückkomme, möchte ich einen gezielten Blick auf die Rollen im SAP-Recruiting bei SAP-Anwenderunternehmen werfen.

1.3.3 Die spezifischen Herausforderungen von HR bei SAP-Anwenderunternehmen

Viele unterschiedliche Rollen

Die Personalabteilungen in SAP-Anwenderunternehmen haben häufig die Aufgabe, sehr viele unterschiedliche Rollen zu besetzen, von der Reinigungsfachkraft über Ingenieurinnen und Produktionsleiter bis zu Vertrieblern und Buchhalterinnen. Daher fällt es ihnen häufig schwer, fachlich zu beurteilen, ob ein Profil vielversprechend ist. In diesen Fällen ist HR bei der Beurteilung sehr stark vom Fachbereich oder der IT-Abteilung abhängig, was häufig dazu führt, dass die HR-Abteilung länger auf Feedback warten muss, als es für den Prozess gut wäre. HR hat außerdem nicht immer genug Hebelwirkung, Entscheidungsbefugnisse und Budget innerhalb der Organisation, wie es für die erfolgreiche Besetzung von SAP-Stellen wichtig wäre.

Lokale Strahlkraft hilft als SAP-Arbeitgeber nicht unbedingt

Mittelständische SAP-Anwenderunternehmen haben regional häufig einen starken Bekanntheitsgrad, z. B. für bestimmte Produkte oder einfach, weil alle aus dem Ort bei diesem Unternehmen arbeiten. Doch die regional und manchmal sogar lokal sehr begrenzte Strahlkraft hilft nicht immer bei der Positionierung als SAP-Arbeitgeber. Selbst sehr bekannte Unternehmen, die in ihrer Branche grundsätzlich eine positive Arbeitgebermarke etabliert haben, können große Schwierigkeiten haben, erfahrene SAP-Consultants für Ihr Unternehmen zu gewinnen.

Eine Erklärung für dieses Phänomen lautet, dass das *bisherige Employer Branding*, also die Positionierung als attraktiver Arbeitgeber, im Nicht-SAP-Bereich stattgefunden hat. Ein Unternehmen mag sich z. B. seit vielen Jahren im Ingenieurbereich gut aufgestellt haben – dies sind aber keine SAP-Consultants.

Zielgruppe der SAP-Consultants

Es lohnt sich also gerade bei diesen Anwenderunternehmen, im Recruiting noch stärker auf die Zielgruppe der SAP-Consultants einzugehen und diese als sehr gefragte Zielgruppe auf dem Jobmarkt anzuerkennen. In diesem Kontext sollte hinterfragt werden, wie attraktiv das eigene Angebot ist. Dabei ist es hilfreich, sich einen Überblick zu verschaffen, was der Arbeitgeber-Wettbewerb im SAP-Kosmos zu bieten hat. Darauf aufbauend sollten Sie unbedingt eine eigene Arbeitgebermarke für SAP-Professionals etablieren und nicht bloß bei den anderen abschauen. Inspiration hierzu finden Sie in Abschnitt 6.1, »Wie Sie sich im SAP-Umfeld als attraktiver Arbeitgeber positionieren«. Auch Kapitel 15, »Recruiting Best Practices: 4 innovative Ansätze und ein Tool«, kann Ihnen einige Ideen liefern und Anknüpfungspunkte bieten.

Technologisch nicht das Nachsehen haben

Auch ein völlig veraltetes ERP-System, viele Kundenentwicklungen oder eine gruselige Benutzererfahrung bei den SAP-Oberflächen können Menschen davon abhalten, in Ihr Unternehmen zu wechseln. Auch wenn Sie sich dessen nicht bewusst sind, haben Sie einen Ruf innerhalb des SAP-Ökosystems – und dieses System ist manchmal kleiner, als man denkt.

Es ist sinnvoll, als SAP-Anwenderunternehmen auch aus Sicht des Employer Brandings technologisch nicht das Nachsehen zu haben. Eine wirksame Maßnahme kann es z. B. sein, das nach außen hin auf Anwenderseite nicht so unmittelbar sichtbare SAP-System in Fachforen, auf Netzwerktreffen oder in Medienartikeln zu zeigen. Auch solche Maßnahmen sind Teil eines vorgelagerten Social Recruitings. Die spannenden Storys hierfür liefert Ihnen Ihre Fachabteilung. Es lohnt sich daher gerade auch für SAP-Anwenderunternehmen, die Idee des HR Business Partners zu verfolgen!

[+]

Schauen Sie sich etwas bei den SAP-Beratungshäusern ab!

Es lohnt sich, wenn Sie im Recruiting eines SAP-Anwenderunternehmens tätig sind, einmal auf die andere Seite des SAP-Kosmos zu schauen und aktiv mit Recruiting-Verantwortlichen von SAP-Dienstleistern zu sprechen. Bei den SAP-Beratungshäusern ist die Verknüpfung zwischen wirtschaftlich erfolgreichem Agieren und guten SAP-Fachkräften meiner Erfahrung nach bereits angekommen. Auch in der Außenkommunikation trifft man hier auf viel Storytelling, auch wenn dieses aus HR-Sicht an manchen Stellen zu Sales-lastig ist. Dieses Thema greife ich in Kapitel 6, »Employer Branding und Positionierung als SAP-Arbeitgeber«, noch einmal auf.

1.3.4 Der Fachkräftemangel im SAP-Umfeld als C-Level-Thema

Ich wurde jüngst bei einem Fachvortrag zum Fachkräftemangel in Deutschland gefragt, was denn HR konkret tun könne. Meine Antwort lautete, dass es sehr viel Optimierungspotenzial auf Ebene der HR-Abteilung gibt, dass aber der Fachkräftemangel per se erst einmal ein C-Level-Thema sei. Um meinen Standpunkt zu verdeutlichen, lassen Sie uns zunächst einen Blick auf einige Zahlen werfen, die die Höhe des Fachkräftemangels im SAP-Kosmos zumindest annäherungsweise einordnen. Eine offizielle Übersicht, wie viele Menschen in Deutschland genau in den unterschiedlichen SAP-Rollen arbeiten, gibt es aktuell (noch) nicht. Erschwerend kommt hier die Vielfalt der Rollen-Bezeichnungen hinzu, auf die ich in Kapitel 3, »Ein Erkundungsgang durch die SAP-Landschaft«, noch genauer eingehe.

SAP-Stellen bei LinkedIn

Wenn Sie in der Jobsuche der Business-Netzwerk-Plattform *LinkedIn* das Stichwort »SAP« und den Suchradius »bundesweit« angeben, erscheinen dort über 43.000 Jobs, die es aktuell zu besetzen gibt (Stand 25.06.2025, siehe Abbildung 1.7). Die Konkurrenz im SAP-Recruiting ist groß.

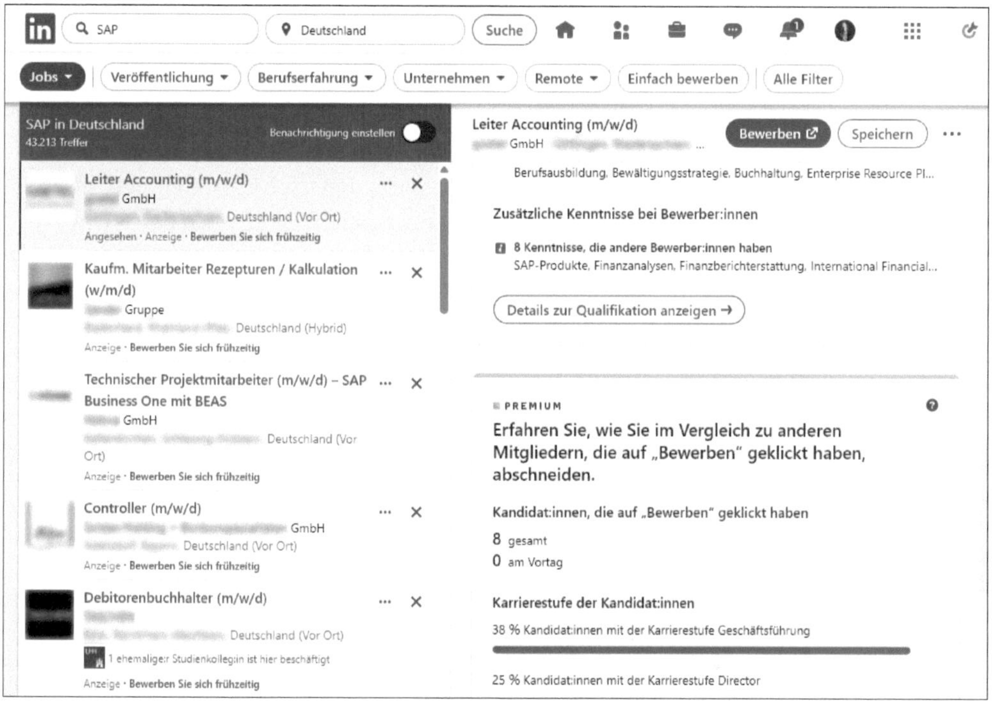

Abbildung 1.7 Suche nach dem Begriff »SAP« in der Kategorie »bundesweite Jobs« auf der Business-Netzwerk-Plattform LinkedIn, abgerufen am 25.06.2025

Unter den Treffern sind sicherlich auch viele Jobrollen, die der SAP-Anwenderebene zuzuordnen sind. Wenn Sie nach »SAP-Consultant« suchen, dann werden jedoch immer noch mehr als 2.500 Ergebnisse angezeigt. Auf der Stellenbörse Stepstone sind aktuell über 8.500 SAP-Fach- und Führungskräfterollen ausgeschrieben.

Zum Vergleich: Die wichtigste Interessenvertretung der SAP-Anwenderunternehmen, die *Deutschsprachige SAP-Anwendergruppe e. V.* (DSAG), zählte Anfang 2025 rund 70.000 Mitglieder in ca. 4.000 Unternehmen, die SAP im Einsatz haben oder dem SAP-Partnernetzwerk angehören (Quelle: Homepage DSAG).

Erhöhter Fachkräftebedarf in der Umbruchphase

Mit der Entscheidung von SAP, das alte SAP ERP und weitere Lösungen der klassischen SAP Business Suite ab 2027 oder 2033 nicht mehr zu unterstützen, wurde der Bedarf an externen Senior-Consultants oder erfahrenen Inhouse-Consultants bei SAP-Anwenderunternehmen noch größer. Sie sollen bei der großen Transformation, der Migration auf die neue ERP-Generation SAP S/4HANA unterstützen – sei es in einem Greenfield- oder Brownfield-Projekt oder in einer Mischform aus diesen Ansätzen.

Laut dem »Investitionsreport 2025« der DSAG (Quelle: *https://dsag.de/presse/investitionsbereitschaft-in-zukunftsweisende-technologien-waechst/*) setzen auch 2025 noch 51 % der Anwenderunternehmen das alte System ein. Dennoch ist bezüglich des neuen Systems eine deutliche Steigerung gegenüber den beiden Vorjahren zu verzeichnen. 42 % nutzen bereits SAP S/4HANA (On-Premise), 33 % in der Private Cloud und 13 % in der Public Cloud. Es ist davon auszugehen, dass mit den noch ausstehenden Migrationen der Fachkräftebedarf in den kommenden Jahren noch drastischer wird und zu einer weiteren Verknappung auf dem SAP-Arbeitsmarkt führen wird. Der DSAG-Investitionsreport erscheint jährlich und ist ein hilfreiches Barometer, um zu verstehen, wo die SAP-Anwenderunternehmen derzeit stehen.

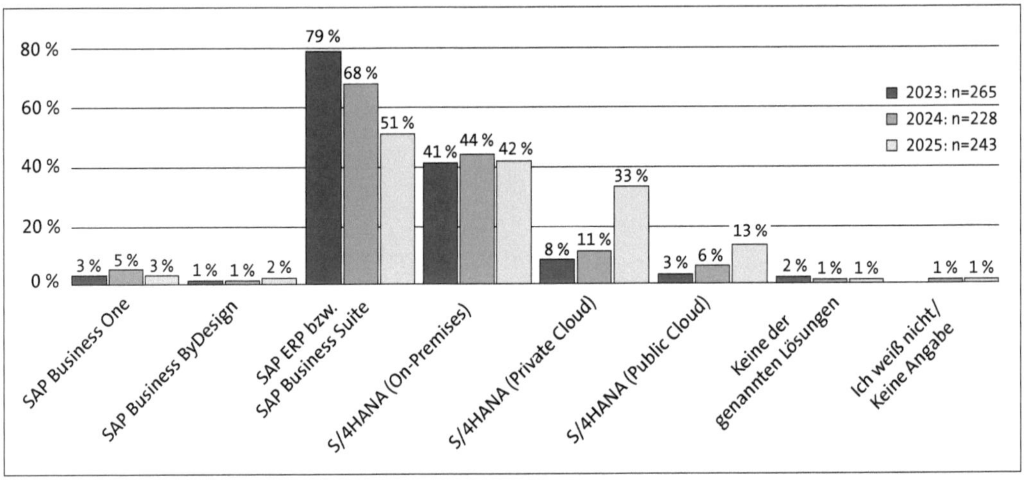

Abbildung 1.8 Ergebnis des DSAG-Investitionsreports 2025 zur Frage »Welche der folgenden SAP-ERP-Lösungen haben Sie in Ihrem Unternehmen oder in Ihrer Organisation im Einsatz (Mehrfachnennungen möglich)«?

Eine weitere Frage widmete sich der Einschätzung der eigenen Positionierung im Transformationsprozess:

> *»Eine weitere Frage dreht sich um die digitale Transformation und die Fortschritte der Unternehmen. Die in diesem Jahr überwiegend aus großen Unternehmen stammenden Befragten zeichnen bei dieser Frage ein positiveres Bild als die Teilnehmenden der vergangenen Investitionsreports. Dieses Jahr geben 64 % an, sehr weit/weit zu sein. 2024 sahen das 44 % der Befragten so. Als nicht sehr weit bezeichnen sich 29 %. Im Vorjahr waren das 48 %.«*

Flaschenhals könnte noch enger werden

Die bislang nicht allerorts stattgefundene Migration auf SAP S/4HANA in Verbindung mit der Generation ausscheidender Consultants, die in den nächsten Jahren in Rente gehen, bedeutet für Sie im Recruiting, dass der Flaschenhals in den nächsten Jahren noch enger werden könnte. Diese Tatsache hilft Ihnen vielleicht als Argumentationshilfe, um die Bedeutung Ihrer Rolle im SAP-Recruiting selbstbewusst auch gegenüber Ihrer Unternehmensführung vertreten zu können. Sie leisten in dieser Rolle einen wichtigen Beitrag, um Ihr Unternehmen wirtschaftlich und technologisch weiterzubringen und es zu transformieren.

Wichtigkeit und Dringlichkeit des SAP-Recruitings

Wie bereits zu Beginn dieses Abschnitts geschrieben, lautet meine These daher: SAP-Recruiting ist ein C-Level-Thema. Mein dringlicher Appell lautet, das SAP-Recruiting zu transformieren, um Unternehmen auch in der nächsten Generation und der neuen Welt zu unterstützen. HR hat viel Einfluss auf die Prozessgestaltung, aber die Geschäftsführung muss das Recruiting und die Personalarbeit insgesamt als zentrale unternehmerische Säulen wahrnehmen und mit entsprechenden Befugnissen, Budgets und Support ausstatten.

[+]

Ihre Motivation als Erfolgsfaktor

Recruiting kann manchmal stressig sein und führt beim Gegenüber nicht immer zu der Wertschätzung, die es verdient. Aber vergessen Sie nicht, dass Sie im Recruiting einen wesentlichen Beitrag für den Erfolg Ihres Unternehmens leisten. Sie schaffen es trotz aller technologischer Transformationen, Menschen zu neuen Karrieremöglichkeiten zu verhelfen – und glücklich zu machen.

1.4 Zusammenfassung

Nicht nur die SAP-Welt befindet sich derzeit im Umbruch. Eine neue Generation von SAP-Consultants steht in den Startlöchern, und auch das Recruiting muss den vielen Veränderungen Stand halten. Es ist sogar selbst Teil dieser Veränderungen auf dem Weg in eine neue Welt. Es ist heute nicht mehr so, dass sich viele Menschen auf eine SAP-Rolle bei Ihnen bewerben und Sie den besten auswählen können. Stattdessen müssen Sie sich bei den gefragten SAP-Fach- oder Führungskräften bewerben und als attraktiver Arbeitgeber in der SAP-Community punkten.

Recruiting inmitten der Transformation

Meine Grundhaltung in diesem Buch ist, dass auf Ebene des Recruitings als Prozess sowie als Kommunikationssystem ganz viel Raum für Kreativität und fürs Experiment für Sie und für Unternehmen bleibt und dass sich durch die Transformationsgewalt manchmal sogar erst Handlungsfenster auftun.

[+]

Transformation und wie Sie davon profitieren können

Folgende To-dos und Handlungsansätze sollten Sie aus diesem Kapitel mitgenommen haben:

- Transformation als Herausforderung annehmen
- Mit Flexibilität und Kreativität auf Veränderungen reagieren
- Die Idee von HR als Business Partner selbstbewusst gegenüber dem Fachbereich und dem C-Level vertreten
- Internen Recruiting-Prozess aufsetzen und laufend prüfen
- Recruiting als Kommunikationssystem mit verschiedenen Beteiligten und Kontaktpunkten denken und Silodenken auflockern
- Sichtbarkeit für die Relevanz von Recruiting bei Fachabteilungen und Geschäftsführung schaffen

Falls Sie nun anmerken, dass der Talente-Teich leer ist, möchte ich Ihnen mit diesem Buch aufzeigen, dass dieser Talente-Teich vielleicht gar kein Teich, sondern ein tiefer Ozean ist, mit allerlei unbekannten Wesen und Leuchtfischen – mit Ihrer Angel kommen Sie da nicht weiter. Aber mit dem richtigen Team und Equipment schaffen Sie es, die Leuchtfische in der Tiefsee aufzuspüren und für sich zu gewinnen.

Bevor es ans Tiefseetauchen geht, unternehmen wir in Kapitel 3, »Ein Erkundungsgang durch die SAP-Landschaft«, jedoch zunächst einen aktivierenden Spaziergang durch das aktuelle SAP-Ökosystem. Wenn Sie eine Abkürzung bevorzugen, sind Sie in Kapitel 2, »Recruiting-Hacks: 7 Abkürzungen für alle, die wenig Zeit zum Lesen haben«, auch dazu eingeladen.

Kapitel 2

Recruiting-Hacks: 7 Abkürzungen für alle, die wenig Zeit zum Lesen haben

Dieses Kapitel ist speziell für Sie bestimmt, wenn Sie direkt zu den wesentlichen Learnings und How-tos dieses Buchs kommen wollen oder müssen, ohne viel Zeit zu investieren. In den folgenden Kapiteln haben Sie jedoch die Chance, tiefer in das Wie und Warum einzusteigen.

Alte und neue Welt im SAP-Recruiting

Wie im vorangehenden Kapitel erläutert, befindet sich das SAP-Recruiting derzeit mitten im Wandel. Lassen Sie uns daher von einer neuen und einer alten Welt des Recruitings sprechen. Tabelle 2.1 stellt die wesentlichen Merkmale beider Welten noch einmal gegenüber. In diesem Kapitel wollen wir bei aller Wertschätzung des Alten vorwiegend einen Fokus auf das Neue legen und anhand von sieben ausgewählten Recruiting-Interventionen skizzieren.

Alte Welt	Neue Welt
▪ passivere Haltung gegenüber dem Fachbereich ▪ Stand-alone-Maßnahmen ▪ Stellenanzeigen schalten ▪ perfektes Matching mit vorhandenen Skills ▪ Auswählen aus einem Bewerberpool ▪ Einhaltung des internen Prozesses	▪ Sparring mit dem Fachbereich ▪ Einbindung anderer Akteure im Unternehmen ▪ Recruiting-Mix ▪ Denken in Potenzialen, neuen Karrierepfaden und Upskilling ▪ Netzwerken und Schaffen eines Recruiting-Systems ▪ zeitliche Optimierung auf Zeit ▪ Ziel einer guten Candidate Experience ▪ Akzeptanz der VUKA-Welt und Nutzung von KI

Tabelle 2.1 Transformation des Recruitings

2.1 Kein Recruiting ohne Kennzahlen: Status festhalten und Erfolge dokumentieren

Recruiting-Kennzahlen

Bevor Sie Ihr SAP-Recruiting mit Ihren eigenen Ideen und vielleicht auch angeregt durch die Lektüre dieses Buchs optimieren, nehmen Sie sich einen Moment Zeit, um anhand einiger wichtiger Kennzahlen (*Key Performance Indicators*, KPIs) Ihren aktuellen Ist-Zustand festzuhalten. Halten Sie diese Kennzahlen unbedingt schriftlich fest, denn nur so können Sie Ihre Entwicklung dokumentieren und messbar machen. Durch eine solche Dokumentation können auch Erfolge sichtbar gemacht werden, etwa gegenüber den Vorgesetzten, wenn es um Budgetfragen und auch Ihre eigene Rolle geht.

Als Recruiting-KPIs können Sie Folgendes analysieren:

- **Time to Hire**

  Wie lange dauert es vom Erstkontakt bis zur Einstellung?
- **Vacancy Duration**

  Wie lange bleibt eine Stelle unbesetzt?
- **Drop-out-Rate**

  Wie viele Bewerbende springen im Laufe des Prozesses ab?
- **Retention Rate**

  Wie viele Neueinstellungen bleiben langfristig im Unternehmen?

Manche dieser Kennzahlen erachten Sie vielleicht für wichtiger als andere. Priorisieren Sie selbst und ergänzen Sie diese Kennzahlen gegebenenfalls mit solchen aus Ihrem Bewerber-CRM-System (Customer Relationship Management). Die hier vorgestellten Kennzahlen sind die grundlegenden.

Spezifika im SAP-Bereich?

Gegebenenfalls werden Sie Abweichungen im Vergleich zu den Kennzahlen für das Nicht-SAP-Recruiting in Ihrem Unternehmen bemerken. Es lohnt sich daher auch hier, mit anderen Recruiting-Verantwortlichen in anderen Unternehmen im Austausch zu stehen, sogar mit solchen bei Wettbewerbern. Eine offene Kommunikation verhindert Silo-Denken und Scheuklappen.

Fest steht: Unternehmen, die Recruiting als strategische Disziplin begreifen, haben einen klaren Vorteil. Hierzu gehören auch die Messbarkeit des Erfolgs und die Dokumentation Ihres Recruitings.

2.2 Candidate Centricity: Fokus auf die Bewerbenden

Wenn ich im Recruiting auf die alte Welt schaue, habe ich manchmal den Eindruck, dass der Recruiting-Prozess nicht im Sinne der Bewerbenden abläuft. Häufig warten diese sehr lange auf eine Rückmeldung, auf Initiativ-Bewerbungen wird gar nicht oder nur automatisiert reagiert, Vereinbarungen werden nicht eingehalten und vieles mehr. Im Fokus des Recruiting-Prozesses steht stattdessen häufig das eigene Unternehmen, was es will und was es vom Bewerbenden erwartet. Aufbauend auf dieser Einstellung sind nicht zuletzt auch die Stellenbeschreibungen aufgesetzt.

Lassen Sie uns doch einmal ein Gegenbild schaffen, das sich in anderen Disziplinen bereits durchgesetzt hat, etwa im E-Commerce, in der Start-up-Szene oder, ganz groß gesprochen, im Silicon Valley. Hier werden die Kunden, aka Kandidat*innen, in den Mittelpunkt gestellt. Die gesamte Kommunikation, vor allem aber der gesamte Prozess, also die gesamte Candidate Experience, wird radikal an den Bedürfnissen der Kandidaten ausgerichtet. Dieses Vorgehen heißt auch *Candidate Centricity* oder *Kandidatenzentriertheit*.

Der Perspektivwechsel

Um sich diesem Mindset-Shift zu nähern, bitte ich Sie, sich einmal vorzustellen, Sie wären in der Rolle der Bewerbenden. Oder bitten Sie eine neutrale Vertrauensperson, einmal den kompletten Bewerbungsprozess inkognito durchzuspielen. Notieren Sie oder die neutrale Person dabei die Antworten auf folgende Fragen:

- Was ist Ihr erster Berührungspunkt mit dem Unternehmen?
- Wie fühlt sich das Absenden der Bewerbungsunterlagen an?
- Wann kommen Einladung und Rückmeldungen?
- Wie verläuft das Vorstellungsgespräch und mit wem?
- Auf welche Art erhalte ich Feedback und wie wertschätzend ist dieses?

Nehmen Sie eine Kundenperspektive ein und stellen Sie sich als Nächstes vor, Sie möchten ein für Sie sehr wichtiges Produkt kaufen, das es bei verschiedenen Händlern gibt.

- Würden Sie diesen Kauf weiterempfehlen?
- Wie zufrieden sind Sie mit dem Service, den Sie als Kunde erhalten?
- Hält das Produkt, was es verspricht?
- Wie viele Sterne würden Sie vergeben?

Es lohnt sich, an dieser Stelle radikal ehrlich zu sein. Hilfreich kann es ebenso sein, auch auf Bewertungsplattformen nach Rückmeldungen zu Ihrem

Unternehmen und dem Bewerbungsprozess zu schauen. Befragen Sie gezielt auch die Angestellten aus Ihrem SAP-Team.

Die ideale Bewerbungsreise

Als ein Tool empfehle ich, einmal eine ideale Recruiting-Erfahrung mit Ihrem Unternehmen zu skizzieren und sich diesem Ideal dann schrittweise anzunähern. Wie müsste die Bewerbungsreise für Ihre Bewerbenden in der Kundenrolle idealerweise aussehen? Welche Kontaktpunkte müsste es dabei geben?

____

____

____

____

____

Um diese ideale Vorstellung Schritt für Schritt umzusetzen, starten Sie bei den schnell und leicht zu lösenden Aufgaben, etwa der Rückmeldeart, einem wertschätzenden Feedback oder der Aufhebung langer Zeiten ohne Kontaktpunkte. Gehen Sie dann zu den mittelschweren Themen über, z. B. der Verbesserung eines nicht benutzerfreundlichen Karriereportals. Gehen Sie schließlich zu den harten Brocken über, wie der Schaffung eines großartigen Kennenlerngesprächs oder der Gestaltung eines lebendigen und motivierenden Onboardings.

Wir fassen als Learning zusammen, dass es ein wichtiger erster Schritt ist, einmal einen Perspektivwechsel vorzunehmen: weg von »Was will das Unternehmen?« hin zu »Was möchte die Kandidatin oder der Kandidat, und wie können wir als Unternehmen für eine maximal positive Recruiting-Erfahrung sorgen?«

2.3 Jobbeschreibungen an Werten und Community Identity ausrichten

Jobs sind weit mehr als Lohn und Brot; Jobs stiften Identität. Arbeit stiftet Sinn. Das ist im SAP-Umfeld nicht anders als in anderen Berufssparten. Dennoch gibt es auch hier kleinere Besonderheiten zu beachten, die mit der Identitätsbildung zusammenhängen.

Die eigene Haltung

Manche Menschen aus dem SAP-Kosmos fühlen sich eher einem betriebswirtschaftlichen Fachbereich als der IT zugehörig. Daher macht es für sie einen erheblichen Unterschied, wo genau eine Stelle angesiedelt ist. Manche fühlen sich der alten SAP-Welt und den vielen kundenindividuellen

Systemlandschaften verhaftet und würden gerne auch so weiterarbeiten. Anderen wiederum kann es gar nicht genug Cloud sein. Manche hemdsärmeligen Menschen sehen Ihre Beratungsleistung darin, für den Kunden alles möglich zu machen und gegebenenfalls auch selbst noch etwas zu coden. Andere versuchen auf Ebene der Beratungshaltung neue Wege zu gehen und agieren selbst eher in einer Sparringspartner-Rolle bis zum Challengen des Kunden oder auch der Fachabteilung. Einige sind im Zuge von Corona zum Remote-Consultant geworden. Für andere lautet das Ideal: raus zum Kunden!

Techies stehen den Prozess-Consultants und diese wiederum der Modulberatung gegenüber. Sie sehen: Auch im Bereich der beruflichen Identitäten ist der SAP-Kosmos vielfältig aufgestellt.

Abstrakte Werte ins Recruiting zurückführen

Ob sich Mitarbeitende entwickeln können, sich wohlfühlen und daher auch gute Leistungen erbringen oder ob sie das Gefühl haben, gerade im falschen Film zu sein (Stichwort: toxisches Arbeitsklima), hat sehr viel mit der Werte-Ebene zu tun. Wir alle möchten im Einklang mit unseren Werten arbeiten. Das heißt, wir möchten auf eine Arbeitsumgebung stoßen, die weitestgehend mit unserem eigenen Wertesystem übereinstimmt oder zumindest kompatibel ist. Aber wie können Sie so etwas Abstraktes wie Werte den Kandidat*innen nahebringen?

Ich gebe Ihnen gerne ein Beispiel für eine Herangehensweise, mit der wir selbst gute Erfahrungen gemacht haben. Wir bringen die Werte-Ebene direkt mit in die Jobbeschreibung ein. Neben dem Formulieren der Aufgaben und Erwartungen und dem Auflisten von Benefits können Sie hier mit den eigenen Werten noch eine weitere Ebene mit aufnehmen.

Um sich einer Beschreibung der eigenen Werte anzunähern, stellen Sie sich dazu zunächst folgende Fragen:

- Wer würde in Ihrem SAP-Team vollkommen unglücklich werden und direkt wieder kündigen?
- Wie könnten die 10 Gebote der fiesesten Gruppe in Ihrer SAP-Abteilung lauten?
- Lassen Sie sich den erdenklich schlechtesten Arbeitstag aus Perspektive von Mitarbeitenden im Fach- oder IT-Bereich schildern.
- Lassen Sie sich SAP-Memes vom Fach zeigen, über die alle herzlich schmunzeln können.

Über diesen kreativen Umweg erhalten Sie einen ziemlich guten Wertekompass und können gut einschätzen, wer auf der Werte-Ebene in Ihr SAP-Team passt.

Wertekompass

Sie können versuchen, die Werte-Ebene in Textform, in Bildform oder in Videos oder Podcasts zu transportieren. Es kommt meines Erachtens nicht so sehr auf die Art der Darstellung an, sondern darauf, bestmöglich zu versuchen, einen authentischen Eindruck zu vermitteln. Testimonials eignen sich hierzu sehr gut, wenn deren Aussagen echt und nicht geskriptet sind. Falls Sie Bilder verwenden, achten Sie darauf, dass es sich nicht um Stock-Fotos oder -Videos handelt – außer es sind Memes! Denn Memes entfalten gerade in der Wiederholung und dem Wiederaufgreifen ihre volle Kraft.

Aus diesem Abschnitt sollten Sie mitnehmen, dass die Arbeitskultur und die menschliche Seite des Arbeitens insbesondere bei stark technischen Berufen einen wichtigen Stellenwert im Recruiting-Prozess bekommen sollten. Stellenanzeigen eignen sich auch dazu, die eigenen Unternehmenswerte authentisch herüberzubringen.

2.4 New Work und Next Generation anerkennen, Stereotype und Perfektionismus über Bord werfen

Obwohl es Branchen geben mag, die Konzepte wie New Work oder synonym dafür auch Future of Work schneller umgesetzt und heute vielleicht weniger Nachwuchsprobleme haben, geht es doch auch im SAP-Umfeld mit großen Schritten in eine neue Richtung. Was heißt das konkret für Sie im Recruiting?

Männer in blauen Anzügen

Das stereotype Bild vom SAP-Professional als mittelaltem Mann in blauem Anzug mit Krawatte dürfen Sie getrost ins Gedankenarchiv stellen. Frauen in Pumps, Sneakern oder Birkenstock-Schlappen können genauso souverän ein Team in der Lagerlogistik steuern, und vollständig tätowierte Frauen sind genauso erfolgreiche Entwicklerinnen, CIOs oder Geschäftsführerinnen. Ein SAP-Berater aus Indien wird total happy in Brandenburg und bringt ganz neue Vibes ins Team, und der Berater mit dem türkisch klingenden Namen gründet ein Unternehmen und wird ein super erfolgreicher Geschäftsmann. Ein SAP-Manager geht in Teilzeit, um sich statt um die »Kaminkarriere« um die Kids zu kümmern, und eine Geisteswissenschaftlerin macht richtig Karriere bei einem SAP-Dienstleister –ganz ohne MINT-Background. Das ist die *Next Generation* von SAP-Professionals, also die Personen, die das SAP-Ökosystem schrittweise dominieren. Die noch jüngere Generation Z steht in den Startlöchern.

Neben einem Denken jenseits Ihrer Stereotype sollten Sie außerdem auch das alte Verhalten ablesen und sich selbst als Teil der New-Work-Bewegung verstehen.

Effectuation Tools

Als Unternehmerin bin ich mit den *Effectuation Tools* nach Wirtschaftswissenschaftlerin Saras D. Sarasvathy in Kontakt gekommen. Bedingt durch die VUKA-Welt müssen wir akzeptieren, dass die Zukunft nicht vorhersagbar, jedoch gestaltbar ist. Anstatt der Logik der alten Welt von Ursache und Wirkung zu folgen, führt Sarasvathy alternative Vorgehensweisen auf, um gute Entscheidungen auch in Zeiten von Unsicherheit zu treffen. Effectuation beinhaltet demnach fünf Grundsätze, die auch für Ihr Recruiting anwendbar sind:

- Vogel in der Hand (Bird-in-Hand-Prinzip)
- Erschwingliche Verluste (Affordable-Loss-Prinzip)
- Verrückte Flickendecke (Crazy-Quilt-Prinzip)
- Limonade (Lemonade-Prinzip)
- Pilot im Flugzeug (Pilot-in-the-Plane-Prinzip)

Auf die einzelnen Grundsätze gehe ich im Folgenden näher ein.

Spatz in der Hand

Starten Sie mit den Ressourcen, die in Ihrem Unternehmen bereits vorhanden sind: bestehende Talente, Netzwerke, Erfahrungswerte. Analysieren Sie, welche Positionen mit Bordmitteln besetzt werden könnten und welche Zielgruppen bereits erfolgreich angesprochen wurden. Statt unrealistischen Wunschprofilen hinterherzujagen, setzen Sie auf realistische Potenziale und Entwicklungsperspektiven.

Zu den Grundsätzen, von denen wir uns verabschieden sollten, zählt, dass das Matching zwischen Anforderungsprofil und Mensch in allen Bereichen 100 % betragen muss. Nehmen Sie lieber den Spatz in der Hand als die Taube auf dem Dach! Mit der alten Vorgehensweise denken Sie zu wenig in Chancen und werden letztlich zu wenig Menschen finden. Überlegen Sie stattdessen Folgendes:

- Welche fachlichen Skills braucht es wirklich, um die Rolle ausüben zu können?
- Welche Skills können im Job noch entwickelt werden? Welche Zertifikate und welcher Abschluss sind wirklich notwendig?
- Was dagegen ist eher eine Formalität, weil es immer schon so gehandhabt wurde?
- Was wäre das Schlimmste, was Ihnen passieren könnte, sollten Sie kein 100-%-Match einstellen?

Erschwingliche Verluste

Rekrutierungsentscheidungen sollten nicht nur auf Basis potenzieller Gewinne getroffen werden. Fragen Sie sich: Was wäre ein akzeptabler Verlust in einem bestimmten Suchprozess? Welche Ressourcen (Zeit, Budget, Kapazitäten) sind Sie bereit zu investieren, auch wenn ein Projekt scheitert? Sie können bei einem nischigen Profil zum Beispiel selbst sourcen. Setzen Sie sich dann aber einen Rahmen, wie viel Zeit Sie investieren wollen, bis Sie Ihre Recruiting-Strategie verändern und zum Beispiel über einen externen Dienstleister suchen. Ziehen Sie auch folgenden Fall in Betracht: Sie stellen jemanden ein, der das Anforderungsprofil nur zu 50 % erfüllt. Was wäre in diesem Fall der akzeptable Verlust für Sie?

Verrückte Flickendecke

Nutzen Sie Ihr bestehendes Netzwerk aktiv für Kollaborationen im Recruiting. Arbeiten Sie mit Ihrem Team, Fachbereichen, Alumni oder Partnerfirmen zusammen. Auch unkonventionelle Kontakte können wichtige Hinweise auf passende Talente geben. Binden Sie Ihr Team in die Talentsuche ein, und überdenken Sie klassische Rollen im Recruiting-Prozess.

Limonade-Prinzip

Ungeplante Ereignisse wie eine plötzliche Kündigung oder Budgetkürzung in Ihrem Team können auch neue Möglichkeiten schaffen. Nutzen Sie diese Anlässe für kreative Ansätze: Vielleicht kann eine Rolle in Teilzeit besetzt werden und bietet sich daher für eine ganz neue Zielgruppe an. Eine angedachte Verstärkung im Recruiting wurde doch wieder wegrationalisiert? Vielleicht ist das ein guter Anlass, die Nutzung von KI in Ihrer Arbeitsweise zu etablieren.

Aktiv und vorausschauend handeln

Statt auf Impulse von oben seitens der Geschäftsleitung oder der SAP-Personalbedarfsmeldung vom Fach zu warten, gestalten Sie Ihr Recruiting aktiv und handeln proaktiv und vorausschauend, etwa durch den Aufbau einer starken Arbeitgebermarke, gezielte Netzwerkpflege und den strategischen Einsatz von Tools und Prozessen. Ihre Einflussmöglichkeiten sind größer, als Sie denken. Nutzen Sie sie, um die Zukunft Ihres Unternehmens mitzugestalten und Ihre Rolle zu positionieren.

Mit diesen fünf Effectuation-Tools haben Sie Möglichkeiten, auf unerwartete Ereignisse im Bereich HR, aber auch auf Veränderungen auf dem SAP-Bewerbermarkt zu reagieren und gute Entscheidungen zu treffen. Das wird Ihnen Souveränität verleihen. Auch VUKA verliert dadurch an Schrecken, weil Ihr Denken und Handeln flexibler wird. Sie werden ein Gefühl von Selbstwirksamkeit haben, auch wenn die SAP-Bewerber-Pipeline mal wieder leer oder nicht ganz mit den passenden Menschen gefüllt ist.

2.5 Storytelling auf allen Unternehmenskanälen: Menschen folgen Menschen

Geschichten zu erzählen, ist eng mit unserer anthropologischen Menschwerdung verknüpft: Unsere Vorfahren saßen um das Feuer und erzählten sich Geschichten. Manche dieser Geschichten wurden auch in die Steinzeithöhlen geritzt und überdauern bis ins Jetzt.

Storytelling im Recruiting

Der Begriff *Storytelling* greift auf unseren ureigensten Wunsch zurück, Erlebtes ebenso wie die Gegenwart und Zukunft in Sprache zu fassen – und das mit viel Impact. Denn Geschichten, die uns emotional berühren, bleiben haften. Wir erinnern uns viel besser an solche Geschichten als an Zahlen, Daten oder Fakten. Im Marketing wird Storytelling schon eine Weile als Kommunikationsinstrument eingesetzt, um Werte, Botschaften, Produkte und Dienstleistungen zu verkaufen. Storytelling funktioniert nicht nur mit dem gesprochenen oder geschriebenen Wort. Wie eingangs erwähnt, können auch Bilder, Musik, Filme und andere Medien als Storytelling-Instrument dienen.

Doch was bedeutet Storytelling für das Recruiting, genauer gesagt für das SAP-Recruiting? Letztlich gibt es hier immer Personen, die erzählen oder als Sender fungieren und dabei unterschiedlich stark hervortreten. Und es gibt ein Ereignis oder eine Begebenheit, über die berichtet wird – die *Story*. Neben dem Sender dieser Story sollte es auch einen Empfänger geben, der Interesse an ihren Inhalten hat. Das ist Ihre SAP-Zielgruppe.

Ihre SAP-Story

Das Storytelling kann und sollte auf vielen Kanälen stattfinden und nicht nur auf Ihrer Karriereseite. Sie benötigen dazu verschiedene Menschen, die Sie motiviert unterstützen, um etwa die Story von Ihnen als attraktiver SAP-Arbeitgeber authentisch herüberbringen zu können. Teammitglieder, die auf LinkedIn aktiv sind, können Sie bitten, Sie zu unterstützen. Es geht hier nicht um Job-Postings Ihrer SAP-Vakanzen! Storys, die einen positiven Eindruck von Ihnen als SAP-Arbeitgeber hinterlassen, können beispielsweise aus dem Sportbereich stammen. Was Ihr SAP-Kollege oder Ihre SAP-Kollegin nach der Arbeit Sportliches macht, sagt indirekt etwas über die Work-Life-Balance in Ihrem Unternehmen aus, weil er oder sie sich Zeit für sein Hobby nehmen kann. Sämtliche Fachthemen zahlen auch auf Ihr Arbeitgeber-Image und letztlich Ihr Recruiting ein, denn durch das Posten von SAP-Fachbeiträgen können Sie sich mit den Menschen verbinden, die den Fach-Post Ihrer Kollegin oder Ihres Kollegen kommentiert haben. Auch Gartentipps, die an Wochenenden häufiger bei LinkedIn zu finden sind, machen Ihr Unternehmen nahbarer, greifbarer. Sie könnten über Ihren eigenen Bienenstock berichten und ein Image von Nachhaltigkeit oder ökologischem Bewusstsein erzeugen. Dies waren ein paar wenige Beispiele von LinkedIn, wo sich ein Großteil der SAP-Professionals bewegt oder ein Profil angelegt hat. Nicht immer wird aktiv gelikt und kommentiert, aber Sie können sicher sein, dass es einen großen Anteil stiller User gibt, die Interesse an Ihren Storys haben und diese neugierig verfolgen.

Die Kanäle

In sozialen Medien folgen Menschen anderen Menschen und nicht Unternehmen oder Marken. Häufig haben Unternehmensaccounts deutlich weniger Follower als einzelne persönliche Accounts und auch weniger Reichweite in den einzelnen Beiträgen.

Tragen Sie daher in einem ersten Schritt zusammen, über welche Kommunikationskanäle Ihr Unternehmen generell verfügt:

- Sind Sie auf LinkedIn, auf Instagram, auf Facebook oder YouTube?
- Gibt es Corporate Influencer?
- Betreiben Sie einen Blog?
- Betreiben Sie einen Podcast?
- Sind Sie auf Messen oder betreiben Sie eigene Events?

Versuchen Sie dann, von Ihrem SAP-Team zu erfahren, wo sich im Netz die Mitglieder gerne bewegen und wo sie Informationen beschaffen. Bei der Bespielung der Kanäle kommt es nicht so sehr auf die Quantität an. Greifen Sie am besten diejenigen raus, auf denen sich Ihre Zielgruppe höchstwahrscheinlich bewegt. Die Anzahl der Kanäle sollten Sie auch stemmen können. Versuchen Sie, sich als Pilotin im Flugzeug zu sehen, und beantworten Sie folgende Fragen: Worauf können Sie Einfluss nehmen? Was können Sie kontrollieren?

Die Zutaten fürs Storytelling

Ein Mix aus Karrierethemen, spannenden Menschen, die eine gewisse Sichtbarkeit haben, und Fach- bzw. Technologie-Themen, zusammen mit einem gewissen Twist, einer Wiedererkennbarkeit. Das sind Zutaten für ein gutes Storytelling. Zwei echte Geheimzutaten sind jedoch Zeit und Kontinuität. Und auch beim Storytelling sollte das Liefern von Mehrwert für Ihre Zielgruppe im Fokus stehen.

Social Media kennt kein Wochenende

Neben guten Geschichten geht es auf den Social-Media-Kanälen immer auch um eine gute und direkte Kommunikation. Social Media kennt kein Wochenende – und wenn auf Instagram oder LinkedIn ein spannender Mensch aus dem SAP-Kosmos sich interessiert an einer Stelle zeigt und z. B. eine Frage stellt, dann sollten nicht erst mehrere Stunden oder sogar Tage vergehen, bis eine Reaktion Ihrerseits erfolgt.

2.6 Attraktive Benefits und SAP-Gehälter kennen

Wenn ich Ihnen nur eine Recruiting-Faustregel mitgeben sollte, würde diese lauten:

Benefits binden. Storys und Menschen fesseln. Gehalt schafft Sicherheit und ist letztlich die Baseline.

Passende Benefits statt One-Fits-All

Starten wir mit den Benefits. Anstatt einen One-Fits-All-Ansatz zu verfolgen, sollte es um das Herausarbeiten wirklich passender und sinnvoller Benefits für die einzelnen Zielgruppen und letztlich um Mehrwerte gehen. Abbildung 2.1 führt einige Zielgruppen für das SAP-Recruiting auf. Die Liste lässt sich noch verlängern, und Sie werden feststellen, dass jede Zielgruppe wiederum über Untergruppen verfügt. Bei den internationalen SAP-Fachkräften hat z. B. das Herkunftsland einen erheblichen Einfluss auf Ihren Recruiting-Prozess.

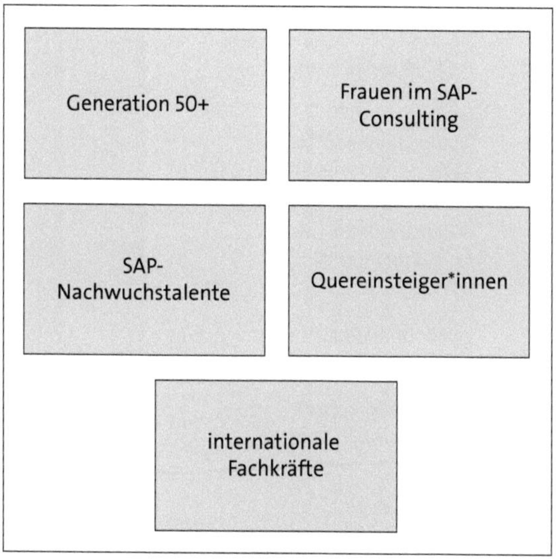

Abbildung 2.1 Zielgruppen im SAP-Recruiting

Denken in Zielgruppen

Das Denken in Zielgruppen macht die Kommunikation mit den Menschen, die sich auf Ihre Stelle bewerben, zielgerichteter. Bei den Benefits gilt es nun darum, die passenden für die jeweilige Zielgruppe zu kommunizieren und hervorzuheben, damit wir eben nicht mit dem Gießkannenprinzip vorgehen.

Wenn Sie bei internationalen Fachkräften sourcen wollen, brauchen Sie nicht unbedingt hervorheben, dass Sie 42 Tage Urlaub anbieten. Hier zählt viel mehr, dass Sie einen sicheren Onboarding-Prozess haben und bei der Wohnungssuche unterstützen. Für Frauen im SAP-Consulting spielt Flexibilität häufig eine größere Rolle als die Möglichkeit, noch einmal nebenberuflich zu studieren. Letzteres könnte wiederum für die SAP-Nachwuchstalente ein spannender Benefit sein und für Sie als Arbeitgeber sprechen.

Motivationsgrad bzw. Bedürfnisbefriedigung

Wir können die Benefits nach Motivationsgrad bzw. Bedürfnisbefriedigung klassifizieren. Wenn wir an die Bedürfnispyramide nach Maslow (siehe Abbildung 2.2) denken, sind Grundbedürfnisse, genug zu Essen und ausreichend Schlaf zu bekommen. Weiter oben in der Pyramide sind weitere Bedürfnisse angeordnet, z. B. einen sicheren Raum zu haben, ein gutes soziales Umfeld. Auch das Gefühl von Sicherheit, also das Erleben der Arbeit als einen sicheren Raum, gilt es im Kennenlernprozess und im gesamten Arbeitsleben zu schaffen. Ganz oben finden sich Individualwünsche wie Anerkennung, Wertschätzung und Selbstverwirklichung.

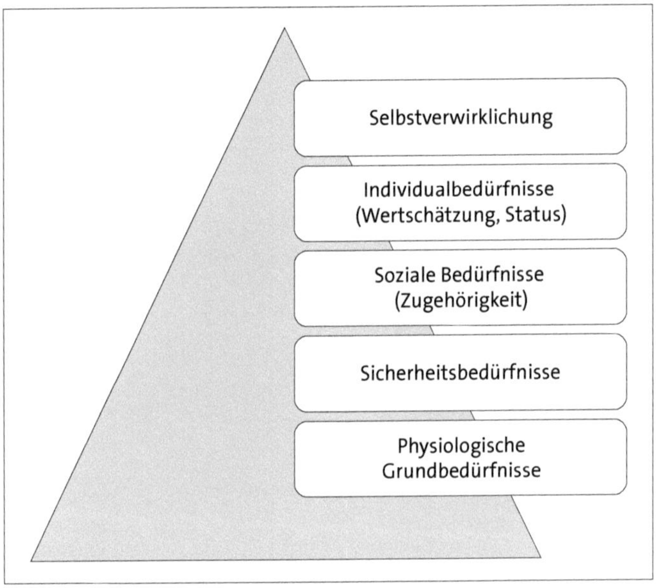

Abbildung 2.2 Bedürfnispyramide

All diese Bedürfnisse sind mit der Arbeitswelt verwoben. Ich denke, dass wir uns auf all diesen Ebenen als Arbeitgeber positionieren können – und sollten. Ein Obstkorb, leckerer Kaffee und frisch gekochtes Essen – vielleicht sogar ein Koch, der Mahlzeiten eigens für das Team zubereitet – orientieren sich an den Grundbedürfnissen aller Mitarbeitenden, denn gutes Essen ist von zentraler Bedeutung. Ein Job ermöglicht aber viel mehr: soziale Bedürfnisse, Teil eines Teams sein, Potenzialentfaltung und Selbstverwirklichung.

[»]

Benefits führen zu Bindung

Benefits sind als Auflistung und in Summe keine Angel, die sich einfach im Talente-Pool auswerfen lässt. Wenn Sie sie allesamt in Ihre Stellenbeschreibung packen, wirkt diese überladen, und Sie erschlagen die Bewerbenden. Überprüfen Sie daher anhand der Bedürfnispyramide, welche Benefits sich an welchem Bedürfnis orientieren und für welche Zielgruppe Sie besonders erwähnenswerte Benefits bereithalten. Benefits führen vor allem zu einer Bindung an Ihr Unternehmen, nachdem die Anwerbephase bereits vorbei ist und wenn der Mensch seinen ersten Arbeitstag bei Ihnen startet.

Benefits im SAP-Kosmos

Als Inspiration für Sie habe ich in Abbildung 2.3 eine Übersicht erstellt, welche Benefits mir im SAP-Kosmos bereits untergekommen oder besonders aufgefallen sind. Versuchen Sie, hier spezifische Benefits für Ihre Zielgruppen herauszudestillieren. Was passt zu Ihnen und stiftet echten Mehrwert? Wie werden aus neuen Bewerbenden langfristig produktive Teammitglieder?

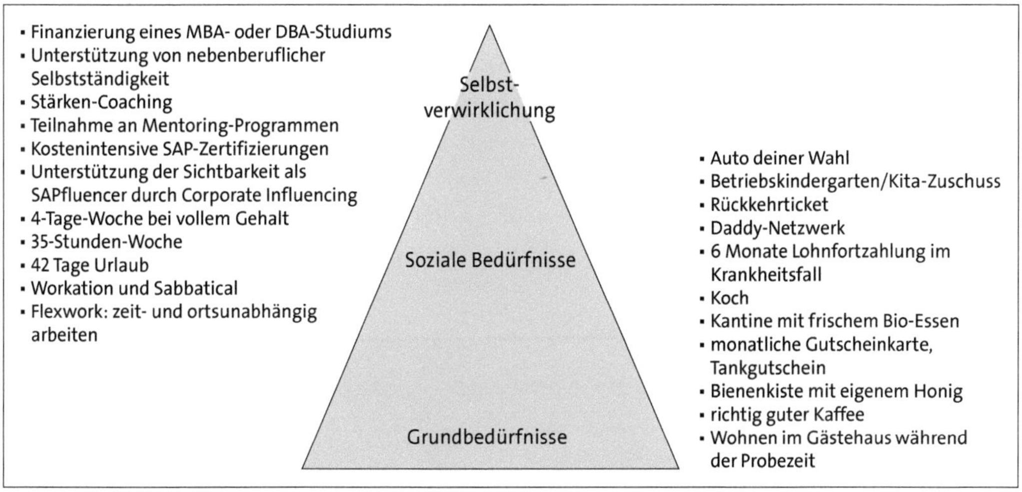

Abbildung 2.3 Benefits im SAP-Kosmos entlang der Bedürfnispyramide

Klare Formulierung statt Schlagworte

Meine Empfehlung lautet, die ausgewählten Benefits möglichst klar zu formulieren, anstatt in Ihren Stellenanzeigen mit Buzzwords zu arbeiten. Lassen Sie Ihre Benefits auch in Ihr Storytelling einfließen. Als positive Bestätigung können Sie den neuen Teammitgliedern alle kleineren (!) Social Benefits am ersten Arbeitstag auch noch einmal in Form einer Liste mitgeben. Ihr Gegenüber kann so in dem Gefühl bestärkt werden, sich für den richtigen Arbeitgeber entschieden zu haben.

Als Angestellte verkaufen wir unsere Zeit an Unternehmen. Sie erhält damit einen bestimmten Wert, abhängig von den unternehmensseitigen Erwartungen an unsere Leistung und den Kompetenzen, die wir einbringen können, um die Wirtschaftlichkeit und Leistungsfähigkeit des Unternehmens zu stärken. Im SAP-Kosmos können diese Erwartungen bzw. Kompetenzen

z. B. ein bestimmtes Erfahrungslevel, Expertise mit einem bestimmten Modul oder Add-on, Prozesswissen, Branchenexpertise, Projekterfahrung, eine gewisse Beratungshaltung oder weitere IT-Skills sein. Daneben können auch Erfahrungen mit Trendthemen wie KI, Prozessautomatisierung, Datenanalyse, Smart Factory oder Sustainability gefragt sein. Neben diesen wertsteigernden Faktoren hat auch der Fachkräftemangel in den vergangenen Jahren die Gehälter deutlich spürbar in die Höhe getrieben – ein klassischer Fall von viel Nachfrage und zu wenig Angebot.

Gehälter im SAP-Universum

Um mehr Transparenz in SAP-Gehälter zu bringen, führen wir bei Ankerkopf seit August 2023 eine Langzeitstudie durch, den »Großen SAP Gehälter Report«. Eine Übersicht finden Sie in Anhang G dieses Buches. Als Zwischenergebnis aus der Befragung von rund 250 Personen lässt sich festhalten, dass der Durchschnitts-SAP-Professional ein Jahresgehalt von über 85.000 € erhält. Verglichen mit dem durchschnittlichen Angestelltengehalt in Deutschland von rund 55.000 € über alle Berufssparten hinweg bewegen wir uns im SAP-Kosmos in Gehältergefilden, die mit Anwältinnen, Professoren oder Ärztinnen verglichen werden können. Der typische SAP-Professional ist dabei seit neun Jahren im SAP-Bereich tätig, hat drei Berufsstationen hinter sich und 0,98 Kinder.

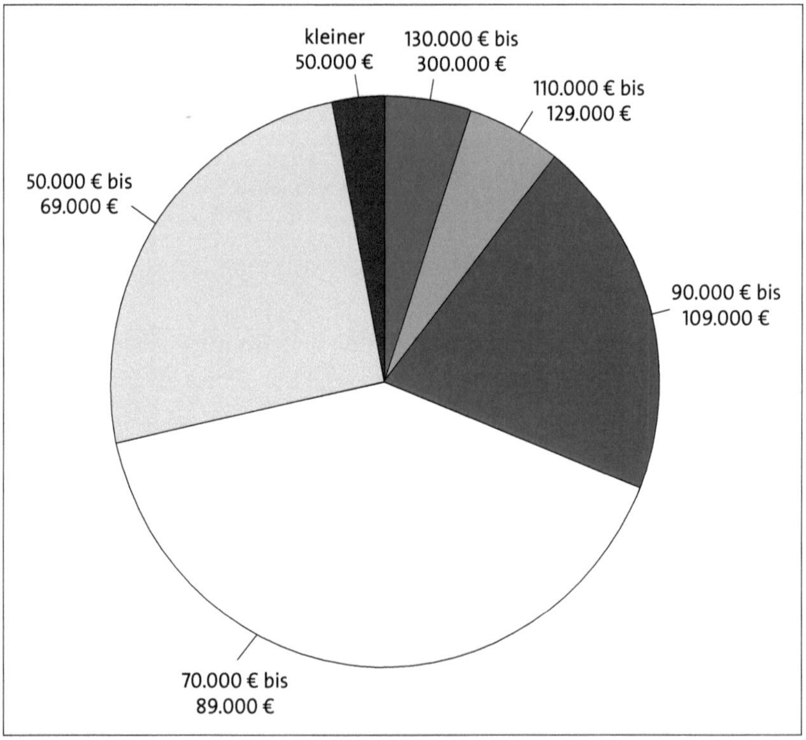

Abbildung 2.4 Auszug aus der SAP-Gehälter-Studie von Ankerkopf

Das Gehalt sollte zur Rolle, den Aufgaben, den Vorerfahrungen und der Verantwortung und mit Blick auf das Teamgefüge passen. Ein hohes Gehalt ist mit hohen Erwartungen an die Leistung verbunden, das gilt es zu kommunizieren. Ein zu niedriges Gehalt ist ein Phänomen, das auch Frauen im SAP-Kosmos betrifft. Hier beträgt der Gender Pay Gap rund 17 %, wie wir ebenfalls in der erwähnten Studie herausgearbeitet haben.

Die Gehaltsbestandteile

Das Gehalt setzt sich aus mehreren Komponenten zusammen und beinhaltet feste ebenso wie variable Anteile und Boni sowie weitere Gehaltsbestandteile oder geldwerte Vorteile. Speziell bei SAP-Dienstleistern sehen wir hier größere Unterschiede, z. B. bei der Frage, ob Fahrten zum Kunden als Arbeitszeit berechnet werden oder wie viele Stunden fakturiert werden müssen. Es gilt also auch, auf die Zusammensetzung des Gehalts zu achten.

SAPfluencer

Bitte vergessen Sie nicht, dass auch Sichtbarkeit eine Art von Währung bzw. Wertschöpfung ist. Ihr Unternehmen kann SAP-Menschen, die aktiv in den sozialen Medien agieren – ich nenne sie *SAPfluencer* –, auch in diesem Bereich unterstützen, indem Sie sie in ihr Corporate Influencing einbinden. Dies kann von diesen Personen als echter Nutzen wahrgenommen werden.

Gehälter in der Stellenanzeige

Ich empfehle Ihnen, bezüglich der Transparenz bei Gehältern offen zu sein und ein Optimum für alle Seiten zu ermitteln. Als einzige Motivation ist ein gutes Gehalt zwar sicher nicht nachhaltig, trotzdem muss es für alle Seiten stimmen. Gehälter gehören auf die eine oder andere Weise zumindest bei SAP-Fachjobs mit in die Stellenanzeige. Als Orientierung lohnen sich ein Blick in die SAP-Gehälter-Tabelle im Anhang oder der Austausch mit anderen Unternehmen.

[+]

Und wenn Ihr Gehalt nicht attraktiv genug ist?

Vielleicht haben Sie das Gefühl, in Hinblick auf die Benefits und die Gehälter eher im Mittelfeld zu liegen. Ich kann Sie hier beruhigen: Es geht vielen so. Machen Sie aus Ihren Zitronen eine leckere Limo und heben Sie im Storytelling kreativ die tollen, einzigartigen Menschen in Ihrem Unternehmen hervor. Arbeiten Sie einfach mit dem, was da ist und worauf Sie im Recruiting aktiv Einfluss nehmen können.

2.7 Die häufigsten Stolpersteine beim SAP-Recruiting – und wie Sie diese vermeiden

Ich kann Ihnen versichern, dass niemand alles richtig macht. Der wohl wichtigste Erfolgsfaktor ist die Fähigkeit zur Selbstreflexion, also zu erkennen, an welchen Stellen es in Ihrem Recruiting bisher nicht ganz rund läuft, und mit dieser Erkenntnis konstruktiv umzugehen.

Das sind die Don'ts

Ich möchte die häufigsten Mindset-Stolpersteine im Bereich Recruiting im Folgenden einmal als negative Glaubenssätze und Aussagen formulieren. So sollten Sie die Dinge bitte nicht angehen, zumindest nicht, wenn Sie im SAP-Recruiting Erfolg haben möchten:

- »Es ist mir egal, ob die Stelle heute besetzt wird oder erst nächstes Jahr.«
- »Ich habe in 5 Minuten Feierabend; da lohnt es sich nicht mehr, zurückzurufen.«
- »Soll der Fachbereich doch die Stelle selbst besetzen.«
- »Das geht mir zu sehr ins Marketing rein.«
- »Dafür macht meine Chefin bestimmt kein Budget locker.«
- »Es herrscht nun mal überall Fachkräftemangel.«
- »Einem alten Hund kannst du keine neuen Tricks beibringen.«
- »Fachlich kann ich rein gar nichts zu der Stelle sagen und keinerlei Auskunft erteilen.«
- »Die SAP-Teamleitung ist im Urlaub – da kann ich leider erst nächsten Monat einen Termin für das erste Kennenlernen vereinbaren.«

5 wichtige Recruiting-Prinzipien

Und hier sind die 5 Prinzipien, mit denen wir ebenso wie andere in unserem SAP-Recruiting-Netzwerk richtig gute Erfolge erzielt haben:

1. **Schnelligkeit**

   Lassen Sie keine Zeit verstreichen.

2. **ABC (Always be closing)**

   Zeigen Sie nach allen Seiten immer Verbindlichkeit und fordern Sie diese auch vom Gegenüber.

3. **Fachlichkeit**

   Vertiefen Sie sich fachlich so sehr in die Rolle, dass Sie Junior-SAP-Consultant werden könnten.

4. **Spatz in der Hand**

   Vergessen Sie das 100-%-Matching und denken Sie entwicklungspositiv.

5. **Community**

   Werden Sie selbst Teil der SAP-Community. Leben Sie Ihre Rolle und stiften Sie Mehrwert. Sie werden davon profitieren.

Wenn Sie hinter jedem dieser Punkte ein Häkchen machen können, sind Sie bereits auf einem hohen SAP-Recruiting-Level unterwegs. Wir stellen diese Liste auch im Download-Material dieses Buchs unter *www.sap-press.de/6119* zur Verfügung. Drucken Sie sie aus, gestalten Sie sie, hängen Sie sie ins Büro und versuchen Sie, diese 5 Prinzipien, so oft es geht, in Ihren Recruiting-Alltag zu transferieren.

Ihr persönlicher SAP-Recruiting-Score

Wo Sie aktuell stehen, können Sie auf einer Skala von 1 bis 10 einschätzen. Versuchen Sie dann, Ihren persönlichen SAP-Recruiting-Score schrittweise zu verbessern.

Ihr persönlicher SAP-Recruiting-Score											
Schnelligkeit											
Das kann dauern ...											Ich antworte sofort.
ABC											
Da gibt es so viele Faktoren ...											Ich bin super verbindlich.
Fachlichkeit											
Worum geht es?											Das kann ich genau erklären.
Spatz in der Hand											
Ich hätte gerne die Taube auf dem Dach.											Der Spatz bringt alles Wesentliche mit.
Community											
Ich arbeite lieber allein.											Ich bin super vernetzt.

Tabelle 2.2 Was ist Ihr persönlicher SAP-Recruiting-Score?

Kapitel 3
Ein Erkundungsgang durch die SAP-Landschaft

Dieses Kapitel richtet sich an alle, die erstmals eine SAP-Vakanz zu besetzen haben. Es vermittelt ein grundlegendes Verständnis für die SAP-Welt, ihre Begriffe, Rollen und Entwicklungen. Ziel ist es, Sie mit dem nötigen Fachwissen auszustatten, damit Sie Stellen präziser besetzen und besser mit Fachabteilungen kommunizieren können.

SAP ist ein eigenes Ökosystem mit eigenen Rollen, Begriffen und Systemen. Nur wer ein Grundverständnis davon hat, was SAP-Software macht, wo sie eingesetzt wird und wie sich der Markt verändert, kann nachhaltig rekrutieren.

[zB]

Mein persönlicher Aha-Moment

Als ich meine erste SAP-Stelle besetzen sollte, war ich überwältigt von der Abkürzungsdichte. Schritt für Schritt habe ich mir ein Bild von der SAP-Systemlandschaft gezeichnet, und zwar buchstäblich: Ich malte eine Modul-Sonne und ordnete ihr die verschiedenen Geschäftsprozesse zu. Mit jedem Gespräch, ob mit Bewerbenden oder Fachabteilungen, habe ich dazugelernt. Und auch heute gilt noch: Fragen stellen bleibt ein zentraler Bestandteil meiner Arbeit. Deshalb finden Sie in diesem Kapitel keine vollständige SAP-Enzyklopädie vor, sondern eine kompakte Orientierungshilfe: eine SAP-Landkarte für Ihren Recruiting-Alltag.

Wir werfen in Abschnitt 3.1 zunächst einen Blick auf das gesamte Ökosystem und schauen uns in Abschnitt 3.2 ein paar Zahlen an. Dann gehe ich in Abschnitt 3.3 auf klassische SAP-Rollen und deren Einsatzfelder beim Hersteller, bei den Partner- und den Anwenderunternehmen ein, bevor ich in 3.4 einige wichtige Trends und Entwicklungen anspreche. In Abschnitt 3.5 lernen Sie einige SAP-Menschen und deren Laufbahnen kennen, um ein Gespür für die Vielfältigkeit in der SAP-Welt zu bekommen.

3.1 Ein Blick ins SAP-Ökosystem

SAP ist überall, auch wenn Sie in Ihrem Alltag bisher wenig davon mitbekommen haben. Über 77 Prozent des weltweiten Geschäftsvolumens werden heute über SAP-Systeme abgewickelt. Ob Sie eine Cola kaufen, ein Flugticket buchen oder online etwas bestellen – mit großer Wahrscheinlichkeit arbeitet irgendwo im Hintergrund eine Software von SAP. Doch was steckt eigentlich hinter diesen drei Buchstaben? Und warum ist SAP aus der Unternehmenswelt nicht mehr wegzudenken?

Gründung 1972

Die Geschichte von SAP beginnt im Jahr 1972 in Deutschland. Fünf ehemalige IBM-Mitarbeiter – Dietmar Hopp, Hasso Plattner, Claus Wellenreuther, Klaus Tschira und Hans-Werner Hector – hatten eine gemeinsame Idee: Unternehmen sollten ihre Prozesse in Echtzeit steuern können. Nicht auf Papier, nicht zeitverzögert – sondern direkt am Bildschirm. Als IBM ihr Konzept ablehnte, gründeten sie ein eigenes Unternehmen namens *Systemanalyse Programmentwicklung*. Ein sperriger Name, der bald zur Abkürzung SAP wurde. Sie stand für Systeme, Anwendungen, Produkte in der Datenverarbeitung.

Standardsoftware von Anfang an

Schon die erste Lösung – ein Programm für Lohnabrechnung und Buchhaltung – war so angelegt, dass sie nicht nur für einen einzelnen Kunden funktionierte, sondern für viele. Der Gedanke dahinter: eine Standardsoftware, die Unternehmen hilft, sich digital zu organisieren – und die jederzeit mitwachsen kann.

Vom Start-up zum Weltmarktführer

In den folgenden Jahren wuchs SAP stetig. Was als kleines Fünf-Mann-Team begann, wurde zu einem Technologieunternehmen mit Sitz im baden-württembergischen Walldorf und später zu einem der weltweit größten Softwareanbieter. Die Softwaregenerationen SAP R/2 und SAP R/3 führten in den 1980er- und 1990er-Jahren zum Durchbruch. Die Börsennotierung, die internationale Expansion und Innovationen machten SAP zu dem, was es heute ist: ein globaler Anbieter mit über 100.000 Mitarbeitenden, mit 160 Nationalitäten in 78 Ländern.

Was macht SAP heute?

Vereinfacht gesagt, entwickelt SAP Softwarelösungen, die das digitale Herz von Unternehmen bilden. Sie verbinden unterschiedliche Abteilungen wie Einkauf, Vertrieb, Buchhaltung oder Personal miteinander, sodass alle auf denselben Datenstand zugreifen können. Früher hatte jede Abteilung oft ihre eigene Software, was zu Missverständnissen, doppelten Eingaben und Zeitverlust führte. SAP löste dieses Problem, indem es eine einheitliche Plattform schuf: eine zentrale Wahrheit, auf die sich alle verlassen konnten.

[zB]

Ein Bestellvorgang im SAP-System

Wenn ein Kunde heute eine Bestellung aufgibt, wird diese im SAP-System erfasst. Gleichzeitig weiß das Lager, welche Produkte verschickt werden müssen. Die Produktion kann nachliefern. Und die Buchhaltung sieht den Umsatz in Echtzeit. Alles ist miteinander vernetzt. Das Ergebnis? Weniger Fehler, schnellere Abläufe, bessere Entscheidungen.

Komponenten der ERP-Software

SAP ist kein fertiges Produkt »von der Stange«, das man einmal installiert und dann nie wieder anfasst. Ganz im Gegenteil: Es ist ein hochgradig anpassbares System, das in jeder Firma in gewisser Hinsicht anders aussieht – und genau das macht es so spannend. ERP, also *Enterprise Resource Planning*, ist dabei der Überbegriff für die Systemlandschaft. Die Grundstruktur der ERP-Systeme von SAP basiert auf *Modulen* oder auch *Core Components*. Wir werden uns in diesem Buch nicht alle diese Komponenten ansehen. Mein Ziel ist es, Ihnen die gängigsten Module vorzustellen und eine grobe Vorstellung von deren Funktion mitzugeben. Mit den in Tabelle 3.1 aufgeführten Komponenten werden Sie es im SAP-Recruiting vermutlich hauptsächlich zu tun haben.

Modul	Vollständiger Name	Funktion
FI	Financial Accounting	Buchhaltung, Bilanz, Gewinn-und-Verlust-Rechnung, Kreditoren/Debitoren
CO	Controlling	Kostenrechnung, Innenaufträge, Budgetkontrolle
MM	Materials Management	Einkauf, Lager, Materialstammdaten
SD	Sales & Distribution	Vertrieb, Auftragsabwicklung, Faktura
PP	Production Planning	Produktionsplanung und -steuerung
HCM	Human Capital Management	Personalverwaltung, Zeitwirtschaft, Gehaltsabrechnung

Tabelle 3.1 Übersicht der Kernkomponenten eines SAP-ERP-Systems

Jedes dieser Module bildet einen bestimmten Geschäftsbereich ab – beispielsweise FI für das Finanzwesen. Die Module bestehen aus Transaktionen, Masken, Tabellen – und können individuell aktiviert und angepasst werden. Die Modulbezeichnungen und Abkürzungen beziehen sich dabei eigentlich auf die ältere Softwaregeneration *SAP R/3* oder *SAP ERP*, werden aber auch für die entsprechenden Komponenten in der neueren Softwaregeneration *SAP S/4HANA* im allgemeinen Sprachgebrauch noch häufig verwendet.

Customizing oder Coding

In klassischen SAP-Systemen, wie z. B. *SAP ERP*, wird ein Großteil der Anpassungen an die kundenindividuellen Prozesse über sogenanntes *Customizing* vorgenommen, also die Einstellung von Parametern innerhalb des Systems. Ferner sind eigene Entwicklungen möglich. Die SAP-eigene Programmiersprache *ABAP*, das steht für *Advanced Business Application Programming*, ermöglicht es, genau die Funktionen zu bauen, die ein Unternehmen benötigt: eigene Felder, spezielle Reports, individuelle Logiken. Diese selbst programmierten Ergänzungen werden als *Z-Transaktionen* oder *Z-Programme* gespeichert. Ihre Namen beginnen jeweils mit dem Anfangsbuchstaben »Z«, der darauf hinweist: Hier wurde etwas Individuelles entwickelt.

ABAP oder ABAP OO

Vielleicht sind Sie auch bereits auf die Bezeichnung *ABAP OO* gestoßen. Diese objektorientierte Variante von ABAP setzte sich in den vergangenen Jahren durch. Hier wird nicht mehr nur in Befehlen gedacht, sondern in *Objekten*: kleine, in sich geschlossene Einheiten, die Daten und Funktionen enthalten. Das macht den Code flexibler, wartbarer und strukturierter – vor allem, wenn Systeme komplexer werden oder in die Cloud wandern. Mit ABAP-OO wird daher auch in vielen SAP-S/4HANA-Projekten gearbeitet.

Was hat es mit SAP S/4HANA auf sich?

Mit SAP S/4HANA stehen Sie am Anfang einer neuen Etappe Ihrer Reise durch die SAP-Welt. Vor Ihnen liegt kein einfacher Spaziergang, sondern ein Aufstieg mit Weitblick, der nicht ohne Wanderstiefel und Energie-Riegel passierbar wäre. SAP S/4HANA lässt sich mit einem weitläufigen Bergrücken vergleichen, der neue Perspektiven eröffnet und gleichzeitig das Terrain grundlegend verändert.

SAP S/4HANA steht für *SAP Business Suite 4 SAP HANA* und bezeichnet die ERP-Produktlinie von SAP der nächsten Generation. Es handelt sich um ein konkretes Produkt, das Unternehmen erwerben und einsetzen können – und bis 2027 auch müssen (oder spätestens 2030 oder 2033 unter bestimmten Bedingungen (Stand Juni 2025)), da SAP ERP aus der Wartung genommen wird. SAP S/4HANA ist aber auch eine neue technologische Plattform und ein Framework, auf dem Unternehmen ihre gesamten Geschäftsprozesse digital abbilden und weiterentwickeln können – von den Finanzen über die Logistik bis zu Personalwesen, Fertigung und Vertrieb.

SAP S/4HANA lässt sich flexibel erweitern und integrieren – z. B. über moderne Oberflächen, Schnittstellen (Application Programming Interfaces, APIs), Erweiterungen auf der SAP Business Technology Platform (SAP BTP) oder durch die Anbindung externer Systeme. In dieser Rolle als Plattform bildet SAP S/4HANA die technische Grundlage für eine moderne, vernetzte und zukunftsfähige Unternehmenssteuerung.

On-Premise, Private oder Public Cloud

SAP S/4HANA wird von SAP als kommerzielles ERP-System angeboten. Es gibt verschiedene Varianten – zum einen die *On-Premise-Version*, die klassisch auf eigenen Servern oder in gehosteten Umgebungen betrieben wird, zum anderen die *Public-Cloud-* oder *Private-Cloud-Variante*, die als Software as a Service angeboten wird.

SAP GUI und SAP Fiori

Im SAP-Recruiting werden Sie auch immer wieder auf die Begriffe *SAP GUI* und *SAP Fiori* stoßen. Dabei handelt es sich um Technologien für die Benutzeroberflächen (User Interfaces, UIs), mit denen die User arbeiten. In den älteren SAP-Systemen gab es vorwiegend graue Tabellen, die für alle Nutzenden gleich aussahen. Auf eine komfortable Nutzbarkeit (User Experience, UX) oder die bestmögliche Gestaltung wurde nicht der Fokus gelegt. Doch mit der Transformation zu SAP S/4HANA bekam die Usability einen höheren Stellenwert zugewiesen – und auch funktional gibt es mehr Möglichkeiten. Zugriffe sind nun browserbasiert und mobil möglich. Auch rollenspezifische Anzeigen, Responsivität und Apps sowie insgesamt klarere Gestaltungsprinzipien, die Sie z. B. von Ihren persönlichen E-Commerce-Erfahrungen her vielleicht schon kennen, haben sich hier niedergeschlagen. UX ist dabei viel mehr als nur eine angenehme Ästhetik und bessere Funktionalität – hier wirklich gute Arbeit zu machen, erhöht die Produktivität, reduziert die Fehleranfälligkeit und ist ein echter Benefit für SAP-Professionals.

Andere Programmiersprachen

Spätestens bei der Entwicklung eigener Anwendungen oder Benutzeroberflächen kommt die *SAP Business Technology Platform* (SAP BTP) ins Spiel. Diese Cloud-Plattform bildet unter anderem das technologische Fundament für moderne Entwicklungen rund um SAP. Auf der SAP BTP lassen sich Anwendungen cloudbasiert entwickeln, testen und betreiben – ohne dass das eigentliche ERP-System verändert wird. Diese Trennung sorgt für deutlich mehr Flexibilität. Und hier zeigt sich auch, warum u. a. JavaScript, Node.js oder Java als ABAP-ergänzende Programmiersprachen inzwischen so gefragt sind: Viele Erweiterungen – vorwiegend zur Integration mit Drittanbietersystemen oder moderne Webanwendungen – entstehen eben nicht mehr ausschließlich in ABAP, sondern in Sprachen, die im breiteren IT-Umfeld etabliert sind.

CAP und RAP

Überdies nutzt SAP heute moderne Entwicklungsmodelle wie das *SAP Cloud Application Programming Model* (CAP) oder das *ABAP RESTful Application Programming Model* (RAP). Diese bieten strukturierte Rahmenwerke, um Erweiterungen sauber, updatefähig und zukunftssicher zu bauen. Dabei geht es nicht nur darum, alte Dinge neu zu machen, sondern darum, ganz neue Formen der Zusammenarbeit und Anwendungsentwicklung zu ermöglichen: agiler, modularer, integrativer.

Funktionale Aufsätze: Add-ons

Im SAP-Kontext begegnet man auch immer wieder dem Begriff *Add-on*. Ein Add-on ist eine Erweiterung zu einem bestehenden SAP-Produkt. Es wird installiert, um zusätzliche Funktionen bereitzustellen, die über den Standardumfang des ursprünglichen Produkts hinausgehen. Add-ons stammen entweder von SAP selbst oder von zertifizierten Partnerunternehmen und werden an ein bestehendes System angebunden.

SAP-Produkte

Ein *Produkt* hingegen ist eine eigenständige Lösung innerhalb des SAP-Portfolios. Es bildet einen vollständigen Funktionsbereich oder Prozess ab, wie SAP S/4HANA als ERP-System, SAP Ariba für den Einkauf oder SAP SuccessFactors für das Personalmanagement. Diese Produkte sind unabhängig voneinander installierbar, werden regelmäßig von SAP weiterentwickelt und sind oft modular aufgebaut. Ein SAP-Produkt ist also die Hauptlösung, ein Add-on ergänzt diese um gezielte Funktionen.

SAP-Lösungen für Logistik, Planung, Einkauf, Vertrieb und HR

Bei meiner Arbeit als Recruiterin begegnen mir immer wieder bestimmte Lösungen. Die habe ich in Tabelle 3.2 aufgelistet.

Name der Lösung	Was ist das?	Wofür braucht man das?
SAP EWM (Extended Warehouse Management)	Ein modernes System zur Steuerung von Lager und Logistik.	Für große oder komplexe Lager: Wareneingang, Kommissionierung, Versandplanung usw.
SAP IBP (Integrated Business Planning)	Eine Online-Planungsplattform für die gesamte Lieferkette.	Um Angebot, Nachfrage, Bestände und Produktion besser vorherzusagen und zu planen.
SAP APO (Advanced Planning & Optimization)	Früheres Planungssystem für Supply Chain und Produktion (wird abgelöst).	Ähnlich wie IBP und PP/DS – hat aber eine ältere Technik und wird kaum noch neu eingeführt.

Tabelle 3.2 Häufig gefragte SAP-Lösungen für verschiedene Fachanforderungen

Name der Lösung	Was ist das?	Wofür braucht man das?
PP/DS (Production Planning/ Detailed Scheduling)	Feine Steuerung der Produktion: was, wann, wo und wie viel gefertigt wird.	Wenn Maschinenbelegung, Materialengpässe oder genaue Zeitpläne wichtig sind.
SAP Ariba	Eine Plattform für den Einkauf und die Zusammenarbeit mit Lieferanten.	Für Ausschreibungen, Bestellungen, Verträge – alles digital und mit Partnern weltweit.
SAP SuccessFactors	Cloud-System für moderne Personalverwaltung und Mitarbeiterentwicklung.	Für Recruiting, Schulungen, Ziele setzen, Mitarbeitergespräche – alles digital und mobil.
SAP CX (Customer Experience)	Produkt-Suite entlang des Sales und Customer Lifecycle.	Um die Lücke zwischen ERP-Prozessen und Kundenerlebnis zu schließen.

Tabelle 3.2 Häufig gefragte SAP-Lösungen für verschiedene Fachanforderungen (Forts.)

SAP-Basis und Security

Auf Ihrer Reise durch die SAP-Landschaft sind nicht nur die sichtbaren Wege wie Module oder Benutzeroberflächen von Bedeutung, sondern auch die Infrastruktur, die oft im Hintergrund bleibt. Sie sorgt dafür, dass Sie sicher und zuverlässig vorankommen – wie ein gut gepflegter Wanderweg und ein sicherer Wegweiser zur richtigen Zeit. Zwei Themenbereiche, die Ihnen im Recruiting häufig begegnen werden, heißen *SAP Basis* und *SAP Security*.

SAP Basis ist vergleichbar mit dem Weg selbst: dem Trampelpfad, der von Hütte zu Hütte führt, mit Brücken, Stegen, Markierungen und Schildern. Wenn dieser Weg nicht gepflegt wird, wenn er rutschig, unterbrochen oder zugewachsen ist, kommt niemand ans Ziel – egal, wie motiviert man losläuft. Das SAP-Basis-Team sorgt dafür, dass dieser Weg stabil bleibt: dass das System startet, erreichbar ist, nicht überlastet und regelmäßig kontrolliert wird. Es sorgt dafür, dass Daten ankommen, Einstellungen übernommen werden und alles läuft, wie es soll.

SAP Security wiederum ist mit einem Schutzsystem entlang der Strecke vergleichbar: Es gibt hier Tore, die sich nur für diejenigen öffnen, die den richtigen Schlüssel dabeihaben. Es wird sichergestellt, dass niemand unerlaubt in Bereiche gelangt, in denen sie oder er nichts zu suchen hat. Es geht darum, die Route zu sichern, Gefahren früh zu erkennen und das Gepäck – also die eigenen Daten –gut zu schützen. Dazu gehört auch die Entscheidung, wer mitwandern darf, wer wo schlafen darf und ob der Zugang zu bestimmten Hütten erlaubt ist oder nicht.

SAP Basis und SAP Security machen die Wanderung erst möglich – sie stehen nicht im Vordergrund, aber ohne sie wäre der Weg weder begehbar noch sicher.

[»]

SAP als Optimierung aller Geschäftsbereiche in Ihrem Betrieb

Falls Sie sich heute das erste Mal intensiver mit SAP beschäftigen und noch ganz am Anfang Ihrer SAP-Recruiting-Wanderung stehen: Überfordern Sie sich nicht. Sie können sich vereinfacht merken, dass SAP genutzt wird, um Betriebsabläufe zu optimieren. Haben Sie dabei die einzelnen Fachbereiche in Ihrem Betrieb im Hinterkopf.

3.2 Zahlen und Fakten: Die SAP-Landschaft durchs Recruiting-Fernglas betrachtet

Seitdem ich 2019 in den SAP-Kosmos »hineingerutscht« bin (das geht übrigens vielen so, siehe Kapitel 11, »SAP-Quereinstieg: Von der Anwendung zur Beratung«), habe ich mir die Frage gestellt, wie viele Menschen eigentlich in diesem Sektor in welchen Rollen arbeiten. Und wie hoch der Fachkräftemangel tatsächlich ist und wie er sich in den nächsten 5–10 Jahren voraussichtlich entwickeln wird.

Keine offizielle Übersicht über das SAP-Job-Ökosystem

Eine Herausforderung bei der Beantwortung dieser Frage ist, dass es bisher keine offizielle Übersicht über das SAP-Job-Ökosystem gibt, weder bei der Bundesagentur für Arbeit noch beim Statistischen Bundesamt oder beim IT-Branchenverband Bitkom. Auch gibt es nicht den einen Branchenverband. Ich habe mich daher diesen Fragen mittels verschiedener Quellen und Hochrechnungen angenähert. So bin ich zumindest auf einige Zahlen gestoßen, die Sie als Heuristik verwenden können.

Mindestens 100.000 bis 120.000 SAP-Fachkräfte arbeiten in Deutschland in Festanstellung. Noch deutlich mehr arbeiten in Anwenderunternehmen in Key-User-Rollen. Dazu kommen noch die Personen, die bei SAP direkt angestellt sind, und diejenigen, die freiberuflich arbeiten. Abbildung 3.1 zeigt eine entsprechende Schätzung des Unternehmens Ankerkopf.

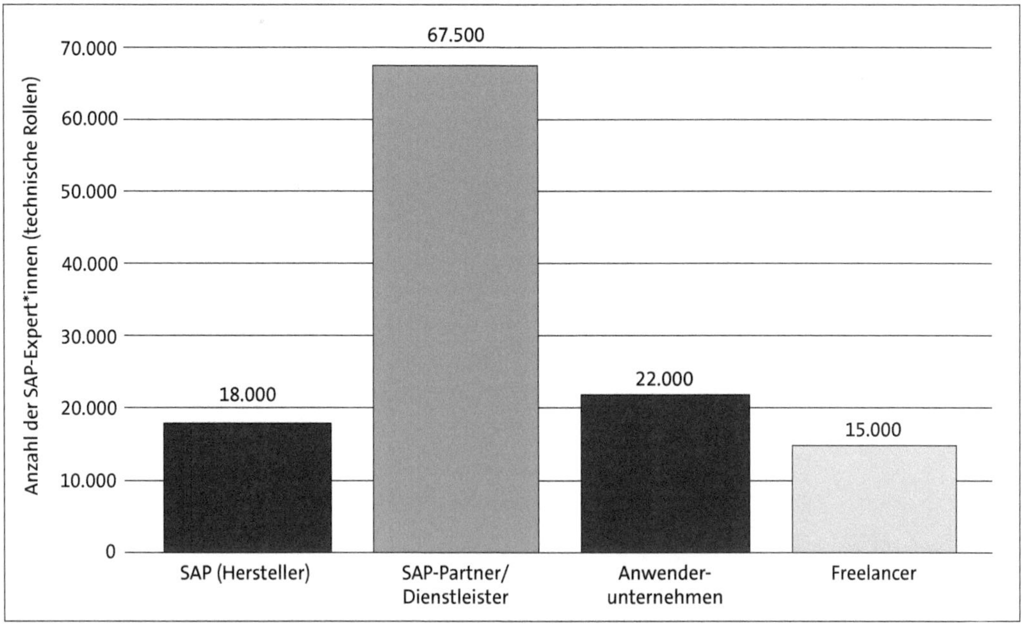

Abbildung 3.1 Übersicht über das SAP-Job-Ökosystem aufgeteilt nach Unternehmensart (konservative Schätzung 2025)

So wurden die Zahlen in Abbildung 3.1 berechnet:

- **SAP (Hersteller): ca. 18.000 Personen**

  SAP beschäftigt laut Integrated Report 2023 rund 25.300 Mitarbeitende in Deutschland. Davon sind rund 70 % in technischen Rollen tätig (Softwareentwicklung, Architektur, SAP-Beratung, Cloud-Plattform, Customer Success, Projektmanagement, Basis und Security).

  LinkedIn-Analysen bestätigen: 70–80 % der SAP-Profile in Deutschland zeugen von technischen Tätigkeitsfeldern.

  Konservative Schätzung: 70 % von 25.300 = 17.710, aufgerundet also ca. 18.000.

- **SAP-Partner und Dienstleister: ca. 67.500 Personen**

  Top-10-SAP-Beratungen: ca. 35.000 Mitarbeitende (laut Hochrechnung unter Bezugnahme der aktuellen Lünendonk-Liste sowie Marktanalysen (bis 2024) von PAC (Pierre Audoin Consultants))

  Mittelständische Partner und kleine SAP-Boutique-Beratungen: Hier kommen noch einmal 30.000 Mitarbeitende hinzu.
  Konservativ geschätzter Mittelwert: ca. 67.500 SAP-Fachkräfte

- **Anwenderunternehmen: ca. 22.000 Personen**
  SAP-Inhouse-Teams in Groß- und Mittelstandsunternehmen
  Datenbasis: DSAG, LinkedIn, SAP-Projektprofile
  Schätzung: ca. 22.000 technische SAP-Rollen
- **Freelancer: ca. 15.000 Personen**
  10–15 % von ca. 100.000–150.000 IT-Freelancern in Deutschland. SAP wird auf Portalen wie GULP und freelancermap stabil unter den Top-Skills aufgeführt.

100 Millionen »SAP Users« weltweit

Da der Begriff SAP-Expert*in jedoch nicht geschützt ist, ist es schwierig, an Zahlen zu kommen, wie viele Personen aufseiten der SAP-Anwenderunternehmen tätig sind, SAP selbst nannte im SAP Annual Report 2023 weltweit über 100 Millionen »SAP Users«, für Deutschland könnten es rund 5–8 Millionen sein. Grob geschätzt nutzen in Deutschland rund 20.000 Unternehmen SAP. Große Anwenderunternehmen haben eigene SAP-Teams mit Expertenwissen, dazu kommen auch zertifizierte Key-User sowie versierte Fachanwender*innen. Diese sind besonders schwer zu tracken. Insbesondere im für Deutschland typischen Mittelstand sind mir sehr viele Menschen begegnet, deren offizielle Jobtitel »Controller«, »Leitung Logistik« oder »Einkäuferin« lauteten, die aber über SAP-Customizing-Skills verfügen und teilweise sogar kleinere Codings selbst vorgenommen haben. Auch in der Prozessoptimierung sind solche Key-User aktiv. Auf dem Papier und in den Statistiken sind sie zwar nicht als SAP-Inhouse-Consultants identifizierbar, dennoch handelt es sich um zentrale Personen im SAP-Job-Ökosystem.

Dunkelziffer der SAP-Fachkräfte auf Anwenderseite

Zum Vergleich: Die DSAG, der Verein für deutschsprachige SAP-Anwenderunternehmen, verfügt über rund 70.000 Mitglieder bei ca. 4.000 Anwender- und Partnerunternehmen. Dort sind zwar nicht alle, aber doch ein Großteil der SAP-Fachkräfte organisiert. Auch auf dem wichtigsten sozialen Business-Netzwerk LinkedIn geben rund 450.000 Menschen als Skill »SAP« an. Für Sie ist dieser Talente-Ozean eine Möglichkeit, tiefer zu tauchen und die Menschen zu gewinnen, die bisher nicht offensichtlich und nach außen hin sichtbare SAP-Profis sind. Mit der richtigen Upskilling-Strategie haben Sie gute Chancen, beim Tiefseetauchen die Leuchtfische zu finden.

Wie hoch ist der SAP-Fachkräftemangel?

Trotz allem müssen Sie sich auf den Fachkräftemangel einstellen. SAP-Stellen werden vakant bleiben. Der Branchenverband Bitkom hat eine Lücke von 149.000 IT-Fachkräften (Stand 2024) errechnet und sieht eine Verdopplung dieser Zahl bis 2030 und eine Vervierfachung bis 2040 voraus. Aktuell offerieren Unternehmen bundesweit rund 9.000 SAP-Jobs auf der Plattform Stepstone, und angesichts der geschätzten Beschäftigungszahl ist das ein wirklich hohes Vakanz-Niveau, denn die Arbeitslosenquote ist im SAP-Kosmos vermutlich äußerst gering.

Von Index Research habe ich die Daten sämtlicher in Deutschland veröffentlichter SAP-Jobanzeigen erhalten. Abbildung 3.2 zeigt das Stellenmarkt-Suchvolumen aufgeteilt auf vier Graphen für die vier klassischen SAP-Profile: SAP-Berater*in/Consultant, SAP-Entwickler*in, SAP-Basis-Administrator*in und SAP-Projektleiter*in. Die Graphen zeigen die Nachfrage nach diesen Profilen seit 2020 (Q1 2020 bis Q4 2024).

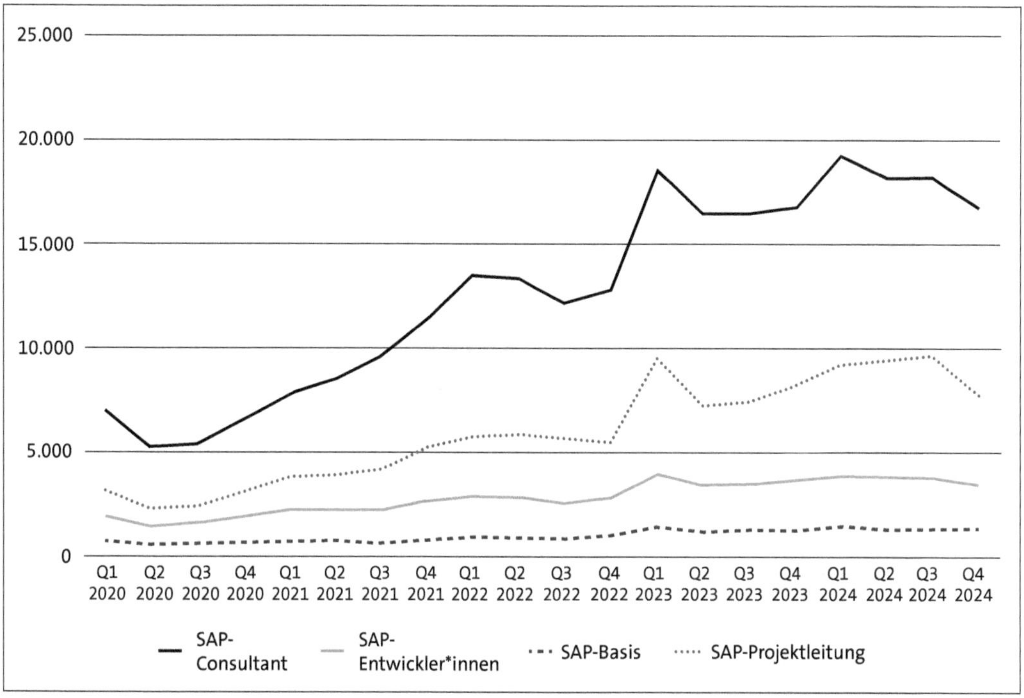

Abbildung 3.2 Entwicklung der Nachfrage nach SAP-Fachkräften in Deutschland seit 2020 (erstellt mit Unterstützung durch Index Research)

Folgende Entwicklung lässt sich hier erkennen:

- **SAP-Berater*in/Consultant (oberste Linie)**

  Stetiger Anstieg ab Q4 2020, deutlicher Peak in Q1 2023, seitdem auf hohem Niveau leicht rückläufig.

  Die Rolle bleibt dominant im SAP-Stellenmarkt. Der Anstieg ab 2021 korreliert mit einer zunehmenden Anzahl von SAP-S/4HANA-Migrationsprojekten, RISE-with-SAP-Einführungen und wachsendem Beratungsbedarf.

- **SAP-Projektleitung (zweite Linie von oben)**

  Kontinuierliches Wachstum bis Q4 2022, dann starker Anstieg in Q1 2023, seitdem leicht schwankend, aber hohes Niveau.

  Die hohe Nachfrage zeigt, wie stark der Steuerungs- und Koordinationsbedarf in SAP-Projekten gestiegen ist. Die komplexen Migrations- und Transformationsprogramme benötigen erfahrene Projektleiter*innen mit methodischer Sicherheit (z. B. SAP Activate, agile Methoden) und hoher Schnittstellenkompetenz.

- **SAP-Entwickler*in (zweite Linie von unten)**

  Solider, stetiger Anstieg seit 2021, mit einem Höchststand Anfang 2023. Danach stabil auf hohem Niveau.

  Die SAP-Entwicklung wird immer differenzierter: Das klassische ABAP bleibt, doch die Nachfrage verschiebt sich hin zu SAP-BTP-Entwicklung, SAP Fiori/SAPUI5, CAP, RAP und API-getriebener Integration. Auch hybride Entwicklerrollen (SAP plus JavaScript/Node.js) sind zunehmend gefragt.

- **SAP-Basis-Admins (unterste Linie)**

  Relativ konstant, mit leichtem Wachstum – aber im Vergleich auf dem niedrigsten Niveau.

  Die Rolle verändert sich deutlich: Die klassische Basis-Administration verliert an Bedeutung, während SAP-BTP-Administration, Cloud Security und Plattformmanagement stärker gefordert werden.

Beratung und Projektleitung am stärksten nachgefragt

SAP-Beratung und -Projektleitung bleiben die Rollen mit dem stärksten Suchvolumen. Hier wächst der Anspruch an Spezialisierung und strategisches Denken. Die SAP-Entwicklung bleibt stark nachgefragt, allerdings wandelt sich das Kompetenzprofil rasant. Die Zukunft liegt in API-zentrierter, Cloud-naher Entwicklung auf der SAP BTP. SAP-Basis-Rollen erleben eine stille Transformation. Klassische Admins werden seltener gesucht, Profile mit hybridem Plattformwissen werden gefragter. Übergreifend gilt: Die Zukunft gehört SAP-Professionals mit breiter Systemkompetenz, gutem Prozessverständnis und der Fähigkeit, zwischen Cloud, Business und Technik zu vermitteln.

Die angespannte Fachkräftesituation betrifft sowohl den Hersteller als auch SAP-Dienstleister und Anwenderunternehmen. Sie betrifft also nicht nur Sie, sondern das gesamte SAP-Ökosystem. Nicht zuletzt deswegen erfordert der Fachkräftemangel ein grundsätzliches Umdenken, wie Recruiting verstanden wird und wie Sie sich strategisch ausrichten.

3.3 Einsatzbereiche für SAP-Profis und deren Besonderheiten

Es gibt viele, teilweise exotische Rollen im SAP-Kosmos. Einigen sind Sie vielleicht schon begegnet. Bevor wir aber zu den Einhörnern kommen, möchte ich im folgenden Abschnitt mit einer Beschreibung der Rollen beginnen, die Ihnen im SAP-Recruiting immer wieder begegnen werden.

Rund 80 % der SAP-Fachrollen lassen sich den vier Hauptbereichen Beratung, Entwicklung, Projektleitung und SAP-Basis zuordnen. Die Jobbezeichnungen Berater*in oder Consultant werden dabei synonym gebraucht. Bei Consultants gilt es im Recruiting-Prozess ebenso wie bei den Entwickler*innen in der Regel, ein spezifisches Fachthema oder bestimmte Module herauszuarbeiten. Die häufigsten Bereiche sind hier Finanzen, Logistik und Produktion.

3.3.1 Das klassische SAP-Team: Die erste Etappe für das SAP-Recruiting

Ich möchte Ihnen in diesem Abschnitt die Aufgaben der vier klassischen SAP-Rollen so vermitteln, dass Sie sich die Unterschiede gut einprägen können. Komplizierter und diversifizierter geht es immer. Die Rollenunterteilung in Tabelle 3.3 soll Ihnen helfen, einen schnellen Überblick zu bekommen.

Rolle	Bildhafte Rolle auf der Wanderung	Aufgabe im Projektalltag
SAP-Berater*in	Pfadfinder*in mit Karte	Findet die beste Route im Gelände der Geschäftsprozesse. Spricht mit den Fachabteilungen und hilft, SAP richtig einzusetzen.
SAP-Entwickler*in	Handwerker*in mit Werkzeugkasten	Baut Brücken, Wege und Schilder, wenn der Standardweg nicht reicht. Programmiert Zusatzfunktionen und technische Lösungen.

Tabelle 3.3 Die vier klassischen SAP-Rollen im Überblick

Rolle	Bildhafte Rolle auf der Wanderung	Aufgabe im Projektalltag
SAP-Projektleiter*in	Wanderführer*in mit Kompass	Plant die Route, koordiniert das Team und achtet auf Zeit und Ressourcen. Trifft Entscheidungen bei Abzweigungen.
SAP-Basis-Admin	Hüttenwart*in und Wegmanager*in	Hält die Infrastruktur intakt. Stellt sicher, dass das System läuft, erreichbar ist und niemand vom Weg abkommt.

Tabelle 3.3 Die vier klassischen SAP-Rollen im Überblick (Forts.)

Was machen SAP-Consultants?

SAP-Consultants sind die Wegweiser in der SAP-Welt. Ihre Aufgabe ist es, Unternehmen dabei zu helfen, die SAP-Software richtig einzuführen und zu nutzen. Sie sprechen mit den Fachabteilungen, analysieren Prozesse wie Einkauf, Buchhaltung oder Personalwesen und überlegen, wie sie sich mit SAP abbilden lassen. Sie kennen sich in einem oder mehreren SAP-Modulen aus und wissen, wie das System »tickt«.

SAP-Consultants erklären, konfigurieren und begleiten. Sie sind die Schnittstelle zwischen den Menschen, die mit SAP arbeiten, und der Technik im Hintergrund. Wichtig ist dabei: Sie müssen genau zuhören können, Geschäftsprozesse verstehen und sie »in SAP« übersetzen können.

Prozess-Fachkräfte, Modul-Profis oder technische Consultants

Manche Consultants fokussieren sich im Schwerpunkt auf die Prozesse, andere auf Module. Sowohl auf Anwender- als auch auf Dienstleisterseite gibt es SAP-Consultants. Sie machen im SAP-Jobkosmos mengenmäßig den größten Anteil aus. Hybride Formen wie der entwickelnde Berater oder die beratende Entwicklerin begegnen Ihnen auch unter dem Begriff des technischen Consultants.

Was macht die SAP-Entwicklung?

SAP-Entwicklungsteams sind die »Handwerker« für das System. Wenn etwas nicht von Haus aus so funktioniert, wie es gebraucht wird, entwickeln sie eine Lösung. Das kann ein spezieller Bericht sein, ein Zusatzfeld, eine Schnittstelle zu einem anderen System oder sogar eine eigene App. Die Entwicklung arbeitet mit Programmiersprachen wie ABAP oder je nach Bedarf auch anderen Sprachen und setzt technische Anforderungen um, die zuvor von Consultants oder Fachabteilungen beschrieben wurden. Oft arbeiten sie eng mit dem SAP-Basis-Team zusammen und testen ihre Entwicklungen gemeinsam mit den Nutzer*innen. Ihr Ziel: Das System so erweitern, dass es wirklich zur Arbeitsrealität im Unternehmen passt – ohne es zu überladen.

Anwendungsentwicklung vs. Integrationsentwicklung

Aus meiner Erfahrung im Recruiting würde ich die Gruppe der Entwickler*innen noch grob in zwei Schwerpunkte unterteilen, die Anwendungsentwicklung und die Integrationsentwicklung. Erstere bauen neue Anwendungen, z. B. eine App für das HR-Onboarding. Zweitere sorgen dafür, dass diese App Daten z. B. aus SAP SuccessFactors, SAP S/4HANA oder Drittsystemen bezieht. Wenn Ihnen die Programmiersprachen ABAP, Node.js, Java oder JavaScript bei einem Bewerber oder einer Bewerberin begegnen, könnte das ein Hinweis darauf sein, dass diese Person sich mehr in Richtung Anwendungsentwicklung orientiert. Begegnen Ihnen dagegen Technologien wie REST, OData, SOAP oder Sprachen wie XML, JSON, Groovy oder XSLT, orientiert sich die Person eher in Richtung der Integration. Wer in der Entwicklung arbeitet, kann darüber hinaus ebenso wie Consultants fachliche oder Themenschwerpunkte haben, z. B. die Lagerlogistik.

Was macht die SAP-Basis-Administration?

SAP-Basis-Admins kümmern sich darum, dass das SAP-System läuft, also darum, dass es stabil, sicher und jederzeit erreichbar ist. Man kann sie sich wie einen Hüttenwart vorstellen: Sie sorgen dafür, dass das Dach der Unterkunft dicht ist, die Versorgung stimmt und die Technik funktioniert. Ihre Aufgaben sind u. a. die Installation und Pflege des Systems, die Betreuung der Datenbank, das Einspielen von Updates und das Überwachen der Systemleistung. Sie sichern Daten, verwalten Benutzerzugänge und arbeiten eng mit Entwicklungsteams und Security-Profis zusammen. Ohne sie würde der SAP-Betrieb schnell ins Stocken geraten.

Was macht eine SAP-Projektleitung?

SAP-Projekte zu leiten ist wie die Leitung einer Bergführung. Sie planen den Weg, organisieren das Team und behalten den Überblick. Sie koordinieren alle Beteiligten eines SAP-Projekts: Consultants, Entwickler*innen, Mitarbeitende beim Kunden und externe Dienstleister. Sie erstellen Zeitpläne, setzen Meilensteine, überwachen das Budget und achten darauf, dass alles nach Plan läuft. Gleichzeitig vermitteln sie bei Problemen, treffen Entscheidungen und halten die Kommunikation am Laufen.

Eine SAP-Projektleitung muss nicht jedes technische Detail kennen, aber er oder sie muss wissen, wie alles zusammenhängt. Die Rolle ist anspruchsvoll, denn viele Projekte sind komplex und betreffen zentrale Geschäftsprozesse. Je nach Projektgröße und -art kann die Projektleitung auch selbst als SAP-Consultant oder in der Entwicklung tätig sein.

[»]

Was genau ist ein SAP-Projekt, und was sollte ich darüber wissen?

Ein SAP-Projekt ist wie eine gut geplante Etappe auf der Reise durch die digitale Unternehmenswelt. Es handelt sich dabei um ein Vorhaben, bei dem SAP-Software eingeführt, erweitert oder modernisiert wird, mit dem Ziel, Geschäftsprozesse besser, schneller oder transparenter zu machen. Ob es um die Automatisierung von Rechnungen geht, den weltweiten Rollout eines ERP-Systems oder die Einführung einer Cloud-Plattform für das Personalmanagement: Jedes SAP-Projekt hat ein klares Ziel – und einen Startpunkt, der sehr unterschiedlich aussehen kann.

SAP-Projekte unterscheiden sich stark. Zunächst gibt es eine Vorbereitungsphase, es folgt eine explorierende Phase mit Workshops, Prototypen und ersten Tests, dann beginnt die Umsetzungsphase, und das Projekt endet mit dem *Go-live* und der Inbetriebnahme.

Manche Projekte starten mit einem ganz neuen System als *Neuimplementierung* (Greenfield), andere bauen auf bestehenden Systemen auf (*Transformation* oder *Systemkonvertierung*). Wieder andere sind ein Teil größerer Unternehmensveränderungen, etwa bei Zukäufen oder Abspaltungen (Merger-Projekte, Rollout-Projekte, Cloud-Einführungsprojekte oder Optimierungsprojekte). Auch die eingesetzten Methoden unterscheiden sich: klassische Projektpläne mit festen Phasen, agile Teams mit kurzen Sprints oder eine Mischung aus beidem. Ein Projekt kann wenige Monate bis zu mehreren Jahren dauern.

Damit das SAP-Projekt gelingt, braucht es ein gutes Team

Wichtig ist: Ein SAP-Projekt ist nie nur ein IT-Thema. Es betrifft fast immer die gesamte Organisation, von der Geschäftsführung bis zur Sachbearbeitung. Damit der Weg gelingt, braucht es ein gutes Team: Consultants, Entwickler*innen und Projektleitung – aber eben nicht nur. Wenn Sie Staffing für größere Anwenderunternehmen oder größere SAP-Partnerunternehmen betreiben, lohnt es sich für Sie daher, noch einmal mit dem Brennglas auf die restlichen 20 % oder alternative Bezeichnungen der SAP-Jobrollen zu schauen.

3.3.2 Spezial-Rollen bei SAP-Partnerunternehmen

Vielfalt und Komplexität der SAP-Dienstleistungsbranche

Das Spannende an der SAP-Dienstleistungsbranche ist deren Vielfalt und Komplexität – und das stellt für das Recruiting eine echte Herausforderung dar. Starten wir bei der Organisationsgröße von SAP-Beratungshäusern: Aus Gesprächen mit Bewerbenden wissen Sie sicherlich, dass trotz toller

Fach-Skills nicht jede Person für jede Unternehmensart gleich gut geeignet ist. Manche bevorzugen die richtig »großen Läden«, andere den Mittelstand mit eigenen Lösungen und wieder andere bewegen sich in kleinsten Nischen, mit einer sehr spitzen Positionierung, den Boutique-Beratungen.

Große, mittlere und kleine Beratungen

Blicken wir einmal auf die großen SAP-Beratungen und auch auf deren SAP-Team. Führende und große SAP-Beratungen sind beispielsweise: Accenture, IBM, Capgemini, T-Systems, msg systems, NTT Data Business Solutions (ehemals Itelligence), adesso, All for One, Valantic oder Sopra Steria. Neben diesen gibt es einen dominierenden »Long Tail« an mittelständischen und sehr kleinen SAP-Beratungen. Sie bilden den überwiegenden Teil der Arbeitgeber für SAP-Fachkräfte. Meiner Erfahrung nach sind die Rollenbezeichnungen für Jobs über die verschiedenen Beratungsunternehmen hinweg recht einheitlich. Die »Großen« zeichnen sich jedoch oft durch eine größere Spezialisierung und Segmentierung aus und verwenden daher mitunter auch ganz andere Jobbezeichnungen. Es existieren hier tatsächlich auch andere Rollen und Karrierelevel.

Karrierelevel

Sie sind bestimmt schon auf den Junior- oder Senior-Karrierelevel gestoßen. Aber was genau verbirgt sich dahinter und welche weiteren Karrierelevel gibt es in der SAP-Beratung. Eine Übersicht gibt Ihnen Tabelle 3.4.

Karrierelevel	Typische Bezeichnung	Fokus
Associate/ Junior Consultant	SAP Junior Consultant (z. B. FI/CO, SD, SuccessFactors)	Modulverständnis aufbauen, Kundenworkshops begleiten, Customizing unter Anleitung
Consultant	SAP Consultant	Eigenverantwortliches Arbeiten in Teilprojekten, Customizing, Testing
Senior Consultant	SAP Senior Consultant	Fachliche Führung, Verantwortung für Modul oder Workstream
Managing Consultant	Lead Consultant, Stream Lead	Verantwortung für ein Themenfeld, Ausbildung von Junior Consultants, Presales-Support
Principal/Partner	Principal Consultant, Portfolio Lead	Thought Leadership, Key-Account-Betreuung, Angebotsentwicklung

Tabelle 3.4 Karrierelevel für SAP-Consultants

Eine Spezialisierung ist über die Module (z. B. MM, FI), die Branchen (z. B. Automobilindustrie, engl. Automotive) oder schnelldrehende Produkte (engl. Fast Moving Consumer Goods, FMCG), die Methoden (z. B. SAP Activate) oder die Themen (z. B. Nachhaltigkeit, engl. Sustainability) möglich.

Fachlicher Lead und Führungskraft

Eine wichtige Unterscheidung für Sie im Recruiting ist die zwischen *fachlichem Lead* und *Team Lead*. Ersteres bezeichnet eine Person, die eine treibende und Ton angebende Funktion in Bezug auf ein Thema, einen Prozess oder Produkt innehat und die Verantwortung trägt. Zweiteres bezeichnet eine disziplinarische Führungskraft mit einem festen Team, um das sich die Führungskraft kümmern, das sie koordinieren und auch personell erweitern muss. Sie können im Grunde vor jede fachliche Rolle die Bezeichnung »Lead« setzen, wenn die Person eine deutliche inhaltliche Verantwortung für ein Modul, ein Thema oder einen Prozess trägt.

[zB]

Abgrenzung im Bereich der SAP-Materialwirtschaft (MM)

Stellen Sie sich ein SAP-S/4HANA-Projekt mit einem fachlichen Schwerpunkt auf der SAP-Materialwirtschaft (MM) vor. Hier gibt es zwei Führungspositionen zu besetzen:

- **Fachlicher Lead (z. B. »Lead Consultant SAP MM«)**
  Konzipiert Prozesse, gibt fachliche Anweisungen an andere Mitglieder des MM-Beratungsteams, stimmt sich mit den Teams für angrenzende Module ab.
- **»Team Lead SAP MM«**
  Ist fünf MM-Consultants disziplinarisch vorgesetzt, kümmert sich um deren Weiterbildung, Gehälter, Kapazitäten. Diese Aufgaben erfüllt die Führungskraft auch unabhängig vom Projekt.

»Lead« ist nicht gleich »Chef«

In SAP-Berufen gilt also: »Lead« ist nicht gleich »Chef«. Wer fachlich führt, muss nicht disziplinarisch führen – und umgekehrt. In der Praxis übernehmen viele erfahrene SAP-Consultants eine fachliche Lead-Rolle in Projekten, ohne Vorgesetzte zu sein. Umgekehrt können Team Leads mehrere fachliche Themen betreuen, ohne im Detail überall mitzuwirken. Über die Gewinnung von SAP-Führungskräften spreche ich in Kapitel 9, »Headhunting von SAP-Führungskräften bis ins C-Level«, noch ausführlicher.

Programmmanager* in

Steuerung zusammenhängender Projekte

Das *SAP-Programmmanagement* übernimmt die übergeordnete Steuerung mehrerer zusammenhängender Projekte innerhalb eines Transformationsprogramms – beispielsweise bei einer umfassenden SAP-S/4HANA-Einführung, bei globalen Rollouts oder bei der gleichzeitigen Einführung mehrerer SAP-Lösungen wie SAP S/4HANA, SAP SuccessFactors und SAP BTP. Im Unterschied zur Projektleitung, die ein einzelnes Projekt verantwortet, koordinieren Programmmanager*innen mehrere Projektstränge mit verschiedenen Teams, Meilensteinen und Abhängigkeiten. Er oder sie sorgt dafür, dass Zeitpläne, Budgets, Ressourcen und Ziele über alle Projekte hinweg zusammenpassen.

Programmmanager*innen sind häufig auf C-Level-Berichterstattungsebene tätig, behalten die strategische Gesamtausrichtung eines Programms im Blick und dienen als zentrale Ansprechperson für Steuerungsgremien, Geschäftsleitung oder Programm-Sponsoren.

Für Sie ist es wichtig zu wissen: Das Programmmanagement benötigt weniger Detailwissen zu einzelnen Modulen oder Technologien, dafür aber fundierte Erfahrung im komplexen Projekt- und Stakeholder-Management, in Governance-Strukturen und Risikosteuerung. Oft werden Senior-Profile gesucht, die SAP-Programme in Konzernstrukturen bereits mehrfach geleitet haben – idealerweise mit internationalem Scope und hoher Kommunikationssicherheit auf Managementebene. Selten werden diese Rollen auch aufseiten der Anwenderunternehmen gesucht, aber auch das ist mir schon begegnet. Auch der CIO kann diese Rolle übernehmen.

SAP Solution Architect

Gesamtverantwortung für das Lösungsdesign

Ein *SAP Solution Architect* übernimmt die fachlich-technische Gesamtverantwortung für das Lösungsdesign innerhalb eines SAP-Projekts. Er oder sie bildet die Schnittstelle zwischen den Business-Anforderungen und der technischen Umsetzung. Die Hauptaufgabe besteht darin, sicherzustellen, dass alle Systeme, Module, Schnittstellen und Erweiterungen sinnvoll zusammenwirken – sowohl fachlich als auch technisch.

Der Solution Architect bewertet Anforderungen aus den Fachbereichen, entwirft die Zielarchitektur, definiert Schnittstellen zu Drittsystemen, stimmt sich mit dem Entwicklungsteam ab und sorgt dafür, dass die Lösung zukunftsfähig, erweiterbar und möglichst nah am Standard bleibt. Dabei muss er oder sie auch Integrationsszenarien, Datenflüsse und Betriebsmodelle im Blick behalten – besonders in hybriden SAP-Landschaften mit On-Premise- und Cloud-Komponenten.

Für das SAP-Recruiting ist wichtig: Solution Architects sind typischerweise Senior-Profile mit breiter Erfahrung in der SAP-Systemwelt. Sie vereinen technisches Wissen (z. B. zu ABAP, SAP BTP, Schnittstellentechnologien) mit tiefem Prozessverständnis und kommunizieren sicher mit Stakeholdern aus der IT und dem Fachbereich. Diese Rolle ist besonders in SAP-S/4HANA-Transformationsprojekten, bei komplexen Integrationen und in Multi-System-Landschaften essenziell.

Project Management Office

Projektsteuerung

Das *Project Management Office* (PMO) nimmt eine unterstützende, aber zentrale Rolle in SAP-Projekten ein. Es sorgt für Struktur, Transparenz und methodische Qualität im Projektverlauf. Das PMO ist nicht verantwortlich für die inhaltliche Umsetzung eines Projekts, sondern dafür, dass die Projektsteuerung reibungslos funktioniert. Es erstellt Statusberichte, pflegt Projektpläne, koordiniert Termine, dokumentiert Entscheidungen, überwacht Risiken und sorgt für die Einhaltung von Projektstandards.

Gerade in größeren SAP-Projekten mit mehreren Streams, Standorten oder Dienstleistern ist das PMO oft das organisatorische Rückgrat. Es entlastet die Projektleitung, schafft Ordnung im Tagesgeschäft und stellt sicher, dass das Projektteam jederzeit auf aktuelle Informationen zugreifen kann.

Für das SAP-Recruiting ist wichtig: PMO-Profile müssen nicht zwingend SAP-Modulkenntnisse haben, sollten aber über Projektmanagementerfahrung, Kommunikationsstärke und eine strukturierte Arbeitsweise verfügen. Kenntnisse in Tools wie Microsoft Project, Jira oder Excel sowie Erfahrung mit Methoden wie SAP Activate, Prince2 oder dem Verband Project Management Institute (PMI) sind häufig gefragt. Viele PMO-Rollen werden durch externe Consultants besetzt, da sie besonders zu Beginn eines Projekts schnell verfügbar sein müssen. Aber auch Juniors werden manchmal so ins Projektgeschäft eingeführt. Nicht immer ist dieses Vorgehen sinnvoll (siehe auch Kapitel 13, »SAP-Nachwuchstalente für sich gewinnen«).

3.3.3 Rollen bei SAP-Anwenderunternehmen

Bei den Anwenderunternehmen gibt es eine enorme Dunkelziffer an für Sie spannenden SAP-Professionals aus den Fachbereichen. Sie verstehen sich nicht offiziell als SAP-Inhouse-Beraterin oder Key-User, bilden jedoch einen interessanten Talente-Pool für softe Quereinstiege. In Kapitel 11, »SAP-Quereinstieg: Von der Anwendung zur Beratung«, werde ich dieses Thema weiter beleuchten.

Für diesen Abschnitt habe ich drei zentrale Rollen ausgewählt, die Ihnen vermutlich immer wieder über den Weg laufen werden. Ich starte mit dem markantesten Beispiel.

SAP-Key-User

Prozesswissen und praktisches SAP-Know-how

Key-User sind zentrale Ansprechpersonen in den Fachbereichen eines Unternehmens, wenn es um die Anwendung des SAP-Systems im Tagesgeschäft geht. Sie verbinden fachliches Prozesswissen mit praktischem SAP-Know-how und spielen eine entscheidende Rolle in der Einführung, dem Test und der späteren Nutzung von SAP-Lösungen. Ein offizielles Zertifikat für Key-User gibt es jedoch nicht. Dennoch werden einige Möglichkeiten zur Weiterbildung angeboten, auf die ich in Kapitel 11, »SAP-Quereinstieg: Von der Anwendung zur Beratung«, noch eingehe.

Im Projekt übernehmen Key-User Aufgaben wie die Mitarbeit bei der Anforderungsaufnahme, die Durchführung von Tests (User Acceptance Testing), die Mitgestaltung von Schulungsunterlagen sowie die Unterstützung bei der späteren Schulung von End-Usern. Sie arbeiten eng mit Consultants, Entwicklungsteams, Testteams und den Process Ownern zusammen und liefern wertvolles Feedback aus Sicht des operativen Fachbereichs.

Key-User als erste Anlaufstelle

Nach Projektende bleiben Key-User oft als »erste Anlaufstelle« im Alltag aktiv. Sie helfen ihrem Team bei Fragen zur Systembedienung, dokumentieren neue Anforderungen und unterstützen bei kleinen Prozess- oder Systemanpassungen.

Für das SAP-Recruiting ist wichtig: Key-User sind keine IT-Profis, sondern praxisnahe Fachexpert*innen mit Systemaffinität. Sie verstehen die Prozesse ihres Bereichs im Detail, können mit SAP-Anwendungen sicher umgehen und sind kommunikativ stark. Die Rolle eignet sich auch als Einstieg in weiterführende SAP-Funktionen – etwa in Richtung Testmanagement, Schulung, Business-Analyse oder Process Ownership.

[«]

Anforderungen und Zertifikate für Key-User

Die wichtigsten Anforderungen an Key-User fasse ich hier zusammen:

- **Welche Fähigkeiten sind wichtig?**
  - Sehr gutes Prozessverständnis im eigenen Bereich
  - Sicherer Umgang mit dem SAP-System (z. B. Navigation, Transaktionen, SAP Fiori)
  - Kommunikationsstärke und Teamfähigkeit
  - Bereitschaft zur Mitgestaltung und Verantwortung im Projekt

- **Gibt es offizielle Zertifikate?**
  - Es gibt kein zentrales Key-User-Zertifikat von SAP.
  - Projektbezogene Teilnahmebescheinigungen
  - Schulungen von SAP-Bildungspartnern mit Zertifikat
  - Interne Qualifizierungsprogramme in Unternehmen
  - Learning Journeys auf *learning.sap.com* (z. B. für Anwender*innen)
- **Worauf sollten Sie achten?**
  - Nachweisliche Projekt- oder Anwendererfahrung im SAP-System
  - Vertrautheit mit Prozessen, Systemlogik und Kommunikation mit IT-/Key-Stakeholdern
  - Bereitschaft, Wissen im Team weiterzugeben (z. B. in Schulungen)

Process Owner und Product Owner

Schnittstellenrolle zwischen SAP, IT und Fachbereich

Process Owner sind verantwortlich für einen definierten End-to-End-Geschäftsprozess im Unternehmen, z. B. den Bestellprozess (*Order-to-Cash*), den Einkaufsprozess (*Purchase-to-Pay*) oder die Anstellung von Personal (*Hire-to-Retire*). Im Rahmen eines SAP-Projekts übernimmt der Process Owner die fachliche Führung und Entscheidungsverantwortung für die Gestaltung dieses Prozesses. Er oder sie sorgt dafür, dass die Prozessanforderungen aus dem Fachbereich korrekt aufgenommen, priorisiert und in der SAP-Lösung umgesetzt werden.

Dabei agiert der Process Owner an der Schnittstelle zwischen dem Fachbereich, der SAP-Beratung und der IT. Er oder sie formuliert die Anforderungen an das System, bewertet Umsetzungsvorschläge aus Sicht des Unternehmens und trifft die finalen Entscheidungen, wenn es um Prozessdesign, Ausnahmen oder Standardisierungen geht. In Transformationsprojekten (z. B. SAP-S/4HANA-Einführungen) übernimmt der Process Owner eine tragende Rolle, da hier häufig bestehende Prozesse neu strukturiert, harmonisiert oder vollständig verändert werden.

Für das SAP-Recruiting und Projektverantwortliche ist wichtig: Der Process Owner muss keine technische SAP-Expertise mitbringen – erforderlich ist aber ein tiefes Verständnis der operativen Abläufe, der fachlichen Zusammenhänge und der strategischen Ziele des jeweiligen Bereichs. Typischerweise sind Process Owner erfahrene Führungskräfte oder Senior-Professionals mit hoher Akzeptanz im Unternehmen. Sie treffen Entscheidungen mit Blick auf das große Ganze, sowohl im Projekt als auch im späteren Betrieb des Systems.

Fachlicher Entscheidungsträger für einen Bereich

Der *Product Owner* ist in agilen oder hybriden SAP-Projekten die zentrale Ansprechperson für das Entwicklungsteam, wenn es um fachliche Anforderungen, Prioritäten und Abnahmen geht. Auf der Kundenseite übernimmt der Product Owner die Rolle des fachlichen Entscheidungsträgers für ein klar abgegrenztes Produkt, etwa ein Modul, eine Applikation oder einen digitalen Prozessbereich innerhalb des SAP-Systems.

Seine oder ihre Aufgabe ist es, die Anforderungen der Fachbereiche zu bündeln, zu priorisieren und in enger Abstimmung mit den Stakeholdern zu einer umsetzbaren Roadmap zu machen. Dafür pflegt der Product Owner das sogenannte *Product Backlog*, eine geordnete Liste von fachlichen Anforderungen, Features und Änderungen. Sie oder er entscheidet, was im nächsten Sprint oder Release umgesetzt wird.

Der Product Owner ist außerdem für die fachliche Abnahme der gelieferten Lösungen verantwortlich. Er oder sie nimmt damit eine verbindende Rolle zwischen Fachbereich, Entwicklungsteam, Beratung und IT ein – mit hoher Verantwortung für die Business-Perspektive.

Für das SAP-Recruiting ist wichtig: Product Owner ist keine klassische Führungsrolle, sondern übernimmt eine priorisierende und steuernde Funktion auf inhaltlicher Ebene. Ideal sind Personen, die ein tiefes Verständnis für Prozesse, Nutzeranforderungen und Zielgruppen mitbringen, kombiniert mit Kommunikationsstärke und methodischer Sicherheit in agilen Projektumgebungen. Erfahrung mit SAP (z. B. mit SAP S/4HANA, SAP BTP, SAP Fiori) ist von Vorteil, kann aber je nach Set-up auch durch intensive Einarbeitung oder Coaching aufgebaut werden.

3.3.4 Rollen bei SAP

Unser Spaziergang durch die SAP-Landschaft wäre unvollständig, wenn wir nicht auch auf den Hersteller selbst schauen würden. Zwar werden Sie im Recruiting wahrscheinlich entweder Personen für die SAP-Partner- oder für die SAP-Anwenderunternehmen suchen. Aber auch SAP selbst benötigt die richtigen Menschen.

SAP als interessante Station in Lebensläufen

In Lebensläufen oder Berichten werden Sie immer wieder auf Stationen stoßen, in denen eine Person direkt bei SAP gearbeitet hat. In diesem Abschnitt versuche ich Ihnen ein besseres Verständnis dafür zu vermitteln, was hinter den Titeln und Bereichen steckt, die hier aufgeführt werden. Ich finde es immer spannend, wenn Menschen zeitweise bei SAP gearbeitet haben, da sie diese Station häufig auch beruflich geprägt hat. Beachten Sie jedoch, dass nicht alle Menschen, die bei SAP arbeiten, auch die passenden technischen Kompetenzen mitbringen.

Organisationsbereiche bei SAP

Starten wir bei der Organisation SAP und in welche Bereiche diese unterteilt ist. Ich stütze mich, wenn nicht weiter angegeben, dabei auf die veröffentlichten Geschäftsberichte sowie auf die Webpräsenz von SAP. Die wichtigsten Funktionsbereiche umfassen:

- **Forschung und Entwicklung**

  Ein großer Teil der Belegschaft von SAP ist in der Softwareentwicklung tätig, entwirft und programmiert SAP-Lösungen. Rund 34 % der weltweiten Mitarbeitenden (ca. 37.590 Vollzeitäquivalente (FTE) im Jahr 2024) arbeiten im Bereich Forschung und Entwicklung (F&E), verteilt auf über 100 Entwicklungsstandorte weltweit, genannt *SAP Labs*.

[»]

Was sind SAP Labs?

Für viele SAP-Professionals sind die SAP Labs begehrte Arbeitsorte, nicht zuletzt wegen ihrer internationalen Ausrichtung, der forschungsnahen Tätigkeit und der Nähe zu Technologie-Hotspots. Über 35.000 SAP-Mitarbeitende (mehr als ein Drittel der Gesamtbelegschaft) arbeiten in SAP Labs. Darunter fallen Software Engineers, Architekt*innen, UX-Designer*innen, Data Scientists, Scrum Master, Agile Coaches u. v. m.

Die SAP Labs bilden gemeinsam die größte funktionale Einheit innerhalb von SAP: Forschung und Entwicklung. Viele SAP Labs, z. B. die in Bangalore, Berlin oder Palo Alto, betreiben sogenannte *Co-Innovation Centers*. Dort entwickeln SAP-Teams gemeinsam mit SAP-Kunden oder -Partnern Prototypen, führen Usability-Tests durch und validieren neue Ideen. Dieses Vorgehen soll den Kundennutzen verbessern und Innovationszyklen verkürzen.

- **Vertrieb, Marketing und Produktmanagement**

  Ein weiterer bedeutender Teil der SAP-Belegschaft ist im Vertrieb der SAP-Produkte und -Services sowie im Marketing beschäftigt. Etwa ein Viertel der Belegschaft (knapp 27.000 Mitarbeitende) entfällt auf Sales- und Marketing-Funktionen, die in regionalen Vertriebsorganisationen (EMEA, Americas, APJ) organisiert sind. Diese Personen betreuen Bestandskunden, akquirieren Neukunden und positionieren SAP-Lösungen am Markt.

- **Beratung und Services**

  SAP unterhält eine umfangreiche Service- und Beratungsorganisation. Die hier tätigen *Consultants* und *Service-Ingenieur*innen* unterstützen Kunden bei der Einführung der SAP-Software mit Prozessberatung und Schulungen. In entsprechenden Rollen (inklusive Beratung, Implementierung und Projektmanagement) sind weltweit mehrere Zehntausend Mitarbeitende tätig.

- **Kundensupport**

  Für die technische Unterstützung und Betreuung nach der Implementierung sorgt der globale SAP-Support (z. B. SAP Enterprise Support). *Support-Ingenieur*innen* arbeiten häufig in zentralen Supportzentren und gewährleisten den Betrieb und die Wartung der Software bei den Kunden. (Diese Tätigkeiten werden teils auch den Bereichen »Cloud and Software« oder »Cost of Support« zugerechnet).

- **IT- und Cloud-Betrieb**

  SAP bietet Cloud-Services an und betreibt dafür eine umfangreiche technische Infrastruktur. Spezialisten in diesem Bereich kümmern sich um Rechenzentren, Cloud-Plattform-Betrieb, Sicherheit und interne IT-Systeme. Diese Funktionen werden teils als *Infrastrukturrollen* bezeichnet und sind für den zuverlässigen Betrieb von SAPs Cloud-Angeboten und internen Systemen verantwortlich.

- **Personal, Finanzen und Verwaltung**

  Weitere Funktionen

  Auch klassische Corporate Functions sind bei SAP vertreten: In Bereichen wie Personalwesen, Finanzen und Buchhaltung, Recht, Einkauf und Verwaltung beschäftigt SAP Tausende Mitarbeitende weltweit. Diese Funktionen machen rund 6–7 % der Belegschaft aus und sorgen für reibungslose interne Abläufe, Talentmanagement sowie Compliance.

Überdies gibt es Rollen im Produktmanagement, der Forschung (z. B. im SAP Innovation Center Network), der Ausbildung/dem Knowledge Transfer und der strategischen Führung. Die Führungskräfte (Management) lenken die genannten Bereiche in den jeweiligen Vorstandsressorts.

Mitarbeiterzahlen in Deutschland und international

SAP ist nicht nur global tätig, sondern auch personell weltweit aufgestellt. Insgesamt sind rund 110.000 Menschen bei SAP beschäftigt (Stand Ende 2024). Davon arbeitet ein signifikanter Anteil in Deutschland, wo SAP seine größten Entwicklungs- und Verwaltungsstandorte hat (siehe Tabelle 3.5). Die übrigen ca. 83.000 Mitarbeitenden sind international auf über 130 Landesgesellschaften verteilt.

Außerhalb Deutschlands stellen insbesondere die USA (ca. 17.700 Mitarbeitende) und Indien (ca. 16.200 Mitarbeitende) große Belegschaftsgruppen dar. SAPs Belegschaft umfasst über 160 Nationalitäten und ist damit sehr international geprägt. Auch aus dieser Aufstellung von SAP lässt sich weitgehend ungenutztes Potenzial für Ihre internationale Rekrutierung oder Ihr *Global Hiring* schöpfen (siehe auch Kapitel 12, »Internationales Recruiting«).

Region	Mitarbeiterzahl
Deutschland	26.944
International (außerhalb DE)	ca. 83.000 (aggregiert)
Weltweit gesamt	109.973

Tabelle 3.5 Verteilung der SAP-Belegschaft weltweit

Die größte Einzelstandort-Konzentration befindet sich in Walldorf/St. Leon-Rot (Hauptsitz). Weitere große deutsche Standorte sind u. a. München, Berlin (insbesondere infolge des Zukaufs der Firma Signavio) und Potsdam. Globale Hubs gibt es darüber hinaus in Walldorf, Palo Alto (USA), Bangalore (Indien), Shanghai und an anderen Standorten.

[»]

Reorganisationen, Effizienzprogramme und Diversitätsziele

Die Umstellung auf die Cloud, neue Technologien und aktuelle weltpolitische Entwicklungen gingen bei SAP mit internen Umstrukturierungen einher. Im Mai 2025 erfolgte unter anderem der Beschluss, interne Diversitätsziele zu streichen. Anfang 2023 kündigte SAP erstmals seit vielen Jahren einen größeren Stellenabbau an (rund 3.000 Stellen oder ca. 2,5 % der Belegschaft), der Teil eines Reorganisationsprogramms war. 2024 startete SAP das konzernweite Programm *Next Level Transformation*. In diesem Zuge wurden insbesondere in Deutschland freiwillige Abfindungs- und Vorruhestandsangebote genutzt: Etwa 3.500 SAP-Beschäftigte in Deutschland schieden 2024 im Rahmen dieser Transformationsinitiative aus (überwiegend über Vorruhestandsprogramme). Die Mitarbeitenden sollen im Rahmen des Programms nach einem neuen Bewertungssystem beurteilt werden, und auch eine stärkere Office-Präsenz soll wieder eingeführt werden (Quelle: *https://t3n.de/news/nicht-nur-leistung-sap-noten-1678563*).

Beratung bei SAP

Was mir beim Einstieg ins SAP-Recruiting zunächst gar nicht bewusst war: Auch SAP selbst ist ein Beratungshaus. Als Karrierepfad wird zwischen Sales, Presales und Delivery unterschieden. Folgende Rollen begegnen Ihnen häufiger im Recruiting:

- SAP Consultant
- Business Process Consultant
- Solution Advisor
- Customer Success Partner

Darüber hinaus gibt es die bekannten Karrierepfade von Consultant über Senior bis Principal mit der anschließenden Möglichkeit, als Director oder Vice President ins Management zu wechseln.

Solche Personen beraten SAP-Kunden bei folgenden Projekten:

- Einführung und Anpassung von SAP-Lösungen (z. B. SAP S/4HANA, SAP SuccessFactors oder SAP Ariba)
- Prozessoptimierung
- Cloud-Transformation

Diese Consultants arbeiten direkt für SAP, nicht für ein Partnerunternehmen. Viele von ihnen haben einen Branchenschwerpunkt (z. B. Automotive, Public Sector, Manufacturing) oder sind spezialisiert auf bestimmte Module oder Lösungen (z. B. Finance, Logistics, HCM).

Projektleitungsrollen bei SAP

Projektleiter*innen bei SAP führen SAP-Projekte bei Kunden durch (z. B. die Einführung von SAP S/4HANA oder SAP SuccessFactors). Entsprechende Rollen heißen z. B.:

- Project Manager
- Delivery Manager
- Program Lead

Sie arbeiten oft eng mit der IT-Abteilung des Kunden und externen Partnern zusammen.

Interne Projektleitung

Ferner gibt es interne Projektleitungen, denn auch SAP selbst betreibt viele große Projekte – etwa in der Produktentwicklung, der IT oder zur Transformation.

Wenn Sie also nach SAP-Profilen suchen, können Sie bei SAP selbst die gleichen Rollen finden, die Sie zunächst vielleicht nur bei Beratungshäusern wie Accenture, T-Systems, Adesso oder All for One vermuten würden. Entsprechend bietet SAP als Arbeitgeber auch ähnliche Karrierepfade: SAP-Professionals können dort als Consultant, im Projektmanagement oder in der Entwicklung Karriere machen und als nächste Laufbahnetappe zu Kunden oder zu Partnern wechseln. Eine Station bei SAP im Lebenslauf bedeutet für Sie ein vielversprechendes Netzwerk und Beziehungen zum Hersteller, was für manche Rollen sehr hilfreich ist.

3.4 Trends im SAP-Ökosystem und mögliche Auswirkungen auf Jobrollen

SAP hat sich bereits in der Vergangenheit immerzu weiterentwickelt und steht aktuell mitten in einer der größten Transformationen seiner Geschichte. Im Zentrum dieser Veränderung steht SAP S/4HANA. Und dieser

Wandel hat einen ziemlich großen Einfluss auf Ihr Recruiting (siehe auch Kapitel 1, »Die menschliche Seite der technologischen Transformation«).

Der Wandel heißt SAP S/4HANA

S/4HANA ist mehr als nur ein technisches Update. Es ist Ausdruck eines neuen SAP-Denkens. Der Weg geht ganz klar in Richtung Cloud, Standardisierung und Vereinfachung. Unternehmen sollen künftig nicht mehr auf umfangreiche Eigenentwicklungen setzen (also nicht mehr auf die »Z-Transaktionen«, die speziell für einzelne Kunden programmiert wurden). Stattdessen lautet das Motto: Zurück zum Standard.

Zurück zum Standard

Das klingt zunächst ungewohnt und ist für viele auch ein echter Kulturwandel. Denn über Jahrzehnte hinweg war es gängig, SAP individuell auf die eigenen Prozesse zuzuschneiden. Man schrieb oder codete sich mit der Programmiersprache ABAP die Welt so, wie man sie benötigte. Langfristig führte dies allerdings zu technischen Altlasten. Mit der Einführung von SAP S/4HANA fordert SAP seine Kunden nun auf, neu zu denken und zu prüfen, ob deren Prozesse sich nicht auch mit dem Standard abbilden lassen. Sie sollen auf unnötige Sonderwege verzichten und den Best Practices vertrauen. Diese Rückbesinnung auf den Standard ist eng verknüpft mit dem Schritt in die Cloud.

Neue Cloud-Strategie

In den vergangenen Jahren hat SAP erhebliche strategische Veränderungen und Neufokussierungen vorgenommen, um sich an Markttrends anzupassen. Die wichtigste Entwicklung, die Sie im SAP-Recruiting kennen sollten, ist die Cloud-Strategie, die zunehmend auch bei den Anwenderunternehmen an Bedeutung gewinnt. Diese Transformation erfordert neue Kompetenzen und ein Upskilling der Qualifikationen des bestehenden SAP-Teams. Sie führt auch zu einer Verknappung, wenn die Nachfrage nach Cloud-Senior-Experts steigt, die es auf dem Recruiting-Markt noch gar nicht geben kann.

Zunehmender Bedarf an Cloud-Expertise

Zur jährlichen Einordnung des Transformationsstatus lohnt sich hier der Investitionsreport der DSAG. Abbildung 3.3 zeigt eine der Erhebungen unter den DSAG-Mitgliedsunternehmen im Rahmen des DSAG-Investitionsreports 2025. Gefragt wurde, inwieweit bestimmte SAP-Lösungen für die Unternehmen relevant sind. Die Cloud-Bereitstellungsvariante von SAP S/4HANA hat hier in den vergangenen drei Jahren deutlich an Relevanz gewonnen und verzeichnet insbesondere 2025 einen starken Anstieg. Daraus lässt sich ein zunehmender Bedarf an SAP-Cloud-Expertise ableiten.

RISE with SAP

SAP wendet sich weg vom traditionellen Lizenzgeschäft und hin zu Cloud-Geschäftsmodellen. Cloud-Produkte und -Services stehen im Zentrum der Strategie. So wuchsen die Einnahmen mit SAPs Cloud-ERP-Suite (insbesondere SAP S/4HANA Cloud) über die letzten Quartale in Folge um mehr als

30 % (*www.sap.com/investors/en/why-invest/recent-results.html*). Cloud-Umsätze haben mittlerweile die klassischen Softwarelizenz- und Wartungsumsätze überholt und sind der primäre Wachstumstreiber für SAP. SAP hat Programme wie *RISE with SAP* (gestartet 2021) eingeführt, ein Angebotspaket, das Bestandskunden den Umstieg auf die Private Cloud erleichtern soll. Der Investitionsreport der DSAG spiegelt diese Bewegung wider.

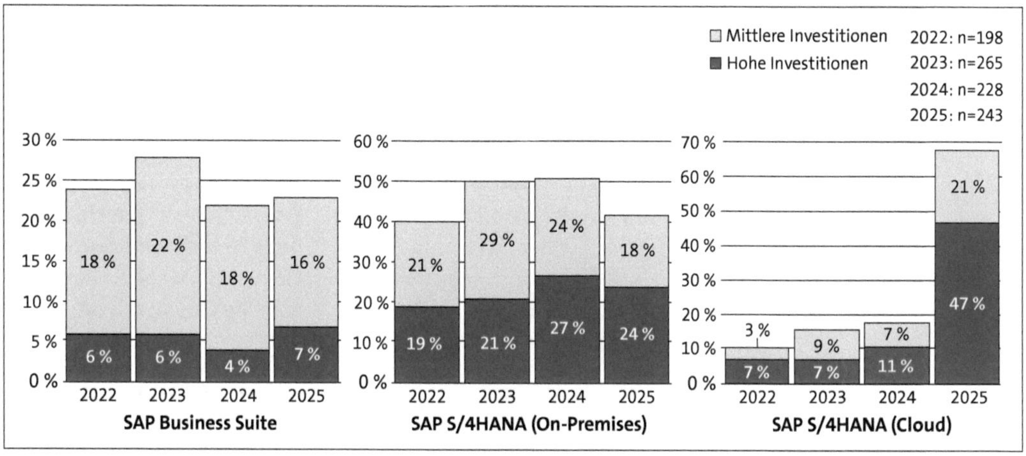

Abbildung 3.3 Relevante ERP-Lösungen für die befragten SAP-Anwenderunternehmen, geplante Investitionen im Jahr 2025 (Quelle: DSAG-Investitionsreport 2025)

Cloud verändert die Arbeitsweise von Unternehmen

In der Cloud wird Software regelmäßig aktualisiert, neue Funktionen stehen sofort zur Verfügung und Systeme bleiben leichter wartbar. Für viele Unternehmen bedeutet das allerdings auch: Sie müssen loslassen. Loslassen von altbewährten Lösungen, von selbst geschriebenen Transaktionen, von Denkweisen, die lange funktioniert haben – aber heute im Weg stehen. Und genau hier beginnt der eigentliche Wandel. Denn SAP S/4HANA Cloud ist nicht einfach ein neues System. Es verändert die Arbeitsweise von Unternehmen. Es verändert Anforderungen. Und es verändert Karriereprofile. Es braucht neue Rollen, neue Kompetenzen und neue Perspektiven.

Klassische SAP-Jobrollen und Upskilling

Mit einem besonderen Fokus auf SAP-Recruiting heißt das: Die Karten werden neu gemischt. Gefragt sind nicht mehr nur die Menschen, die das alte System kennen – sondern solche, die den Wandel begleiten und gestalten können. Neben neuen Rollen wird voraussichtlich ein begleitendes *Upskilling* oder *Reskilling* der klassischen Rollen notwendig sein.

Tabelle 3.6 vergleicht bisherige und mögliche zukünftige Skills und Anforderungen für die in den vorangehenden Abschnitten vorgestellten klassischen SAP-Rollen.

Klassische Rolle	Bisherige Aufgaben	Future Skills & neue Anforderungen
SAP-Consultant	Prozessanalyse, Customizing, Projektdokumentation	Cloud-Verständnis (RISE with SAP, SAP S/4HANA Cloud), agile Methoden (z. B. Scrum), End-to-End-Prozessberatung, SAP BTP
SAP-Entwickler*in	ABAP-Programmierung, Reports, Erweiterungen	Entwicklung auf der SAP BTP, RAP/CAP, API-Design, SAP Fiori/SAPUI5, hybride Technologien (z. B. JavaScript)
SAP-Projektleiter*in	Projektplanung, Ressourcen- und Zeitmanagement, Kommunikation	Programmmanagement, hybride Projektmethoden, agile Führung, Stakeholder-Management im Cloud-Kontext
SAP-Basis-Admin	Systembetrieb, Transporte, Berechtigungen, Systempflege	SAP-BTP-Betrieb, Cloud-Integration, Security und Identity Management, Automatisierung (z. B. mit Ansible, Terraform)

Tabelle 3.6 Bisherige und mögliche neue Aufgaben und Fähigkeiten der klassischen SAP-Rollen

3.5 Menschen und ihre SAP-Laufbahnen

Stimmen aus dem Netzwerk

Mein Credo ist, dass Sie im Recruiting die Menschen sehen und verstehen müssen. Im Laufe der Zeit entwickeln Sie ein Gespür dafür, wenn Sie interessiert zuhören, Fragen stellen und jede Gelegenheit für den Austausch nutzen. Da dieses Kapitel jedoch vor allem für Neulinge gedacht ist, habe ich drei Mitglieder meines persönlichen Netzwerks für Sie interviewt und um eine Einschätzung ihrer jeweiligen Rolle gebeten. Ich möchte damit die unterschiedlichen Rollen mit Leben füllen und Ihnen die große Vielfalt der SAP-Landschaft verdeutlichen.

3.5.1 Oliver Nübel (SAP-Berater Supply Chain Planning)

Oliver Nübel ist Geschäftsführer der Nübel Consulting GmbH und Host des SAP Sommeliers Podcast. Fachlich liegt seine Ausrichtung auf Planungsprozesse in der Supply Chain. Er hat auf Anwenderseite, aber auch bei einem externen SAP-Dienstleister bereits durch unterschiedliche Beraterbrillen geschaut. Mit sehr viel Leidenschaft und Engagement verkörpert Oliver ein zeitgemäßes SAP-Consulting, das den Kunden auf Augenhöhe begegnet und ihnen gleichzeitig einen versierten Sparringspartner zur Seite stellt, der nicht alles macht, was der Kunde will, sondern das, was er wirklich braucht.

Standardnaher Prozessoptimierer

Oliver, dein offizieller Jobtitel lautet »SAP-Berater Supply Chain Planning«. Wie aber würdest du dich selbst lieber betiteln oder was würden andere über dich sagen?

»Prozessoptimierer und nah am Standard. Ich bin kein IT-Berater, sondern helfe meinen Kunden, ihre prozessualen Anforderungen in die SAP-Softwarestrukturen zu übersetzen. Dabei achte ich darauf, die Strategie der Kunden schon bei der Prozessgestaltung zu berücksichtigen. Erst danach kommt die eigentliche Implementierung im SAP-System.«

Wenn dich jemand fragt, ob du mal eben im Büro einen Drucker reparieren kannst – wie reagierst du darauf?

»Auch wenn es keine SAP-Aufgabe im klassischen Sinne ist, bin ich gerne hilfsbereit und schaue mir das Problem an. Nach den klassischen Ursachen »Kabel eingesteckt«, »Papierstau beheben«, »Papier nachfüllen« und einem Neustart ist meine Trickkiste in Bezug auf Drucker eher schnell erschöpft.«

Kundenorientierung

Wie schaut ein typisches Projekt oder eine Kundenanfrage bei dir aus?

»Das kommt meist auf die Größe des Kundenprojekts an. Bei größeren Projekten biete ich gerne eine Vorstudie an, um die Fragestellungen und den Aufwand besser spezifizieren zu können und mir ein ganzheitliches Bild vom Kunden zu machen. Bei kleineren Themen hat es sich aus meiner Sicht bewährt, schnell in das SAP-System einzutauchen und die Problemstellung direkt im System zu analysieren oder die Lösung mit einem kleineren Prototyp zu beschleunigen. Gleich ist jedoch immer die Herangehensweise:

- *Herausforderungen verstehen*
- *Anfallende Themen strukturieren und Prozesse durchgängig gestalten*
- *Umsetzung im SAP System«*

Standard oder Eigenentwicklung?

Was hältst du von vielen Z-Transaktionen – sollten diese bei der SAP-S/4HANA-Konvertierung mitgenommen oder kritisch hinterfragt werden?

»Nicht jede Z-Transaktion ist per se schlecht. Ich habe jedoch in einigen Projekten bereits aufwendige Programmierungen mit SAP-Standard-

mitteln umgesetzt, und der Kunde war trotzdem überzeugt vom Ergebnis. Das zeigt mir, dass es der richtige Weg ist, erst die Erwartungshaltung zu klären und dann den SAP-Standard herauszufordern, um dann mit wenig bis keiner Entwicklung auszukommen. Ob man es glaubt oder nicht, das funktioniert häufiger, als man denkt.«

Wie arbeitest du mit Kunden in Workshops? Was sind typische Themen?

»Die Themen sind sehr verschieden. Es handelt sich sehr häufig um Themen der Disposition und Terminierung, die nicht in nur einem klassischen Modul abbildbar sind, sondern von vornherein als prozessualer Durchlauf gestaltet werden. Um die vielen Abhängigkeiten sichtbar aufzuzeigen, arbeite ich viel mit visueller Unterstützung. Dabei darf es auch mal der klassische Post-it sein, der schnell umgeklebt werden kann, wenn sich ein Termin im Prozess ändert.«

Remote-Arbeit

Wie hoch ist dein Remote-Anteil und wie oft bist du beim Kunden?

»Das ist sehr stark vom Kunden und vom Projekt abhängig. Komplexe Themen erarbeite ich am liebsten beim Kunden vor Ort. Dadurch zeigen sich aus meiner Sicht viel schneller die Hürden, die in einer Realisierung hochkommen können. Für Konzeptarbeit, Tests und Co. schließe ich mich aber auch gerne mal im Homeoffice ein. Ich glaube, bei Kunden in Heimatnähe wäre ich dennoch eher vor Ort als remote im Einsatz.«

Einstieg die SAP-Welt

Wie kamst du überhaupt in die SAP-Welt?

»Im Rahmen meiner Bachelor- und Masterarbeiten habe ich das erste Mal im Anwenderunternehmen mit SAP gearbeitet. Vor allem mit der Masterarbeit zum Thema ›Dispositionsoptimierung mit SAP‹ habe ich viel Erfahrung sammeln können. Danach bin ich direkt als Junior für Supply-Chain-Planning-Themen in einer SAP-Beratung gestartet. Ermuntert durch einen guten Mentor habe ich auch schnell den Blick über den Tellerrand gewagt.«

Was hat dich dazu motiviert, einen Fach- und Karrierepodcast, die SAP Sommeliers, zu hosten?

»Nach mehr als 80 Folgen ist es für mich immer noch spannend, mich über die sehr vielfältigen SAP-Themen, Produkte und Herausforderungen auszutauschen. Für mich ist es tatsächlich als Spaßprojekt gestartet: über Themen sprechen, die mich interessieren und dazu ein gutes Glas Wein. Heute macht es immer noch Spaß, nur dass man von Kunden, anderen Beratern und Co. auf den Podcast angesprochen wird. Das macht auch etwas stolz.«

Und last, not least: Wieso beschäftigst du dich mit so vielen Themen im SAP-Kosmos, die gar nicht direkt zu »deinem Thema« gehören? Sollte der »Berater der Zukunft« die Modulbrille ablegen und über den berühmten Tellerrand schauen?

»Ich bin ganz klar gegen die Modulbrille. Das hängt aber eher damit zusammen, dass ich in SAP-Prozessen denke und diese meist nicht in einem Modul enden. Ich glaube, es wird in Zukunft immer wichtiger, zwar Spezialist in einem Gebiet zu sein, aber durchaus auch alle Einflüsse aus anderen Modulen auf das eigene Gebiet zu erfassen und bewerten zu können.«

3.5.2 Dilan Ballikaya (SAP Solution Architect für Sustainability)

Dilan Ballikaya ist eine kontaktfreudige und sehr ambitionierte SAP-Beraterin mit Entwicklungs-Skills, die ihr Thema Sustainability entdeckt hat und nach vorn trägt. Im SAP-Kosmos ist das Nachhaltigkeits-Thema bisher nicht überall angekommen. Im Mittelstand und in größeren Anwenderunternehmen, aber auch in den SAP-Beratungshäusern werden eher gesetzliche Regularien abgehandelt, als Nachhaltigkeit zum echten Zukunftsthema mit großem wirtschaftlichen Einfluss zu machen. Dilan ist mit ihrer Haltung und ihrem Handeln einen großen Schritt weiter. Mit Passion, Tech-Expertise, SAP-Know-how und Storytelling macht sie aus dem Pflichtthema eine Kür.

Spezialisierung auf Nachhaltigkeitslösungen

Dein offizieller Jobtitel lautet »SAP Solution Architect für Sustainability«, aber lieber sage du über dich (andere sagen über dich):

»SAP Sustainability Expert.«

Wie hoch auf einer Skala von 1 bis 10 schätzt du deine Tech-Skills ein?

»Ich würde meine Tech-Skills bei der 8 einordnen. Ich habe schon mit 16 Jahren angefangen, Websites zu programmieren, und seitdem liebe ich es einfach, zu programmieren. Diese Leidenschaft hat mich dazu gebracht, mich immer weiterzuentwickeln, besonders im SAP-Bereich. Ich habe mir viel Wissen angeeignet, vor allem im Bereich Nachhaltigkeit und Analytics, und ich bin immer auf der Suche nach neuen Herausforderungen, um noch besser zu werden.«

Kein Tag wie der andere

Wie schaut ein ganz normaler Tag bei dir aus, falls es den überhaupt gibt?

»Es gibt tatsächlich keinen, ›normalen‹ Tag für mich – jeder ist anders, was es spannend macht. Ein typischer Tag könnte damit beginnen, dass ich an einem Meeting mit meinem Team teilnehme, um unsere Nach-

haltigkeitsprojekte zu koordinieren. Danach gehe ich tiefer in technische Themen, etwa die Erfüllung von Kundenanforderungen oder das Lösen von Problemen, die in laufenden Projekten auftauchen. Zwischendurch beantworte ich Kundenanfragen und unterstütze die Kunden bei strategischen Entscheidungen. Am Ende des Tages reflektiere ich oft, was wir als Team gemeinsam erreicht haben. Als Team Lead und SAP Solution Architect übernehme ich eine doppelte Verantwortung. Ich führe ein Team und bin gleichzeitig in Projekte eingebunden, bei denen ich sowohl als Solution Architect agiere als auch die technische Umsetzung leite. Kein Tag ist wie der andere, aber genau das macht die Arbeit für mich so aufregend und erfüllend.«

Einstieg in die SAP-Welt

Wie war dein SAP-Einstieg und wie bist du zu deinem Thema Sustainability gekommen?

»Mein Einstieg in SAP war alles andere als der klassische Weg. Nach dem Studium hatte ich anfangs Schwierigkeiten, einen Job zu finden, da viele an meinen technischen Fähigkeiten zweifelten und mir in Bewerbungsgesprächen nicht glaubten, dass ich programmieren kann. Aber ich habe mich nicht entmutigen lassen. Ich habe hart gearbeitet, viel gelernt und mir Stück für Stück das nötige Know-how im SAP-Umfeld angeeignet. Der Einstieg ins Thema Nachhaltigkeit kam später, aber dafür mit umso mehr Leidenschaft. Als ich erkannt habe, wie entscheidend Nachhaltigkeit für die Zukunft von Unternehmen sein wird, wusste ich sofort, dass ich ein Teil dieser Entwicklung sein möchte. Als SAP Solution Architect kann ich meine technische Expertise mit meiner Begeisterung für Nachhaltigkeit verbinden und so einen echten Beitrag zur Transformation von Unternehmen leisten. Heute bin ich stolz darauf, mit unseren Projekten und Beratungsansätzen nicht nur Unternehmen bei der Umsetzung nachhaltiger Strategien zu unterstützen, sondern auch die Implementierung von SAP-Lösungen bei unseren Kunden in diesem Bereich erfolgreich voranzutreiben.«

Wenn deine Jobrolle ein Film wäre, welchen Titel würde er tragen?

»›Mission: Nachhaltigkeit. Auf der Jagd nach dem grünen Code‹ – ein Film voller Action, Spaß und ein bisschen Nerd-Humor, während wir die Welt mit SAP und Nachhaltigkeit erobern.«

Wie könnte sich deine Rolle in 10 Jahren verändert haben?

»In 10 Jahren hoffe ich, ein großes, engagiertes Team im Bereich Analytics und Nachhaltigkeit aufgebaut zu haben, das nicht nur in SAP-Nachhaltigkeitsprojekten führend ist, sondern auch eine starke, internationale Präsenz hat. Ich möchte, dass unser Unternehmen die erste

Anlaufstelle für SAP-Nachhaltigkeitslösungen wird – der Partner, an den man denkt, wenn es darum geht, Nachhaltigkeit in Unternehmensstrategien zu integrieren und innovative Projekte umzusetzen.

Dabei werde ich meine Junior Consultants mit viel Engagement und Hingabe unterstützen, sodass sie sich zu erfahrenen Senior-Beratern entwickeln, die ihr Wissen gezielt und effektiv in jedes Projekt einbringen. Ich möchte nicht nur fachlich an ihrer Seite stehen, sondern sie auch in ihrer persönlichen Entwicklung begleiten, damit sie ihr Potenzial voll entfalten können. Ich habe noch einige große Ziele im Kopf, die ich tief manifestiert habe, besonders im Bereich Nachhaltigkeit. Mit der Zeit werden wir sehen, was dabei rauskommt – ich bin dran und sehr gespannt!«

3.5.3 Michael Mohr (SAP-Projektleiter)

Michael Mohr ist Projektmanager und Gründer der Mohr Consulting & Management GmbH und verfasst viele fachliche Beiträge, die die SAP-Community weiterbringen. Nach seinem dualen Studium war er zunächst bei einem Anwenderunternehmen als Inhouse Consultant angestellt und ist dann in die Beratung gewechselt. Er ist der Urheber des äußerst hilfreichen und empfehlenswerten KI-Assistenten *SAPastian*, einem kommunikationsstarken und lösungsfokussierten SAP-Experten, der komplexe Technologie in klaren Worten vermittelt.

Mentor, Problemlöser, Umsetzer

Dein offizieller Jobtitel lautet »SAP-Projektleiter«, aber lieber sagst du über dich (andere sagen über dich):

»Mentor, Problemlöser, Umsetzer.«

Michael, wie hoch auf einer Skala von 1 bis 10 schätzt du deine Tech-Skills ein?

»7.«

Zwischen Projektalltag und Familie

Wie schaut ein ganz normaler Tag bei dir aus, falls es den überhaupt gibt?

»Der frühe Morgen gehört der Familie, d. h. konkret, dass ich unsere beiden Jungs ›Kita-ready‹ mache. Nachdem ich beide abgesetzt habe, geht schon der erste Status-Call los, den ich meist auch moderieren darf. Das heißt, der Morgen ist meist etwas chaotisch.

Wenn ich im Homeoffice bin, lege ich meist viele Termine direkt nacheinander, sodass ich den (Arbeits-)Tag maximal nutzen kann. Dabei habe ich keine festen Zeiten, an denen ich produktiv bin, sondern versuche hier flexibel zu sein. Meine beiden Jungs hole ich gegen 2 Uhr von der

Kita ab und habe danach noch ein paar Stunden, um zu arbeiten. Das ist dann meistens eine spannende Phase, denn die Kids müssen betreut sein, ich bin aber noch fleißig. Im Klartext bedeutet dies, dass ich manchmal nur betreue und meine Termine entsprechend lege, hin und wieder übernimmt unsere Babysitterin oder meine Frau – auch hier gilt es, flexibel zu bleiben. Der späte Nachmittag/Abend gehört ganz der Familie, bis die beiden schlafen. Danach geht es manchmal noch an den Laptop oder auf die Couch, um gemeinsam den Tag ausklingen zu lassen. Sport findet dort statt, wo er reinpasst.«

Was sind deine drei wichtigsten Soft Skills, die dich zu einem erfolgreichen SAP-Projektleiter machen?

»Kommunikationsstärke, Flexibilität und Anpassungsfähigkeit sowie ergebnisorientiertes Konfliktmanagement.«

Wenn deine Jobrolle ein Roman wäre, welchen Titel würde er tragen?

»Ich würde sagen: ›Deadline ist keine Strategie – ein SAP-Projektleiter zwischen High Performance, Kundenwünschen und agiler Realität‹.«

Projektleitung in Zeiten von KI

Wie könnte sich deine Rolle in zehn Jahren verändert haben?

»Ich denke, die Rolle des Projektleiters wird sich mehr und mehr aus der Operative wegbewegen (da KI Themen wie Status Tracking, Work Management, Projektplanung/-steuerung, Routinekommunikation und Reporting, Dokumentation weitestgehend übernehmen wird) hin zu einer strategischen Rolle. Vielleicht nennt es sich dann eher Project Lead oder Projekt Advisor statt Manager. Die Rolle wird eher verlangen, dass man darüber nachdenkt, wie man Menschen und KI so einsetzt, dass Projekte erfolgreich funktionieren können. Sie verlagert sich dadurch zunehmend in Richtung strategische Führung, persönliche Beziehungspflege, Kreativität und Innovation, also auf genau die Bereiche, in denen menschliche Stärken gefragt sind.«

3.6 Zusammenfassung

Wenn Sie den Diskussionen rund um SAP R/3, Z-Transaktionen oder SAP S/4HANA folgen, sollten Sie diese Themen nach der Lektüre dieses Kapitels besser einordnen können. Sie kennen nun die wichtigsten Rollenbilder, Technologien und Entwicklungen und haben begonnen, sich Ihre eigene SAP-Landkarte zu zeichnen.

Sie müssen jedoch nicht alles wissen. Kein Mensch kennt alle Module, Lösungen und Tiefenpfade. Aber: Sie kennen jetzt das Gelände. Und Sie entwickeln das richtige Gespür für Richtung, Tiefe und Dynamik. Genau das macht Sie als SAP-Recruiter*in wertvoll. Denn dieser Markt steht nicht still. SAP S/4HANA ist mehr als ein technisches Upgrade – es verändert das Denken und es verschärft den Fachkräftemangel. Vakanzen werden bleiben. Die Frage ist: Wie viele davon bleiben bei Ihnen?

3

[«]

Was Sie aus Ihrem Erkundungsgang durch die SAP-Landschaft mitnehmen können

Das Folgende sollten Sie in diesem Kapitel gelernt haben:

- SAP-Ökosystem, Jobrollen sowie Menschen sind höchst unterschiedlich und vielfältig.
- Mit den klassischen vier Jobprofilen können Sie einen Großteil der aktuellen Vakanzen abdecken.
- Spezialrollen bei SAP als Hersteller, bei SAP-Partnern und bei Anwenderunternehmen gilt es, beim Recruiting im Hinterkopf zu haben.
- Aufbauend auf diesem Wissen sollten Sie Ihren internen Recruiting-Prozess aufsetzen und laufend prüfen.
- Trends im SAP-Kosmos wie die Umstellung auf SAP S/4HANA und die Cloud haben Auswirkungen auf Ihre SAP-Personalgewinnung und bieten Chancen z. B. durch Upskilling.

Es braucht Menschen wie Sie: Menschen, die nicht verwalten, sondern gestalten, die neue Wege suchen, nicht nur Lücken schließen, sondern Perspektiven eröffnen, und die Recruiting neu denken – mutig, strategisch, menschlich. Sie benötigen dafür keine SAP-Zertifizierung. Aber Sie brauchen Haltung, Neugier – und einen prall gefüllten Recruiting-Methodenkoffer, um in die unbekannten Gewässer des Talente-Ozeans aufzubrechen.

Kapitel 4
Anforderungsprofile für SAP-Fachkräfte erstellen

Dieses Kapitel zeigt, wie das Recruiting/HR und die Fachabteilung Hand in Hand ein realistisches Anforderungsprofil für eine SAP-Fachkraft erstellen können und welche Dimensionen es beinhalten sollte.

In diesem Kapitel erarbeiten wir einen Leitfaden, um ausgehend vom Business Case die Kompetenzen und Fähigkeiten zu ermitteln, die im Anforderungsprofil festgehalten werden. Wir diskutieren, welche Zertifizierungen und Qualifikationen im SAP-Kosmos wirklich entscheidend sind.

Ein zentraler Fokus dieses Kapitels liegt auf dem Thema »Matching«. Ich verfolge dabei einen entwicklungspositiven Ansatz. Ein Matching von 60 bis 70 % anzuvisieren, kann erfolgversprechender sein, als auf 99 % Anforderungserfüllung zu pochen. Wenig durchdacht angelegte Wunschprofile führen mitunter dazu, dass Vakanzen teilweise unnötigerweise über Monate oder Jahre unbesetzt bleiben.

4.1 Das Problem mit dem Anforderungsprofil: Bias und Entstehung

Der Fachbereich meldet einen Bedarf

In der Regel wird ein Recruiting-Prozess dadurch angestoßen, dass der Fachbereich einen Bedarf meldet, Ihnen also mitteilt, dass eine bestimmte Vakanz neu oder wieder zu besetzen ist. In vielen Unternehmen gibt es eine Vorlage für Anforderungsprofile nach dem Baukastenprinzip. Hier werden vielleicht noch ein paar Halbsätze ergänzt, wenn sich die Rolle leicht verändert hat – und fertig ist das Anforderungsprofil, mit dem nun rekrutiert werden soll.

Ich stelle die Situation hier bewusst überspitzt dar, um Ihnen zu verdeutlichen, warum dieses Vorgehen nicht der beste Start für die Besetzung einer SAP-Vakanz ist. Zum einen wiederholen sich auf diese Weise veraltete und selten hinterfragte Anforderungsprofile. Spätestens nach der Lektüre der vorangehenden Kapitel wissen Sie jedoch, wie schnelllebig der SAP-Kosmos ist. Zwischen der Erstbesetzung und der Nachbesetzung einer Position ist daher eine Veränderung der Rollen und ihrer Kompetenzen sehr wahrscheinlich.

Realitätscheck: SAP-Talente-Situation

Zum anderen findet auf diese Weise kein Austausch oder Feedback zwischen HR und SAP-Team statt. Gerade die wertvollen Insights der Fachbereiche und ein Realitätscheck des Personalbereichs sind hier jedoch von großer Bedeutung. Sie wissen am besten, wie die aktuelle SAP-Talente-Situation aussieht. Das SAP-Team erklärt Ihnen, was es sich wünscht, und Sie sollten die Erwartungen moderieren und zu den Anforderungen vordringen, die wirklich direkt erfüllt sein müssen. Alles andere kann gegebenenfalls im Rahmen der internen Einarbeitung oder mit einer externen Schulung noch nachjustiert werden. Sie sagen, was hier realistisch und möglich ist.

Durch den häufig fehlenden Austausch entsteht das Gefühl, dass HR alleine für die Besetzung verantwortlich ist. Stattdessen sollte Recruiting als interdisziplinäres Teamwork verstanden und auch so behandelt werden.

Unbewusste Biaseffekte

Durch unbewusste Biaseffekte, auf die ich in Abschnitt 7.6, »Biaseffekte im Auswahlverfahren: Warum wir manchmal die Falschen aussortieren«, noch genauer eingehe, spiegeln die Anforderungsprofile aus den SAP-Abteilungen häufig den eigenen Status quo wider. Die Teammitglieder möchten gerne das scheidende Teammitglied oder auch sich selbst klonen, nach dem Motto »Gleich und Gleich gesellt sich gern«. Ein heterogenes Team mit vielfältigen Abschlüssen, Altersstufen, Geschlechtern und Berufserfahrungen entsteht jedoch nicht einfach so, sondern weil es Menschen wie Sie gibt, die sich gezielt dafür einsetzen, dass Diversität in jedem Team Einzug hält. Hierbei geht es darum, ein Bewusstsein für solche Biaseffekte zu schaffen, sensibel für das Thema zu sein und sich ihm strategisch und operativ zuzuwenden.

Bedarf der Zukunft einbeziehen

Das Anforderungsprofil sollte vor allem auch den zukünftigen Bedarf mit einbeziehen. Wenn Sie bereits wissen, dass Ihr SAP-Basis-Administrator in 3 Jahren in Rente geht, ist jetzt Zeit zu handeln und ein Anforderungsprofil zu erstellen – bestenfalls im Rahmen eines Team-Workshops.

4.2 Vom Business Case zum Anforderungsprofil im Team-Workshop

HR Potential Workshop

In Anhang B finden Sie den Leitplan für die Erstellung eines Anforderungsprofils im Rahmen eines *HR Potential Workshops*. Dieser Leitfaden ist bereits in der frühen Gründungsphase unserer SAP-Recruiting-Agentur entstanden. Denn uns ging es stellenweise nicht anders als der internen Personalabteilung oder dem internen Recruiting eines Unternehmens: Wir erhielten Anforderungsprofile im Rahmen unserer Such-Mandate, es fehlten uns hier jedoch die Seele, die Storys, das Menschliche und Kulturelle. Diese Elemente benötigen wir zwingend für unseren Recruiting-Mix und die Stellenausschreibung.

Als systemische Coachin und Change-Beraterin habe ich den HR Potential Workshop als Tool entwickelt und in Dutzenden Besetzungsprozessen verfeinert. Sie können diesen Workshop für folgende Besetzungen einsetzen:

- Schlüsselpositionen
- Führungsrollen
- Nachfolgerollen
- neue oder sich verändernde technische Rollen

Sie werden mit diesem Ansatz vermutlich nicht immer auf positive Resonanz stoßen. Ein häufig vorgebrachtes Gegenargument ist der Zeitaufwand. Hierbei handelt es sich jedoch um ein Henne-Ei-Problem: Ohne personelle Verstärkung im SAP-Bereich kann Ihr Team nicht entlastet werden, und zur erfolgreichen Vorbereitung des Recruitings muss eben ein Mindestmaß an Zeit investiert werden.

Bereiten Sie sich gut auf einen solchen Workshop vor, planen Sie rund 90 Minuten für die erstmalige Durchführung ein, und dokumentieren Sie die Ergebnisse. Mit diesem professionellen Vorgehen werden Sie erfolgreich Ihre Position als HR Business Partner untermauern.

Teilnahme des SAP-Fachbereichs

Für das Gelingen ist es essenziell, dass sich der SAP-Fachbereich für diesen Workshop Zeit nimmt. Arbeiten Sie im externen Recruiting, sollte auch das interne HR-Team mit dabei sein oder im Anschluss für Fragen zur Verfügung stehen und auch konsultiert werden. Da wir wissen, dass die Zeit von SAP-Consultants extrem kostbar ist (ebenso wie unsere), sollte der Termin mit der größtmöglichen Effizienz abgehalten werden.

Visualisierung der Profilbausteine

Zur Visualisierung der Bausteine eines Anforderungsprofils können Sie das Slide aus Abbildung 4.1 oder eine ähnliche, selbst erstellte Präsentation an die Wand werfen. Sie können auch ein Poster vorbereiten, die Bausteine frei auf einem Whiteboard notieren oder einen Mix aus all diesen Visualisierungsmethoden nutzen. Dies hat zunächst den Vorteil, dass die Gesprächsteilnehmenden die Bausteine und den groben Ablauf Ihres Workshops kennen und die wichtigen Punkte direkt vor Augen haben.

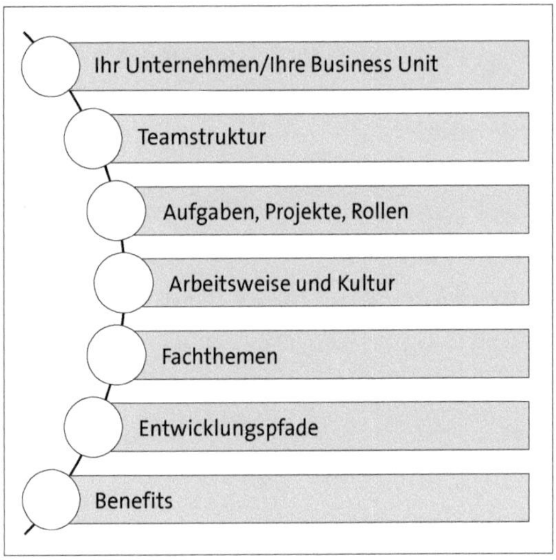

Abbildung 4.1 Aufbau des HR Potential Workshops und Bausteine für Ihr Anforderungsprofil

Für Sie hat die Visualisierung außerdem den Vorteil, dass Sie später ein Foto oder einen Screenshot machen und die Ergebnisse des Workshops dokumentieren können. Nach Absprache mit den Teilnehmenden und abhängig von den Compliance-Regeln des Unternehmens können Sie den Workshop auch aufzeichnen, sofern er remote durchgeführt wird. Die Ergebnisse lassen sich so transkribieren, und Sie könnten Ihren digitalen Recruiting-Assistenten daraus direkt eine Stellenausschreibung formulieren lassen. Diese Idee führe ich in Abschnitt 14.2, »SARA, Ihre persönliche KI-basierte SAP-Recruiting-Assistenz«, näher aus.

[+]

Agenda an die Workshop-Teilnehmenden schicken

Es ist im Übrigen hilfreich, die in Abbildung 4.1 aufgeführten Punkte wenige Tage vor Ihrem Workshop als Agenda an die Teilnehmenden zu schicken. So können sich diese bestmöglich vorbereiten, wenn sie das möchten, oder haben zumindest eine Chance, sich auf dieses erst mal etwas ungewöhnliche Vorgehen einzulassen.

Zielsetzung des Workshops

Starten Sie Ihren Workshop unbedingt mit der gemeinsamen Erarbeitung der Zielsetzung. Dazu können Sie die folgenden Leitfragen durchgehen:

1. Unternehmen als System
   - Welche strategischen Ziele verfolgt das Unternehmen/Team?
   - Welcher konkrete Auftrag steckt hinter der gesuchten Rolle?

2. Ziel, Need und Pain Points
   - Welches Problem soll gelöst werden?
   - Was passiert, wenn die Rolle unbesetzt bleibt?
3. Arbeitsrealität
   - Erfolgt die Arbeit remote oder vor Ort? Welches Führungsmodell wird gepflegt? Welche Routinen und welche Teamstruktur gibt es?
   - Wie sehen typische Arbeitstage aus? Wie wäre die Meetingkultur zu beschreiben?
4. Entwicklung und Werte
   - Welche realistischen Entwicklungsperspektiven gibt es?
   - Welche Werte werden tatsächlich gelebt?
5. Rolle
   - Welche Aufgaben sind zentral?
   - Welche SAP-Module, Prozesse, Technologien umfassen die Rolle?
   - Welche technischen Anforderungen gibt es? Wie sieht die Wunschliste aus?
   - Wären Quereinstiege denkbar?

[+]

Soft Skills und Erfahrungslevel

Um die geforderten Soft Skills und das nötige Erfahrungslevel realistisch bewerten zu können, fragen Sie auch: »Welche Art von Person ist in dieser Rolle erfahrungsgemäß schnell wieder weg?«

6. SAP-Spezifika
   - Wird SAP ERP oder SAP S/4HANA eingesetzt? Steht eine Migration bevor? Gibt es kundeneigenen Code? Gibt es Key-User?
   - Bei Dienstleistern: Mit welchen Projektarten, Kundentypen, Branchen haben wir es zu tun?
7. Hard Facts
   - Einsatzort, Reiseanteil, Arbeitszeitmodell, Gehaltsspanne
   - Realitätsabgleich: erwartete Skills vs. Gehalt
   - Bei Dienstleistern: Anteil von fixen und variablen Gehaltsbestandteilen, Fakturierungsziel, Auszahlungsrhythmus

Workshop-Ergebnisse direkt weiterverarbeiten

Halten Sie die Ergebnisse unbedingt fest. Das ist Ihre Arbeitsgrundlage für die Stellenausschreibung und weitere Recruiting-Maßnahmen, aber auch für Ihre interne Rollenbeschreibung oder für das Briefing möglicher externer Recruiting-Unterstützung. Notieren Sie möglichst auch bereits erste Ideen fürs Sourcing oder von den Teilnehmenden genannte geeignete Personen aus Ihrem SAP-Talente-Pool.

[+]

Recyceln Sie Workshop-Ergebnisse

Nutzen Sie Kernaussagen, Begriffe oder Adjektive sowie spannende Fakten aus Ihren Workshop-Aufzeichnungen für Ihre Stellenausschreibung oder das Storytelling im Passive Sourcing (siehe auch Kapitel 5, »Strategien zur Anwerbung von SAP-Fachkräften: Passive Sourcing«). Bestimmte Begriffe und Themen rund um Weiterbildung oder Zertifikate können Sie auch beim Active Sourcing unterstützen. Nutzen Sie den Workshop optimal aus, damit sich die investierte Zeit für alle Seiten lohnt.

4.3 Vom Anforderungsprofil zur Stellenausschreibung: Wichtige Kompetenzen und Fähigkeiten benennen

Anforderungsprofil als internes Dokument

Nach dem HR Potential Workshop (oder auch einem anderen Briefing Ihrer Wahl) sollten Sie in der Lage sein, die wichtigen Kompetenzen und Fähigkeiten der Rolle zu formulieren. Einer der größten Fehler, den Sie im Recruiting machen können – und der meines Erachtens auch häufig passiert –, ist es, das Anforderungsprofil zu veröffentlichen. Eine direkte Veröffentlichung führt zu einer Auflistung, was Sie sich als Unternehmen an Kompetenzen und Fähigkeiten wünschen, es führt aber nicht dazu, dass Sie Bewerbende aktivieren und motivieren, sich bei Ihnen zu melden. Einen Fragenkatalog vorgelegt zu bekommen, den man mit möglichst vielen Häkchen versehen sollte, führt nicht zu einer guten Candidate Experience. Obwohl es sich bei dem Anforderungsprofil ebenso wie bei der Rollenbeschreibung also um interne Dokumente handelt, sind diese für Ihre internen HR-Prozesse relevant. Sie bilden die Grundlage für Folgedokumente und Ihre Stellenausschreibung.

[»]

Was ist der Unterschied zwischen Anforderungsprofil, Rollenbeschreibung und Stellenausschreibung?

Die Begriffe Anforderungsprofil, Rollenbeschreibung und Stellenausschreibung werden im Unternehmensalltag häufig verwechselt oder synonym verwendet, beinhalten aber nicht dasselbe. Gerade im SAP-Recruiting (und besonders, wenn mehrere Akteure wie Fachbereich, HR und Recruiting zusammenarbeiten) lohnt es sich, sich die jeweiligen Schwerpunktsetzungen dieser drei Dokumente vor Augen zu führen.

Tabelle 4.1 fasst die wesentlichen Merkmale der drei Dokumente zusammen. Im Folgenden gehe ich auf die einzelnen Dokumente ausführlicher ein.

Dokument	Ziel	Hauptinhalt	Zielgruppe
Anforderungsprofil	Passung definieren	Fähigkeiten, Kenntnisse, Kompetenzen	HR, Fachbereich, Recruiting
Rollenbeschreibung	Kontext und Funktion klären	Aufgaben, Ziele, Strukturen, Einordnung	HR, Organisations- und Personalentwicklung
Stellenausschreibung	Interesse wecken und aktivieren	Nutzenversprechen, Aufgaben, Anforderungen	Bewerbende

Tabelle 4.1 Abgrenzung von Anforderungsprofil, Rollenbeschreibung und Stellenausschreibung

Fachliches Innenleben der Rolle

Das Anforderungsprofil ist die interne Grundlage für eine Besetzung. Es beantwortet die Frage: »Welche Fähigkeiten, Kenntnisse und Eigenschaften benötigt jemand, um in dieser Rolle erfolgreich zu sein?« Es enthält typischerweise folgende Inhalte:

- fachliche Anforderungen (z. B. SAP S/4HANA Finance, Customizing-Erfahrung, ABAP)
- methodische Anforderungen (z. B. Projektleitung, agiles Arbeiten, ITIL 4)
- soziale Kompetenzen (z. B. Kommunikationsstärke, Teamfähigkeit, Konfliktfähigkeit)
- Ausbildung und Berufserfahrung
- Sprachkenntnisse, Zertifikate
- gegebenenfalls Mobilitäts- oder Reiseanforderungen

Die Zielgruppe für das Anforderungsprofil umfasst die HR-Abteilung, das Recruiting und den Fachbereich. Es wird als Grundlage für die Auswahl geeigneter Bewerbender, als Interviewleitfaden, als Maßstab zur Beurteilung des Matchings sowie im Active Sourcing verwendet. Sie sollten als Ziel auch unbedingt festlegen, welche Anforderungen zwingend erfüllt sein müssen und welche optional oder entwickelbar sind. Dies verstehe ich unter »Passung festlegen«.

Funktionale Verortung im Unternehmen

Die Rollenbeschreibung ist dagegen die strukturelle Beschreibung einer Funktion im Unternehmenssystem. Sie geht über eine Erfassung der Anforderungen hinaus und beantwortet die Frage: »Welche Aufgaben übernimmt die Rolle in welchem Kontext und mit welchen Zielen?«. Die umfasst folgende Inhalte:

- Zielsetzung der Rolle
- Aufgaben, Verantwortungsbereiche
- Einordnung ins Team und in die Organisation
- Berichtslinien, Schnittstellen
- gegebenenfalls KPIs oder Erfolgskriterien
- Entwicklungsmöglichkeiten

Zielgruppe der Rollenbeschreibung sind interne Stakeholder: HR, Führungskräfte, Organisation und Betriebsrat. Sie wird als Grundlage für Stellenbewertung, Eingruppierung, Stellenfreigabe und PE-Konzepte verwendet. Das Ziel dieses Dokuments ist das Einordnen der Rolle innerhalb Ihrer Organisation.

[»]

Eine Rolle kann mehrfach besetzt sein

Eine Rolle kann mehrfach besetzt werden. Es kann etwa in einem Team mehrere FI Consultants geben. Das Rollenprofil beschreibt die Funktion, nicht die individuelle Stelle.

Externe, aktivierende Kommunikation

Die Stellenausschreibung ist schließlich das nach außen gerichtete Kommunikationsdokument. Sie basiert auf den beiden zuvor beschriebenen Dokumenten, ist aber eigenständig in Ton, Stil und Intention. Sie beantwortet die Frage: »Warum lohnt es sich für jemanden, sich auf diese Rolle bei genau diesem Arbeitgeber zu bewerben?«.

Die Stellenausschreibung enthält folgende Inhalte:

- Positionstitel (meist eng zugeschnitten formuliert)
- Aufgabenüberblick
- erwartete Qualifikationen (eine Auswahl aus dem Anforderungsprofil)
- Mehrwert und Attraktivität (Benefits, Kultur, Entwicklung)
- Unternehmensvorstellung
- Bewerbungsmodalitäten (Kontakt, Fristen, Ansprechperson)

Die Zielgruppe der Stellenausschreibung sind die potenziellen Bewerbenden. Sie wird auf Karriereseiten und Jobportalen veröffentlicht sowie beim

Active Sourcing und von Agenturen verwendet. Das Ziel ist das Adressieren des Jobs bei den Bewerbenden. Es geht um Aufmerksamkeit und Attraktivität.

[«]

Eine gute Stellenausschreibung ist nicht die Kopie des Anforderungsprofils

Eine gute Stellenausschreibung ist keine Kopie des Anforderungsprofils, sondern ein Verkaufsdokument mit Substanz. Auf das Formulieren richtig guter Stellenausschreibungen gehe ich in Kapitel 5, »Strategien zur Anwerbung von SAP-Fachkräften: Passive Sourcing«, noch ausführlich ein.

4.4 Kompetenzen, fachliche Fähigkeiten und Soft Skills der klassischen SAP-Jobrollen

Typische Anforderungsprofile

In diesem Abschnitt blicken wir einmal auf die typischen Kompetenzen und Fähigkeiten der in Abschnitt 3.3.1, »Das klassische SAP-Team: Die erste Etappe für das SAP-Recruiting«, beschriebenen vier klassischen SAP-Rollen. Tabelle 4.2 gibt Ihnen eine Übersicht über deren wichtigsten Kompetenzen und Soft Skills. Beachten Sie, dass das Anforderungsprofil bei Ihnen auch ganz anders aussehen kann.

SAP-Rolle	Technisch-methodische Kompetenzen	Fachliche Fähigkeiten	Soft Skills
SAP-Projektleitung	SAP Activate, klassische und agile Projektsteuerung, Microsoft Project, Jira, Change Management	Überblick über Geschäftsprozesse und SAP-Module, Schnittstellenverständnis, BWL-Basiswissen	Führungsstärke, Kommunikation, Stakeholder-Management, Belastbarkeit, Konfliktlösung
SAP-Entwicklung	ABAP, ABAP OO, SAPUI5/SAP Fiori, Datenmodellierung, agile Entwicklungsmethoden (Scrum, Clean Code)	Modulwissen (z. B. SD, FI), Verständnis von Datenflüssen, Fähigkeit, Prozesslogik in Code zu übersetzen	Analytik, Problemlösung, Teamarbeit, Lernbereitschaft, technische Kommunikation

Tabelle 4.2 Typische Anforderungsprofile für die vier klassischen SAP-Rollen

SAP-Rolle	Technisch-methodische Kompetenzen	Fachliche Fähigkeiten	Soft Skills
SAP-Consultant	Customizing, SAP Activate, Toolkenntnisse (z. B. SAP Solution Manager, Microsoft Excel und Visio), Test- und Prozessdesign	Modulspezialisierung (FI, CO, MM usw.), Prozessverständnis, End-to-End-Szenarien, Branchenkenntnisse	Beratungskompetenz, Analyse, Präsentation, Change Management, Empathie
SAP-Basis-Administration	Systeminstallation/-betrieb (SAP NetWeaver, ABAP-Plattform, SAP HANA), Datenbank- und Betriebssystemkenntnisse, Lizenzen und Berechtigungen, ITSM	Prozessverständnis, Erkennen von Compliance-/Sicherheitsanforderungen/Betriebsanforderungen	Detailgenauigkeit, Belastbarkeit, Teamfähigkeit, Eigenverantwortung, Bereitschaftsdienst

Tabelle 4.2 Typische Anforderungsprofile für die vier klassischen SAP-Rollen (Forts.)

Die Anforderungen an SAP-Fachkräfte sind vielschichtig. Sie kombinieren technisches Know-how, prozessuale Kenntnisse und ausgeprägte Kommunikationsfähigkeiten. Je nach Rolle ergeben sich unterschiedliche Schwerpunkte. Auch die Soft Skills können je nach Unternehmen, Pain Points und dem bestehenden SAP-Stack unterschiedlich sein. Ebenso können die Funktionen in Ihrem Unternehmen noch weitere oder ganz andersartige Skills erfordern, insbesondere dann, wenn wir auf Lead-, Management- oder andere Führungsrollen blicken.

[»]

Wie wichtig ist eigentlich Englisch für SAP-Rollen?

Gute Englischkenntnisse sind im SAP-Umfeld in vielen Rollen eine Schlüsselqualifikation. Ob zur Kommunikation in internationalen Projektteams, zum Lesen von SAP-Hinweisen und -Dokumentation, zum Arbeiten in globalen Systemen oder zur Nutzung von Support- und Trainingsmaterialien: Englisch ist die Arbeitssprache der SAP-Welt. Je nach Rolle unterscheidet sich jedoch ihr Stellenwert:

- **Must-have für**
  SAP-Entwicklungs-Teams, Projektleitung, internationale Consultants
- **Empfehlenswert für**
  Modulberatung in Konzernumgebungen, Inhouse-Consultant, Führungskräfte
- **Optional für**
  Supportrollen bei rein national aufgestellten Mittelständlern. Aber auch dort wird Englisch zunehmend relevant.

In Deutschland hat in der Regel jedes Kind spätestens ab der 5. Klasse Englischunterricht. Der passive Wortschatz und die grundsätzliche englische Lesekompetenz sind daher bei vielen deutlich größer als der aktive Wortschatz. Durch ein Englisch-Upskilling mithilfe von Kursen oder Weiterbildungen sollte ein schnelles Auffrischen auf ein solides Level in jedem Fall möglich sein.

Führungskompetenzen

Führung beginnt nicht mit der Verantwortung für andere, sondern mit der Verantwortung für sich selbst. In SAP-Lead-Rollen, bei denen Komplexität, Veränderung und Erwartungsdruck aufeinandertreffen, ist die Fähigkeit zur Selbstführung die Grundlage für ein glaubwürdiges, reflektiertes und wirkungsvolles Leadership. Wer sich selbst nicht steuern kann, wird auch kein Team verlässlich durch die Untiefen von SAP-S/4HANA-Migrationen, Transformationsprojekten oder Innovationsprozessen führen können.

Selbstführung meint dabei mehr als Selbstdisziplin. Es geht um die bewusste Gestaltung des eigenen beruflichen Wegs, die Fähigkeit zur Selbstreflexion und zur Priorisierung. SAP-Führungspersönlichkeiten benötigen ein klares inneres Navigationssystem: ein Gespür für die eigenen Werte, stabile Resilienz in stressigen Projektphasen und ein kluges Zeitmanagement, das sowohl strategisches Arbeiten als auch situative Präsenz ermöglicht. Nur wer sich selbst wirksam führen kann, schafft die Voraussetzungen dafür, auch andere zu befähigen.

Führung von Teams

Darauf aufbauend entfaltet sich die zweite Dimension von Führung, die Führung von Teams, Bereichen oder Unternehmen. Diese erfordert nicht nur Organisationstalent oder Fachkompetenz, sondern vor allem Beziehungskompetenz und Haltung. Erfolgreiche SAP-Leads verbinden Klarheit mit Empathie, setzen Rahmen und geben Orientierung, ohne zu kontrollieren. Sie kommunizieren auf Augenhöhe, fördern Verantwortung und erkennen Potenziale frühzeitig. Sie führen nicht aus ihrem Status, sondern aus ihrer Haltung heraus. Dabei verstehen sie Führung nicht als Position, sondern als Funktion – unabhängig davon, ob sie disziplinarisch führen, fachlich leiten oder als Projektsteuernde agieren. Sie sind in der Lage, heterogene Teams durch Veränderung zu führen, Prioritäten zu setzen, Konflikte konstruktiv zu moderieren und Entscheidungsfähigkeit in komplexen Systemlandschaften vorzuleben. Sie tragen Verantwortung für die Kommunikation ebenso wie für die Kultur und wissen, dass Führungsverhalten ein Spiegelbild der Selbstführung ist.

Gerade im SAP-Umfeld, wo technische Transformationen oft schneller voranschreiten als kulturelle, ist diese doppelte Kompetenz essenziell: die Fähigkeit, sich selbst bewusst und resilient zu führen und zugleich andere in ihrer Entwicklung zu stärken, zu koordinieren und sinnstiftend zu begleiten. SAP-Führung bedeutet nicht, alle Antworten zu haben, sondern die richtigen Fragen zu stellen, den Kontext zu verstehen und handlungsfähig zu bleiben. Auch dann, wenn sich die Spielregeln gerade verändern.

4.5 Welche Zertifizierungen und Qualifikationen sind wirklich entscheidend?

Technische Weiterbildung und Persönlichkeitsentwicklung

Ist Ihnen, z. B. auf LinkedIn oder in Lebensläufen, schon einmal die große Bandbreite und Anzahl der Zertifizierungen im SAP-Kosmos aufgefallen? Ich halte es für bemerkenswert, wie viele Menschen Ihre erreichten Zertifikate auf LinkedIn teilen und dafür von der Community viel Zuspruch bekommen.

[zB]

Seitenlange Zertifizierungslisten

In meiner Tätigkeit als SAP-Laufbahncoach bin ich schon auf Lebensläufe gestoßen, die eine komplette Seite nur mit Weiterbildungen und Zertifikaten enthielten – manche stammten noch von 1999. Ich rate meinen SAP-Klient*innen immer, lieber eine aktuelle Auswahl zur persönlichen Positionierung zu treffen, statt eine vollständige Liste aller Weiterbildungen in den CV zu integrieren. Technische Weiterbildungen sind nach mehreren Jahren in der Regel veraltet. Manche Arten der Weiterbildung, etwa zu Themen wie »Design Thinking«, »Train the Trainer«, »Systemisches Coaching« oder »Neurolinguistisches Programmieren (NLP)«, haben dagegen häufig einen großen und nachhaltigen Einfluss auf die Arbeitsweise. Bei dieser Art Weiterbildung und Zertifizierung zählen daher meiner Ansicht auch weiter zurückliegende Maßnahmen.

Wirklich entscheidend sind nach meiner Ansicht nicht die Anzahl an Zertifikaten oder Badges in den sozialen Medien, sondern die Life-Long-Learning-Haltung, die sich hinter regelmäßigen Fortbildungen verbirgt. Diese sehe ich übrigens als Top-Skill für die Zukunft an. Im SAP-Recruiting sollten wir nach vorn blicken und gemeinsam mit den Fachabteilungen nicht nur an aktuelle Problemfelder denken, sondern auch daran, wie die Zukunft von SAP, des SAP-Consultings und Ihres Unternehmens aussehen könnte und welches Skillset es dafür braucht.

Können, Wissen, Haltung

Ich unterscheide bei der Beurteilung von Profilen anhand der Anforderungen nach drei Säulen: dem Können, dem Wissen, der Haltung (siehe Abbildung 4.2). Das ist oft hilfreicher als eine unsortierte Checkliste mit wirklich allen geforderten Skills. Kompetenzen, die sich der Säule »Können« zuordnen lassen, sind dabei diejenigen, die sich am schnellsten durch Schulungen aneignen lassen. Solche im Bereich »Wissen« nehmen mit der Erfahrung zu. Auch bei einem Quereinstieg kann sich das Wissen aus vorherigen Stationen akkumulieren. Die Haltung wird bei zunehmender Seniorität wichtiger und ist die sich am langsamsten entwickelnde Säule.

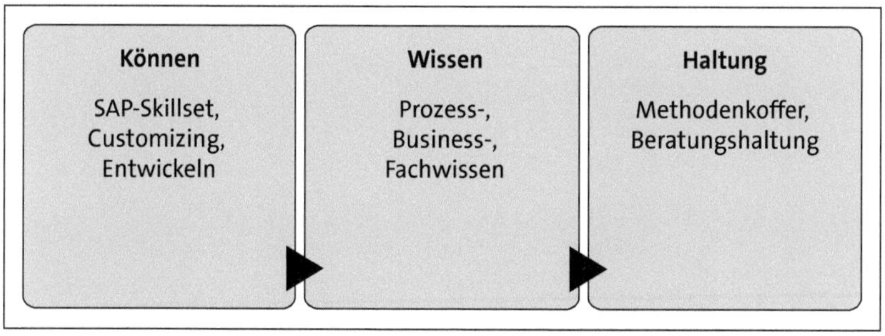

Abbildung 4.2 Der Drei-Säulen-Ansatz für die Kompetenzen von SAP-Fachkräften

[+]

Das T-Shaped-Profil im SAP-Kosmos

Der T-Shaped-Ansatz beschreibt das Kompetenzprofil einer Person als eine Kombination aus breitem Überblickswissen und tiefer Spezialexpertise. Besonders für komplexe Systemlandschaften, wie sie im SAP-Umfeld üblich sind, ist dieses Profil gefragt, z. B. bei Consultants, Entwickler*innen und bei der Projektleitung.

Ein T-Shaped-Profil (siehe Abbildung 4.3) erkennen Sie im SAP-Umfeld an folgenden Merkmalen:

- **Horizontale Achse (das Dach des »T«)**

  Diese Achse steht für interdisziplinäres Wissen: Grundkenntnisse angrenzender Module (z. B. SD, MM, FI), End-to-End-Prozessverständnis (z. B. für den Prozess Order-to-Cash), Kommunikation mit anderen Rollen sowie Soft Skills wie Moderation oder Change Management gehören zu den hier verordneten Kompetenzen.

- **Die vertikale Achse (der Stamm des »T«)**
  Diese Achse beschreibt die fachliche Tiefe, z. B. Spezialkenntnisse in einem Modul wie SAP S/4HANA Finance oder einem technischen Spezialbereich wie dem ABAP RESTful Application Programming Model (RAP). Auch Branchen- und Expertenwissen und Trendverständnis können diesem Bereich zugeordnet werden. Dies wird als Positionierung wahrgenommen.

Abbildung 4.3 Das T-Shaped-Profil für das SAP-Recruiting

Ein T-Shaped-Profil ist im SAP-Kontext eine ideale Voraussetzung für die Navigation durch die komplexe SAP-Landschaft. Es verbindet Tiefe mit systemischer Weitsicht und sorgt für ganzheitliche Prozessgestaltung. Besonders wertvoll ist es in Rollen mit übergreifender Verantwortung, z. B. für die Projektleitung, Lead Consultants oder Positionen an der Schnittstelle zwischen Business und IT.

4.6 Das goldene Bewerberprofil: Wie viel Abweichung ist okay?

Das goldene Profil

In den vorangehenden Abschnitten habe ich sehr viele mögliche Fachkompetenzen und Soft Skills für die vier klassischen SAP-Rollen aufgeführt und auf relevante Future Skills hingewiesen. Sehen Sie das als das *goldene Profil*. Wäre die Welt ein idealer Ort und befänden wir uns nicht in einer angespannten Fachkräftesituation mit zu wenig SAP-Talenten, wäre es vielleicht ein erstrebenswertes Ziel, sich diesem Ideal anzunähern. Tatsächlich ist es jedoch so: Wenn Sie nach diesem Idealprofil streben, werden Sie vermutlich niemanden für Ihre Stelle finden oder riskieren, dass sie über mehrere Jahre unbesetzt bleibt. Prüfen Sie daher bitte immer, was wirklich zwingend erforderlich ist und auch nicht nachgeschult werden kann.

Berufs- bzw. Projekterfahrung ist nicht schulbar

Berufserfahrung (im SAP-Kosmos auch Projekterfahrung) ist etwa eine Kompetenz, die sich erst im Laufe der Zeit entwickelt. Aber auch Leadership gehört zu den nicht schulbaren Skills. Natürlich können Sie flankierende Trainings oder Coachings anbieten. Aber erst in der konkreten beruflichen Situation können diese Kompetenzen und das damit verbundene Wissen erworben werden. Dies müssen Sie als Unternehmen berücksichtigen.

Matching von 60 bis 70 % bei den Fachkompetenzen

Meines Erachtens können ansonsten wirklich alle Fachkompetenzen geschult werden. Denn am Anfang ihrer Laufbahn starten alle bei null. Ein Matching von 60–70 % bei den fachlichen Kompetenzen ist bei einer SAP-Rolle ein realistisch gut erreichbarer Wert – bei Nachwuchskräften noch weniger. Wenn Sie den Weg über externe SAP-Personalvermittler gehen, können Sie hier noch einmal 10 % addieren, weil gut vernetzte SAP-Recruiting-Profis in der Regel besseren Zugang zu erfahrenen Talenten haben. Aber auch eine versierte SAP-Personalberatung kann das sehr Unwahrscheinliche nicht garantieren, nämlich den perfekten Match.

Bei Führungsrollen gelten meines Erachtens etwas andere Richtwerte für das Matching. Hier sollte der Anforderungskatalog zu einem größeren Teil erfüllt werden (Richtung 90 %). Dabei werden jedoch andere Kriterien und Prioritäten angesetzt, auf die ich in Kapitel 9, »Headhunting von SAP-Führungskräften bis ins C-Level«, ausführlicher eingehe.

Verhältnis von Juniors und Seniors

Einer der größten Fehler einer Personalgewinnungsstrategie bei SAP-Partnern besteht meiner Ansicht nach darin, Wachstum unverhältnismäßig stark an das Einstellen von SAP-Juniorkräften zu koppeln. Nicht wenige Unternehmen haben sich damit in der Vergangenheit überhoben oder sind gerade im Begriff, dies zu tun, denn Nachwuchskräfte sind keine vollwertigen Arbeitskräfte. Ihr Job ist es vielmehr, sich dahin zu entwickeln. Wenn die Anzahl von Juniorkräften die Anzahl der Seniors übersteigt, kann dies meiner Erfahrung nach zu Problemen führen: Kunden werden u. a. durch fehlende Projekterfahrung, mangelndes Selbstbewusstsein oder unzureichende Fachkompetenz sowie durch unsouveränes Handeln in Krisen- und Konfliktsituationen nicht mehr optimal betreut. Es ist nicht im Detail messbar, welchen großen Anteil SAP-Berufs- und Projekterfahrung tatsächlich auf die Qualität des Consultings haben. Nicht jede berufliche Kompetenz, die im Laufe eines Lebens entsteht, kann gemessen werden. Sie kann aber großen Einfluss auf die Art und Weise haben, wie wir arbeiten. Nehmen wir z. B. berufstätige Eltern. Sie müssen zu echten Organisationstalenten und Zeitmanagement-

Profis werden. Versuchen Sie einmal, ein Kind »nur« 5 Minuten nach KiTa-Schließung abzuholen – das werden Sie garantiert kein zweites Mal tun. Sie sollten bei Ihrer Personalstrategie ein ausgewogenes Verhältnis von Juniors und Seniors beachten. Wachstum um jeden Preis kann bei der aktuellen SAP-Fachkräftesituation sogar den wirtschaftlichen Erfolg des eigenen Unternehmens gefährden.

4.7 Bewährtes Mindset oder Next Generation? Future Skills, die im SAP-Kosmos wirklich zählen

Blicken wir auf SAP-Consulting als Bestandteil der VUKA-Arbeits-Welt im Allgemeinen (siehe Kapitel 1, »Die menschliche Seite der technologischen Transformation«), ergeben sich noch ganz andere Future Skills als die bisher aufgeführten. Davon möchte ich Ihnen in diesem Abschnitt gerne einige vorstellen.

Ihre »SAP Kill Skills«

Bevor Sie diesen Abschnitt lesen, notieren Sie bitte einmal Ihre ganz persönlichen »SAP Kill Skills«, also diejenigen Kompetenzen, von denen Sie denken, dass Ihr Unternehmen diese in den nächsten 5 bis 10 Jahren definitiv gebrauchen kann:

____

____

____

____

____

Gleichen Sie dann Ihre Auflistung mit den im Folgenden vorgestellten Skills (siehe Abbildung 4.4) ab. Gibt es Überschneidungen, oder sind Ihnen ganz andere Kompetenzen wichtig?

Entrepreneurship

Der meiner persönlichen Ansicht nach wichtigste Future Skill ist *Entrepreneurship*. Jeder SAP-Angestellte wird in Zukunft auch zum Unternehmer werden. Damit meine ich, dass die Person in Bezug auf Ressourcen, auf Kosten und Nutzen, Nachhaltigkeit, Umgang mit den Kunden, Selbstführung, Karrieremanagement und Hiring so agiert, als gehörte ihr das Unternehmen, bei dem sie angestellt ist, selbst oder als wäre es von ihr selbst gegründet worden. Die Person fühlt sich unabhängig von ihrer konkreten Rolle und Funktion für wesentliche Geschäftsbereiche verantwortlich. Dazu gehört auch die Akzeptanz, dass die Fachkräftesituation nicht als ein an HR delegierbares Thema wahrgenommen wird, sondern Personal aktiv gewonnen wird, wann immer sich Gelegenheiten dazu bieten.

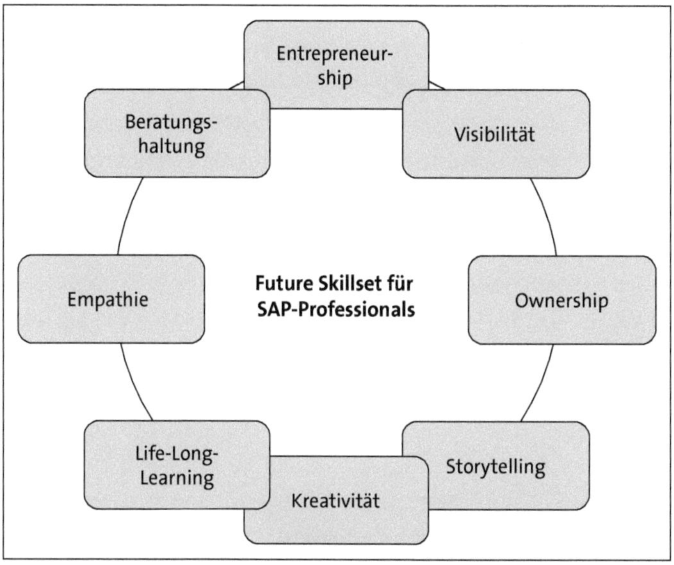

Abbildung 4.4 Future Skillset für SAP-Consultants

Ein weiterer wichtiger Future Skill im SAP-Bereich ist *Visibilität*. Der Einfluss, den in der Öffentlichkeit sichtbare Mitarbeitende auf das Branding einer Organisation haben, kann gar nicht hoch genug bewertet werden. In Zukunft werden SAPfluencernen meiner Einschätzung nach deutlich gefragter sein als Menschen, die in der Community nach außen hin kein Gesicht zeigen. Überlegungen hierzu im Kontext des Personal Brandings im Unternehmenskontext finden Sie auch in Abschnitt 6.4, »Mitarbeitende als Recruiting-Botschafter*innen«. Visibilität

Was die richtig guten, ja exzellenten SAP-Professionals von den durchschnittlichen unterscheiden wird (und dies auch bereits tut), ist die ganz starke Vereinnahmung eines Themas über Bereiche, Abteilungen und Unternehmenszuständigkeiten hinweg. Ein Beispiel für eine Person, die ihr Thema gefunden hat, finden Sie etwa in Abschnitt 3.5.2, »Dilan Ballikaya (SAP Solution Architect für Sustainability)«. Es kommt dabei nicht auf das Thema als solches an, sondern auf die Art und Weise, wie dieses Thema systematisch, nachhaltig und leidenschaftlich vorangetrieben wird. Ownership

Das Prinzip des Storytellings ist vermutlich so alt wie die Menschheit selbst. Doch kommt dem »Geschichten erzählen« in Zeiten von Social Media und dem Einsatz digitaler Tools ein neuer Stellenwert zu. Storytelling im SAP-Kosmos bedeutet, Kunden interaktiv abzuholen, statt sie mit PowerPoint-Folien zu ermüden. Für den Einzelnen bedeutet es, Teile der eigenen Persönlichkeit ins SAP-Consulting einfließen zu lassen, um die Community zu Storytelling beleben. Storytelling kann in Form von Videos oder Grafiken, live am Whiteboard, aber auch in Gestalt besonders bildhafter Formulierungen stattfinden. SAP-Consultants, die das Storytelling beherrschen, werden zukünftig deutlich erfolgreicher sein als solche, die auf PowerPoint-Präsentationen setzen, Fachchinesisch sprechen und in jeder Lage ihre Produkte und Dienstleistungen bewerben.

Kreativität Kreativität wird häufig verkürzt mit der Fähigkeit, bunte Bilder zu malen, gleichgesetzt. Das ist jedoch nur ein winziger Teilaspekt dieser Kompetenz. In der Art und Weise, wie SAP-Landschaften gestaltet werden, wie gecodet wird, wie gemeinsam mit den Kunden, dem Fachbereich oder der IT Lösungen geschaffen werden, kann sich Kreativität im SAP-Consulting ausdrücken. Im Zeitalter von KI und Automatisierung werden routineartige Fleißaufgaben und iterative Vorgänge immer häufiger von Maschinen und KI erledigt werden. Kreativität und Emotionalität wird den Menschen in seinen Fähigkeiten jedoch noch lange über die Maschinen stellen und unverzichtbar machen.

Life-Long-Learning Life-Long-Learning ist eine Voraussetzung für die langfristige Wirksamkeit im SAP-Kosmos und die Gestaltung der Transformation. Kontinuierliches Lernen wird von Unternehmen aktiv gefördert und in der Community wertgeschätzt, etwa durch Learning Journeys, Zertifizierungen, Community-Angebote und spezialisierte SAP-Lern-Plattformen. Dabei geht es längst nicht mehr nur um die Aktualisierung des technischen Know-hows: Auch Soft Skills, Veränderungskompetenz und der sinnvolle Einsatz von KI gewinnen hier zunehmend an Bedeutung.

Empathie Der erfolgreiche Einsatz von SAP in Unternehmen profitiert vom Verstehen. Prozesse lassen sich nur dann sinnvoll gestalten, wenn man auch die Menschen dahinter sieht. *Empathie* ermöglicht es, zwischen Fachbereich und IT zu übersetzen, Spannungen zu erkennen und tragfähige Lösungen zu schaffen. Sie wird damit zu einer entscheidenden Schlüsselkompetenz für eine erfolgreiche Zusammenarbeit.

Beratungshaltung Last, not least gehört auch die *Beratungshaltung* zu meinen persönlichen Favoriten bei den Future Skills. SAP-Consultants müssen stets einen Technologie- oder Strategieschritt weiter sein als die Anwendungsberatung. Dies gilt als Faustregel, und Ausnahmen bestätigen ja gerne die Regeln. Es kommt hier sehr auf die Mentalität an, das es im Recruiting zu verstehen gilt, insbesondere, wenn Sie die richtigen Menschen z. B. für Ihre SAP-S/4HANA-Umstellung suchen. Wie die ideale Beratungshaltung aussehen sollte, kann variieren. Tendenziell bedeutet eine zukunftsbezogene Beratungshaltung für mich, nicht alles zu tun, was die Kunden wollen, sondern die Stärke zu haben, die Kunden herauszufordern und eine erkennbare Position einzunehmen.

Wir haben in diesem Abschnitt einen Blick auf die zukunftsträchtigen Skills geworfen, deren Relevanz je nach Rolle und Team unterschiedlich gewichtet sein kann. Gleichen Sie diese Übersicht mit Ihren Notizen und Vorüberlegungen ab, um Ihre eigenen Prioritäten festzulegen.

[+]

Podcast-Folge zum Future Skillset

Die SAP-Sommeliers-Podcast-Folge mit Gast Alexander Greb (*https://open.spotify.com/episode/5mzjeyhRyNKXx3lsSk1LfZ*) ist sehr aufschlussreich, um tiefer in das Thema der Future Skills für das SAP-Consulting einzusteigen. Sollten Sie sich für das Thema interessieren, habe ich Ihnen außerdem einige Literaturempfehlungen in Anhang A zusammengestellt.

Wenn Sie jetzt auf Ihren bunten Blumenstrauß an wünschenswerten Kompetenzen, Skills und vielleicht sogar Zertifizierungen schauen, rufen Sie sich noch einmal ins Gedächtnis: Verabschieden Sie sich von dem Gedanken, dass Ihre Bewerbenden all das erfüllen müssen. Sie schränken den Talente-Pool in der aktuellen Fachkräftesituation damit viel zu sehr ein.

4.8 Skillset für die SAP-S/4HANA-Migration

In Kapitel 3, »Ein Erkundungsgang durch die SAP-Landschaft«, haben wir bereits festgestellt, dass SAP S/4HANA viel mehr als ein Produkt ist – denken Sie an die Allegorie des Bergrückens! Gerade im Projektkontext ist dieser doppelte Charakter entscheidend. Wer SAP S/4HANA einführt, installiert nicht einfach eine neue Software. Vielmehr handelt es sich häufig um ein tiefgreifendes Transformationsprojekt, insbesondere, wenn zuvor ein älteres System wie SAP ERP im Einsatz war. Es geht dabei nicht nur um ein technisches Upgrade, sondern oft um eine strategische Neuausrichtung von Prozessen, Systemlandschaften und Verantwortlichkeiten. Daher ist es besonders wichtig, die Einführung von Anfang an ganzheitlich zu denken. Es braucht eine klare Vision, eine saubere Architektur und eine gut geplante Roadmap. Hilfreich ist dabei etwa der Ansatz *SAP Activate*, der eine strukturierte Einführungsmethodik bietet.

Welche Skills braucht es für welche Migrationsart?

Auf dem Weg in die neue SAP-Welt wählen Unternehmen einen von zwei grundlegenden Pfaden: den Brownfield-Ansatz oder den Greenfield-Ansatz. Die beiden Begriffe stehen sinnbildlich für sehr unterschiedliche Herangehensweisen, um die eigene Systemlandschaft zu modernisieren. Und für

SAP-Partnerunternehmen, also für die Beratungshäuser und Dienstleister, die solche Transformationsprojekte begleiten, sind diese Wege mit unterschiedlichen Anforderungen an Teams, Rollen und Profile verbunden.

- **Brownfield-Ansatz**

  Der Brownfield-Ansatz gleicht einer bestehenden Route, die zwar in die Jahre gekommen ist, aber weiterhin genutzt wird. Hier wird das vorhandene SAP-System, etwa ein altes SAP ERP, technisch auf SAP S/4HANA migriert. Die Grundstruktur bleibt erhalten und viele Prozesse werden übernommen, nur die technologische Grundlage wird modernisiert.

  Brownfield-Projekte sind oft komplex, da sie tief in bestehende Systeme eingreifen. Abhängigkeiten müssen analysiert und technische Herausforderungen gelöst werden.

  Für SAP-Partnerunternehmen bedeutet das: Es braucht erfahrene Consultants und Entwicklungsteams, die die bestehenden Systemlandschaften sehr gut kennen. Sie müssen Altsysteme verstehen, Migrationspfade planen und dafür sorgen, dass der Umstieg reibungslos gelingt. Auch ABAP-Expertise ist gefragt, vor allem im Umgang mit den Eigenentwicklungen (Z-Programmen). Diese müssen bewertet, überführt oder ersetzt werden. Wer sich mit Systemanalysen, Migrationstools und klassischen SAP-Prozessen auskennt, ist für Brownfield-Szenarien sehr gefragt.

- **Greenfield-Ansatz**

  Der Greenfield-Ansatz hingegen entspricht eher einem Aufbruch in eine komplett neue Welt. Er ist vergleichbar mit einer ganz neuen geplanten Route. Das bestehende System wird dabei nicht übernommen, sondern von Grund auf neu aufgebaut. Prozesse werden neu gedacht und Altlasten bewusst hinter sich gelassen. Das bietet viel Spielraum für Innovation, geht aber auch mit großer Verantwortung bei der Konzeption einher.

  SAP-Partnerunternehmen, die Greenfield-Projekte begleiten, benötigen daher andere Stärken als für Brownfield-Projekte: Prozess-Consultants mit einem Gespür für Best Practices, Fachkräfte für Systemarchitektur mit einem klaren Blick für Systemdesign und Change-Management-Verantwortliche, die den kulturellen Wandel mitdenken. Auch UX-Design-Expertise, SAP-Fiori-Entwicklung und SAP-BTP-Know-how kommen hier häufig ins Spiel. Denn die neuen Systeme sollen nicht nur funktionieren, sondern auch benutzerfreundlich und zukunftsorientiert sein.

Die beiden Ansätze, Brownfield und Greenfield, erfordern unterschiedliche Rollenprofile. Und beide sind ein essenzieller Teil der SAP-Wirklichkeit, in der sich auch das Recruiting bewegt. Wer SAP-Talente vermitteln oder entwickeln möchte, sollte deshalb verstehen, welche Fähigkeiten in welchem Szenario gebraucht werden. Denn es macht einen Unterschied, ob jemand Erfahrung mit Systemkonvertierungen hat oder lieber weiße Landkarten betritt.

[«]

Häufig hybride Migrationsstrategie: selektive Datenübernahme

Natürlich gibt es auch im Bereich der SAP-S/4HANA-Migrationen nicht nur schwarz oder weiß (oder braun oder grün). Nicht unerwähnt sei hier daher der Mittelweg, die sogenannte *selektive Datenübernahme* (engl. Selective Data Transition). Nicht das komplette alte SAP-System wird übernommen, aber man startet auch nicht ganz von vorn. Stattdessen wird sehr genau ausgewählt: Welche Daten sollen mitgenommen werden? Welche Prozesse bleiben bestehen? Was kann man neu und einfacher gestalten? Manchmal werden zum Beispiel nur bestimmte Gesellschaften oder Datenjahre übertragen und der Rest bewusst weggelassen oder neu aufgebaut. Dieser hybride Migrationsansatz ist also eine Art maßgeschneiderter Umstieg auf SAP S/4HANA und bietet sich für Unternehmen an, die nicht alles übernehmen, aber auch nicht alles neu machen wollen.

Für SAP-Partnerunternehmen bedeutet das: In diesen Projekten werden Consultants gebraucht, die sowohl das alte System gut verstehen als auch wissen, wie man etwas Neues plant. Besonders wichtig sind hier Fachleute, die sich mit der Datenmigration auskennen, also damit, wie man Daten von einem System ins andere überträgt. Häufig kommen dabei spezielle Programme zum Einsatz.

Hybride Migrationsprojekte sind oft komplexer als reine Brownfield-Projekte, weil sie beides miteinander verbinden: Altes bewahren und Neues gestalten. Sie sollten daher wissen, dass hier Menschen mit einem breiten Wissen gefragt sind, das technisches Know-how, Prozessverständnis und Erfahrung mit modernen Projektmethoden umfasst.

4.9 Zusammenfassung

Ein gutes Anforderungsprofil für SAP-Fachkräfte entsteht nicht im Alleingang und kann nicht aus der Schublade gezogen werden. Es ist das Ergebnis eines strukturierten, interdisziplinären Prozesses, bei dem HR, Fachbereich und Recruiting gemeinsam Verantwortung übernehmen. Der HR Potential Workshop bildet dafür eine erprobte Grundlage. Vom Business Case über die realistischen Aufgaben bis zu den geforderten Soft Skills, den anzutreffenden Systemlandschaften und zukünftigen Anforderungen wird in diesem Workshop alles zusammengetragen, was in das Anforderungsprofil gehört. Besonders entscheidend: Statt nach Perfektion zu streben, lohnt sich ein entwicklungsorientierter Blick auf Matching-Quoten und Potenzialentfaltung. Ein klar strukturiertes Anforderungsprofil unterstützt nicht nur die erfolgreiche Besetzung, sondern schärft auch das Verständnis für die Rolle selbst – intern wie extern.

[»]

Die 5 wichtigsten Prinzipien für SAP-Anforderungsprofile

Die 5 relevantesten Bausteine zur Erstellung guter Anforderungsprofile fasse ich hier noch einmal zusammen:

1. **Gemeinsam denken**

   HR, Recruiting und Fachbereich wirken an der Erstellung des Profils mit.

2. **Vom Bedarf zur Lösung**

   Business Case und Pain Points dienen als Ausgangspunkt, nicht bloße Wunschlisten.

3. **Realitätscheck statt Idealbild**

   60–70 % Matching reichen. Potenzial ist wichtiger als Perfektion. Gleichzeitig dürfen Juniortalente nicht wie SAP-Senior-Professionals eingesetzt werden.

4. **SAP-Kontext einbeziehen**

   Systemlandschaft, Migrationstypen und Projektarten werden verstanden und reflektiert.

5. **Klare Trennung der Dokumente**

   Anforderungsprofil ≠ Rollenbeschreibung ≠ Stellenausschreibung

Kapitel 5

Strategien zur Anwerbung von SAP-Fachkräften: Passive Sourcing

Liegt ein aussagekräftiges Anforderungsprofil als Basis für das Recruiting vor, können vielfältige Wege eingeschlagen werden, um dieses an potenzielle Bewerbende heranzutragen. Dieses Kapitel stellt die verschiedenen traditionellen und modernen Möglichkeiten des Passive Sourcing in den Vordergrund.

Laut Studien sind mehr als ein Drittel der Beschäftigten latent auf Jobsuche und können über gezielte Kampagnen erreicht werden. Für solche Kampagnen verwende ich den Begriff *Passive Sourcing*. Passive Sourcing ist der Gegenpol zum *Active Sourcing*, also der Direktansprache auf bestimmte Jobs, meist via LinkedIn oder XING oder sogar per Telefon. Hiermit erreichen Sie die rund 10 % aktiv Jobsuchenden. Es geht beim Passive Sourcing nicht um eine Maßnahme innerhalb eines kurzen Zeitfensters, sondern um einen längeren Vor-Bewerbungsprozess, in dem Sie sich als Unternehmen und Arbeitgeber zeigen und sichtbar machen. Es ist damit ein indirekter Weg, um neue SAP-Talente für sich zu gewinnen und auf sich aufmerksam zu machen. Ziel ist es, dass die Personen an Sie denken, wenn sie konkrete Wechselabsichten hegen. Zum Passive Sourcing zählen alle Arten von Texten, Bildern und Videos, die Sie auf allen erdenklichen Plattformen veröffentlichen, meist in Form von Formaten oder Kampagnen.

Nach der Lektüre dieses Kapitels sollten Sie startklar sein, um neue, innovative Wege für Ihr Passive Sourcing einzuschlagen. Dabei ist es mir wichtig, Ihnen einen Kompass an die Hand zu geben, was Sie konkret und realistisch leisten können und wie viel Aufwand jeweils hinter den vorgeschlagenen Formaten und Kanälen steckt, sodass Sie Ihren individuellen Weg finden können. Ich bin zuversichtlich, dass Sie Ihren Lieblingskanal ausmachen werden, den Sie mit Passion und Pragmatismus bespielen können.

Wir wenden uns in diesem Kapitel sowohl den traditionellen Kanälen, wie Stellenausschreibungen und Karriereseiten (Abschnitt 5.1), als auch modernen Recruiting-Kanälen, wie Video und Podcast, zu (Abschnitt 5.2). In Abschnitt 5.3 erhalten Sie Impulse, um die für Sie richtige Personalgewinnungsstrategie auszumachen. Ich zeige Ihnen darüber hinaus in Abschnitt 5.4, wie Sie sich dabei technologisch unterstützen lassen können. Außerdem gebe ich Ihnen in Abschnitt 5.5 in Form eines Use Case noch einen Tipp an die Hand, wie Sie Ihre Jobs im Rahmen einer Kampagne bewerben und damit SAP-Job-Branding betreiben können.

5.1 Traditionelle Recruiting-Methoden

Die Stellenausschreibung ist der Klassiker unter den Recruiting-Werkzeugen. Ich beginne diesen Abschnitt daher damit, diesen besonderen Text unter die Lupe zu nehmen. Auch für die Stellenausschreibung haben sich in letzter Zeit neue Methoden etabliert. Wir kommen z. B. nicht umhin, über strukturierte Daten zu sprechen. Ein neuer Anstrich lässt sich auch der Karriereseite geben, die ich gerne als Shop denke, der zum Beispiel von Suchmaschinen wie Google, aber auch von ChatGPT, über gutes SEO gefunden werden will. Schließlich gebe ich einen kleinen Überblick über die gängigen Stellenportale.

5.1.1 Stellenausschreibung

Startschuss für die Kampagne

Nachdem Sie Ihr Anforderungsprofil wie in Kapitel 4, »Anforderungsprofile für SAP-Fachkräfte erstellen«, beschrieben zusammen mit dem Fachbereich, in dem die Stelle besetzt werden soll, und im besten Fall auf Basis eines HR Potential Workshops erstellt haben, sollten Sie möglichst mit dem Erstellen der Stellenausschreibung beginnen. Die Stellenausschreibung ist ein zentrales Mittel im Recruiting-Prozess. Für mich persönlich dient sie als Startschuss für eine Kampagne, die ich über mehrere Kanäle hinweg ausrolle (lesen Sie dazu auch Abschnitt 5.5, »Job Branding: HR trifft Marketing und Social Media«). Denken Sie daran, dass das Anforderungsprofil ein anderes Dokument ist als die Stellenausschreibung.

Mit der Stellenausschreibung möchten wir bei unserer Zielgruppe punkten und konkretes Interesse an unserem SAP-Job wecken. Es ist daher sinnvoll, sich an den Entscheidungskriterien der SAP-Talente zu orientieren und deren Sprache zu sprechen.

Aufbau

Ich beschreibe zunächst den grundsätzlichen Aufbau einer Stellenausschreibung, der sich in der Praxis bei uns bewährt hat. Ich erkläre Ihnen auch, wieso ich diesen Aufbau gewählt habe. Auch wenn wir mit Datenbanken arbeiten, die die Jobs über eine Programmierschnittstelle in unser Job-Board und auch auf andere Jobplattformen laden, schreibe ich die Stellenausschreibung immer noch vorzugsweise in Microsoft Word. Damit erhalte ich ein konsistentes Ergebnis. Welches Werkzeug Sie zum Schreiben verwenden, ist jedoch sicherlich Geschmackssache.

Als Beispiel verwende ich in diesem Abschnitt die Ausschreibung für eine*n SAP-FI/CO-Berater*in, die wir als SAP-Recruiting-Agentur für ein SAP-Partnerunternehmen erstellen sollten. Ich erläutere im Folgenden die einzelnen Abschnitte der Ausschreibung.

[+]

»Du« als persönlichere Ansprache

Zunächst einmal kann ich Ihnen das »Du«, also die persönlichere Ansprache, empfehlen. Für Ihr Gegenüber sollte sich das Lesen Ihrer Stellenausschreibung so anfühlen, als stünde es bereits im Austausch mit den neuen Teammitgliedern. Wenn bei Ihnen eine generelle Siez-Kultur herrscht, bleiben Sie allerdings lieber beim Sie.

Wichtig beim Aufbau einer Stellenausschreibung ist es, das Auge zu führen, etwa durch einen gut lesbaren Schrifttyp, Sinnabschnitte, Auflistungen und fett gedruckte Schlagwörter. Abbildung 5.1 zeigt den oberen Teil der Stellenausschreibung.

Im Folgenden erläutere ich diesen Aufbau:

❶ **Der Jobtitel**

Als Überschrift haben wir mit »SAP FI/CO Berater:in« eine gängige Jobbezeichnung gewählt, die wir gendern. Wir haben außerdem ein beschreibendes Adjektiv, nämlich »ganzheitlich«, vor den Jobtitel platziert. Solche Adjektive verleihen einem Satz Lebendigkeit, was auch bei einem Jobtitel funktioniert. Das richtige Adjektiv zu finden, ist tatsächlich nicht so leicht, weil es sich im weiteren Text wiederfinden sollte.

Alternativ zu einem Adjektiv im Jobtitel ist auch denkbar, komplette Sätze oder Phrasen zu ergänzen, z. B. »Controlling ist dein Ding?« oder »Du liebst es, Dirigent:in der Zahlen zu sein? Werde bei uns SAP-FI/CO-Expert:in«. Allerdings gibt es damit manchmal Schwierigkeiten beim Ausspielen auf Jobportalen. Die Mischung aus Wiedererkennbarkeit durch die gängige Jobbezeichnung und Originalität durch einen anreichernden Zusatz hat sich für uns bewährt.

❷ **Optionale Angabe: Hard Facts oder Creatives**

Unter dem Jobtitel haben Sie die Möglichkeit, die wichtigsten Informationen auf einen Blick anzubieten, sodass man nicht erst scrollen muss, um sie zu lesen. Die wichtigsten Fakten, z. B. den Einsatzort und die fachlichen Themen, gesondert hervorzuheben, ist im Grunde ein Service für die Zielgruppe.

Ansonsten experimentieren wir im Kopf der Stellenausschreibung auch mit *Creatives*, also mit kleinen Bildwerken, um der Kampagne einen Rahmen zu geben. Ein Beispiel für den Einsatz eines solchen Creatives finden Sie in Abschnitt 5.5.2, »Den SAP-Job als Kampagne angehen«. Sie haben hier Raum zum kreativen Experimentieren im horizontalen Format. Meist sehe ich an dieser prominenten Stelle jedoch Retorten-Bilder und Stock-Fotos, was ich nicht gerade für die bestmögliche Nutzung halte. Grundsätzlich rate ich Ihnen von dieser Art von Fotos und Videos ab. Tipps dazu, was Sie stattdessen verwenden können, finden Sie im folgenden Abschnitt über die Karriereseite.

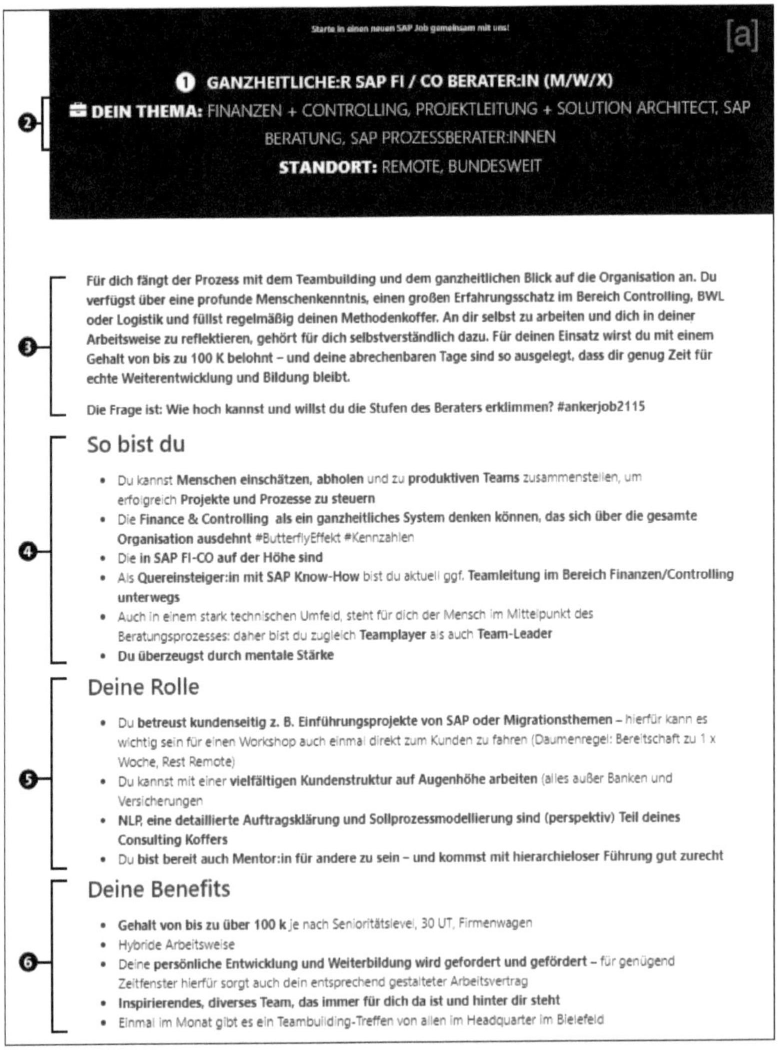

Starte in einen neuen SAP Job gemeinsam mit uns!

[a]

❶ **GANZHEITLICHE:R SAP FI / CO BERATER:IN (M/W/X)**

❷ **DEIN THEMA:** FINANZEN + CONTROLLING, PROJEKTLEITUNG + SOLUTION ARCHITECT, SAP BERATUNG, SAP PROZESSBERATER:INNEN

STANDORT: REMOTE, BUNDESWEIT

❸ **Für dich fängt der Prozess mit dem Teambuilding und dem ganzheitlichen Blick auf die Organisation an. Du verfügst über eine profunde Menschenkenntnis, einen großen Erfahrungsschatz im Bereich Controlling, BWL oder Logistik und füllst regelmäßig deinen Methodenkoffer. An dir selbst zu arbeiten und dich in deiner Arbeitsweise zu reflektieren, gehört für dich selbstverständlich dazu. Für deinen Einsatz wirst du mit einem Gehalt von bis zu 100 K belohnt – und deine abrechenbaren Tage sind so ausgelegt, dass dir genug Zeit für echte Weiterentwicklung und Bildung bleibt.**

Die Frage ist: Wie hoch kannst und willst du die Stufen des Beraters erklimmen? #ankerjob2115

❹ So bist du

- Du kannst **Menschen einschätzen, abholen** und zu **produktiven Teams** zusammenstellen, um erfolgreich **Projekte und Prozesse zu steuern**
- Die **Finance & Controlling als ein ganzheitliches System denken können, das sich über die gesamte Organisation ausdehnt** #ButterflyEffekt #Kennzahlen
- Die **in SAP FI-CO auf der Höhe sind**
- Als **Quereinsteiger:in mit SAP Know-How** bist du aktuell ggf. **Teamleitung im Bereich Finanzen/Controlling unterwegs**
- Auch in einem stark technischen Umfeld, steht für dich der Mensch im Mittelpunkt des Beratungsprozesses: daher bist du zugleich **Teamplayer** als auch **Team-Leader**
- **Du überzeugst durch mentale Stärke**

❺ Deine Rolle

- Du **betreust kundenseitig z. B. Einführungsprojekte von SAP oder Migrationsthemen** – hierfür kann es wichtig sein für einen Workshop auch einmal direkt zum Kunden zu fahren (Daumenregel: Bereitschaft zu 1 x Woche, Rest Remote)
- Du kannst mit einer **vielfältigen Kundenstruktur auf Augenhöhe arbeiten** (alles außer Banken und Versicherungen
- **NLP, eine detaillierte Auftragsklärung und Sollprozessmodellierung sind (perspektiv) Teil deines Consulting Koffers**
- Du **bist bereit auch Mentor:in für andere zu sein – und kommst mit hierarchieloser Führung gut zurecht**

❻ Deine Benefits

- **Gehalt von bis zu über 100 k** je nach Senioritätslevel, 30 UT, Firmenwagen
- Hybride Arbeitsweise
- Deine **persönliche Entwicklung und Weiterbildung wird gefordert und gefördert** – für genügend Zeitfenster hierfür sorgt auch dein entsprechend gestalteter Arbeitsvertrag
- **Inspirierendes, diverses Team, das immer für dich da ist und hinter dir steht**
- Einmal im Monat gibt es ein Teambuilding-Treffen von allen im Headquarter im Bielefeld

Abbildung 5.1 Beispiel für eine SAP-Stellenausschreibung (oberer Abschnitt)

❸ Anleser: Jobteaser und Hook

Aus meiner Erfahrung mit Pressearbeit und Texten heraus habe ich mir angewöhnt, vor dem eigentlichen Text möglichst einen *Anleser* oder *Teaser* zu formulieren. Dessen Ziel ist es, schnell die Aufmerksamkeit des Gegenübers zu fesseln und die Person durch die Textstruktur dazu zu bringen, dranzubleiben und sich etwas Zeit für die Lektüre zu nehmen. Sie soll das Gefühl haben, etwas zu verpassen, wenn sie es nicht tut. Oder positiv formuliert: glauben, dass es ein Gewinn für sie sein könnte, einen kleinen Teil ihrer Lebenszeit in die Lektüre Ihrer Stellenausschreibung zu investieren. Verkaufen Sie Ihre Stellenbeschreibung als Eintrittsticket in ein verheißungsvolles neues Karrierelevel und eine neue berufliche Zukunft.

Am Ende kann es einen sogenannten *Hook* geben, z. B. »Erfahre hier, ob dieser Job zu deiner Vorstellung passt« oder »Lerne deine neue:n Kolleg:innen kennen«.

❹ So bist du: Der Mensch im Mittelpunkt, Purpose and Value, Vorerfahrung

Im folgenden Abschnitt der Stellenausschreibung bleiben wir auf dieser persönlichen Ebene. Auf die Zielsetzung des Unternehmens und die persönliche Zielsetzung der Zielgruppe Ihrer Stellenausschreibung, auch *Purpose and Value* genannt, komme ich noch ausgiebig in Kapitel 6, »Employer Branding und Positionierung als SAP-Arbeitgeber«, zu sprechen. Ziel dieses Abschnitts der Stellenausschreibung ist es, dass die Person sich abgeholt fühlt. Um sich für eine gemeinsame berufliche Zukunft in Ihrem Unternehmen zu interessieren, muss sie an dieser Stelle noch nichts von »Customizing«, »Tickets« und »Dokumentation« lesen. Wir bleiben in diesem Abschnitt stattdessen bei den Wechselmotivatoren der Person.

Machen Sie auch nicht den Fehler, Ihre Stellenausschreibung mit einem nüchternen sachlichen Textabschnitt über das 100-jährige Bestehen Ihres familiengeführten Betriebs in vierter Generation zu beginnen. Das ist an dieser Stelle (noch) nicht interessant. Bleiben Sie beim Menschen und der menschlichen Seite Ihrer Vakanz.

❺ Deine Rolle: Die Aufgaben, sortiert nach Priorität

Wenn sich Ihre Zielperson bis zu diesem Textabschnitt durchgearbeitet hat – Glückwunsch! Es zeugt davon, dass Sie schon einmal eine gemeinsame Basis haben –die grundsätzliche Rolle und die harten Fakten haben die Aufmerksamkeit der Person erregt und die Werte-Ebene hat sie persönlich angesprochen. Jetzt dürfen und sollen Sie die eigentlichen Aufgaben der zu besetzenden Position näher ausführen. Seien Sie hier so konkret wie möglich. Sie müssen einer SAP-Beraterin nicht erklären, dass sie Customizing machen soll. Aber Sie können erklären, wie genau das bei Ihnen gemacht wird. Vielleicht haben Sie ein besonderes System, etwa dass die Key-User den First-Level-Support leisten. Vielleicht kann es Aufgabe der Person sein, ein sinnvolles Ticket-System einzuführen oder Ihres zu erneuern.

Starten Sie mit den wichtigsten Aufgaben, die entweder den größten Raum der Arbeit einnehmen werden oder zu priorisieren sind. Nennen Sie etwa das erste Projekt beim Start in Ihrem Unternehmen. Als Anwenderunternehmen können Sie auch näher ausführen, wofür dieses Projekt steht und wie es in die gesamte SAP-, IT-, Business-Strategie eingebettet ist. Wie genau ist SAP bei Ihnen im Einsatz, welche Module, welche weiteren Produkte nutzen Sie? Arbeiten Sie bereits mit SAP S/4HANA? Wie sieht Ihre Roadmap aus?

Versuchen Sie, die zu besetzende Rolle in diesem Abschnitt in das Gesamtgefüge Ihres Unternehmens einzuordnen, um Ihre einzigartige DNA rüberzubringen.

❻ Deine Benefits: konkrete Mehrwerte und Gehaltsbänder

Nachdem Sie die Aufmerksamkeit und Interesse an den Aufgaben geweckt haben, wird die Person die Benefits Ihres Jobs scannen. Und ja, sie wird auch nach dem Gehalt schauen. Fehlende Gehaltstransparenz ist einer der Hauptgründe, warum sich IT-Fachkräfte nicht bewerben oder einen Bewerbungsprozess abbrechen. Das ist wirklich schade, denn Sie haben so viel Mühe investiert, um die Person bis zu diesem Punkt zu bringen. Rund 60 % mehr Bewerbungen auf Stellenausschreibungen mit Gehaltsangabe wurden bei Stichproben nachgewiesen (Quelle: *https://hire.workwise.io/blog/gehaltsangabe-stellenanzeige*).

Mit einer konkreten Gehaltsangabe können Sie nur gewinnen. Ich weiß aus Gesprächen, wie viele Menschen Schwierigkeiten haben, ein konkretes Gehalt anzugeben, wenn gar keine Leitplanken vorhanden sind. Ihre Zielperson weiß, was sie aktuell verdient, aber weder kennt sie die Gehaltsstruktur Ihres Unternehmens noch ist sie in der Regel damit vertraut, was andere aktuell im Durchschnitt verdienen. Gerade Frauen tun sich meiner Erfahrung nach wirklich sehr schwer damit, bei einem Wechselprozess ihr neues Gehalt anzugeben. Mit transparenten Gehaltsangaben fördern Sie also auch eine gleiche Bezahlung der Geschlechter. Viele Frauen schätzen sich tendenziell etwas zu niedrig ein – und nur wenige Unternehmen korrigieren diese Einschätzung nach oben.

Zum Aspekt des Gehalts kommen noch der variable Anteil, die zu fakturierenden Stunden, die Auszahlungsweise, die Dienstwagenregelung und manche geldwerten Vorteile hinzu. Im Grunde müsste es daher ein Gehälter-FAQ auf jeder Karriereseite geben.

Ich habe auch schon Unmut beim bestehenden SAP-Team erlebt, wenn ein Neuzugang bei gleicher Eignung und Rolle mehr verdienen sollte. Im Hinblick auf die Mitarbeiterbindung (*Retention*) gilt es also zu erkennen, wann es einen *Employee Pay Gap* geben könnte.

Die Angabe von Gehaltsbändern mit einem Minimum und einem Maximum ist ein Kompromiss. Schlüsseln Sie Ihr Gehalt spätestens im laufenden Bewerbungsprozess näher auf. So steuern Sie auch unrealistischen Werten entgegen, die von Jobportalen nur annähernd geschätzt werden. Sie reduzieren mit Ihrer Gehaltsangabe also nicht nur die Abbrecherquote und fördern die Gleichberechtigung, sondern sieben auch Personen aus, die vielleicht grundsätzlich qualifiziert sind, aber einfach jenseits Ihres Budgets für diese Rolle liegen. Klarheit in Gehaltsfragen spart Zeit für alle Beteiligten.

Führen Sie neben dem Gehalt auch Urlaubstage, die Homeoffice-Regelung und weitere ausgewählte Benefits auf (siehe Abschnitt 2.6, »Attraktive Benefits und SAP-Gehälter kennen«). Sie können Ihre Arbeitgebermarke auf Ihrer Karriereseite noch an weiteren Stellen stärken, die Stellenausschreibung ist dazu aber eine erste Gelegenheit.

❼ Optional: Weiterer Raum für Creatives, z. B. Testimonials

Den unteren Teil unserer Beispiel-Stellenausschreibung sehen Sie in Abbildung 5.2. Sie können optional weiteren Raum für Creatives nutzen. In unserer Ausschreibung sehen Sie z. B. den Block »Gute Gründe ...« in unseren Unternehmensfarben und angereichert mit Piktogrammen. Hier stellen wir dar, wieso eine SAP-Fachkraft mit uns als Recruiting-Agentur in den Wechselprozess gehen sollte. In Ihrer Stellenausschreibung könnte an dieser Stelle stattdessen ein Video von Ihrem SAP-Team stehen oder ein Foto mit einem Testimonial, z. B. eine Aussage Ihres SAP-Team-Leads. Auch die besonderen Merkmale von Ihnen als Arbeitgeber hätten an dieser Stelle Platz und stärken die Profilierung Ihres Unternehmens.

❽ Ansprechperson mit Kontaktdetails

Zum Abschluss ist die Positionierung einer Ansprechperson in Ihrem Unternehmen wichtig. Vermutlich werden Sie selbst das sein – aber auch eine fachliche Ansprechperson ist denkbar und kann Vertrauen schaffen. Nutzen Sie gerne auch ein Foto und ermöglichen Sie einen möglichst einfachen Zugang. Eine E-Mail-Adresse und eine Telefonnummer sind Pflicht. Ideal ist es, wenn der Kontakt direkt an dieser Stelle mit einem Klick hergestellt werden kann, anstatt dass sofort ein ganzer Schwung Bewerbungsunterlagen erwartet wird.

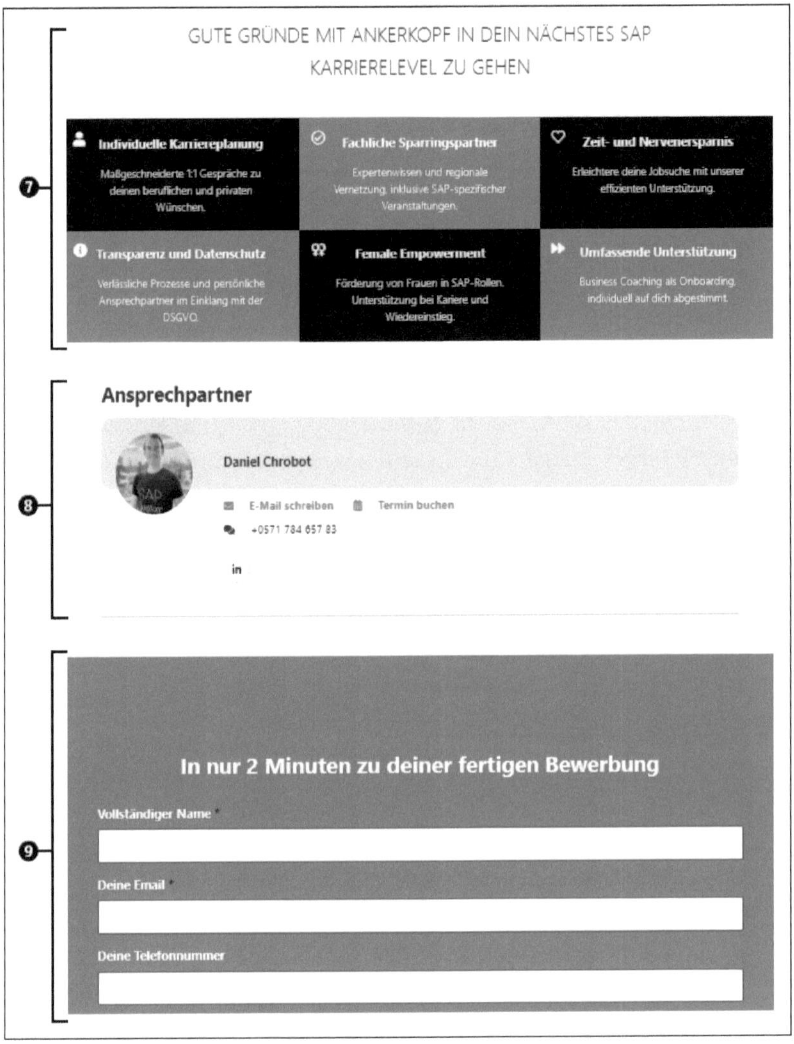

Abbildung 5.2 Beispiel für eine SAP-Stellenausschreibung (unterer Abschnitt)

9 Optional: DSGVO-kompatibles Kontaktformular

Sie können dazu unterhalb der Details zur Ansprechperson noch ein Kontaktformular einbetten. Denken Sie dabei an das Häkchen, um das Einverständnis zur Weiterverarbeitung der persönlichen Daten einzuholen, und eine Verlinkung Ihrer Datenschutzgrundrichtlinien im Sinne der Datenschutz-Grundverordnung.

Auch die Möglichkeit, sich mit einem LinkedIn-Profil zu bewerben, kann an dieser Stelle der Stellenausschreibung integriert werden. So haben Sie direkt Zugriff auf die wichtigsten Informationen, und für die Bewerbenden ist die Kontaktaufnahme einfach. Mit dieser Funktion sind wir im Grunde bereits beim Aufbau der Karriereseite, weil die Funktion der LinkedIn-Bewerbung hier als Template angelegt werden kann. Im folgenden Abschnitt erfahren Sie Näheres hierzu.

[+]

Varianten anlegen

Wenn ich eine Stellenausschreibung vorbereite, fertige ich mindestens eine kürzere Variante der Hauptversion an und stimme diese auch direkt mit den Stakeholdern ab. Sie sind ja gerade im Schreib-Flow und können die autorisierten Varianten später für mögliche weitere Kampagnen oder das Active Sourcing nutzen. Es ist auch möglich, die Stellenausschreibung in einer Variante speziell auf die Bedürfnisse einer internationalen Zielgruppe zuzuspitzen, mit einer englischen Übersetzung und weiteren Informationen zum Vorgehen. Oder Sie erstellen eine Variante, die speziell Frauen ansprechen soll. Beispiele für gezielte Ansprachen finden Sie in Kapitel 10, »Female Recruiting: Gezielte Ansprache von Frauen in der IT«, und Kapitel 12, »Internationales Recruiting«.

Strukturierte Daten in der Stellenausschreibung

Vielleicht fragen Sie sich schon die ganze Zeit, warum ich Ihnen genau diesen Aufbau der Stellenausschreibung so sehr nahelege. Denn die Struktur könnte auch eine ganz andere sein. Auf vielen Websites finden sich etwa sehr kurze Ausschreibungen, die locker und informell rüberkommen und damit manchen Techie vielleicht sogar mehr abholen. Wir setzen bei dem von uns gewählten Aufbau auf strukturierte Daten, weil wir die Reichweite der Stellenausschreibung maximieren wollen. Wir möchten nicht nur die Menschen erreichen, die sich bereits auf unserer Karriereseite aufhalten oder über einen bewusst gesetzten Link zu uns gefunden haben. Unser Ziel ist auch, dass Google und weitere Portale die Jobausschreibung erkennen können. Wir arbeiten außerdem mit einem Plug-in für das Content-Management-System *WordPress* und einer Programmierschnittstelle (Application Programming Interface, API) zu unserer Datenbank. Vieles läuft daher im Hintergrund. Informationen wie den Standort oder die Beschäftigungsart pflegen wir über diese Datenbank ein.

Die passende Struktur kann bei Ihnen also ganz anders aussehen, etwa abhängig davon, mit welcher Datenbanklösung Sie arbeiten. Einige Alternativen stelle ich in Abschnitt 5.4, »Nutzung von Recruiting-Technologien«, vor. Sie merken spätestens an dieser Stelle: Recruiting ist auch ein IT-Thema. Schließen Sie sich also im besten Fall mit Ihrer IT-Abteilung zusammen, um die Möglichkeiten zu eruieren, und behalten Sie das Thema der strukturierten Daten im Hinterkopf.

[»]

Strukturierte Daten: Technische Grundlage für Sichtbarkeit und Relevanz

Strukturierte Daten sind Informationen, die in einem festen, maschinenlesbaren Format organisiert sind. Inhalte werden so ausgezeichnet, dass sie von Suchmaschinen, Jobportalen und KI-basierten Matching-Systemen korrekt interpretiert und zugeordnet werden können.

Wird eine Stellenanzeige klar gegliedert, z. B. mit Überschriften wie »Berufsbezeichnung«, »Standort«, »Beschäftigungsart«, »Tätigkeiten«, »Qualifikationen«, »Vergütung« oder »Bewerbungsfrist«, können diese Inhalte mit strukturierten Daten hinterlegt und von Crawlern zuverlässig erkannt werden. Das erhöht die Wahrscheinlichkeit, dass die Anzeige von Job-Suchmaschinen wie *Google for Jobs* ausgespielt und korrekt eingeordnet wird.

Ohne strukturierte Daten bleibt selbst die attraktivste Anzeige für digitale Systeme oft unsichtbar. Eine technisch saubere Gliederung ist daher nicht nur ein Service für Bewerbende, sondern eine zentrale Voraussetzung für Reichweite, Auffindbarkeit und die erfolgreiche Platzierung

5.1.2 Karriereseite

Relaunches unserer Karriereseite

Innerhalb der letzten fünf Jahre haben wir auf unserer Agenturseite drei Website-Relaunches vorgenommen, um unsere Zielgruppe besser abzuholen. Und obwohl das letzte gerade frisch abgeschlossen ist, sehen wir bereits wieder neue Möglichkeiten, unser Karriereangebot zu optimieren. Beim ersten Relaunch war es mein Ziel, eine technisch einwandfreie Lösung hinzubekommen, um sowohl unsere Partnerunternehmen als auch das SAP-Karrierenetzwerk gut bedienen zu können. Im Zuge der Planung haben wir zusammen mit einem Software-as-a-Service-Unternehmen die Voraussetzungen eruiert, die für unsere Zielsetzung wichtig waren. Das Großartige war, dass dieses Unternehmen genau die gleiche Idee hatte, weswegen es so gut zu uns passte. Beim letzten Relaunch haben wir uns dann wieder unabhängiger gemacht und eigene Tools, Plug-ins und kleinere Eigenentwicklungen implementiert. Damit haben wir nun wieder die komplette Freiheit, aber auch die komplette Verantwortung für unser Job-Board übernommen.

Karriereseite als Shop und Jobs als Produkte

Die Karriereseite muss unabhängig von Ihrer normalen Unternehmens-Website funktionieren und Sie als Unternehmen und Arbeitgeber repräsentieren. Sie sollte außerdem eine wirklich ausgezeichnete User Experience (UX) bieten, denn wir bewegen uns hier im B2C-Umfeld (Business-to-Consumer). Verstehen Sie die Karriereseite als Shop, Ihre Jobs als Produkte und die kritischen, selbstbewussten SAP-Talente als Ihre Kundschaft.

Wie Sie es von Ihren eigenen Online-Einkaufserlebnissen her kennen, werden Ihnen auf einmal immer wieder Sofas angezeigt, sobald Sie einmal bei einem großen Anbieter ein Sofa aufgerufen haben. Genauso sollten auch den Bewerbenden ähnliche Produkte derselben Kategorie angezeigt werden. Google bevorzugt Kategorien. Das merken Sie schnell, wenn Sie versuchen, diese zu reindexieren. Auf Ihrer Karriereseite könnten diese Kategorien die klassischen SAP-Jobprofile sein, also SAP-Entwickler*in, SAP-Basis-Administrator*in, SAP-Consultant/-Berater*in und SAP-Projektleiter*in. Abbildung 5.3 zeigt drei mögliche Strukturen für eine Karriereseite: nach Jobkategorien oder Rollen, nach Modulen/Themen oder nach Karriereleveln.

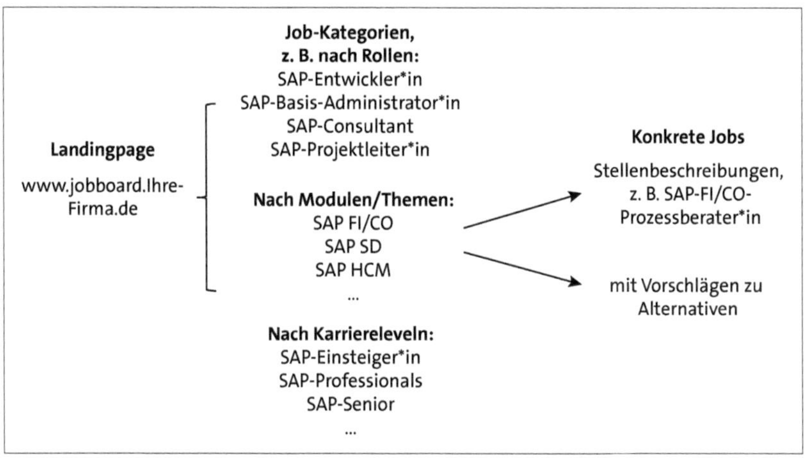

Abbildung 5.3 Drei Varianten eines Strukturbaums für Ihre SAP-Karriereseite – angelegt als Shop

SEO

Wie Sie Ihre Karriereseite strukturieren, sollten Sie mit dem IT-Team diskutieren. Welcher Aufbau sinnvoll ist, ist auch abhängig von Ihrem konkreten Bedarf. Der Mehraufwand für diese Strukturierung wird sich lohnen, denn Google wird Ihre Jobs und Kategorien bevorzugt ausgeben. Sie können Ihre Stellenausschreibungen zusätzlich auf bestimmte Keywords hin optimieren, etwa »Remote«. Nach solchen Stichwörtern können Interessierte Ihre Seite durchsuchen oder nach passenden Stellenanzeigen filtern.

Tabelle 5.1 zeigt eine mögliche, SEO-optimierte Struktur für eine Karriereseite nach Modulen. SEO steht für *Search Engine Optimization* (Suchmaschinenoptimierung) und umfasst Maßnahmen, um Webseiten sichtbarer für Suchmaschinen wie Google zu machen. Ziel ist es, mit relevanten Inhalten auf den vorderen Positionen in den Suchergebnissen (Search Engine Result Pages, SERPs) zu erscheinen, also genau dort, wo laut Studien fast alle Klicks stattfinden.

Onlineshop	SAP-Karriereseite
Produkt	einzelner Job (z. B. »SAP-FI-Berater (m/w/d)«)
Produktkategorie	SAP-Modul (z. B. »FI«, »HCM«, »SAP-Basis«)
Produktseite	Detailseite eines konkreten Jobs
Kategorieseite	Übersicht aller Jobs im Modul/Fachbereich
Filter	Ort, Remote, Seniorität, Festanstellung/Freelance

Tabelle 5.1 SEO-optimierte Struktur einer Karriereseite nach Modulen

Jede dieser Jobkategorien benötigt einen separaten Einstiegstext, der SEO-optimiert ist und bestimmte Keywords enthält. Denn potenzielle Bewerbende suchen oft nicht direkt nach einem konkreten Jobtitel, sondern eher allgemein nach Stichwörtern wie:

- »SAP FI Jobs München«
- »SAP Berater Remote«
- »SAP BW Stellenangebote«
- »SAP Entwickler Einstieg«

Eine gut strukturierte Seite für jede dieser Kategorien ist viel nützlicher (für Google und alle Interessierten) als 20 einzelne Jobanzeigen, die alle etwas Ähnliches anbieten.

[+]

SEO-Expertise

Wenn Sie erstmalig eine Karriereseite aufsetzen und vorhaben, Recruiting in einem bestimmten Volumen zu betreiben, ziehen Sie unbedingt SEO-Expertise zurate. Ich kann an dieser Stelle lediglich darauf hinweisen, das Thema SEO beim Aufsetzen Ihrer Karriereseite mitzudenken.

[+]

SEO-Texte formulieren

Als Unterstützung beim Erstellen von SEO-Texten kann ich Ihnen insbesondere den SEO-Assist in der GPT-Bibliothek empfehlen.

Barrierefreiheit

Auch das Thema *Barrierefreiheit* hängt eng mit Suchmaschinenoptimierung zusammen. Barrierearme Karriereseiten sind gleichzeitig meist optimal für Suchmaschinen aufbereitet, etwa durch Alternativtexte zu Bildern oder eine saubere Semantik mit Überschriften. An dieser Stelle möchte ich Sie auch auf das neue *Barrierefreiheitsstärkungsgesetz* (BFSG) hinweisen. Es setzt in Deutschland die EU-Richtlinie 2019/882 (European Accessibility Act) um und verpflichtet ab dem 28. Juni 2025 Unternehmen dazu, viele digitale Angebote barrierefrei zu gestalten, darunter auch Karriereseiten und Online-Bewerbungsformulare.

Bewerbungen über ChatGPT

Vielleicht werden Sie in Zukunft Bewerbungen über ChatGPT oder andere KI-Tools bekommen. Aktuell gibt es kein Interface, um Inhalte über ChatGPT auf anderen Websites »einzureichen«. Es wird jedoch spekuliert, dass OpenAI oder Microsoft in Zukunft Business-Kanäle für verifizierte Inhalte anbieten werden.

Damit ChatGPT & Co. Ihren Content entdecken, hilft aktuell nur Ihre Relevanz und Sichtbarkeit bei Google oder anderen Suchmaschinen zu maximieren. Wir wurden jüngst auf unseren Content zu den Themen ABAP RESTful Application Programming Model (RAP) und SAP Cloud Application Programming Model angesprochen und haben ein neues SAP-Talent kennengelernt, weil dieser Content bei ChatGPT aufgetaucht war.

[+]

SAP-Dienstleister entlang des Employee Lifecycles

Die Karriereseite bei SAP-Dienstleistern ist oft klar auf die Rolle des SAP-Consultants fokussiert, weil der ständige Personalbedarf hier einfach ein Dauerthema ist. Die Haupt-Challenge ist es hier meines Erachtens, noch stärker auf einzelne Unterzielgruppen einzugehen, also maßgeschneiderte Jobangebote für Nachwuchskräfte, für den Quereinstieg, Frauen und internationale Talente, aber auch für Führungskräfte hervorzuheben.

Denken Sie an den Employee Lifecycle und die unterschiedlichen Pain Points und Wünsche der Bewerbende (siehe Abschnitt 8.7, »Zusammenfassung: Die 3 Hauptphasen des SAP Employee Lifecycles«). Ich stelle Ihnen in Abschnitt 5.5.3, »Mit Candidate Personas arbeiten«, noch eine Methode, die *Candidate Persona*, vor, mit der Sie Ihre Unterzielgruppen noch besser clustern und ansprechen können. Das Übertragen dieser Persona in Jobkategorien auf Ihrer Karriereseite kann sich für Sie lohnen.

Karriereseite von SAP-Anwenderunternehmen

Als SAP-Anwenderunternehmen stehen Sie vor der besonderen Herausforderung, dass Sie viele sehr unterschiedliche Stellen zu besetzen haben. An Ihrer Stelle würde ich bei größerem SAP-Personalbedarf auf Ihrer Karriereseite eine Rubrik rein für diese Rollen eröffnen und für diese spezielle Zielgruppe eine eigene Landingpage aufsetzen. Ich würde sie also nicht mit anderen IT-Stellen zusammenstellen, da sich nicht alle SAP-Professionals als IT-Fachkräfte verstehen. Falls es um Prozess- oder Modulberatung geht, könnten Sie die Rollen zusätzlich auch noch dem passenden Fachbereich zuordnen, da gerade Stellen, die im Fachbereich angesiedelt sind, für viele SAP-Professionals attraktiv wirken.

[+]

So machen es andere SAP-Arbeitgeber

Gute Karriereseiten umfassen mehr als nur Stellenanzeigen. Sie sind ein strategischer Touchpoint in der Candidate Journey. Damit Bewerbende sich von diesen Seiten angesprochen, informiert und motiviert fühlen, helfen folgende Elemente:

- **Karriereblog**
  Authentische Einblicke ins Unternehmen, echte Stimmen von Mitarbeitenden, relevante Themen. All dies erhöht die Sichtbarkeit und Auffindbarkeit durch Suchmaschinen.
- **Recruiting-FAQ-Bereich**
  Ein Klassiker, der oft vergessen wird, aber Unsicherheiten klärt, Vertrauen schafft und Rückfragen reduziert.
- **Testimonials**
  Erfahrungsberichte von Mitarbeitenden vermitteln glaubwürdig, wie die Kultur im Unternehmen wirklich ist.
- **Jobkategorien in der Sidebar**
  Struktur schafft Übersicht, besonders bei vielen offenen Positionen.
- **Karrierelevel aus Zielgruppensicht**
  Es suchen nicht alle nach »SAP Consultant FI-CO (m/w/d)«, sondern beispielsweise nach »Berufseinstieg SAP« oder »Karrierechance SAP mit 15 Jahren Erfahrung Controlling«.
- **Semantische Durchsuchbarkeit**
  Wer Begriffe wie »Teilzeit«, »Remote« oder »SAP S/4HANA« sucht, sollte Ergebnisse bekommen – und nicht keine Anzeige.
- **Extra-Tipp: Karriere-Newsletter**
  Ein Newsletter mit neuen Jobs, Veranstaltungen oder Karrieretipps sorgt für nachhaltige Sichtbarkeit und bringt latent Wechselwillige zurück, auch wenn sie sich heute (noch) nicht bei Ihnen bewerben. So verlieren Sie nicht alle Menschen, die bei Ihnen auf der Karriereseite waren, sich aber nicht beworben haben.

5.1.3 Portale

In diesem Abschnitt möchte ich Ihnen Jobportale vorstellen, in denen SAP-Talente aktiv nach neuen Wirkungsmöglichkeiten suchen. In Gesprächen mit Bewerbenden frage ich gerne, wie genau und über welchen Kanal sie ihren letzten SAP-Job gefunden haben. Die hier vorgestellten Portale werden dabei am häufigsten genannt.

Google for Jobs

Zunächst einmal gibt es Meta-Jobplattformen, die andere Portale durchsuchen und Stellen in ihren Suchergebnissen anzeigen. Am bekanntesten ist hier sicherlich *Google for Jobs*, eine Suchmaschine, die Stellenanzeigen aus verschiedenen Quellen aggregiert und direkt in den Google-Suchergebnissen anzeigt. Um dort gelistet zu werden, müssen Stellenanzeigen strukturierte Daten enthalten.

Jobportale mit SAP-Fokus

Ebenso gibt es allgemeine Jobportale, die neben Stellen aus vielen anderen Bereichen und Branchen auch viele SAP-Stellen aufführen. Die bekanntesten sind hier:

- **StepStone**
  Eine der führenden Jobbörsen in Deutschland mit derzeit über 1.100 offenen Stellen für SAP-Consultants. Die Plattform bietet detaillierte Filtermöglichkeiten nach Modulen, Standorten und Erfahrungsstufen.
- **Indeed**
  Ein internationales Jobportal mit mehr als 3.400 SAP-Consultant-Stellenangeboten in Deutschland. Die Plattform ermöglicht eine breite Suche nach verschiedenen SAP-Rollen und -Standorten.

Spezialisierte SAP-Jobbörsen

Neben den branchenübergreifenden Jobportalen und Business-Netzwerken gibt es einige, die sich speziell auf die SAP-Zielgruppe fokussieren. Die folgenden beiden werden hier besonders häufig genannt:

- **newjob.de**
  Diese Stellenbörse für SAP-Spezialisten in Deutschland, Österreich und der Schweiz gibt es seit 1999. Die Plattform bietet eine breite Palette an Stellenangeboten für Consultants und SAP-Entwicklung.
- **Karriereconsultant.de**
  Dies ist eine auf SAP-Consultants spezialisierte Stellenbörse mit täglich neuen Stellenausschreibungen für SAP-Consultants.

Weitere relevante Plattformen

Als weitere, zunehmend relevante Plattform sei *Instaffo* genannt, ein wachsendes Jobportal, auf dem sich Unternehmen bei den Talenten bewerben. Die große Hürde: Sie müssen dafür kostenpflichtige Profile anlegen. Aktuell ist Instaffo speziell auf Jobs im Bereich Vertrieb, Technologie und Marketing ausgerichtet. Ich nehme jedoch an, dass auch der SAP-Anteil zunehmen wird. Für Unternehmen gibt es sowohl Basis- als auch Premium-Abonnements, ergänzt durch eine prozentuale Vermittlungsgebühr.

An dieser Stelle möchte ich auch das Business-Netzwerk *LinkedIn* erwähnen, da auch dort einige SAP-Jobs ausgeschrieben werden und die SAP-Community dort sehr aktiv ist. Im deutschsprachigen Raum ist daneben das Business-Netzwerk *XING* sehr verbreitet.

Für SAP-Consultants gibt es eine Vielzahl von Jobportalen, sowohl allgemeine als auch spezialisierte. Während Plattformen wie StepStone und Indeed eine breite Auswahl bieten, konzentrieren sich spezialisierte Portale wie newjob.de auf den SAP-Bereich.

Die Nutzung von Google for Jobs kann zusätzlich die Sichtbarkeit von Stellenanzeigen erhöhen, sofern diese entsprechend optimiert sind. Google for Jobs ist kostenlos, Sie müssen jedoch in die Strukturierung Ihrer Daten investieren. Wenn ich von den kostenpflichtigen Portalen zwei wählen sollte, wären es vermutlich Indeed und StepStone. Bei Ankerkopf setzen wir allein auf Google und eine gute Karriereseite oder ganz andere Rekrutierungskanäle. Mit diesen mache ich Sie im folgenden Abschnitt vertraut.

5.2 Moderne Recruiting-Kanäle

Social Media und Internet-Plattformen sind sehr schnelllebig. In diesem Abschnitt gebe ich Ihnen daher meine aktuellen Lieblingskanäle als eine mögliche Auswahl mit. Wir nutzen sie als Spielwiesen, um neue Möglichkeiten zur Verbesserung unserer Candidate Experience auszutesten. Nicht alles läuft dabei rund, daher weise ich Sie in diesem Abschnitt auch auf Fallstricke hin.

5.2.1 Video-Recruiting

Es gibt Anbieter und Videografen, die sich speziell auf *Video-Recruiting* spezialisiert haben. In unserem Team haben wir eine Person, die als Kameramensch und Cutter für dieses Thema zuständig ist. Zur Unterstützung oder wenn es einmal aufwendiger wird, haben wir uns ein Netzwerk an freiberuflichen Filmschaffenden erschlossen.

Was macht ein Video aus?

Ein Video ist in der Regel, wenn auch nicht immer, eine Kollektivarbeit. Für uns ist ein Video zunächst ein Medium, das seinen ganz eigenen Stil und seine eigene Sprache mitbringt: Dazu gehören Text, Ton/Musik, Bewegtbild, gesprochene Sprache, Kameraführung, Montage (also der Schnitt) sowie grundsätzlich auch Filter und weitere Effekte und die *Mise en Scène* (also die Bildkomposition), der gefilmte Raum, die Bühne oder die Kulisse. Anders als bei einem Foto oder einer Text-Bild-Montage kann im Film eine zeitliche und räumliche Abfolge dargestellt werden. Die Zuschauenden sind ganz dicht dran und können durch die Art der Kameraführung das Gefühl bekommen, selbst Teil der Geschichte zu sein.

Wiederkehrendes Format

Ich stelle Ihnen zur Inspiration in diesem Abschnitt unsere Klassiker unter den Recruiting-Videos vor. Sie erhalten außerdem Tipps, woran Sie angesichts der aktuellen Umbruchsituation denken sollten. Wie genau Sie Ihr Recruiting-Videoformat erstellen, hängt von vielen Faktoren und Ihren Ressourcen ab. Es ist jedoch sinnvoll, ein wiederkehrendes Format zu entwickeln und dieses aus Gründen der Wiedererkennbarkeit zeitweise aufrechtzuerhalten. Dies hat den Vorteil, dass Sie nicht immer das Rad neu erfinden müssen und dass sich Ihre »Film-Crew« und auch die Zuhörerschaft auf den Kanälen, auf denen Sie diese Videos ausstrahlen, an das Format gewöhnen und es wiedererkennen.

Formale Regeln der Plattformen

Videos sollten direkt für die Plattform, auf denen sie gezeigt werden, konzipiert werden. Wenn Sie ein Video nur auf Ihrer Karriereseite zeigen möchten, kann es eine andere Länge haben als beispielsweise auf TikTok. Die Videos sollten sich formal den Regeln der Plattformen anpassen, um auch ausgestrahlt zu werden und eine gewisse Reichweite zu bekommen. Der Content wiederum muss inhaltlich bei der eigentlichen Zielgruppe, also grob gesprochen den SAP-Talenten, ankommen.

Mögliche Formate

Mit den folgenden Formaten haben wir bereits gearbeitet und können sie daher grundsätzlich weiterempfehlen:

- **SAP-Expert*innen-Talk**

  Kurze Interviews mit SAP-Profis zu aktuellen Themen bieten wertvolle Einblicke in Ihre Arbeit und positionieren Ihr Unternehmen als Vordenker. Solche Formate fördern die Glaubwürdigkeit und stärken die Markenidentität.

- **Reaction-Videos**

  Mitarbeitende reagieren auf virale Büro-Memes oder Karriere-Tipps und zeigen dabei ihre Persönlichkeit. Diese authentischen Reaktionen zu filmen, unterstreicht die Nahbarkeit Ihres Teams und stärkt die Verbindung zur Community.

- **Aftermovies nach Firmenveranstaltungen**

  Dynamische Zusammenschnitte von Firmenveranstaltungen vermitteln die Unternehmenskultur und zeigen, wie Teamgeist bei Ihnen gelebt wird. Solche Inhalte stärken das Employer Branding und machen das Unternehmen für potenzielle Bewerbende attraktiv.

- **Dein neuer SAP-Kollege**

  Neue Mitarbeitende stellen sich in kurzen Clips vor und teilen ihre ersten Eindrücke. Dies fördert die Transparenz und gibt potenziellen Bewerbenden einen authentischen Einblick in die Onboarding-Prozesse Ihres Unternehmens.

- **Nachfolge gesucht**

  Kurze Videos, in denen Mitarbeitende ihre eigene Position vorstellen und erklären, warum sie eine Nachfolge suchen. Die persönliche Ansprache kann das Interesse potenzieller Bewerbender wecken und die Reichweite erhöhen. Es zeigt auch Ihren wertschätzenden Umgang mit Karrierewechseln im eigenen Team und Ihre Flexibilität.

- **SAP-Team vorstellen**

  Teammitglieder präsentieren sich und ihre Aufgabenbereiche in kurzen Clips. Dies gibt Einblicke in die Teamdynamik und fördert das Gemeinschaftsgefühl.

- **Face-to-Cam**

  Mitarbeitende sprechen direkt in die Kamera über ihren Arbeitsalltag, Herausforderungen oder Erfolge. Diese direkte Ansprache schafft Vertrauen und vermittelt Authentizität. Dieses Format ist mit wenig Aufwand möglich und ein guter Start ins Video-Recruiting.

- **Filmisch-experimentelle Inszenierung (Story-driven Content)**

  Kreative Kurzfilme erzählen Geschichten aus dem Arbeitsalltag im SAP-Team, meist mit einer Hauptfigur. Durch Storytelling werden komplexe Themen greifbar und emotionalisiert.

Die genannten Formate ermöglichen es, die Unternehmenskultur und den Arbeitsalltag im SAP-Kosmos authentisch und ansprechend zu präsentieren, was insbesondere auf Plattformen wie TikTok und Instagram wichtig ist, um die Zielgruppe effektiv zu erreichen.

[»]

Formatanforderungen für Recruiting-Videos (im DACH-Gebiet), Stand Juli 2025

Im Folgenden stelle ich die technischen Anforderungen der verschiedenen Social-Media-Plattformen an Videos gegenüber:

- **YouTube**
  - YouTube Shorts: bis 60 Sekunden, Hochformat (9:16)
  - Klassische Videos: bis 12 Stunden, Querformat (16:9)
  - Formate: MP4, MOV u. a., max. 256 GB

- *Tipp*: Thumbnails (verkleinerte Vorschauen) und Untertitel steigern Reichweite. Bei Shorts sollten Sie den Hashtag #Shorts nicht vergessen.

- **Instagram Reels**
  - Länge: bis 3 Minuten (ideal: 15–60 Sekunden)
  - Format: Hochformat (9:16)
  - Dateigröße: max. 4 GB, ideal ist MP4
  - *Tipp*: Wählen Sie ein Coverbild aus und bauen Sie Text ins Video ein, da diese oft stumm angeschaut werden. Nutzen Sie Hashtags.
- **TikTok**
  - Länge: bis 10 Minuten (ideal: < 60 Sekunden)
  - Format: Hochformat (9:16)
  - Dateigröße: max. 500 MB (Desktop), bevorzugt MP4
  - *Tipp*: Untertitel sind Pflicht. Bauen Sie Trends, Emojis und Sounds ein und achten Sie auf einen fesselnden Einstieg.
- **LinkedIn**
  - Länge: bis 10 Minuten (ideal: 30–120 Sekunden)
  - Format: Hochformat (9:16) wird bevorzugt.
  - Dateiformat: MP4, MOV u. a., max. 5 GB
  - *Tipp*: Laden Sie Untertitel in Form von SRT-Dateien hoch. Achten Sie auf prägnante Beschreibungstexte mit wenigen, gezielten Hashtags.

Allgemein gilt, Recruiting-Videos sollten auf die Darstellung auf mobilen Endgeräten hin optimiert, kurzweilig und untertitelt sein. Das Format 9:16 hat sich plattformübergreifend etabliert. Sprechende Personen, Nahaufnahmen, gute Lichtverhältnisse und eine direkte Ansprache sorgen für Authentizität und sind wichtiger als eine professionelle Studioaufnahme.

Video-Dreh-Basis-Ausstattung

Sollten Sie das erste Mal vor der Aufgabe stehen, mit Videos zu rekrutieren, möchte ich Sie noch auf einige ganz grundlegende Dinge hinweisen: Ein gutes Handy, ein Stativ, ein Funk-Clip-Mikrofon und eine einfache Software, mit der Sie schneiden und Untertitel einrichten können, sind die wesentlichen Werkzeuge, die Sie zum Start brauchen. Professioneller geht es natürlich immer.

Ich rate Ihnen darüber hinaus, lieber nur die wichtigsten Stichpunkte und einzelne starke Aussagen vorab zu notieren, statt Skripte zu schreiben, auf deren Grundlage Sie oder Ihr Team etwas auswendig einsprechen. Machen Sie sich im Vorfeld auch Gedanken zum Set-up und zu dem Raum, in dem das Video gedreht werden soll, zu den Outfits, dem Make-up. Nutzen Sie vielleicht ein wiedererkennbares Symbol im Hintergrund.

Scribble

Ich schreibe ein *Scribble* für jedes Video, in dem ich nicht nur mich selbst filme. Dieses Scribble verfasse ich in Word und gebe es allen Beteiligten aus, um das gemeinsame Ziel festzuhalten. Das Scribble beinhaltet wesentliche Testaussagen, den Videokanal, die Länge, das Ziel/die Zielgruppe, aber auch Informationen zum Raum, zu der Technik und gegebenenfalls eine Idee zu begleitender Musik, Bildmontage oder Typografie, also dazu, was als Textinformation ins Bild soll. Das Scribble ist für Videos das, was Outlines für einen souveränen Podcast sind – unverzichtbar. Zumindest, bis Sie Profi geworden sind.

[»]

Vergessen Sie nicht, einen Bildrechtenutzungsvertrag für jede abgelichtete Person anzulegen

Jede Person hat das Recht auf ihr eigenes Bild. Wenn Sie also gefragt oder ungefragt eine Person filmen, sollten Sie sich rechtlich absichern, dass Sie das bewegte Bild dieser Person nutzen dürfen. Lassen Sie sich dazu von Ihrer Compliance- oder Rechtsabteilung beraten oder holen Sie sich externe Beratung.

5.2.2 YouTube, Instagram, TikTok: Plattform, Community und Profil

Jede Internet-Plattform ist einzigartig, weshalb es in vielen Unternehmen nicht mehr eine einzelne Person für das *Social Media Management* gibt, die generalistisch jeden Kanal bespielt. Es gibt auch hier Fachleute für die einzelnen Plattformen. Wenn Sie auf Social-Media-Plattformen ernsthaft Recruiting von SAP-Talenten betreiben wollen, können Ihnen meine bisherigen Erfahrungen daher nur als erste Anregungen und Inspiration dienen. Mit Ihren Ideen sollten Sie dann auf eine passende Agentur zugehen und/oder sich mit Ihrem eigenen Corporate Social Media Team austauschen.

YouTube: Unterhaltung trifft Wissensplattform

YouTube ist ein vielfältiger Kanal, der zunehmend nicht nur zum unterhaltenden Konsum zwischendurch verwendet wird, sondern sich zu einer echten Wissensplattform entwickelt – auch für SAP-Consultants. Die Durchsuchbarkeit nach Themen funktioniert ausgezeichnet. Daher googeln Menschen nicht nur »SAP Gehälter« oder »SAP FI/CO«, sondern verwenden auch YouTube zur Informationsgewinnung. Ich würde YouTube als Plattform zwischen den Bereichen Information und Entertainment ansiedeln, also als *Infotainment-Kanal*.

Durch die Möglichkeit, auf YouTube sowohl sehr kurze, die sogenannten *Shorts*, als auch sehr lange Videos und sogar Live-Übertragungen zu posten, haben Sie hier fast grenzenlose Optionen. Auch die Einbeziehung der sogenannten *Shownotes*, also der Videobeschreibungen, für inhaltliche Beschreibungen, Themen-Tags oder einen Call-to-Action in Form eines Links zu Ihrem Touchpoint, kann hilfreich sein, um gefunden zu werden und in Interaktion mit Ihrer Zielgruppe zu kommen. Kommentare zu den Videos durch die User sind gar nicht selten, außer sie schalten diese Funktion bewusst aus, was ich Ihnen aber nur in Ausnahmefällen raten würde. Denn so würden Sie die Möglichkeit, zum Dialog und zum Stellen von Fragen einzuladen, direkt aushebeln und die Zielgruppe mit ihren Gedanken allein lassen. Das ist vermutlich nicht der Eindruck, den Sie bei der Community hinterlassen möchten.

Evergreen-Themen

Ebenfalls positiv hervorzuheben ist, dass manche Evergreen-Themen auf YouTube auch nach Jahren ausgespielt werden. Mit einem Expert*innen-Talk-Video zum Thema »SAP Cloud«, mit dem Sie vielleicht Vorreiter waren, können Sie also auch nach Monaten oder Jahren immer wieder Aufrufe erzielen. Neue Entwicklungen oder Releases bei SAP sorgen immer wieder für erhöhte Suchaufkommen nach solchen Themen. Dies gilt, wie mir ein Experte und professioneller Videoblogger versicherte, auch für die YouTube Shorts.

Nachteil: keine Klarnamen

Der große Nachteil für das Recruiting bei YouTube und anderen Social-Media-Plattformen ist, dass die User in der Regel nicht ihre richtigen Namen, sondern Nicknames benutzen. Das macht es zunächst einmal weniger nachvollziehbar, ob es sich bei den Followern Ihres Kanals um spannende Talente handelt, die die geforderten fachlichen Qualifikationen und Erfahrungslevel mitbringen. Über guten Content können Sie jedoch Angebote machen, um über die weiterführenden Kontaktpunkte auf anderen Kanälen mit Ihnen in Kontakt zu treten.

TikTok und Instagram: Unterhaltung, Privates und Plattform-Trends

Wenn wir auf Instagram oder TikTok schauen, dominieren dort weniger die Business- und Informationsthemen, und auch die Posting-Frequenz ist eine ganz andere als auf YouTube: Die persönliche Unterhaltung steht auf diesen Plattformen im Vordergrund: Memes, Katzenvideos, etliche Filter und visuelle Experimente sowie bestimmte Plattform-Trends (erinnern Sie sich noch an die Ice-Bucket-Challenge?) dominieren hier das Bild. Aber nicht nur Unterhaltung, sondern auch weitere Themen, die die User ganz persönlich interessieren, werden auf diesen Plattformen bespielt. Sie reichen von Gesundheit über Mental Health, Karriere, Ängste bis zu Vereinbarkeit von Beruf und Familie/Freizeit, umfassen also die ganz große Bandbreite der Themen, die uns als Menschen beschäftigen. Wir dürfen im SAP-Recruiting nicht vergessen: Es gibt für die meisten Menschen sehr viel mehr in ihrem Leben als den Job. Anders als bei LinkedIn oder teilweise auch bei YouTube sind die SAP-Talente auf Instagram und TikTok privat und nicht mit der beruflichen Brille unterwegs.

Kein Posting von Stellenausschreibungen

Bei der Wahl des Contents und der Themen sollten Sie dies im Hinterkopf haben. Das Posting einer Stellenausschreibung auf Instagram wird vermutlich keinen Effekt haben. Aber Storytelling, z. B. darüber, wie SAP-Consultants bei Ihnen nach der Corona-Epidemie arbeiten, wie oft sie zum Kunden fahren, was sie während dieser Zeit machen und was ihre Familie dazu sagt – das sind emotionale und aufklärende Themen, die dicht an der Lebenswirklichkeit der SAP-Talente sind. Solche Storys können sich positiv auf Ihre Employer Brand auswirken und sind nicht so nischig, dass sie zu wenige Menschen erreichen würden.

Wir selbst posten auf diesen Kanälen leicht verdauliche Themen rund um unsere Gründung in unseren Podcasts »SAP Sommeliers« und »Alice im Serverland« sowie *Behind the Scenes*, mit denen wir versuchen, das manchmal etwas angestaubte Image der Personalberatungen zu modernisieren. Es geht uns um Brand Awareness und Image und weniger um das Sourcing von neuen Talenten, wohl aber um die Unterhaltung unseres bestehenden Netzwerks innerhalb der SAP-Community. Wenn Sie so möchten, sind unsere Aktivitäten auf diesen Plattformen also Retention-Management-Maßnahmen auf Community-Ebene.

Nicht erfolgreichen Kanal beenden

Weil die Zielgruppe auf TikTok derzeit für unsere SAP-Jobs bisher nicht das gesuchte Erfahrungslevel mitbringt, da wir primär Suchmandate mit 5–8 Jahren und mehr Berufserfahrung erhalten, haben wir das Bespielen des TikTok-Kanals nach rund einem Jahr wieder eingestellt. An diesem Vorgehen sehen Sie, dass auch das Beenden eines Experiments ein ganz normales Vorgehen ist, wenn ein Kanal oder ein Format nicht den gewünschten Return on Investment (ROI) liefert. Die Plattformen als Spielwiesen zu begreifen, heißt auch, kritisch anhand Ihres KPIs zu prüfen, ob sie den gewünschten Effekt bringen, und im Falle eines Misserfolgs loslassen zu können und Raum für Neues zu schaffen. In der Regel gehen wir jährlich unsere Kanäle durch und räumen auf. Damit geht auch die Löschung von Content einher.

[»]

Ihr Eindruck bei den Bewerbenden

Sie sollten sich in jedem Fall darüber im Klaren sein, dass Sie von den Bewerbenden anhand Ihrer Social-Media-Profile bewertet werden. Nicht nur ein gepflegtes Profil ist hier wichtig, auch Ihre Inhalte werden gescannt. Gerade für größere SAP-Dienstleister mit einem hohen Personalbedarf bieten sich hier viele Möglichkeiten, um sich zu positionieren.

Chancen für junge SAP-Talente und den Quereinstieg

Wenn Sie das Ziel haben, gezielt die Generation Z oder Menschen, die einen Quereinstieg suchen, anzusprechen, würde ich eine starke Präsenz auf Instagram und TikTok empfehlen. Diese Plattformen bieten viele Möglichkeiten, über Entertainment und snackable Content eine starke Employer Brand aufzubauen und sich als Marke den Werten der Community anzunähern. Gerade im SAP-Umfeld ist dort noch viel Luft nach oben.

[+]

Wenn Ihnen die Ideen ausgehen

Die folgenden Ideen bieten sich für Ihren Unternehmensauftritt auf Instagram oder TikTok an:

- **Behind-the-Scenes**
  Einblicke aus Ihrem Unternehmen und dem SAP-Team
- **Digitales Job Shadowing**
  Vorstellung von Rollen mit Reels und Storytelling-Elementen
- **Brand Fusion**
  Kooperationen mit SAPfluencern für authentische Inhalte
- **Identity Osmosis**
  Marken übernehmen durch den Dialog auf den Plattformen Werte ihrer Zielgruppen, z. B. Nachhaltigkeit, Flexibilität, Vereinbarkeit oder Inklusivität.

Social Media kennt kein Wochenende

Bei allen genannten Kanälen sollten Sie sich darüber im Klaren sein, dass Social Media kein Wochenende und keine Feiertage kennt. Gerade in ihrer Freizeit nutzen die Menschen diese Plattformen besonders häufig. Wer ernsthaft dort auch Recruiting betreiben möchte, muss daher direkt auf Nachfragen und Kommentare eingehen, und nicht erst am Montag nach dem Wochenende. Für die Regelung von Arbeitszeiten und Verträgen ist dies eine echte Herausforderung. Viel läuft bei den Social-Media-Menschen oder Corporate Influencer nebenher und nicht immer während der Arbeitszeit. Meist passiert aber am Wochenende gar nichts, weil verständlicherweise niemand unbezahlt arbeiten möchte. Als arbeitsrechtlich saubere Lösung habe ich bisher z. B. Wochenendbereitschaften für Social Media mit entsprechender Vergütung erlebt. Wichtig ist, dass das Thema »Arbeitszeit und Social Media« klar geregelt ist.

5.2.3 Podcast als Recruiting-Medium

Nachteile von Podcasts

Anders als in den gefühlt immer kürzer werdenden Videos auf den sozialen Plattformen besteht bei einem Podcast die Chance, sich ausgiebig mit einem Thema zu beschäftigen. Ein Nachteil ist aktuell jedoch noch, dass die Durchsuchbarkeit nach Themen auf den Musik-Streaming-Diensten, die Podcasts bereitstellen, nicht immer so gut ist wie bei YouTube. Ich kenne tatsächlich keine weniger aktivierende Plattform als Spotify und Co. Selbst wenn wir in unseren Podcasts hohe Anreize bieten, z. B. einen 20-Euro-Amazon-Gutschein für ein anonymes 15-minütiges Interview, oder eine Buch-Verlosung veranstalten, passiert in der Regel nichts. Es gibt bei Podcasts also einen nicht unbedeutenden *Conversion Gap*. Selbst der scheinbar attraktivste Touchpoint führt in der Regel nicht zu einer Konvertierung.

Warum also betreibe ich selbst zwei Podcasts, einen sehr erfolgreichen, die »SAP Sommeliers«, und einen sehr nischigen, aber mit viel Leidenschaft betriebenen, »Alice im Serverland«? Warum investiere ich so viel Zeit in diesen Kanal? Das möchte ich in diesem Abschnitt erklären.

Mehreren Stunden Aufwand pro Woche

Wer regelmäßig einen Podcast sendet, sollte mit mehreren Stunden Arbeit pro Woche rechnen. Bei einem zweimaligen Ausstrahlen pro Monat, und weniger sollte es nicht unbedingt sein, um erfolgreich zu sein, werden rund vier Stunden Arbeitszeit fällig. Dies gilt für den laufenden Betrieb, also die anfallenden Aufwände, nachdem Sie Ihre Ausrichtung gefunden, Ihr Jingle, Ihr Cover und Ihren Workflow entwickelt haben. Der Initialaufwand ist deutlich höher.

Podcast ist kein Nebenbei-Format

Die Themenfindung und die Auswahl passender Gäste kosten Zeit, ebenso die Koordination der Termine. Für jede Episode braucht es eine gute Outline, die die Struktur und den Spannungsbogen sichert. Auch technisch muss alles stimmen: Wir arbeiten mit der Podcast- und Videosoftware *Riverside*, um eine gute Aufnahmequalität zu gewährleisten.

Nach der Aufnahme folgen der Upload, das Verfassen der beschreibenden Texte (Shownotes) und immer auch der Schnitt – inklusive Nachbearbeitung der Audiospur, um Verständlichkeit und Klang zu optimieren. Denn bei einem Podcast gibt es zwei Kriterien, die immer passen müssen: Aufnahmequalität und Kontinuität im Senden. Ein Podcast ist kein Nebenbei-Format, sondern ein redaktionell und technisch aufwendiges Kommunikationsmittel – das sollten Sie verinnerlichen, wenn Sie vorhaben, dieses Medium zu nutzen. Die meisten Podcasts werden nicht erfolgreich, weil die mehrjährige Kontinuität fehlt. Ihre Follower wenden sich dann anderen Shows zu.

Mit den »SAP Sommeliers« versuchen wir, alle 14 Tage am selben Wochentag und ungefähr zur selben Uhrzeit zu senden. Das funktioniert nur, weil mein Kollege und Mitgründer Daniel Chrobot diesen Kanal zu seinem Thema gemacht hat. Mit »Alice im Serverland« bedienen wir zwar das gesellschaftlich relevante Thema »Frauen in der IT« und haben uns hier auch breiter aufgestellt als nur im SAP-Bereich, veröffentlichen diesen Podcast jedoch unregelmäßig und mitunter mit großen Pausen. Auf Basis dieser Vergleichswerte kann ich Ihnen sagen: Um in der Masse erfolgreich zu sein, ist das keine gute Idee. Viel zu lange haben wir den Podcast einfach mit Microsoft Teams aufgenommen und dadurch eine suboptimale Tonqualität gehabt – wofür wir von der Community kritisches Feedback erhielten.

[«]

SAP-Podcasts im Überblick

Zur Orientierung und als Inspiration führe ich im Folgenden einige Podcasts aus dem SAP-Umfeld auf, die mir bisher begegnet sind:

- **Alice im Serverland (von Sarah Niesel, Katrin Bauer)**
  - *Themen*: SAP-Karrierewege, Female Empowerment, Generationen-Dialog, Recruiting
  - *Stil*: narrativ, poetisch, klug-verspielt – eine Teeparty im Tech-Wunderland
  - *Format*: zu zweit oder mit weiblichen Gästen
- **SAP Sommeliers (Daniel Chrobot, Oliver Nübel, Sarah Niesel)**
  - *Themen*: SAP-Fach- und -Karrierethemen
  - *Stil*: inspirierend, gesellig, manchmal technisch, oft mit Wein-Metaphern
  - *Format*: Interviewgesprächsformat
- **Transformation Everyday (Alexander Greb, Johannes Langguth)**
  - *Themen*: digitale Transformation, SAP S/4HANA, Zukunftsstrategien
  - *Stil*: Business-fokussiert, visionär, prominent besetzt, international
- **SAP IT Podcast (mit Tobias Harmes)**
  - *Themen*: SAP Basis, Security, Entwicklung, SAP Fiori, Formulare, Analytics
  - *Stil*: fachlich, praxisnah, für IT-Professionals und Führungskräfte
  - *Format*: Mischung aus Interviews und Wissensimpulsen
- **Next Step Ahead (Katharina Pratesi, Daniel Moewius)**
  - *Themen*: SAP-Einstieg, SAP-Karriere, SAP-Grundlagenwissen
  - *Stil*: nahbar, ideal für den SAP-Einstieg oder Quereinstieg

- **SAP Coffee Corner Radio (Martin Fischer, Jakob Kjaer, Simon Kemp)**
  - *Themen*: News, SAP-Community, lockere SAP-Gespräche
  - *Stil*: authentisch, kollegial, international
- **Inside SAP S/4HANA Cloud (SAP SE)**
  - *Themen*: Produktinnovationen, interne Einblicke, strategische Entwicklungen
  - *Stil*: klar, strukturiert, eher corporate
- **SAP Experts Podcast (SAP SE)**
  - *Themen*: Entwicklerrollen, Skills, Tools
  - *Stil*: fachlich präzise, mit internationaler Ausrichtung
- **We Love Formulare Podcast (von Frank Engert, Michael Keller)**
  - *Themen*: SAP-Formulare
  - *Stil*: locker und praxisnah
  - *Format*: zu zweit oder mit Gast

Vorteile von Podcasts

Nachdem ich nun einige Nachteile und Herausforderungen des Mediums aufgeführt habe, komme ich zu den Vorteilen von Podcasts. Ich kann Ihnen nicht sagen, wie oft wir als Hosts bereits digital oder im echten Leben auf unsere Podcasts angesprochen wurden, wie oft uns geschrieben und gedankt wurde, dass wir diese Podcasts machen. Die *Awareness*, also die Bekanntheit, die unsere Marke, aber auch wir persönlich als *Hosts* bekommen, sind massiv. Sie wirkt sich nachweislich positiv auf unsere jeweiligen Personal Brands und auch auf unsere Corporate Brand aus. Das Recycling der im Podcast besprochenen Inhalte durch ihr Aufgreifen auf LinkedIn ist für uns ein starkes und ganzheitliches System geworden, um auf Basis der Inhalte, die sich aus den Gesprächen ergeben, wiederum ganz neue Ideen zu generieren: für LinkedIn, für YouTube, aber auch für Events. Es würde für uns ganz persönlich und auch für unser Business eine starke Lücke entstehen, wenn wir unsere Tätigkeit als Podcast-Hosts aufgäben.

Dicht dran an den Menschen aus dem SAP-Kosmos

Wir sind durch unsere Podcasts ganz dicht dran an den Menschen aus dem SAP-Kosmos und ihren Themen. Wir bilden uns selbst damit weiter und sind technologisch am Puls der Zeit. Wir geben aber auch anderen Stimmen aus der SAP-Community, deren Visibilität vielleicht nicht sehr hoch ist, eine Plattform. Natürlich haben wir auch bekannte SAPfluencer als Gäste, aber auch Personen, die etwas zu sagen haben, aber nicht die Muße, ein Personal Branding zu betreiben. Denn das muss man auch wollen, wie ich im folgenden Abschnitt ausführen werde, wenn ich über LinkedIn spreche.

[+]

Einmal Podcast-Luft schnuppern ohne großen Aufwand

Wenn Sie einmal ausprobieren möchten, ob Podcasts ein geeignetes Format für Sie wären, versuchen Sie doch zunächst, ein Teammitglied als Gast in einen SAP-spezifischen Podcast zu platzieren – oder nehmen Sie selbst an einem Podcast teil, wenn es inhaltlich passt. Kürzlich ist mir etwa der Podcast »EmployPod« begegnet, auf dem sich Arbeitgeber, auch aus dem SAP-Kosmos, bei einer breiteren Zuhörerschaft positionieren können. EmployPod ist ein Anbieter, der sich auf das Themengebiet Podcasts und Talente-Gewinnung fokussiert. Gegen ein bestimmtes Honorar bekommen Recruiter*innen oder generell Arbeitgeber dort die Option, sich vorzustellen. Letztlich ist dies bezahlte Werbung, die aber redaktionell meist gut aufbereitet ist.

Als Hosts bekommen wir häufiger Gästeanfragen, und auch manchmal E-Mails von PR-Agenturen, wie viel Gebühr wir für eine Folge mit einem bestimmten Gast oder zu einem bestimmten Thema veranschlagen würden. Wir haben uns mit SAP Sommeliers aber bewusst dazu entschieden, redaktionell unabhängig zu bleiben und keine Advertorials zu machen. Der Begriff *Advertorial* kommt aus der Pressebranche und ist eine Wortkombination aus Advertising und Editorial, verbindet also Werbung und Redaktionsarbeit. In Business-Magazinen oder Zeitungen finden Sie häufig Advertorials. Wenn bei den SAP Sommeliers Themen- oder Gästevorschläge eingereicht werden, entscheiden wir im Kollektiv, ob sich eine Episode daraus machen lässt, an der die Community Interesse hat, und vereinbaren dann einen Kennenlerntermin. Daraufhin kommt es zur Festlegung des thematischen Schwerpunkts der Folge, zur Formulierung der Outline von uns Hosts, zur Festlegung des Aufnahmetermins und dann zur eigentlichen Aufnahme.

5.2.4 LinkedIn: Die Business-Plattform der SAP-Community

LinkedIn hat sich in den vergangenen Jahren stark gewandelt. Längst ist diese Plattform nicht mehr nur ein digitales Adressbuch für Angestellte oder ein Ort für Jobwechsel-Ankündigungen. Insbesondere in der SAP-Community ist hier eine beeindruckende Aktivität und Dynamik zu verzeichnen. Wer diese Plattform im Recruiting nutzt, sei es als Einzelperson oder im Unternehmenskontext, sollte zunächst verstehen, wie LinkedIn als Social-Business-Netzwerk funktioniert und wie sich die SAP-Community dort bewegt.

In diesem Abschnitt möchte ich Ihnen Einblicke geben, wie wir bei Ankerkopf mit LinkedIn arbeiten. Dabei geht es uns nicht um Hochglanz-PR, sondern um funktionierende Formate und praktikable Ansätze, die auch Sie für sich adaptieren können. Ob Sie Ihr eigenes Profil als Recruiter*in stärken oder LinkedIn für Ihr Unternehmen nutzen wollen – es geht immer um drei zentrale Fragen: Wie möchte ich auftreten? Was haben die anderen davon? Wie viel Zeit kann ich realistischerweise investieren?

Einstieg bei LinkedIn

Bei Ankerkopf haben wir früh damit begonnen, LinkedIn als Plattform zu bespielen und uns dabei folgende Leitfragen gestellt: Wer bin ich als Stimme auf LinkedIn? Wofür stehe ich? Von welchen Themen erzähle ich in welcher Tonalität?

Wichtig dabei: Es muss keinen perfekten Plan gleich zu Beginn geben. LinkedIn-Arbeit ist ein iterativer Prozess. Sie starten mit einer Idee, justieren unterwegs, beobachten, wie die Community reagiert, und reflektieren regelmäßig: Was passt zu mir? Was fühlt sich stimmig an? Was lässt sich in meinem Wochenrhythmus realistisch unterbringen?

Wöchentliches Zeitbudget von etwa fünf Stunden

Für den Einstieg empfehle ich, ein wöchentliches Zeitbudget von etwa fünf Stunden als Zielwert einzuplanen. Diese Zeit sollte verteilt werden. Lieber verbringen Sie jeden Tag eine halbe Stunde auf LinkedIn, als einmal wöchentlich geballt mehrere Stunden. Ein realistischer Start wäre ein eigener Post pro Woche (ca. 1,5 Stunden Aufwand zu Beginn). Dazu sollten tägliche Interaktion mit anderen kommen – kommentieren, reagieren, vernetzen.

Auf sozialen Plattformen sichtbar zu sein, erfordert nicht zwingend, jeden Tag einen eigenen Beitrag zu posten. Ich kenne hervorragende SAP-Recruiter*innen, die kaum selbst etwas posten, aber hervorragend vernetzt sind. Sie wissen genau, wie sie LinkedIn als Kanal zur Direktansprache oder für diskrete Dialoge zu Karrierethemen nutzen. Auch das ist legitim.

Community-Management-Plattform

Dennoch empfehle ich Ihnen, LinkedIn als Community-Management-Plattform zu verstehen. Wer sich hier einbringt, klug kommentiert und sich sichtbar macht, nicht nur mit eigenen Beiträgen, sondern auch mit Wertschätzung für die Beiträge anderer wird als Stimme wahrgenommen. Und zwar genau dort, wo Ihre Zielgruppen unterwegs sind: in der SAP-Community, nicht nur im HR-Kosmos.

Die Mischung macht's: Authentizität vor Perfektion

Bei Inhalten auf LinkedIn zählt weniger die Perfektion als vielmehr deren Konsistenz, Ihre Persönlichkeit und Fachlichkeit. Eine gute Mischung aus den folgenden drei Inhaltskategorien hat sich bewährt:

- **Fachliches**

  Posten Sie regelmäßig zu Ihrem Thema, also z. B. Recruiting im SAP-Umfeld. Teilen Sie Einschätzungen, Praxiserfahrungen und aktuelle Beobachtungen.

- **Trendthemen**

  Positionieren Sie sich zu aktuellen Entwicklungen, etwa SAP-S/4HANA-Migration, KI im Recruiting oder Biaseffekten. Auch Meinungsbeiträge funktionieren gut.

- **Persönlichkeit**

  Zeigen Sie, wer Sie sind: ein Wochenendmoment, ein Blick hinter die Kulissen, eine Reflexion über Werte oder Vereinbarkeiten – dosiert eingesetzt entsteht so ein rundes Gesamtbild.

Besonders gut funktionieren Reihen, etwa eine Serie von Beiträgen zum Thema »Schwächen im neuen Licht« (wie sie meine Kollegin Theresa Budde umgesetzt hat) oder zum Thema »Gründen mit Kind« (die ich selbst gepostet habe). Die einzelnen Beiträger solcher Reihen müssen nicht direkt aufeinanderfolgen. Eine zeitlich gestreckte Dramaturgie ist hier nachhaltiger als einmalige Themenexzesse.

Sichtbare Professionalität

Auch wenn es nicht verpflichtend ist, kann ein konsistentes, wiedererkennbares Erscheinungsbild in Bezug auf Ihre Bildsprache und den Farbcode den Unterschied machen. Wenn Sie mögen, investieren Sie in ein kleines Foto-Shooting oder arbeiten mit einem Social-Media-affinen Teammitglied zusammen. Nutzen Sie anschließend den dabei entstandenen Bildfundus. Auch mehrmals das gleiche Bild zu verwenden, gegebenenfalls mit etwas zeitlichem Versatz, ist möglich.

Mit *Canva*, einer App zur Erstellung visueller Inhalte, können Sie sich ein eigenes Board mit wiederverwendbaren Visuals anlegen, also eine Vorlage für die Gestaltung all Ihrer Beiträge. Nutzen Sie dabei Farben und Schrifttypen, die zu Ihrer Rolle oder Marke passen – ob als Personal Brand oder im Unternehmenskontext.

[+]

So schaffen Sie die größtmögliche Aufmerksamkeit

Kombinieren Sie prägnante Visuals mit starken Kernaussagen oder Zahlen. Das erhöht nicht nur die Wiedererkennbarkeit, sondern macht Ihre Posts besser greifbar.

Verlassen Sie den HR-Kosmos

Ein häufiger Fehler: Recruiting-Profis bleiben auf LinkedIn zu stark unter sich – im HR-Kosmos. Doch Ihre Zielgruppe sind SAP-Fach- und Führungskräfte. Deshalb sollten Sie sich bewusst in deren Netzwerke hineinbewegen, auch wenn sich die Communitys von HR und SAP in der Plattformstruktur oft wenig überschneiden.

Kleine Tools, große Wirkung

Nutzen Sie LinkedIn-Formate kreativ: Umfragen, Slideshows, kurze Videos oder Meinungsbeiträge erzeugen Aufmerksamkeit. Hashtags sind nicht mehr zentral für die Sichtbarkeit, aber als thematische Marker nach wie vor hilfreich.

[+]

Ideen direkt notieren und nicht auf den perfekten Post hinarbeiten

Wenn Ihnen eine gute Posting-Idee kommt, notieren Sie diese Idee am besten direkt. Ein kleiner Themenpool ist Gold wert für Phasen, in denen Ihnen spontan nichts einfällt. LinkedIn-Arbeit lebt von Planung, aber auch von Spontaneität. Im Zweifelsfall veröffentlichen Sie lieber einen nicht ganz perfekten Post, um in einen Rhythmus zu kommen, als zu lange an Ihrem Post zu formulieren und zu hoffen, dass dieser viral geht. Wenn ein Post nicht läuft, kann das viele Gründe haben – und es macht überhaupt nichts, denn diesen Post hat dann eben niemand gesehen.

Last, not least: Sie haben einen Rechtschreibfehler in einem gerade veröffentlichten Beitrag bemerkt? Lassen Sie ihn stehen, und halten Sie es aus. Meine Erfahrung zeigt, dass nachträglich bearbeitete Posts tendenziell nicht mehr so gut ausgespielt werden.

5.2.5 XING: Vom Active-Sourcing-Tool zur deutschsprachigen Jobplattform?

Bedeutung von XING verändert sich

Hätte ich dieses Buch vor fünf oder gar zehn Jahren geschrieben, hätte ich diesen Abschnitt über *XING* deutlich stärker gewichtet als den Abschnitt über LinkedIn. Doch die Verhältnisse haben sich in den vergangenen Jahren grundlegend verschoben. LinkedIn hat auch im deutschsprachigen Raum aufgeholt und sich im Arbeitsalltag zunehmend zu einer Social-Business- und Kommunikationsplattform entwickelt, die eine Lücke geschlossen hat. Ich sage gerne: LinkedIn ist das »Business Facebook« geworden. Facebook selbst ist als Social-Media-Plattform inzwischen unbedeutend geworden, war aber die erste weltweit. Aufstieg, Hype und Verfall sind m. E. typisch für technologische Plattformen. Auch LinkedIn hat eine Halbwertszeit, und XING hat vermutlich seine Zeit mit dem meisten Impact als Business-Plattform bereits hinter sich gelassen.

In den vergangenen Jahren hat XING mehrere Transformationen durchlaufen – typisch VUKA. Solche Entwicklungen hätte man in keinem Businessplan verlässlich antizipieren können. Lange war XING ein starkes Instrument für Active Sourcing – gerade im SAP-Kosmos. Viele klassische SAP-Personalberatungen, insbesondere solche mit Fokus auf Führungskräfte, sind über die Direktansprache auf XING groß geworden. In der Folge wurde das Tool auch für andere Rollen genutzt.

Diese Entwicklung hatte auch mit harten und wenig hinterfragten KPIs zu tun, an denen sich größere Beratungen oft orientierten. Solche Kennzahlen sind an sich nichts Schlechtes, sondern ein legitimes Managementwerkzeug. Entscheidend ist jedoch, was sich hinter diesen Zahlen verbirgt. Wenn sie dazu führen, dass willkürlich Menschen angesprochen werden, nur um die geforderte Anzahl der Kontakte zu erfüllen, ist das kontraproduktiv für das Unternehmen (Reputationsverlust), für die Recruiter*innen (fehlender Fokus auf echte Abschlüsse) und für die Kandidat*innen (Frust durch unpassende Anfragen).

Ich verbinde mit XING eine Phase des Recruitings, in der viele User von ungezieltem Active Sourcing genervt waren. Hinzu kamen immer neue Einschränkungen in den Suchfunktionen, die früher ein exzellentes Suchergebnis ermöglichten, sowie steigende Kosten, hauptsächlich für Recruiting-Teams. Diese haben in der Folge begonnen, stärker auf LinkedIn zu setzen – zunächst auf die gleiche Weise wie XING und zunehmend als Social-Business-Plattform.

Entwicklung zu einer Jobplattform

Mein derzeitiger Eindruck ist, dass sich XING inzwischen entschieden hat, zu einer Jobplattform für den deutschsprachigen Raum zu werden. Ich kenne kaum noch User aus dem SAP-Kosmos mit einem gepflegtem XING-Profil, sondern stoße eher auf verwaiste Konten. Dennoch würde ich XING nicht komplett abschreiben. Es kann sein, dass einzelne SAP-Talente, die sich gerade aktiv bewerben, diese Plattform bewusst nutzen, weil sie hier z. B. viele Stellenanzeigen finden. Dass XING nicht mehr »hip« ist, kann genau von Vorteil sein: Wer im Recruiting bewusst auf einen Nicht-Trend setzt, erreicht vielleicht die besonderen Leuchtfische im Ozean, die sonst unter dem Radar schwimmen.

Ein Kanalwechsel kann also sinnvoll sein, insbesondere im Rahmen eines Recruiting-Kanalmix. XING befindet sich zwar in der SAP-Community spürbar auf dem Rückzug, aber diejenigen, die dort noch aktiv sind, könnten tatsächlich auf Jobsuche sein. Ich erlebe jedoch, dass die Plattform aktuell vom Recruiting dominiert wird, was zu einem merkwürdigen Ungleichgewicht führt. Probieren Sie es deshalb einfach aus. Für bestimmte Jobs kann XING nach wie vor funktionieren. Ich habe in das Suchfeld von XING einmal »SAP-Consultant« eingegeben und im Juni 2025 in der DACH-Region immerhin noch über 155.000 Mitglieder mit dieser Berufsbezeichnung (oder als vergangene Station) gefunden, die dort ein Profil haben.

[+]

Nutzungsgewohnheiten beachten

Beachten Sie jedoch, dass sich die Nutzungsgewohnheiten von denen auf LinkedIn unterscheiden. XING-User loggen sich in der Regel nicht täglich ein. Viele haben ihre Benachrichtigungen deaktiviert, was zu erheblichen Antwortverzögerungen führen kann – auch das ist meine Erfahrung.

Wir selbst fokussieren uns bei Ankerkopf auf LinkedIn, ignorieren XING jedoch nicht vollständig. Die Plattform lohnt sich allein schon wegen der hochwertigen Inhalte: Whitepaper, Recruiting-Tipps und Studien rund um HR-Themen werden dort nach wie vor veröffentlicht. Die Datengrundlage ist vorhanden, und viele Auswertungen sind exzellent aufbereitet. Ein XING-Profil zu pflegen und den Inhalten für Unternehmen zu folgen, lohnt sich also auch dann, wenn Sie die Plattform nicht aktiv für die Kandidat*innensuche nutzen.

5.2.6 Content Marketing oder Anzeigen? Meta und Google

Im Rahmen der Eruierung moderner Rekrutierungskanäle und Passive-Sourcing-Strategien stellt sich früher oder später die Frage, ob man auf organisch gewachsenen Content, also auf den Aufbau einer Community und inhaltliche Sichtbarkeit setzt oder in kostenpflichtige Werbung über Plattformen wie Google oder Meta investiert. Wir bei Ankerkopf haben im Bereich *Advertising* und Online-Werbung viel ausprobiert und dabei auch viel Lehrgeld gezahlt. Wir haben mit LinkedIn-Anzeigen gearbeitet, Google-Ads-Kampagnen gefahren, Facebook-Ads geschaltet, Instagram-Formate getestet und sogar auf YouTube experimentiert. Rückblickend haben wir nahezu alle im Recruiting-Kontext relevanten Plattformen bespielt – mit sehr unterschiedlichen Ergebnissen.

Keine Insta-Werbung für einzelne Stellenanzeigen

Unsere zentrale Erkenntnis: Advertising funktioniert nur unter klaren Voraussetzungen und hat deutliche Grenzen. Wenn Sie Werbung einsetzen möchten, sollte diese nicht für einzelne Stellenanzeigen auf Kanälen wie Instagram geschaltet werden. Wir haben es mehrfach getestet. Es hat nicht funktioniert – weder bei uns noch in unserem Netzwerk, mit dem wir uns zu unseren Erfahrungen in diesem Bereich ausgetauscht haben. Stattdessen lohnt sich Advertising dann, wenn es um ein besonderes Format geht, das wirklich Aufmerksamkeit erzeugt, etwa ein Buch, ein Whitepaper, ein Webinar oder eine Rolle, für die viele ähnliche Positionen offen sind.

Relevanz und Wiederholbarkeit

Voraussetzungen für erfolgreiches Advertising sind also Relevanz und Wiederholbarkeit. In diesen Fällen kann über Advertising ein sinnvoller *Funnel* aufgesetzt werden, d. h. eine festgelegte Abfolge von Kontakten, die den User immer näher zum Ziel hinführen, in Ihrem Fall der Bewerbung. Gerade Meta als Anbieter von Facebook, Instagram und Threads ermöglicht eine vergleichsweise günstige Reichweite, ein sauberes technisches Set-up vorausgesetzt. Und das ist der Knackpunkt.

Solide Datenanalyse

Wer mit Werbung arbeitet, benötigt eine passende *Landingpage*. Das kann ein Bereich Ihrer Karriereseite sein, der konkret auf das beworbene Thema eingeht. Dort muss ein Tracking-Tool eingebunden sein, z. B. *Meta Pixel*, das die Aufrufe über die Advertising-Maßnahmen erfasst. Es braucht außerdem eine solide Datenanalyse, z. B. über Google Analytics. Und im besten Fall sollte eine direkte Verbindung von der Landingpage zum Bewerbermanagement-System bestehen. Denn ohne durchgehendes Tracking können sie nicht messen, ob sich infolge einer Werbekampagne tatsächlich Menschen bei Ihnen beworben haben oder bis zu welchem Kontaktpunkt diese vorgedrungen sind, den Prozess dann aber abgebrochen haben. Sie arbeiten bei der Verteilung Ihres Werbebudgets dann ausschließlich nach Ihrem Bauchgefühl.

Risiko externer Agenturen

All das muss professionell umgesetzt werden. Wenn Sie hierfür nicht die passende Expertise im Haus haben, müssen Sie externe einholen. Auch das birgt jedoch Risiken. Wir haben mit mehreren Agenturen gearbeitet und oft die Erfahrung gemacht, dass Prozesse nicht ganz verstanden wurden, technische Details nicht sauber abgebildet waren oder der Support endete, sobald eine Kampagne nicht performte.

[+]

Technisches Grundverständnis für SEA

Ich empfehle Ihnen, sich selbst ein Grundverständnis für *Search Engine Advertising* (SEA) anzueignen, bevor Sie dies als Teil Ihres Recruiting-Mix nutzen. Die kostenlosen Schulungen von Google – etwa zu Ads, dem Tag Manager oder Analytics – sind hier sehr empfehlenswert. Sie benötigen nicht das vertiefte Wissen, um danach alles selbst umzusetzen, sondern Grundlagenwissen, um einschätzen zu können, was hinter einer Werbekampagne steckt. So erlangen Sie Entscheidungsfähigkeit. Und das ist entscheidend, wenn Sie Budgets verantworten.

Organischer Content ist der nachhaltigere Weg

Für mich persönlich ist organischer Content der nachhaltigere Weg. Ihn aufzusetzen, benötigt jedoch Zeit und erfordert inhaltliche Arbeit. Aber er baut Vertrauen auf, erzeugt Wiedererkennung und führt oft zu Gesprächen, noch bevor ein konkreter Bedarf entsteht. Das entspricht auch unserer Art, bei Ankerkopf zu arbeiten. Natürlich ist dieser Weg nicht für jedes Unternehmen und jede Zielgruppe der richtige. Wenn Sie nicht über ein solides

Tracking verfügen, sich mit technischen Set-ups schwertun und inhaltlich stark aufgestellt sind, empfehle ich Ihnen, diesen Weg zu gehen.

Datenschutz

Sollten Sie sich dennoch für Advertising entscheiden, holen Sie sich echte Profis dazu und denken Sie das Thema von Anfang bis Ende durch: technisch, strategisch und nicht zuletzt datenschutzkonform. Denn bei keiner Kampagne darf vergessen werden, dass Formulare, Tracking und Datenerhebung rechtskonform umgesetzt werden müssen. Lassen Sie sich auch hierzu beraten, bevor Sie live gehen.

5.3 Das Recruiting-Ziel im Blick: Content und Conversion

Funnel

Im vorangehenden Abschnitt haben uns mit verschiedenen Formaten, darunter Videos und Podcasts beschäftigt. Ich hoffe, Sie konnten einen Eindruck von der Vielfältigkeit der Möglichkeiten bekommen, aber auch von den plattformspezifischen Eigenschaften, die es dabei zu beachten gilt. Kein großartiges Video wird jedoch zum gewünschten Ergebnis führen, wenn der Funnel nicht richtig performt. Das ist ein schmerzhaftes und teures Learning, das unsere Agentur selbst erfahren hat.

Der Recruiting-Funnel beinhaltet folgende Phasen (siehe Abbildung 5.4)

1. Aufmerksamkeit durch Content
   - Reichweitenstarke Kampagnen und Beiträge zu Trendthemen oder Evergreens
2. Interesse und Vertrauensaufbau
   - Person wird zum Follower
   - Beginnt gegebenenfalls zu kommentieren und mit Ihnen zu interagieren
3. Abwägung, Sie als Arbeitgeber zu wählen
   - Aktives Anschreiben über LinkedIn
   - Erste persönliche Kontaktaufnahme
   - Besuch der Karriere-Website
   - Newsletter-Anmeldung
   - Annahme einer Event-Einladung (z. B. Digital Meetup)
4. Konkrete Bewerbung
   - Online-Bewerbung über das Bewerbermanagement-System
   - E-Mail-Bewerbung
   - Antwort auf LinkedIn-Nachricht
   - Empfehlung durch Netzwerk oder Recruiter*in

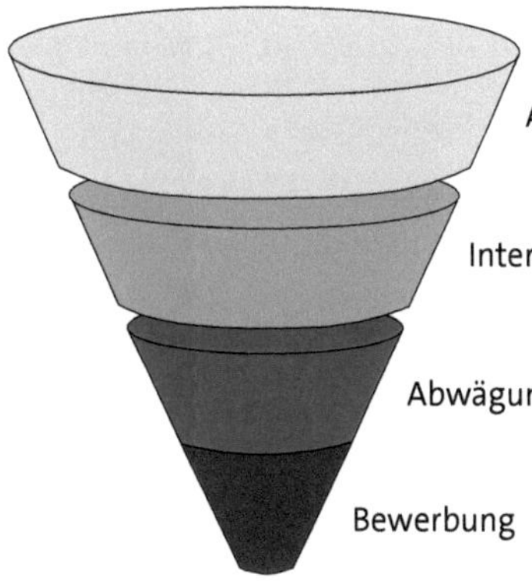

Abbildung 5.4 Phasen des Recruiting-Funnels: vom Content zur Bewerbung

Kandidat*innen bewerben sich nicht aufgrund eines Video-Postings bei Ihnen auf einen konkreten Job. Wir haben zeitweise bei jedem Auftrag Jobvideos gedreht. Diese Videos haben einerseits großartig funktioniert und andererseits gar nicht. Gepostet auf YouTube, haben Sie eine gewisse Reichweite erhalten und waren filmästhetisch auch gelungen. Die Beschreibung der Videodetails war jeweils mit dem entsprechenden Job verlinkt. Trotzdem resultierte daraus keine Bewerbung. Warum ist das so? Wir haben dazu die Hypothese aufgestellt, dass das Nutzungsverhalten auf der Plattform YouTube nicht mit unserer Wunsch-Aktion, also dem *Call-to-Action*, kompatibel ist. Ein Video kann auf einer Plattform zu Views führen, aber nicht zu Leads. Dafür gibt es viele Gründe und ebenso viele Lösungsansätze. Versuchen Sie in solchen Fällen, an den verschieben Stellschrauben zu drehen, damit das aufwendige Unterfangen Video doch einen positiven Impact auf Ihr Recruiting und Ihre Employer Brand hat.

[«]

Conversion Drop-off

Hohe View-Zahlen, aber keine Bewerbungen? Das nennt sich *Conversion Drop-off*. Die User steigen aus, bevor sie handeln. Ursachen können ein unklarer Call-to-Action, das falsche Format, fehlende Relevanz oder auch ein gegenläufiges Nutzerverhalten sein.

Wir haben aus unserer Hypothese drei Erkenntnisse abgeleitet:

- Es ist erfolgversprechender, den Konvertierungsprozess als Candidate Journey mit verschiedenen Kontaktpunkten (Touchpoints) zu denken.
- Ein Recruiting-Prozess auf Social Media ist viel kleinteiliger als bei einer Direktansprache.

- Es entstand die Idee des *Creative Sourcings*, das Direktansprache mit Creatives verbindet, etwa die gezielte Einbindung von Video-Formaten neben dem Text in der Direktnachricht.

Auf die Videoformate haben wir trotzdem nicht gänzlich verzichtet, sie haben aber einen neuen Kontext bekommen. Die »Dein neuer Kollege«-Videos, SAP-Teamvorstellungen und weitere Formate (siehe Abschnitt 5.2.1, »Video-Recruiting«) haben wir verwendet, um die Stellenausschreibungen anzureichern. Dadurch konnten wir mehr Vertrauen aufbauen und die Bewerbenden emotional und visuell abholen.

Im Folgenden stelle ich Ihnen einige Ansätze vor, mit denen Sie die Konvertierungsrate Ihrer Content-Marketing-Maßnahmen verbessern können. Es gilt dabei, das Modell des Funnels, also des Trichters, im Hinterkopf zu behalten und sich immer wieder zu fragen: Wo setzt welche Recruiting-Maßnahme an? Wie kann ich konkret in einem Business-Event einen sinnvollen Kontaktpunkt schaffen, der mein SAP-Talent tiefer in den Funnel hineinzieht, sodass es in einem späteren Schritt zu einer Bewerbung kommt. Ich würde mittlerweile sagen, dass ich einen großen Teil meiner Arbeitszeit mit solchen strategischen Überlegungen verbringe. Was also ist der nächste logische Kontaktpunkt, wenn Sie z. B. einen Follower auf LinkedIn gewonnen und mit diesem etwas gechattet haben? Ein Treffen in der analogen Welt kann Vertrauen aufbauen und Sie als Recruiter*in von den anderen lockeren LinkedIn-Kontakten abheben. Dazu eignen sich Messen oder andere Business-Events hervorragend.

5.3.1 Messebesuche und Business-Events

SAP-Veranstaltungen für echte Begegnungen

Ich rate Ihnen, Ihre Follower auch im echten Leben zu treffen und einen starken nächsten Kontaktpunkt herzustellen. Der Funnel zu Ihnen als Arbeitgeber in spe kann auch ganz analog ablaufen. Meine Erfahrung ist, dass analoge Interaktion von Angesicht zu Angesicht umso wichtiger wird, je digitaler das Arbeiten wird. Sollten spannende Talente in Ihrer Gegend unterwegs sein, weil dort eine wichtige SAP-Veranstaltung stattfindet, nutzen Sie die Gelegenheit und bieten an, sich zu einem Kaffee oder Lunch zu verabreden. Oder gehen Sie selbst auf eine dieser Veranstaltungen. Machen Sie unbedingt im Vorfeld Termine aus, sonst wird es erfahrungsgemäß schwierig, die betreffenden Personen abzupassen, und die Veranstaltungen bleiben wenig ertragreich.

Messen als Anknüpfungspunkt für Follow-ups

Auch Speaker sind häufig offen für Fachgespräche im Anschluss an ihre Panels. Mit einem Gespräch in diesen Situationen können Sie positiv in Erinnerung bleiben und haben einen guten Anknüpfungspunkt für ein mögliches Follow-up. Merken Sie sich aber, dass es auf Messen oder weiteren Business-Veranstaltungen nicht üblich ist, direkt auf Jobs anzusprechen oder gar ein Closing zu erzielen. Hier geht es eher um Socializing, also den Aufbau und die Pflege von Kontakten. Nutzen Sie auch die Gelegenheit für gemeinsame Fotos oder kurze Videos, die im Anschluss dann zum Beispiel auf LinkedIn gepostet werden. Reagieren Sie auf solche Postings anschließend mit einem souveränen Kommentar. Das ist eine *Netiquette*, d. h. ein ungeschriebenes Gesetz für alle User von Social Media und Co.

SAP-Business- und Community-Events

Im Folgenden finden Sie eine Übersicht der wichtigsten regelmäßig stattfindenden SAP-Business- und Community-Events:

- **DSAG-Jahreskongress**
  Größter SAP-Anwenderkongress im deutschsprachigen Raum mit Fokus auf Strategie, Technologie und Praxisberichte
- **DSAG-Technologietage**
  Technologieorientiertes Event mit Schwerpunkt auf SAP-Innovationen, Cloud und Integration
- **DSAG-Branchentage (z. B. Handelstage)**
  Fachspezifische Veranstaltungen für den Austausch innerhalb einzelner Branchen
- **ABAPConf**
  Community-getriebene Entwicklerkonferenz mit Fokus auf ABAP, SAP Fiori und Full-Stack-Entwicklung
- **SAP Sapphire (Orlando, Madrid, virtuell)**
  SAPs globale Leitkonferenz mit Keynotes, Produktankündigungen und Networking
- **SAP People OWL Netzwerktreffen**
  Regionale Austauschformate für SAP-Anwender*innen und -Consultants mit Fokus auf SAP S/4HANA und Projektpraxis
- **SAP Social Club (verschiedene Standorte geplant, u. a. Hamburg, Zürich)**
  Lockerer sozialer und geschäftlicher Austausch rein für SAP-Fach- und Führungskräfte, keine Recruiter*innen
- **SAP-Stammtisch**
  Verschiedenen Standorte, von der offiziellen SAP-Community autorisiert

An den Messeständen großer SAP-Veranstaltungen sind erfahrungsgemäß besonders viele Vertriebs-Mitarbeitende der SAP-Partnerunternehmen unterwegs. Das gilt es im Hinterkopf zu haben. Zunehmend wird auch das Online Marketing Rockstars Festival (OMR) für manche SAP-Spezialisten relevant. SAP selbst hat dort eine große Präsenz, und ich erlebe, dass dort nicht nur die Fachleute für SAP Customer Experience anzutreffen sind, sondern auch Management oder Geschäftsführung von SAP-Dienstleistern mit Fokus auf die Kernmodule. Sollten Sie spannende Menschen treffen und in den Austausch mit ihnen kommen, können Sie direkt LinkedIn nutzen, um sich mit ihnen zu verbinden, oder sich eine Visitenkarte geben lassen.

5.3.2 Erstellung von Content, Hilfetools und Redaktionsplan

Die Erstellung von Content ist ein echter Zeitfresser – das sollte niemand unterschätzen. Wer Recruiting mit Content professionell und sichtbar gestalten will, kommt um folgende Inhalte nicht herum: Podcasts, Videos, Blogbeiträge, Events, Roundtables, Messeauftritte – all das gehört dazu. Und all das kann Content sein oder zu Content werden.

Content-Recycling

Gerade deshalb ist das Thema *Content-Recycling* so zentral. Ich spreche in diesem Kontext gerne vom *Content-Recycling-Circle*: Es geht nicht darum, für jeden Job immer wieder neuen Content zu erstellen, der einmal gepostet wird und dann verschwindet. Stattdessen geht es darum, Inhalte strategisch zu nutzen – mehrfach, in verschiedenen Formaten und auf unterschiedlichen Kanälen.

[zB]

Wiederverwendung eines LinkedIn-Posts

Wir veröffentlichen einen Post zu einem Fachthema auf LinkedIn, z. B. zu Robotic Process Automation (RPA) im SAP-Umfeld. Dieser Post ist für uns nicht das Endprodukt, sondern der Anfang eines Kreislaufs. Aus dem Beitrag kann eine Podcast-Folge entstehen, in der wir tiefer in das Thema einsteigen. Oder ein kurzes Video, das wir auf Instagram teilen. Vielleicht schreiben wir im Anschluss einen Blogartikel, der das Thema ausführlicher beleuchtet, oder wir machen daraus eine Diskussionsfrage für unseren nächsten Roundtable.

So entsteht ein Content-Recycling-Circle, in dem Inhalte nicht einfach verpuffen, sondern systematisch weiterverwertet werden. Das spart nicht nur Zeit und Ressourcen, sondern sorgt auch für Konsistenz in der Kommunikation und maximale Sichtbarkeit.

Content-Management-Tools

Natürlich gibt es inzwischen eine Vielzahl an Tools, die das Content-Management unterstützen. Das Angebot reicht von professionellen Redaktionssystemen über Multiposting-Tools bis zu Social-Media-Analytics-Plattformen. Wir wissen von diesen Möglichkeiten und behalten sie im Blick. Für unsere aktuelle Teamgröße und unseren Bedarf sind sie jedoch (noch) nicht notwendig.

Wir arbeiten bewusst schlank. Wir führen etwa eine klassische Excel-Liste für unseren Content-Plan und ein Miro-Board für die visuelle Strukturierung von Ideen und Prozessen. Ein solches Board ist ein kollaboratives Tool, das remote betrieben werden kann. Es stellt Standardvorlagen für Teamworkshops bereit, die das Erstellen von Content und das Brainstorming von Ideen erleichtern. Für die Gestaltung unserer Inhalte nutzen wir Canva. Unser Ansatz lautet, lieber konsequent und mit klaren Prozessen im kleinen Set-up zu arbeiten, als sich mit zu vielen Tools zu überfordern.

Redaktionsarbeit

Mein Verständnis von Redaktionsarbeit ist stark von meiner Zeit in der Presse- und Öffentlichkeitsarbeit geprägt. Nach dem Studium habe ich die Presseabteilung eines Museums für zeitgenössische Kunst, Design und Architektur geleitet. Das dabei gefragte strukturierte Denken habe ich in die Welt des Recruiting-Start-ups übertragen. Bei einem Redaktionsplan gilt etwa: »Wer schreibt, der bleibt.« Ohne Koordination im Team entstehen schnell Dopplungen, Missverständnisse oder Lücken. Gerade wenn mehrere Personen im Personal Branding aktiv sind – vielleicht sogar als Influencer –, braucht es ein klares Zusammenspiel der Gesamtkommunikation unter Berücksichtigung der Ziele des Unternehmens.

Unser Redaktionsplan lebt nicht nur in Form einer Datei, sondern ist ein eigenes Format: Einmal im Monat führen wir eine Redaktionssitzung durch, in der wir gezielt auswerten, welcher Content gut performt hat, auf welchen Kanälen wir sichtbar waren und woran wir weiterarbeiten wollen. Hier fließen auch Daten und Statistiken ein. Wir wollen verstehen, worauf unsere Community reagiert, welches Format funktioniert und was vielleicht auch wieder gehen darf. Ja, manchmal muss man sich auch von liebgewonnenem Content verabschieden, wenn er seine Zielgruppe nicht mehr erreicht.

Wer Inhalte recycelt, spart nicht nur Zeit, sondern steigert auch die Wirkung. Und wer mit Plan vorgeht, kann Kreativität und Strategie perfekt miteinander verbinden.

5.3.3 Der interne Recruiting-Jour-Fix: Der Twist zum aktiven Bewerber

Es gibt im Recruiting-Alltag nach wie vor große Streuverluste. Menschen folgen Ihnen auf YouTube, Instagram oder LinkedIn, liken Beiträge, kommentieren sogar regelmäßig – aber sie bewerben sich nicht. Die Sichtbarkeit ist da, die Beziehung scheinbar auch. Und doch bleibt der Schritt zur aktiven Bewerbung aus.

Recruiting-Jour-Fix

Aus dieser Beobachtung heraus ist die Idee unseres internen *Recruiting-Jour-Fix* entstanden. Ziel war es, aus interessierten Followern echte Kandidat*innen zu machen. Konkret stellen wir uns in diesem Format folgende Fragen: Wer ist neu im Netzwerk? Wer hat kürzlich besonders viel interagiert? Welche potenziellen Talente zeigen Interesse, sind aber noch nicht im Bewerbungsprozess?

Der Recruiting-Jour-Fix hilft uns, die Schnittstelle zwischen Sichtbarkeit und Aktivierung, also zwischen Phase 1 und Phase 4 im Funnel-Modell, strategisch zu gestalten. Der Fokus liegt dabei nicht auf allgemeinen Content-Ideen – dafür haben wir unsere Redaktionssitzung. Im Recruiting-Jour-Fix geht es um konkrete, individuelle Strategien. Wir stellen hier jede einzelne Bewerberin, jeden einzelnen potenziellen Kandidaten in den Mittelpunkt und wollen eine möglichst passgenaue Candidate Experience ermöglichen.

Dazu analysieren wir Folgendes: Was könnte der nächste sinnvolle Kontaktpunkt für diese Person sein? Welches Angebot passt? Was könnte ein starkes, persönliches Follow-up sein? Wir wollen nicht warten, bis sich jemand von selbst meldet, sondern aktiv überlegen, wie wir diese Beziehung sinnvoll vertiefen können. Besonders wichtig ist uns dabei der interdisziplinäre Ansatz. Im Recruiting-Jour-Fix kommen Themen wie Recruiting, Social Media, Videoproduktion und Eventplanung zusammen. Nur so entsteht ein wirklich durchdachter Kommunikationsfluss, der auf Zielperson und Zielrolle abgestimmt ist.

Extraschleife bei neuer Priorisierung

Wenn ein Job zur Priorität A wird, weil er etwa zeitkritisch oder besonders schwer zu besetzen ist, drehen wir gemeinsam eine Extraschleife. Wir schauen: Wo sind wir am nächsten dran? Wer im Team hat Kontakt? Welche Formate oder Kanäle können wir aktivieren? Recruiting ist Teamarbeit und benötigt Raum für strategische Abstimmung. Der interne Recruiting-Jour-Fix bietet uns genau diesen Raum. Denn bei all den kreativen Möglichkeiten, die Social Recruiting heute bietet, darf eines nicht aus dem Blick geraten: der Twist zum aktiven Recruiting.

Wir wollen nicht nur sichtbar sein, sondern in Beziehung mit den Kandidat*innen treten, sie konkret begleiten und gezielt aktivieren. Dafür braucht es Austausch, Überblick und gemeinsame Entscheidungen. Genau das leistet unser Jour fixe – Woche für Woche.

5.4 Nutzung von Recruiting-Technologien

Datengetriebenes Recruiting

Wir haben seit unserer Gründung bereits das zweite Bewerbermanagement-System im Einsatz. Zweimal war ich maßgeblich an der Auswahl und Implementierung beteiligt. Das dritte System, ein *Applicant Tracking System* (ATS) ist gedanklich schon in der Pipeline. Es soll Analytics, Umfragen sowie KI und Automatisierung noch stärker standardisieren. Mit solchen Werkzeugen können Sie Ihr *datengetriebenes Recruiting* betreiben, d. h. die Erreichung von Recruiting-KPIs nachweisen, aber auch Daten aus Ihren unternehmensinternen Umfragen, z. B. zu Krankenständen, Pay Gaps zwischen Geschlechtern im SAP-Team oder zwischen Neuzugängen und Bestands-SAP-Team verwalten. Ihr Bauchgefühl, das in vielen Fällen bestimmt ganz richtig liegt, findet durch solche Tools Bekräftigung – oder Sie finden darin Hinweise auf Fehlannahmen.

Wenn Sie Budget für mehr SAP-Personal, für neue Video-Recruiting-Kampagnen oder ein Event benötigen, haben Sie durch die Zahlen aus Ihrem Bewerbermanagement-System richtig gute Argumente. Es ist auch von Vorteil, wenn Sie nachweisen können, wie schnell ein Kennenlerngespräch mit dem Fachbereich stattfinden muss, um einen Absprung zu verhindern. Die Terminfindung mit dem Fachbereich kann, gerade wenn es mehrere Beteiligte gibt, ein echter Zeitkiller für Sie im Recruiting sein. Ein *Self-Scheduling* bieten moderne Bewerberdatenbanken ebenfalls bereits an. Gemeint ist damit die Möglichkeit, Termine für z. B. ein Kennenlerngespräch übersichtlich und direkt mit allen Beteiligten zu buchen, ohne endlose Abstimmungsrunden zur Terminfindung.

[+]

Podcast für alle Erfahrungslevel im Recruiting

Wenn Sie sich mit dem Thema Daten und Recruiting näher befassen möchten, empfehle ich Ihnen den Podcast von *HR Data Dudes*, den Sie auf Spotify abonnieren können.

5.4.1 Data Mindset und datengetriebenes Recruiting

Vorteile eines Data Mindsets

Wir befinden uns selbst gerade mitten in einem Wandel hin zu einem stärker datengetriebenen Unternehmen. Ein *Data Mindset*, also die Haltung, dass Daten insbesondere in Personalwesen und Recruiting eine zentrale Quelle sind und unser berufliches Handeln besser machen können, ist im Recruiting pures Gold. Leider werden aber immer noch viel zu wenig Daten erhoben. Datengetriebenes Recruiting ist meiner Einschätzung nach kein Buzzword, sondern die Zukunft. Ich empfehle allen, die im Bereich HR arbeiten, sowie allen Hiring Managern dringend, sich mit den Möglichkeiten auseinanderzusetzen, die sich hier bieten. Ziel ist es, Streuverluste zu minimieren und zu verstehen, warum Bewerbungen ausbleiben. Es sollen die richtigen Recruiting-KPIs entwickelt werden, die valide Aussagen über Wirkung und Prozessqualität erlauben.

Welche Kanäle führen wirklich zu Bewerbungen? Wie viele Touchpoints braucht es, bis sich jemand bewirbt? Was können wir tun, um diesen Weg gezielter zu begleiten? Wer beginnt, diese Fragen datenbasiert zu beantworten, verändert sein Recruiting von Grund auf – strategisch, nachvollziehbar und zukunftsfähig.

Wertschätzung für HR

In vielen Unternehmen ist die volle Wertschätzung für HR und insbesondere für das Recruiting noch nicht angekommen. Gerade bei Führungskräften und auf dem C-Level fehlt oft das Bewusstsein dafür, welche strategische Rolle datenbasiertes Recruiting spielen kann. Genau hier liegt eine riesige Chance: Wer mit klaren Daten und belastbaren KPIs argumentieren kann, verbessert nicht nur das Ansehen der HR-Abteilung, sondern zeigt auch, dass Recruiting weit mehr erfordert als Bauchgefühl oder Bewerberverwaltung.

Mit datengetriebenem Recruiting lässt sich belegen, wie gute Maßnahmen direkt zur Vermeidung von Leerständen beitragen, wie sich der Vertrieb durch passende Besetzungen stärken lässt oder wie Time to Hire, Cost per Hire und Candidate Quality ganz konkret messbar optimiert werden können. Kurz: Wer Daten klug einsetzt, verwandelt HR vom Cost-Center zum Profit-Center – und macht Wirkung sichtbar.

[zB]

Die Hypothese »Mehr Instagram-Follower führen zu mehr Bewerbungen«

Ein Beispiel aus unserer eigenen Praxis zeigt, wie sehr Daten helfen können, Annahmen zu überprüfen: Wir gingen zunächst davon aus, dass Instagram für uns ein zentraler Kanal im Recruiting sei – vor allem mit Blick auf wechselwillige SAP-Consultants, die uns über diesen visuell geprägten Kanal wahrnehmen. Die Annahme: Wer uns auf Instagram folgt, bewirbt sich auch über diesen Weg.

Doch die Daten erzählten eine andere Geschichte. Zwar ist Instagram für unsere Sichtbarkeit und Markenbindung enorm wertvoll. Bei genauer Analyse zeigte sich jedoch, dass nur ein geringer Teil der Bewerbungen tatsächlich direkt über diesen Kanal erfolgte. Für die aktive Bewerbung waren andere Wege relevanter. Diese Erkenntnis hat uns geholfen, unsere Ressourcen anders zu verteilen und gleichzeitig Instagram gezielter als Employer-Branding-Kanal zu nutzen.

[zB]

Wie viele Bewerbungen brauchen wir für eine erfolgreiche Einstellung?

Ein zweites Beispiel aus dem Datenbereich zeigt, wie sehr Recruiting auch ein »Numbers Game« ist. Wir konnten eine alte Personalberatungsweisheit durch unsere eigenen Daten eindrucksvoll bestätigen. Auch wenn wir mit ausgezeichneten Kandidat*innen arbeiten, braucht es eine gewisse Anzahl an konkreten Jobvorstellungen, um am Ende erfolgreich zu vermitteln.

Unsere Analyse hat ergeben, wie viele Kennenlerngespräche wir im Durchschnitt initiieren müssen, um zu einem Abschluss zu kommen (damaliger Wert: 8 Gespräche). In der Folge konnten wir unsere gesamte Pipeline rückwärts berechnen, also nachvollziehen, wie viele Vorstellungen es braucht, um unsere Monats- oder Jahresziele zu erreichen. Diese Transparenz war für uns extrem wertvoll. Sie hat uns geholfen, realistischer zu planen, unsere internen Prozesse zu justieren und unser Geschäftsmodell messbar zu steuern. Sie war außerdem ein Anlass für uns, diese Quote zu verbessern.

Trauen sich an die Zahlen!

Mein Appell lautet daher: Nutzen Sie diese Chance! Datengetriebenes Recruiting ist nicht nur ein Trend, sondern eine einmalige Gelegenheit, das Ansehen Ihrer Arbeit im Unternehmen neu zu definieren. Trauen Sie sich an die Zahlen heran, auch wenn sie im ersten Moment sperrig wirken. Wer sie versteht und richtig einsetzt, hat die Möglichkeit, HR und Recruiting dynamisch weiterzuentwickeln und auf ein neues, strategisches Level zu heben.

[«]

Datenschutz und Compliance

Ich bin keine Datenschutzexpertin, und dieser Hinweiskasten ersetzt keine rechtliche Beratung. Wenn Sie ein Bewerbermanagement-System einführen oder nutzen, ist es absolut notwendig, Datenschutz- und Compliance-Expertise einzubeziehen. Gerade Fragen zum Tracking, der Systemintegrationen und der Nutzung sensibler Bewerberdaten, dürfen nicht »nebenbei« entschieden werden. Eine saubere, durchdachte Vorgehensweise ist entscheidend – technisch, rechtlich und organisatorisch. Die Inhalte müssen klar in der Datenschutzerklärung abgebildet und laufend geprüft werden.

Nehmen Sie sich für diese Anforderung gezielt Zeit und holen Sie sich professionelle Unterstützung. Es geht um die rechtliche Basis Ihres Recruitings.

5.4.2 Nutzung von SAP HCM für SAP S/4HANA und SAP SuccessFactors

An dieser Stelle möchte ich offenlegen, dass ich bisher noch nicht selbst mit SAP ERP HCM, SAP HCM für SAP S/4HANA oder SAP SuccessFactors gearbeitet habe. Meine Perspektiven und Erfahrungen in diesem Abschnitt basieren auf der Nutzung externer Bewerbermanagement-Systeme in kleinen bis mittelgroßen SAP-Beratungsunternehmen.

Falls Sie im Personalwesen mit SAP-Lösungen arbeiten oder arbeiten möchten, empfehle ich Ihnen daher die vertiefende Fachliteratur, die sich explizit mit diesen Lösungen befasst.

[+]

Weiterführende Literatur zum Recruiting mit SAP-Lösungen

Folgende Bücher thematisieren das Recruiting mit SAP-Lösungen oder enthalten Kapitel zu diesem Thema:

- Grubb, Lessley: SAP SuccessFactors Recruiting and Onboarding. The Comprehensive Guide. SAP PRESS 2017.
- Walsch: SAP SuccessFactors. Employee Central mit Recruiting und Learning. Espresso Tutorials 2020.
- Athanur, Ingram, Wellens: Innovative SAP SuccessFactors Recruiting. Apress 2021.
- Gärtner, Lübke, Müller, Renner, Stöber: SAP-Personalwirtschaft. Das Praxishandbuch. 6. Auflage, SAP PRESS 2022.
- Edinger, Marxsen, Krüger: Personalwirtschaft mit SAP ERP HCM. Funktionen, Prozesse, Customizing. 4. Auflage, SAP PRESS 2014.

5.5 Job Branding: HR trifft Marketing und Social Media

Beim Lesen dieses Kapitels haben Sie bemerkt, wie dicht HR mit dem Personalmarketing, Corporate Communication, Influencer, der IT und dem SAP-Team verwoben sein muss, um erfolgreich Recruiting betreiben zu können und eine passende Akquisestrategie für neue Talente aufzusetzen. Das *Job Branding* ist eine weitere Möglichkeit, Abteilungsgrenzen hinter sich zu lassen und zur Kollaboration einzuladen.

5.5.1 In Zielgruppen denken

SAP-Zielgruppen clustern

Anhand unserer Studien, Karrieregespräche, Podcasts und nicht zuletzt im Rahmen des SAP-Recruitings als Dienstleister haben wir festgestellt, dass es nicht die eine SAP-Zielgruppe gibt, die alle SAP-Rollen gleichermaßen umfasst. Stattdessen gibt es verschiedene Zielgruppen innerhalb des SAP-Kosmos, die wir anhand verschiedener Kriterien kategorisieren, d. h. *clustern* können, um zielgerichtet zu kommunizieren und Recruiting zu betreiben.

Das Konzept der Zielgruppen wird im Marketing schon lange verwendet. Ich übertrage es in diesem Abschnitt auf den Bereich des SAP-Recruitings. Tabelle 5.2 listet verschiedene Merkmalskategorien auf, nach denen Sie Ihre Zielgruppen kategorisieren können.

Merkmalskategorie	Beispiele für Merkmale
Demografische Merkmale	Erfahrungslevel, Alter, Geschlecht
Psychologische Merkmale	Schmerzpunkte, Wechselmotivation
Soziodemografische Merkmale	Werte, Karrierewünsche, (Fach-)Interessen, kommt aus bestimmten Unternehmensarten, Branchen, Projekten
Geografische Merkmale	Wohnort, Herkunft
Verhaltensbezogene Merkmale	Mediennutzung, Nutzung bestimmter Plattformen

Tabelle 5.2 Zielgruppen-Clustering nach Merkmalen

Aus diesen Merkmalen lassen sich verschiedene mögliche Zielgruppen ableiten. Ich greife im Folgenden ein zentrales Merkmal heraus, das zielgruppenübergreifende Relevanz besitzt. Abbildung 5.5 zeigt einige mögliche Zielgruppen und deren Bewertung des Merkmals »Karrierewünsche«.

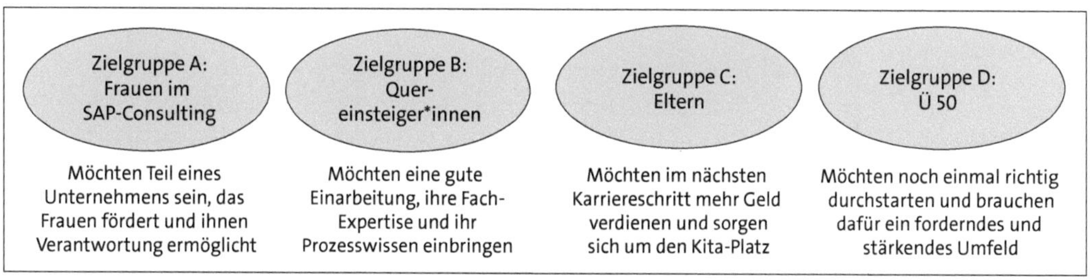

Abbildung 5.5 Mögliche Zielgruppen für das SAP-Recruiting

Zielgruppenübergreifende Merkmale

Das Merkmal »Karrierewünsche« wird von Zielgruppe A »Frauen im SAP-Consulting« in der Regel anders bewertet als von der Zielgruppe »Quereinsteiger*innen«. Vielleicht wünscht sich eine Frau, einen neuen Job in einer Organisation anzutreten, die bewusst Frauen Führungspositionen ermöglicht, wohingegen dem Quereinsteiger (Zielgruppe B) eine gute Einarbeitung im Kontext des Wunschs, seine bisherige Fachexpertise und das Prozesswissen einzubringen, wichtig ist. Ein junges SAP-Elternteil (Zielgruppe C), versteht unter »Karrierewunsch« vielleicht ein höheres Gehalt, um die Familie gut versorgen zu können. Jemand aus der Generation 50+ (Zielgruppe D) will dagegen vielleicht noch einmal richtig durchstarten, weil die Kids gerade aus dem Haus sind, und sucht bewusst große Projekte, anspruchsvolle Kunden oder ein großes Team, das es zu führen gilt.

Es gibt darüber hinaus auch zielgruppenspezifische Merkmale: Bei Menschen mit frischem Hochschulabschluss ohne Kinder oder Partnerschaft brauchen Sie das Thema Familienfreundlichkeit als Argument in der Regel nicht vorzubringen, um sie dazu zu bewegen, bei Ihrem Unternehmen anzufangen. Mit technischen Standards wie einer Nutzung moderner ABAP-Programmiermodelle punkten Sie nicht bei Prozess-Consultants.

Guter Content ist relevant für Ihre Zielgruppe

Sie können für Ihre SAP-Zielgruppen ganz verschiedene Merkmale herausarbeiten und im Anschluss versuchen, Ihre Personalgewinnungs-, aber auch Ihre Personalbindungsstrategie darauf auszurichten. Ich verstehe die zielgruppenübergreifenden und -spezifischen Merkmale auch als Quelle für gute Content-Ideen für das Passive Sourcing.

Guter Content ist ganz einfach das, was Ihre Zielgruppe als relevant erachtet. Das klingt banal, ist es aber nicht. Weder gibt es einen besonderen Algorithmus, den es zu knacken gilt, noch »reicht« es, wenn der Content aus Sicht von HR relevant und hilfreich ist. Denn das ist nicht Ihre Zielgruppe.

Sprechen Sie mit Ihrem SAP-Team

Aber wie erstellen Sie diesen guten Content? Zur Identifizierung von relevanten Merkmalen, die sich für die Content-Erstellung und das Storytelling eignen könnten, können Sie eine Stichprobe in Ihrem Unternehmen nehmen und Mini-Interviews mit Ihren SAP-Menschen führen. Vielleicht entdecken Sie dabei Muster und Fachthemen, an die Sie noch gar nicht gedacht haben. Vielleicht interessieren sich Ihre Kolleg*innen z. B. für E-Sport, bestimmte YouTube-Kanäle oder Fachforen, die Sie als außenstehende Person noch gar nicht kannten. Unser Podcast »SAP Sommeliers« hatte seit dem Start 2021 über 40.000 Zuhörende, und wir erhalten als Hosts häufig Anfragen für Kooperationen, aber kaum von Menschen aus dem HR-Umfeld. Das zeigt, dass erfolgreiche Formate existieren können, ohne dass Sie davon etwas wissen. Auch wir hätten ohne die SAP-Fachexpertise unseres Supply-Chain-Experten und Co-Host Oliver Nübel niemals so tiefgehenden und relevanten Content erstellen können.

Kein Gießkannenprinzip

Anstatt mit der Gießkanne vorzugehen und zu kommunizieren, dass Sie ein toller Arbeitgeber mit prima Benefits und Karriereoptionen sind, können Sie viel zielgerichteter vorgehen und durch sinnvolle Cluster die großen Worte mit lebensnahen Inhalten füllen, die die Menschen wirklich interessieren und abholen. Vergessen Sie dabei nicht, dass Sie selbst auch ein Teil der SAP-Community werden können, wenn Sie Mehrwerte liefern und sich fragen, wie Sie die Community in Ihrer Rolle im SAP-Recruiting unterstützen können.

5.5.2 Den SAP-Job als Kampagne angehen

Klar festgelegte Abfolge an Projektschritten

Das Denken in Zielgruppen ist ein sehr hilfreicher Schritt, der viele weitere Wege zulässt. Für uns als SAP-Recruiting-Agentur ist jede Besetzung ein Projekt von hoher Priorität. Sobald ein neuer Job hereinkommt, beginnt eine klar festgelegte Abfolge an Projektschritten. Der oder die Verantwortliche wird festgelegt, ein Projekt wird in unserer Datenbank angelegt. Es erfolgen halbstandardisierte Kontakte mit dem Unternehmen, aber auch nach innen gerichtet, weil wir neue Jobs auch als Kampagnen denken. Wir bezeichnen das als eine weitere Säule der strategischen Personalgewinnung neben Employer und Personal Branding, das Job Branding.

Was ist eine Job-Branding-Kampagne?

Anstatt wie beim Employer Branding die gesamte Arbeitgebermarke zu positionieren oder wie bei Personal Branding die einzelnen Mitarbeitenden und deren Sichtbarkeit zu unterstützen und wieder zurück zur Organisation zu lenken, dreht sich beim Job Branding alles um den einen SAP-Job bzw. um ein Cluster von sehr ähnlichen Jobs. Gerade bei Organisationen wie größeren SAP-Dienstleistern, die einen großen Bedarf an ähnlichen Profilen haben, um z. B. bestimmte Wachstumsziele zu erfüllen, kann das Job Branding hilfreich sein. Anstatt jede Vakanz isoliert zu denken, können so Positionen strategisch gebündelt und effizient kommuniziert werden – mit deutlich höherer Reichweite und Zielgruppentreue.

Voraussetzungen

Damit Job Branding wirksam funktioniert, braucht es eine strukturierte Herangehensweise:

- **Projektteam**

  Ein interdisziplinäres Projektteam, das HR, Fachbereich, gegebenenfalls das Marketing und externe Partner einbindet
- **Budget**

  Ein realistisches Budget für die Content-Produktion und -Ausspielung
- **Zeitplan**

  Einen Zeitplan mit klaren Meilensteinen und Übergabepunkten
- **KPIs**

  Erfolgskennzahlen, die eine iterative Steuerung der Kampagne ermöglichen (z. B. Impressionen, Soft Contacts, Bewerbungsquote)

Diese vier Elemente sorgen dafür, dass aus einer Idee ein greifbares Projekt mit intern nachvollziehbarer und extern relevanter Wirkung wird.

Zielgruppendenken

Wie ich im vorangehenden Abschnitt schon herausgearbeitet habe, steht im Zentrum jeder Job-Branding-Kampagne die Zielgruppe: Wer soll angesprochen werden? Was sind deren beruflichen Antreiber, Motive, Werte und Kommunikationsgewohnheiten?

Mögliche Zielgruppen lassen sich etwa wie folgt beschreiben:

- SAP S/4HANA Finance Consultants mit Wunsch nach Remote-Anteil und Entwicklungsperspektive
- ABAP-Entwickler*innen, die Wert auf technologische Tiefe und eine klare Teamstruktur legen
- SAP-Projektleiter*innen, die sich für Change Management und Unternehmenskultur interessieren

Die Kunst liegt darin, aus allgemeinen Rollenprofilen konkrete *Personas* abzuleiten (siehe auch folgender Abschnitt) und daraus eine Kommunikationsstrategie zu entwickeln, die Menschen in Ihren Recruiting-Funnel zieht – nicht nur Aufmerksamkeit – und die über Formate und Kanäle hinweg einzelne Botschaften rund um den Job übermittelt. Dabei folgt die Kommunikation dem Funnel-Prinzip: Aufmerksamkeit erzeugen, Interesse wecken, Vertrauen stärken, Bewerbung ermöglichen. Beachten Sie, dass es beim Job Branding nicht um Hochglanz geht, sondern um Relevanz und Glaubwürdigkeit. Die besten Inhalte sind oft die, die direkt aus dem Team heraus entstehen – echt, roh und persönlich.

[zB]

Best Practices aus unserer Recruiting-Praxis

Im Folgenden führe ich zwei Beispiele für Kampagnen auf, die wir mit Ankerkopf umgesetzt haben:

- Kampagne für eine Führungskraft mit Fokus auf Sinn, Gestaltungsspielraum und Teamvision: »Nachfolger*in gesucht für SAP + IT-Leitung«
- Standort-Kampagne für ländliche Regionen in Ostwestfalen: Kombination aus Remote-Option, Projektvielfalt und Lebensqualität, speziell für Rückkehrende in die Heimat

Diese Ansätze zeigen: Job-Branding-Kampagnen eignet sich sowohl für hohe Fallzahlen (z. B. wenn viele gleiche Profile zu besetzten sind) als auch für kritische Einzelpositionen.

Job Branding ist ein strategisches Mittel, um im SAP-Recruiting die richtigen Menschen zu erreichen. Es verbindet Storytelling mit Recruiting-Know-how, bietet Orientierung nach innen und Sichtbarkeit nach außen und funktioniert kanal-, medium- und plattformübergreifend. Für interne HR-Teams bedeutet das: Mit überschaubaren Mitteln, aber klarem Fokus lässt sich jede Vakanz zur Geschichte machen und wirkungsvoll auf dem Markt präsentieren. Es braucht jedoch ein Team und bestimmte Strukturen, um Job Branding wirkungsvoll betreiben zu können.

5.5.3 Mit Candidate Personas arbeiten

Gutes Recruiting-Storytelling lebt von den Perspektiven. Wir haben das bekannte Marketing Tool der Personas zu Candidate Personas umgewandelt, um uns ein ganz konkretes Bild von unseren Zielgruppen machen zu können. Ein Beispiel für eine Candidate Persona finden Sie in Anhang D.

Wer gehört zu Ihrer Wunsch-Zielgruppe?

Eine Candidate Persona ist eine idealtypische Beschreibung einer Zielgruppe im Recruiting, etwa: »SAP S/4HANA Finance Beraterin, 35 Jahre, sucht sinnstiftende Aufgaben in Teilzeit mit Remote-Option.« Candidate Personas helfen dabei, sich in die Bedürfnisse, Fragen und Lebensrealitäten potenzieller Bewerbende hineinzuversetzen. Sie schärfen Ihre Sprache, Ihre Themenwahl und letztlich auch Ihre Kanäle und Formate. Statt »Wir suchen SAP-Talente«, können Sie so gezielt fragen: »Bist du SAP-FI-Expertin und möchtest Führungsverantwortung ohne Überstunden-Marathon?« Je besser Sie Ihre Persona kennen, desto passender können Sie kommunizieren.

Mein Tipp lautet, im besten Fall gemeinsam mit dem SAP-Team einen Workshop durchzuführen, um einige Candidate Personas zu erarbeiten. Auf deren Basis bieten sich andere Möglichkeiten für Ihr Storytelling und Ihren Recruiting-Mix, als nur auf das Skill-Matching zu achten. Indem auch über mögliche Soft Skills und Einstellungen in dem Workshop diskutiert wird, schärft sich Ihr Blick für die verschiedenen Zielgruppen im SAP-Kosmos und dafür, wie jede einzelne sinnvoll abgeholt werden kann.

5.6 Weitere Option im Recruiting-Mix: Zusammenarbeit mit externem Recruiting

Die Zusammenarbeit mit externen SAP-Recruiting-Fachkräften kann eine sinnvolle Ergänzung Ihrer internen Recruiting-Strategie sein, wenn sie als partnerschaftliches Vorhaben verstanden und professionell gestaltet wird. Ich stelle Ihnen in Anhang F einen Leitfaden für die Zusammenarbeit mit Headhuntern zur Verfügung. Fehlt Ihnen hier noch ein Aspekt, lassen Sie es mich gerne wissen.

Briefing-Termin und Absprachen

Zu Beginn der Zusammenarbeit sollte das Festlegen der finanziellen, prozessualen sowie zeitlichen Rahmenbedingungen stehen. Auch ist ein Briefing-Termin unerlässlich. Nur die Stellenausschreibung zu schicken, kann nicht zu einem guten Resultat führen.

Im Zentrum sollte immer das gemeinsame Ziel stehen: die bestmögliche Besetzung Ihrer Vakanz. Dieses Ziel teilen das interne Corporate Recruiting und die externe Personalvermittlung. Damit es erreicht werden kann, braucht es zu Beginn klare Absprachen: Wer übernimmt welche Aufgaben? Wie sieht der Kommunikationsfluss aus? Welche Rolle spielt der externe Berater oder die externe Beraterin in Ihrer Candidate Journey?

[»]

Die Recruiting-Branche im Überblick

Die Recruiting-Branche ist ein eigenständiger Wirtschaftsbereich mit einer zunehmenden Wirtschaftskraft von 2 Mrd. Euro (Quelle *https://www.bdu.de/news/branchenstudie-personalberatung-2022-headhunter-gefragt-wie-nie/*, Stand 2022). Sie ist geprägt von wenigen großen Playern und einer Vielzahl kleiner und spezialisierter Organisationen. Als Verbände haben sich der *Bundesverband Deutscher Unternehmensberatungen* (BDU), *Arbeitskreis Personalberatung* und *Apscon*, ein spezieller Branchenverband für die Personalgewinnung, herauskristallisiert.

Recruiting-Geschäftsmodelle

Die in Tabelle 5.3 vorgestellten Recruiting-Geschäftsmodelle sollten Sie als Hiring Manager oder als Mitglied des HR-Teams kennen.

Modell	Beschreibung
Personalberatung/Headhunting/Executive Search	Vermittlung gegen Vorauszahlung und Erfolgsprovision (z. B. bei Vertragsunterschrift oder nach erfolgreicher Probezeit). Teilweise spezialisiert auf SAP-Positionen oder C-Level.
Personalvermittlung	Vermittlung von Angestellten oder Freelancer gegen erfolgsabhängige Bezahlung. Optional: Bearbeitungspauschale vorab. SAP-Spezialisierung möglich.

Tabelle 5.3 Professionelle Recruiting-Geschäftsmodelle

Modell	Beschreibung
Inversives Headhunting	Führungskräfte beauftragen eine Agentur aktiv mit der Jobsuche – meist inklusive Karrierecoaching.
Zeitarbeit	Mitarbeitende sind bei einer Zeitarbeitsfirma angestellt und werden zur Überbrückung von Engpässen eingesetzt.
Interim Recruiting/ Interim HR	Freiberufliche Recruiting-Profis übernehmen temporär operative Recruiting-Aufgaben in Unternehmen.
Interim-Management-Agenturen	Vermitteln Top-Level-Manager*innen auf Zeit – meist für strategische Aufgaben oder Krisensituationen.
Recruiting as a Service (Abo-Modell)	Externe Recruiter*innen übernehmen Prozesse zu fixen monatlichen Kosten (häufig near-/offshore-basiert).
Digitale Plattformen und Software	Von Karriereportalen bis Recruiting-CRMs: Der Markt wächst, unterstützt durch Technologie und Automatisierung.
Inhouse-Recruiting	Recruiting wird intern vom Unternehmen selbst organisiert und durchgeführt.

Tabelle 5.3 Professionelle Recruiting-Geschäftsmodelle (Forts.)

Große Qualitätsunterschiede

Die Recruiting-Branche zeichnet sich durch niedrige Zugangshürden und viele Möglichkeiten zur beruflichen Weiterentwicklung aus:

- Der Berufstitel »Recruiter*in« ist nicht geschützt.
- Es ist kein Studium oder spezifischer Abschluss notwendig.
- Der Einstieg ist durch digitale Tools (Laptop, Handy, LinkedIn) relativ einfach.

In der Folge weist die Qualität der Arbeit ein breites Spektrum auf. Es gibt sowohl schwarze Schafe als auch Recruiting-Fachkräfte, die eine echte Unterstützung darstellen. Die Branche befindet sich aktuell in einem Umbruch. Immer stärker setzen sich qualitätsbewusste, werteorientierte Recruiting-Profis durch.

Wer im SAP-Recruiting erfolgreich ist, zeichnet sich nicht nur durch ein großes Netzwerk aus, sondern vor allem durch das fachliche Verständnis für die zu besetzenden Positionen. Sie oder er sollte die Anforderungen der

Rolle nachvollziehen können und idealerweise selbst Expertise im SAP-Bereich mitbringen. Diese Fachlichkeit ist die Basis für Gespräche mit den Kandidat*innen auf Augenhöhe sowie für eine qualitativ hochwertige Auswahl.

Zugang zu neuen Talenten

Ein weiterer Vorteil des externen Recruitings liegt im Zugang zu neuen Talenten. Sie können helfen, den bestehenden Talente-Pool zu erweitern. Gleichzeitig sollten Sie nicht all Ihre Hoffnung darauf setzen. Angesichts der angespannten Fachkräftesituation kann es auch einem erfahrenen Berater oder einer erfahrenen Beraterin passieren, dass er oder sie nicht sofort geeignete Kandidat*innen präsentieren kann. Erwarten Sie keine Wunder. Gerade für gängige Consultant-Positionen mit durchschnittlichen Rahmenbedingungen wird es selten eine ganze Liste von A-Profilen geben. Die Außenperspektive ermöglicht Ihnen hier eine realistische Einschätzung. Nutzen Sie dieses Feedback, um Ihr Stellenangebot kritisch zu hinterfragen und gegebenenfalls zu überarbeiten.

Erfolgsbasis oder mit Vorauszahlung

Auch die Art und Weise der Zusammenarbeit ist wichtig: Arbeiten Sie auf Erfolgsbasis oder mit Vorauszahlung? Beide Modelle haben Vor- und Nachteile, die zu Ihrem Unternehmen passen müssen. Genauso entscheidend ist die Anzahl der parallel verpflichteten Dienstleister. Werden Kandidat*innen mehrfach auf dieselbe Stelle angesprochen, wirkt das unseriös und schadet Ihrer Arbeitgebermarke. Vertrauen Sie lieber auf wenige, verlässliche Partner. Betreiben auch Sie Qualitätsmanagement und lassen Sie sich die Arbeitsweise der Personalberatung transparent erläutern – von der Ansprache über den Auswahlprozess bis zur Kommunikation mit Bewerbenden. Nur so können Sie sicherstellen, dass die externe Unterstützung zu Ihrer Unternehmenskultur und Ihrer Employer Brand passt und nicht sogar schadet.

Wenn Sie eine No-Go-Liste haben, also eine Ausschlussliste von Unternehmen, bei denen der externe Recruiter oder die Recruiterin nicht sourcen darf, teilen Sie das schriftlich mit. Ihr bester Kunde oder ein anderer Schlüsselpartner könnte nicht gerade positiv gestimmt sein, wenn dort abgeworben wird.

5.7 Zusammenfassung

Karriereseiten sind keine digitalen Stellwände. Sie sind Suchmaschinen. Der für Sie richtige Recruiting-Mix ist entscheidend. Er kann je nach Zielgruppe auch unterschiedlich aussehen. Nehmen Sie sich bei den mannigfaltigen Möglichkeiten nicht zu viel vor, sondern starten Sie zunächst vielleicht mit nur einem neuen Ansatz. Erweitern Sie dann iterativ Ihren Ist-Zustand und überprüfen Sie die Wirksamkeit Ihrer Recruiting-Maßnahmen.

Haben Sie dabei Geduld. Gerade der organische Content benötigt unabhängig von der Art der Plattform mitunter Monate oder sogar Jahre, bis Sie ernsthaft einen Return on Investment (einen *Recruiting-ROI*), zum Beispiel gegenüber der Geschäftsführung nachweisen können.

[«]

Karriereseiten und Recruiting-Mix wirksam gestalten

Die folgenden Erkenntnisse sollten Sie aus diesem Kapitel mitnehmen:

- Karriereseiten sind keine digitalen Stellwände, sondern Suchmaschinen, Erlebnisräume und Vertrauensanker zugleich.
- Denken Sie Jobs wie Produkte – mit Fokus auf Candidate Journey, Nutzerführung und Mehrwertkommunikation.
- SEO und Barrierefreiheit sind Pflicht – nicht Kür – bei der Gestaltung moderner Karriereseiten.
- Der passende Recruiting-Mix ist zielgruppenabhängig und sollte iterativ statt überladen gedacht werden.
- Rechnen Sie beim organischen Content mit einer langen Wirkungskurve. Recruiting-ROI entsteht oft erst nach Monaten oder Jahren.
- Fragen Sie sich bei jeder Maßnahme: Was haben die Interessierten konkret davon?

Vergessen Sie bei allen Chancen, die neue und alte Recruiting-Methoden bieten, nicht, den Mehrwert für die Kandidat*innen ins Zentrum zu stellen. Nur bei einem kandidatenzentrierten Ansatz gehen Ihre Maßnahmen in die richtige Richtung, d. h. tief hinein in die SAP-Community und zu Ihren stellenweise sehr verborgenen Talenten im Ozean der Möglichkeiten.

Kapitel 6
Employer Branding und Positionierung als SAP-Arbeitgeber

Dieses Kapitel richtet sich speziell an Führungskräfte, die eine Organisation gestalten können. Es geht auf den für das Recruiting sehr wichtigen Aspekt des Arbeitgeber-Marketings bzw. der Arbeitgebermarkenbildung ein.

Insbesondere SAP-Anwenderunternehmen aus dem regional bekannten Mittelstand werden häufig nicht als SAP-Arbeitgeber wahrgenommen, weil sie als Nicht-SAP-Marke eingestuft werden. SAP-Beratungshäuser nutzen vorhandene Marketingkanäle dagegen häufig eher zur Kunden- als zur Mitarbeitergewinnung. In diesem Kapitel geht es daher explizit um die Stärkung der eigenen Arbeitgebermarke, das sogenannte *Employee Branding*. In diesem Zusammenhang möchte ich auch den Trend des Personal Brandings näher erläutern, bei dem einzelne Mitarbeitende als Botschafter*innen Ihres Unternehmens fungieren und damit auch ihren Teil zur Arbeitgebermarkenbildung beitragen. Ich werde auf die neuartigen Herausforderungen dieser Herangehensweise eingehen, aber auch auf Kriterien zur Bewertung von Arbeitgebern, die SAP-Fachkräften wirklich wichtig sind.

6.1 Wie Sie sich im SAP-Umfeld als attraktiver Arbeitgeber positionieren

Kultur heißt gelebte Arbeit

Kein SAP-Job ist wie der andere und auch jede SAP-Rolle wird durch das Unternehmenssystem, in die sie eingebettet ist, einzigartig. In diesem Kontext spreche ich gerne von der *Unternehmenskultur*. Kultur meint hier, wie die Arbeit wirklich gelebt wird. Menschen kommen wegen der richtigen Rahmenbedingungen, aber sie bleiben zufrieden und produktiv und sind meist auch länger bei einem Arbeitgeber, wenn die Kultur zu ihnen passt. Dies können wir als *Cultural Fit* bezeichnen.

Im Employer Branding gilt es zunächst, Ihre eigene Kultur zu verstehen. Anschließend geht es darum, diese Kultur in der externen Kommunikation herüberzubringen, um die Zielgruppe, in unserem Fall die SAP-Talente zu erreichen. Dies geschieht über einen Marketingmix, der letztlich auf psychologischen Mechanismen, der Marktforschung, dem Kundenverhalten und weiterer Kommunikations- und Gestaltungsregeln basiert. Diesen Themenkomplex behandle ich ausführlicher in Kapitel 5, »Strategien zur Anwerbung von SAP-Fachkräften: Passive Sourcing«.

6.1.1 Ihre Unternehmens-DNA

In diesem Kapitel arbeiten wir an dem Fundament, auf dem Ihre individuellen Recruiting-Strategien fußen sollten: Ihrer *Unternehmens-DNA*. Wir stellen heraus, wie sich diese im Marktumfeld, im Gesamtsystem aller SAP-Unternehmen, darstellt und von der anderer Unternehmen abhebt. Die neue Herangehensweise in der Markenbildung, mehr auf Menschen als auf die Unternehmensmarke zu setzen, das *Personal Branding*, ist für mich ein Teil dieses Prozesses. Employer Branding ist ohne die Einbeziehung Ihrer Community gar nicht mehr zeitgemäß denkbar.

Sich mit der Positionierung als SAP-Arbeitgeber zu beschäftigen, ist auch für Geschäftsführung und Organisationsentwicklung, ja für alle Leitungspositionen sinnvoll. Denn die eigene Positionierung von der des Wettbewerbs abzuheben, ist auch aus Vertriebssicht meines Erachtens ein notwendiges und wichtiges Unterfangen.

Was macht Sie wirklich einzigartig?

Bevor Sie weiterlesen, notieren Sie einmal, was aus Ihrer Sicht das Einzigartige an Ihrem Unternehmen ist und was es auf einer emotionalen Ebene ausmacht. Die folgenden Fragen können Ihnen dabei helfen:

- Was und wen schätzen Sie auf der Arbeit?

  ____

- Was mögen Sie gar nicht? Was macht Sie vielleicht sogar wütend?

  ____

- Worüber haben Sie auf der Arbeit zum letzten Mal herzhaft gelacht?

  ____

- Wann hatten Sie in Ihrem Unternehmen einen echten Wow-Moment, und wie spielte sich das ab?

  ____

- In welchen Momenten haben Sie auf der Arbeit das Gefühl, ganz bei sich oder im Flow zu sein?

  ____

- Welche weiteren Emotionen oder besonderen Ereignisse verbinden Sie mit Ihrem Werdegang in Ihrem Unternehmen?

  ____

Sie können die so entstandene Liste neben Ihr Bett legen. Bestimmt fällt Ihnen heute Nacht noch viel mehr dazu ein, was Ihre Arbeit für Sie so einzigartig macht. Diese Notizen können Sie anschließend als Bausteine für Ihr höchstpersönliches Storytelling verwenden.

Wenn Sie Ihre DNA aus der Perspektive einer SAP-Fach- oder Führungskraft, eines Hiring Managers oder der Gründerin eines SAP-Consulting-Start-ups niedergeschrieben haben, sind Sie schon sehr dicht dran an den Inhalten, die Ihre SAP-Mitarbeitenden oder zukünftige Teammitglieder vermutlich als relevant und wichtig sehen werden. Emotionen, Ereignisse und die Zusammenarbeit mit anderen Menschen bilden hier die wesentlichen Elemente.

Purpose: Wofür statt Wie und Was

Als Nächstes geht es wirklich ans Eingemachte. Oder könnten Sie ad hoc sagen, was genau der Purpose Ihres Unternehmens ist, also das, wofür Ihr Unternehmen arbeitet? Dies herauszuarbeiten, ist ein langer Prozess. Vielleicht haben Sie schon von Simon Sinek gehört, dem Ideengeber des *Golden Circle*, auch bekannt als *Why-What-How-Methode*. Diese Methode stellte er in einem visionären TEDx Talk vor, den Sie sich auf YouTube ansehen können (siehe *https://www.youtube.com/watch?v=qpOHIF3SfI4&t=3s*) und der auch 15 Jahre nach seiner Veröffentlichung nicht an Wirkungskraft verloren hat. Abbildung 6.1 veranschaulicht die Funktionsweise dieses Prinzips. Während die Informationen auf der Wie- und der Was-Ebene (das How und das What) bei vielen Unternehmen austauschbar ist, ist es die Wofür-Ebene, die ein Unternehmen einzigartig macht.

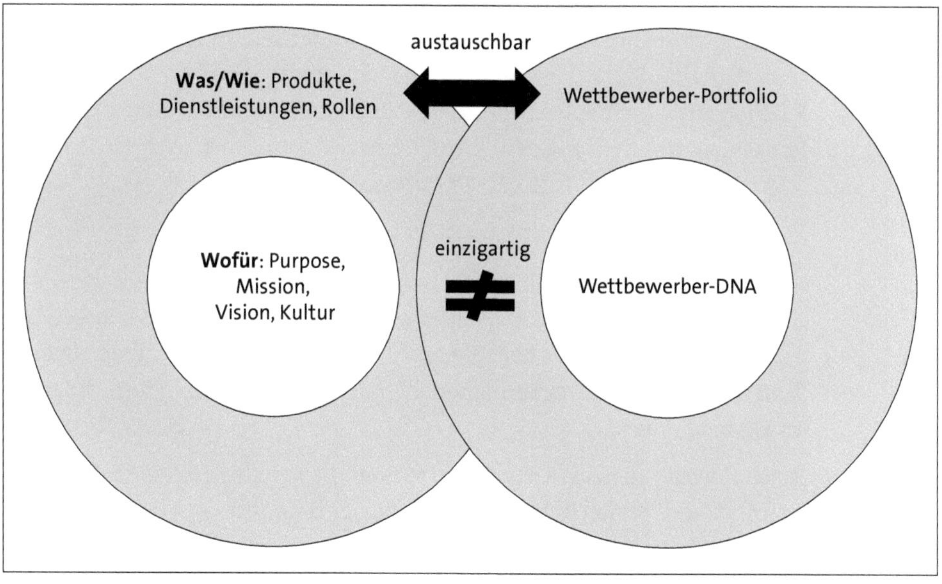

Abbildung 6.1 Positionierung als Arbeitgeber nach dem Why-What-How-Prinzip

Informationen auf der Was-Ebene

Wenn ich auf Firmenhomepages schaue, finde ich dort häufig Informationen darüber, seit wann es das Unternehmen gibt, wie viele Mitarbeitende und Werke es gibt, welche Kooperationspartner, welche erfolgreichen Produkte und manchmal auch welche besonderen Auszeichnungen. All dies sind Informationen auf der Was-Ebene, also sachliche Informationen und klare Fakten. Auch in Stellenausschreibungen finde ich häufig hauptsächlich Informationen auf dieser Ebene:

- Was macht das Unternehmen generell?
- Was sollen die Bewerbenden in der Rolle machen?
- Was sollten sie vorher gemacht haben?
- Was bietet das Unternehmen an Benefits?

Informationen auf der Wie-Ebene

Gelegentlich gibt es auf Karriereseiten auch Texte, Bilder und Videos, die zeigen, wie z. B. in der Produktion gearbeitet wird oder wie sich ein Unternehmen gewandelt hat. Dabei handelt es sich um Informationen auf der Wie-Ebene.

Positionierung durch Purpose

Selten bis gar nicht wird im Bereich der Corporate Communication das Wofür bedient. Schauen Sie doch bei nächster Gelegenheit einmal auf Ihrer Homepage oder der Ihres Wettbewerbers nach. Hören Sie bei Fachvorträgen genau hin: Wer startet schon mit seiner persönlichen Mission, also damit, was genau die Person antreibt, wofür sie morgens aufsteht, was die ganz große und gewichtige Vision des Unternehmens ist, woran sie partizipieren möchte? In diesem Wofür steckt jedoch die Kraft, Menschen zu fesseln und zu überzeugen, Teil von etwas Größerem zu werden. Auf dieser Ebene können Sie sich vom Wettbewerb abgrenzen und Follower im nicht nur digitalen Sinne gewinnen. Ihre Produkte und Dienstleistungen sind ebenso wie die Rollen in Ihrem Unternehmen kopierbar und damit austauschbar. Nur Ihr *Purpose*, Ihr Daseinszweck, ist wirklich und wahrhaft einzigartig und damit Ihre DNA. Simon Sinek formuliert es so:

> *»People don't buy what you do, they buy why you do it.«*

Ihre Positionierung basiert nicht nur auf überzeugenden Produkten und Dienstleistungen am Markt, sondern auch auf Ihrem Purpose, Ihrem Wofür. Das ist der Stoff, aus dem Sie und Ihr Unternehmen eine überzeugende und attraktive Arbeitgebermarke auch für SAP-Fach- und Führungskräfte machen können.

Nachdem Sie dies als Grundlage verinnerlicht haben, können Sie einen Schritt weiter gehen hin zu Ihrem Employer Branding.

[+]

Eine Agentur aus meinem Start-up-Netzwerk

Wenn Sie Unterstützung dabei suchen, mehr über Ihren Purpose und Ihr Business Why herauszufinden, gibt es Agenturen wie z. B. die *Trailblazers*, die exzellent darin sind, die Einzigartigkeit von Unternehmen herauszuarbeiten und in Kommunikation zu übersetzen.

6.1.2 Ihre Arbeitgebermarke

Agieren auf Augenhöhe

»Der Wurm muss dem Fisch schmecken, nicht dem Angler.« Vermutlich kennen Sie diesen Spruch aus dem Marketing- oder Vertriebskontext. Mir ist er bei einer Weiterbildung zum Thema Unternehmertum untergekommen. Ich war damals schon skeptisch und fragte mich, ob ich als potenzielle Kundin als Fisch wahrgenommen werden wollte, der geangelt wird? Wohl kaum! Ich möchte auch in einem Verkaufsprozess auf Augenhöhe behandelt werden. Für das Thema Employer Branding gilt diese Notwendigkeit des Agierens auf Augenhöhe umso mehr, wenn Sie nicht in *Buzzword-Bingo* und Schönfärberei (»*Employer Blending*«) verfallen wollen. Menschen sollen nicht behaupten können, dass bei Ihren Aussagen nichts dahintersteckte, dass es sich nur um schönen Schein oder Marketing-Schi-Schi handle. Denn so etwas spricht sich schnell herum und schlägt sich auch schlechtem Feedback in Bewertungsportalen über Sie nieder.

Emotionen, Ereignisse, Menschen

Bleiben Sie also ehrlich und zeigen Sie sich mit all Ihren Ecken und Kanten – denn auch die gehören zu Ihrer DNA. Oder anders formuliert: Stellen Sie Ihre Emotionen, Ereignisse und Menschen ins Zentrum Ihrer Kommunikation, in Ihre gemeinsame Bedeutungszone. Um zu veranschaulichen, wie Employer Branding funktioniert, habe ich in Abbildung 6.2 ein Modell aufgesetzt, das den Prozess veranschaulichen soll.

Abbildung 6.2 Kommunikationsmodell für Ihr Employer Branding

Employer Brand entsteht mit der Community

Dieses Modell basiert auf der Annahme, dass Ihre Botschaft (der »Wurm«) vom Gegenüber nicht einfach genauso aufgenommen wird, wie Sie es als Absender intendiert haben. Getreu dem Axiom »Man kann nicht nicht kommunizieren« von Paul Watzlawick senden wir alle ständig Kommunikationssignale aus. Ein Telefonat, eine sehr lange Pause im Rückmeldeprozess, ein exzellentes Kennenlerngespräch, ein seltsamer Unternehmenspost auf LinkedIn, ein Event – alles, was Sie in der SAP-Community erzählen oder veranstalten, alles, was Ihre Mitarbeitende posten, wirkt sich auf Ihre Employer Brand aus. Ihre Employer Brand ist also nicht das, was Sie gerne also solche verstehen würden, sondern ein Ergebnis eines komplexen Kommunikationsprozesses innerhalb der SAP-Community.

Prägende Ereignisse negativer Art

Employer Branding funktioniert im ständigen Dialog mit den anderen, nach außen, also außerhalb Ihrer Organisation, aber auch nach innen, hin zu Ihrem Team. Ihre Brand ist nicht in Stein gemeißelt, sondern wird ständig und durch jede Interaktion um neue Aspekte ergänzt. Auch ist Ihre Employer Brand keine Tabula rasa, kann also nicht von Grund auf neu geschrieben werden. Die SAP-Community hat ebenso wie jedes andere Gegenüber ein Gedächtnis und bewertet Ihr Unternehmen daher nicht nur nach der jeweiligen Situation, sondern auch auf Basis der Summe ihrer Vorerfahrungen. Und gerade negative Erfahrungen, die Bewerbende im Kontext Ihrer Marke vor Jahren machte, prägen sich ein. Ereignisse negativer Art und negative Emotionen bleiben 10 Mal stärker in Erinnerung als positive.

[zB]

Einmalige Ablehnung bleibt im Gedächtnis

Ich habe zu diesem Thema einen LinkedIn-Post vor Augen. Hier schrieb ein gestandener Geschäftsführer: »Das Unternehmen, das mich damals als Einsteiger nicht wollte, bietet mir heute 6-stellig an!« Und natürlich wollte er auch Jahre später nicht bei diesem Unternehmen anfangen. Gehen Sie daher mit jedem einzelnen Menschen so um, wie Sie selbst behandelt werden möchten.

Sie prägen Ihre Brand

Ihre Positionierung dürfen Sie jedoch nicht nur den anderen überlassen: Sie sind kein Spielball, sondern ein aktiver Kommunikationspartner. Sie prägen Ihre Brand durch Ihre einzigartige DNA maßgeblich. Sie als Organisation sorgen für positive Ereignisse: ein gelungener erster Tag, ein interessiertes Karrieregespräch, eine wertschätzende Absage, ein »goldener Handschlag«, wenn jemand Ihr Unternehmen verlässt oder ein offenes und vertrauensvolles Gespräch über das Elternsein mit werdenden Vätern und Müttern.

Durch relevanten Content können Sie die SAP-Community einladen, Sie überhaupt als SAP-Arbeitgeber wahrzunehmen, Sie positiv zu bewerten und mit Ihnen zu interagieren. Öffnen Sie sich als Unternehmen und schaffen Sie viele niedrigschwellige Kontaktpunkte, die letztlich zu einer Bewerbung führen können. Setzen Sie auf Menschen, statt auf Ihr Logo.

Unternehmenswerte

Ihr Vorteil eines interaktiven Branding-Prozesses besteht darin, dass er auf Ihre Werte und Ihre gelebte Firmenkultur abzielt. Wenn die SAP-Community erfährt, was in Ihrem Unternehmen No-Gos sind, hilft dies, sich dem abstrakten Thema der Unternehmenswerte anzunähern. Denn seien wir ehrlich: Wer kennt nicht Unternehmen, bei denen in schöner Kalligrafie die drei Unternehmenswerte auf einem Plakat im Eingangsbüro oder in der Unternehmensbroschüre stehen. Begriffe wie »Nachhaltigkeit«, »Diversität« oder »Familienfreundlichkeit« sind nach dem Kommunikationsmodell, das ich hier vermitteln möchte, erst einmal leere Worthülsen. Erst durch die Erfahrungen, die andere mit Ihnen machen, werden solche Unternehmenswerte greifbar, messbar und bewertbar. Habe ich als Job-Interessentin ähnliche Werte, fühle ich mich davon angesprochen. Wenn Arbeitgeber und Arbeitnehmer das Gefühl haben, auf einer Wellenlänge zu sein, wissen beide Seiten, dass es gut matcht und es sich lohnt, die Beziehung zu vertiefen.

Unternehmen, wie SAP selbst, die zuletzt öffentlichkeitswirksam Ihre Diversity-Ziele gestrichen haben, merken auch, dass eine solche Positionierung auf Widerstände im Inneren stoßen kann. Nicht wenige Menschen, die bei SAP arbeiten, haben das Thema kritisch gesehen und deutlich mitgeteilt, dass sie das Gefühl haben, dass gerade massiv gegen Ihr Wertegerüst verstoßen wurde. Gedanken wie »Das ist nicht mehr mein Unternehmen« entstehen. Werte, die in der gemeinsamen Zusammenarbeit und Arbeitskultur gewachsen sind, haben viel größere Wirkung als eine Botschaft in einer Pressemeldung, auch wenn diese von höchster Stelle erfolgt. Unternehmenswerte entstehen eben nicht direktiv und top-down.

Ihr Gegenüber konstruiert sich eine Wirklichkeit

Achten Sie darauf, nicht von Ihnen auf andere zu schließen, sondern die Fakten rund um Sie als Arbeitgeber und Unternehmen so konkret wie möglich zu benennen. Was Sie unter Schlagwörtern wie »attraktives Gehalt« oder »familienfreundlicher Arbeitgeber« verstehen, ist nicht automatisch das, was der Leser oder die Leserin dieser Aussagen als Botschaft mitnimmt. Für Sie mag ein Gehalt von 45.000 € attraktiv sein, weil Sie frisch aus dem Studium kommen, für Ihr Gegenüber sind es vielleicht 100.000 €. Ihr Gegenüber konstruiert sich seine Wirklichkeit und positioniert sich damit auch Ihnen gegenüber. Solche vermeintlichen Fakten werden grundsätzlich erst einmal als wahr angesehen, dabei aber so bewertet, wie es der persönlichen Einschätzung entspricht.

In der Theorie klingt dieses Kommunikationsmodell recht eingängig und gestaltungsoffen. Auch ohne aufwendigen Markenbildungs-Strategie-Prozess oder hohe Kosten bietet es viele Möglichkeiten. Es muss nicht erst der perfekte Claim oder das einprägsamste Logo für das Corporate Design entwickelt werden, um Erfolge zu verzeichnen. Doch gibt es sowohl aufseiten der SAP-Anwenderunternehmen als auch aufseiten der SAP-Partnerunternehmen ein paar Fallstricke, mit denen ich mehr als einmal zu tun hatte. Diesen wenden wir uns in den folgenden Abschnitten zu, ehe ich einmal zusammentrage, was SAP-Talenten bei ihren Arbeitgebern heute wichtig ist.

6.1.3 Herausforderungen für SAP-Anwenderunternehmen

Eine Brand ist menschengemacht

Eine Brand existiert nicht einfach, sondern wird von Menschen gemacht. Damit meine ich in diesem Falle weniger die Marketing-Menschen, die Ihre Arbeitgebermarke nach außen tragen, als vielmehr die Menschen, die Ihre DNA wahrnehmen und bewerten sollen. In unserem Fall ist das die SAP-Community, die Sie im Recruiting eines SAP-Anwenderunternehmens erreichen möchten.

White Collar und Blue Collar

Sie wissen jedoch selbst am besten, dass Sie nicht nur diese Fachkräfte, sondern ein breites Spektrum von Personen adressieren müssen: die in der Produktion arbeiten, Lkw fahren, im Vertrieb tätig sind, die Buchhaltung machen – eben alle Personen, die Ihr Unternehmen benötigt, um am Markt zu bestehen. Im externen Recruiting wird hier häufig zwischen *White-Collar-* und *Blue-Collar-Jobs* unterschieden. White Collar steht dabei für das Hemd und Blue Collar für den Blaumann.

[zB]

Personalbedarf bei einem Maschinenbauer oder Fertigungsunternehmen

Maschinenbauer oder Fertigungsunternehmen sind häufig Familienbetriebe, die gut vernetzt und regional bekannte Arbeitgeber mit einer starken Brand sind. Manche von ihnen sind wahrhafte Hidden Champions, deren Produkte weltweit zum Einsatz kommen, obwohl sie als Produzenten nicht über den Standort hinaus bekannt sind. Die HR-Abteilung besteht in solchen Unternehmen oft aus einer Person, die für mehrere Hundert Angestellte verantwortlich ist – und zwar für den kompletten Prozess vom Hiring über die Personalentwicklung bis hin zur Personaladministration. Bis vor wenigen Jahren war der Fachkräftemangel in solchen Unternehmen noch gar kein Thema. Vielleicht war es schon immer herausfordernd, einen richtig guten Ingenieur zu bekommen, aber mit einem ganzseitigen Abdruck der Stellenanzeige in der regionalen oder überregionalen Zeitung kamen gute Bewerbungen rein. Für Schlüsselrollen im Top-Management wurden mitunter klassische Personalberatungen hinzugezogen, die ohne Beteiligung der HR-Abteilung rekrutierten.

In den vergangenen Jahren gab es hier jedoch gewaltige Umbrüche (siehe auch Kapitel 1, »Die menschliche Seite der technologischen Transformation«), die die Rolle von HR stark veränderten. Gegenüber der Geschäftsleitung muss sie sich nun mit Daten und Kennzahlen rechtfertigen und um Budgets werben, gegenüber dem Fachbereich tritt sie zunehmend als HR Business Partner auf, gegenüber den Bewerbenden soll sie als Möglichmacherin von Laufbahnen auftreten, und auch das Active Sourcing gehört auf einmal zu ihrem Aufgabenbereich. Mitten in dieser Umbruchsituation soll dann auch noch das alte SAP-ERP-System auf SAP S/4HANA umgestellt werden, wofür es schnell gute SAP-Profis benötigt. Diese jedoch haben den Maschinenbauer oder das Fertigungsunternehmen gar nicht auf dem Radar.

Kommunikations-Diffusion

SAP-Professionals werden nicht zu Ihrem Unternehmen gehen, weil Sie mit Ihrem Produkt, z. B. einer Schraubverbindung, Weltmarktführer sind. Wenn Sie sich bisher nicht innerhalb der SAP-Community engagiert haben, sind Sie dort, trotz aller Erfolge innerhalb Ihrer Branche, nicht präsent. Ich nenne dieses Phänomen *Kommunikations-Diffusion*. Je weiter eine Botschaft für alle Zielgruppen »verstreut« wird, desto mehr verliert sie an Konzentration, Richtung und Wirkung. Sie verflüchtigt sich, bis nichts mehr an Bedeutung übrig bleibt. Ihre Arbeitgebermarke kann im klassischen Markenbildungsprozess als One-Corporate-Voice nicht gleichzeitig das Nummer-1-Unternehmen für Ingenieurwesen und für SAP-Consultants werden. Aufmerksamkeit ist nicht an zwei Orten zur selben Zeit möglich. Wenn Ihre Unternehmenskommunikation eine Pressemeldung zu Ihrem bahnbrechenden neuen Stecker veröffentlicht, die dann von den einschlägigen Ingenieurs-Foren aufgegriffen wird, bekommt die Zielgruppe der SAP-Consultants davon nichts mit.

Herausforderung: alte und neue Zielgruppe ansprechen

Für Sie heißt es nun, dass Sie einerseits die alte Herangehensweise und Zielgruppe bewahren sollten, denn die ist für Sie schließlich immer noch relevant. Gleichzeitig müssen Sie und Ihr Marketing sich jedoch ganz neu auf die SAP-Community einlassen und auch auf diese Zielgruppe zuspitzen, sofern Sie einen hohen bis mittleren Bedarf an SAP-Fach- und Führungskräften haben. Wie Sie dabei vorgehen können, erfahren Sie in Kapitel 5, »Strategien zur Anwerbung von SAP-Fachkräften: Passive Sourcing«. Ein hilfreicher Ansatz, der Kommunikations-Diffusion entgegenzuwirken, ist es, nicht nur auf Employer Branding, sondern auch aufs Personal Branding zu setzen. Mehr dazu lesen Sie in Abschnitt 6.3, »Chancen und Risiken von Personal Branding im Unternehmenskontext«.

6.1.4 Herausforderungen für SAP-Dienstleister

Ich habe den Eindruck, dass die aktuelle Fachkräftesituation in den Geschäftsführungen der SAP-Partnerunternehmen angekommen ist. Häufig gibt es in diesen Unternehmen einen guten Schlüssel zwischen HR- und Recruiting-Fachkräften und weiteren Mitarbeitenden. Wie wichtig es ist, die richtigen Leute im Team zu haben, lässt sich schließlich schnell in den Betriebszahlen ablesen. Trotzdem stehen auch SAP-Partner, und das gilt sowohl für kleine Boutique-Beratungen als auch für die Big Player, vor Herausforderungen. Diese sollten unbedingt als Chance zur eigenen Positionierung und Markenbildung genutzt werden. Ich beschreibe in diesem Abschnitt zunächst die aktuellen Herausforderungen für SAP-Partner.

Ständiger Vertrieb

Eine große Herausforderung besteht darin, ständig gute SAP-Projekte zu akquirieren, weshalb der Vertrieb stets am Ball bleiben muss. Ohne Aufträge müssen Sie sich um Ihr Team keine Gedanken machen, denn dann benötigt Ihr Unternehmen auch keine neuen Mitarbeitenden mehr. Die Gruppe der SAP-Fachkräfte macht bei SAP-Dienstleistern den größten Teil der Mitarbeiterschaft aus. Je nach Organisationsgröße kommen weitere administrative Bereiche hinzu.

Die Notwendigkeit des ständigen Vertriebs bedeutet jedoch, dass Kommunikationsformate – und dazu gehören auch die neuen Ansätze wie Storytelling, Podcast, Talks oder Videos – häufig ausschließlich für den Vertrieb vereinnahmt werden, statt ein Format speziell für die Gewinnung neuer und Bindung bestehender Teammitglieder zu etablieren. Ein tolles Add-on oder eine neuartige Lösung für ein Kundenthema macht Sie jedoch nicht automatisch zu einem attraktiven Arbeitgeber. Den Bedarf des Vertriebs kann ich als Gründerin natürlich gut nachvollziehen. Um nachhaltig Personal gewinnen zu können, müssen Sie jedoch diese neuen Talente ebenso wie die Bestandsbelegschaft wie Ihre Kunden behandeln.

[zB]

Persönliches Netzwerk ist wenige Monate nach Gründung erschöpft

Der folgende Vergleich passt hier, denke ich, ganz gut: Wenn Sie neu auf dem Markt sind, haben Sie vielleicht vor, alles besser zu machen und das

SAP-Consulting zu revolutionieren. Das ist ein sehr attraktives Wofür, mit dem Sie die Personen in Ihrem unmittelbaren Umfeld sicher begeistern können. Hat sich Ihr persönliches Netzwerk jedoch wenige Monate nach der Gründung erschöpft, benötigen Sie auch eine Personalgewinnungsstrategie, um weiter wachsen zu können. Nutzen Sie Ihre Möglichkeiten daher nicht nur, um Kunden zu gewinnen, sondern denken Sie Ihr zukünftiges Team und Ihre Personalstrategie von Anfang an mit.

Auslastung und Projektlage

Eine weitere Herausforderung von SAP-Anwenderunternehmen besteht im Umgang mit Projektflauten. Wie verhalten Sie sich, wenn Projekte verschoben werden und somit keine zufriedenstellende Auslastung möglich ist? Ihre Mitarbeitenden sind je nach Art der Vergütung, also abhängig von der Höhe des variablen Gehaltsanteils und der zu fakturierenden Stunden, auf eine gute Auslastung angewiesen, da sie sonst nicht das erwartete Zielgehalt erreichen können. Sind sie nicht ausgelastet, verdienen sie mitunter weniger, als sie angenommen haben, und können an dieser Situation nicht viel ändern. Sie sind ihr in gewisser Weise ausgeliefert – und das hinterlässt kein positives Gefühl.

Ich habe kein Allheilmittel für diese herausfordernde Marktsituation. Doch Sie sollten wissen, dass es sich in der SAP-Community herumspricht, wenn ein Partner »schwächelt«. Vielleicht erleben Sie daraufhin sogar eine höhere Abgangsrate. Manche Anwenderunternehmen reagieren auf Phasen mit schwächerer Auftragslage mit Kurzarbeit, auf Dienstleister-Seite ist mit das bisher jedoch bisher nicht begegnet. Auch das Thema *Body Leasing*, also das kurzfristige Vermitteln von Arbeitskräften für einzelne Projekte als unternehmerische Lösung, um kritische Projektauslastungsphasen zu überbrücken, wird von Beschäftigten sehr unterschiedlich bewertet.

Mein Vorschlag an SAP-Dienstleister mit höheren variablen Anteilen durch unzureichende Projektauslastungen lautet, Ideen aus dem *Social Payment* aufzugreifen, um Unzufriedenheit und Wechselnotwendigkeiten vorzubeugen. Social Payment ist eng mit dem New-Work-Gedanken verbunden und meint, dass Entlohnung nicht nur auf Leistung, Erfahrung sowie Performance basieren sollte, sondern auch auf sozialen Aspekten. Sie können im Team überlegen, wer z. B. aufgrund der familiären Situation mehr Geld benötigt als andere im Team und wie Sie als Unternehmen eine gute und soziale Lösung finden können.

Krisenkommunikation und gemeinsame Lösungsfindung

Ob Kurzarbeit, Body Leasing oder das Warten auf der langen Bank – im Sinne Ihres Employer Brandings würde ich eine kritische Projektsituation ins Team hineintragen, zumindest darüber informieren und am besten gemeinsam Lösungen erarbeiten. Ihre Positionierung, Ihr Vertrieb und auch Ihre Arbeitgebermarke sind eng miteinander verwoben. Nicht nur Ihr Geschäft, sondern auch das SAP-Consulting befinden sich gerade in einer Transformation. In diesem Rahmen müssen möglicherweise auch die alte Arbeitsweise und die Dienstleistung selbst auf den Prüfstand gestellt werden. Wie zeitgemäß ist es noch, nach fakturierten Stunden abzurechnen? Welche Alternativen würden sich anbieten?

Business Model Canvas

Ein Lösungsansatz zur Prüfung Ihrer Marktsituation und Positionierung als SAP-Dienstleister wäre das *Business Model Canvas* (BMC), ein Werkzeug zur strategischen Planung von Geschäftsmodellen. Es kann nicht nur für neue Geschäftsmodelle verwendet werden, sondern auch, um sich beispielsweise im Jahreszyklus oder bei Bedarf mit dem eigenen Geschäftsmodell auseinanderzusetzen. Es hilft dabei, zentrale Bausteine eines Geschäftsmodells strukturiert sichtbar zu machen: von Value Proposition und Kundensegmenten bis zu Einnahmequellen und Partnerschaften. Besonders wertvoll ist der visuelle Zugang: Da alles auf einer Seite untergebracht werden muss, zwingt das Modell dazu, auf den Punkt zu kommen.

Wir nutzen es regelmäßig für eine Ist-Analyse und zur Prüfung möglicher Geschäftsmodellerweiterungen für uns selbst und mit Klient*innen.

Dazu setzen wir uns mit drei bis fünf Personen zusammen, drucken die Vorlage, die Sie z. B. unter *https://www.projektmagazin.de/glossarterm/business-model-canvas* finden, in A0-Größe aus, decken uns mit Post-its und Farbstiften ein und nehmen uns 90 Minuten Zeit. Ein initialer Workshop dauert erfahrungsgemäß rund 30 Minuten länger. Mit den Arbeitsergebnissen können Sie gezielt an Ihrer Positionierung als Arbeitgeber arbeiten. Die Ergebnisse sind vielfach anwendbar. Sie nehmen damit vor allem Ihre blinden Flecken besser wahr. Als Literatur zu dieser Methodik empfehle ich Ihnen das Buch von Yves Pigneur und Alexander Osterwalder »Business Model Generation: Ein Handbuch für Visionäre, Spieleveränderer und Herausforderer« (Campus 2011).

Für SAP-Dienstleister eignet sich BMC besonders in Transformationsphasen, also wenn neue Märkte erschlossen, Dienstleistungen digitalisiert oder Delivery-Modelle verändert werden. Hierbei lassen sich auch die Themen Recruiting und Retention mitdenken.

Relevanz für Recruiting und Retention

Häufig wird vergessen, dass Talente zentrale Ressourcen im SAP-Consulting sind. Sie sind Teil des Geschäftsmodells. Im BMC kann dies an mehreren Stellen reflektiert werden:

- **Key Resources**

  Ohne welche Mitarbeitenden kann das Leistungsversprechen nicht erfüllt werden? Welche Profile fehlen? Welche Kompetenzen müssen aufgebaut werden?
- **Customer Segments und Value Proposition**

  Wer ist eigentlich Ihr »Kunde«? Nur der Endkunde oder auch der SAP-Consultant, den Sie für sich gewinnen und den Sie halten wollen? Was ist Ihr Arbeitgeberversprechen?
- **Customer Relationships**

  Wie sieht die Beziehung zu Ihren Mitarbeitenden aus (vor, während und nach dem Projekt)?

So kann BMC auch als *Employer Model Canvas* genutzt werden, d. h. als ein strategisches Werkzeug für Personalthemen. Damit lassen sich nicht bloß HR-Maßnahmen entwickeln, sondern ein zukunftsfähiges Geschäftsmodell. Ein erweitertes Modell finden Sie im Download-Bereich unter *www.sap-press.de/6119* im Kasten **Materialien**.

[+]

Empfehlung für die Praxis

Nutzen Sie BMC nicht nur im Strategie-Offsite, sondern zusammen mit dem Team: auf Papier, mit Post-its und mit offenen Diskussionen. Planen Sie bewusst eine Sitzung ein, in der Sie Ihr aktuelles Recruiting-Modell durchgehen, z. B. etwa entlang der folgenden Fragen:

- Für welche »Kundengruppen« (Consultants) sind wir ein attraktiver Arbeitgeber?
- Welche Kanäle nutzen wir zur Ansprache (aktiv und passiv)?
- Welche »Revenue Streams« entstehen durch stabile Personalbindung?

So machen Sie Recruiting und Retention zu einem strategischen Thema und positionieren es dort, wo es hingehört: in die Geschäftsmodellentwicklung.

6.2 Was ist SAP-Talenten bei ihrem Arbeitgeber wichtig?

Attraktivitätskriterien

SAP-Fachkräfte sind hochspezialisiert, gefragt und haben entsprechend hohe Erwartungen an ihre Arbeitgeber. Dieser Abschnitt gibt Ihnen einen Überblick über die zentralen Bedürfnisse und Entscheidungskriterien, die

SAP-Profis bei der Wahl ihres Arbeitgebers leiten. Die folgenden Attraktivitätskriterien sind SAP-Professionals dabei wichtig:

- Weiterbildung und Entwicklungsmöglichkeiten
- Gehalt und finanzielle Wertschätzung
- Arbeitszeitmodelle und Work-Life-Balance
- Projektvielfalt und moderne Technologien
- Kultur, Führung und Mitgestaltung
- Sicherheit und Unternehmensreputation

Im Folgenden gehe ich auf die einzelnen Kriterien näher ein:

- **Weiterbildung und Entwicklungsmöglichkeiten**

  SAP-Profis legen großen Wert auf kontinuierliche Entwicklung. Sie erwarten regelmäßige Fortbildungen zu SAP-spezifischen Themen wie SAP S/4HANA, SAP BTP, SAP Fiori oder Analytics sowie in Bezug auf Methodenkompetenz, Projektsteuerung und Soft Skills. Statt standardisierter Schulungsangebote wünschen sich viele individuelle Lernpfade, die auf ihre Rolle, Spezialisierung und Karrierestufe zugeschnitten sind. Auch transparente Karrierepfade und die Möglichkeit, in größere Rollen hineinzuwachsen, sind entscheidend.

- **Gehalt und finanzielle Wertschätzung**

  Ein marktgerechtes Gehalt, das der eigenen Spezialisierung und Erfahrung entspricht, ist für viele ein Muss. Besonders mit zunehmender Projekterfahrung und Verantwortung steigen auch die Ansprüche. Boni, Erfolgsbeteiligungen, Zuschläge für besondere Projektbelastung und eine klare Vergütungspolitik gehören dazu. SAP-Fachkräfte achten zudem auf faire Regelungen zu Überstunden, Spesen und Zusatzleistungen. Bei Ankerkopf führen wir seit August 2023 eine Langzeitstudie, den »Großen SAP Gehälter Report« durch. Eine daraus resultierende Benchmark zu den aktuell marktüblichen Gehältern finden Sie in Anhang G dieses Buchs.

- **Arbeitszeitmodelle und Work-Life-Balance**

  Flexible Arbeitszeiten, Vertrauensarbeitszeit, Homeoffice-Regelungen und die Möglichkeit, Arbeitszeit an Lebensphasen anzupassen, sind für viele heute entscheidender als Statussymbole. Eine bessere Work-Life-Balance bedeutet dabei nicht, weniger zu leisten, sondern Raum für Regeneration, Familie, Weiterbildung oder persönliche Projekte zu haben. Wer SAP-Talente langfristig binden will, benötigt flexible Modelle, die Leistung und Leben vereinbar machen.

- **Projektvielfalt und moderne Technologien**

  SAP-Fachkräfte möchten in Projekten arbeiten, die fachlich fordern und technologische Entwicklung ermöglichen. Wer immer wieder dieselben Konfigurationsaufgaben erledigt oder in Wartungsprojekten feststeckt, sucht sich irgendwann neue Herausforderungen. Abwechslungsreiche Aufgaben, moderne Systemlandschaften (z. B. SAP S/4HANA, Cloud, SAP BTP) und technologische Weiterentwicklung sind starke Attraktivitätsfaktoren.

- **Kultur, Führung und Mitgestaltung**

  Ein wertschätzender Führungsstil, flache Hierarchien, transparente Kommunikation und echte Mitgestaltungsmöglichkeiten machen einen Arbeitgeber in den Augen vieler SAP-Fachkräfte besonders attraktiv. SAP-Projekte sind komplex, interdisziplinär und stehen oft unter hohem Zeitdruck. Umso wichtiger ist ein Teamumfeld, in dem Vertrauen herrscht, man Feedback geben darf und Entscheidungen nicht im Elfenbeinturm getroffen werden.

- **Sicherheit und Unternehmensreputation**

  Neben Entwicklungsmöglichkeiten und Teamkultur ist auch die wirtschaftliche Stabilität ein Kriterium: Wer einen Wechsel erwägt, prüft zunehmend, wie zukunftsfähig das Unternehmen aufgestellt ist, wie es im Markt wahrgenommen wird und wie konsequent Digitalisierung und Innovation gelebt werden. Ein klar positionierter Arbeitgeber mit glaubwürdiger Vision wirkt stabilisierend und anziehend zugleich.

[«]

Was SAP-Expertinnen bei Arbeitgebern besonders wichtig ist

Frauen in der SAP-Beratung oder im SAP-Projektgeschäft bewegen sich häufig in einem Umfeld, das nach wie vor stark männerdominiert ist. Viele SAP-Expertinnen wissen, was sie fachlich leisten, und wählen ihre Arbeitgeber zunehmend danach aus, ob ihre Potenziale erkannt, ihre Lebensrealitäten berücksichtigt und ihre Ambitionen ernst genommen werden. Wenn Sie sich mehr für das Thema Frauen als SAP-Talente interessieren, empfehle ich Ihnen Kapitel 10, »Female Recruiting: Gezielte Ansprache von Frauen in der IT«.

Weitere Perspektiven und eigene Merkmale

Die Auflistung der Attraktivitätskriterien in diesem Abschnitt bezieht sich auf Durchschnittswerte. Je nach Zusammensetzung Ihres Teams und Ihrer Personalstrategie sollten Sie auch spezifische Kriterien für die Generation 50+, internationale Teammitgliedern oder junge Talente evaluieren und berücksichtigen.

6.3 Chancen und Risiken von Personal Branding im Unternehmenskontext

Unterschied zwischen Employer und Personal Branding

Der entscheidende Unterschied zwischen Employer und Personal Branding liegt in der Perspektive und Glaubwürdigkeit: Beim klassischen Employer Branding steuert das Unternehmen die Botschaft, und Mitarbeitende fungieren als Arbeitgeber-Markenbotschafter, die eng mit der offiziellen Employer Brand verwoben sind. Ihre Rolle und Bekanntheit resultiert hauptsächlich aus der Zugehörigkeit zum Arbeitgeberunternehmen. Sie können praktisch bei null starten und werden z. B. auf Karriereseiten als Gesichter der Firma präsentiert.

Personal Branding hingegen speist sich aus der Eigenmarke der Person: Einem SAP-Consultant oder einer -Entwicklerin mit starker persönlicher Marke folgt man wegen seiner/ihrer individuellen Persönlichkeit und Expertise, nicht wegen des Firmennamens auf der Visitenkarte. Solche *Business Influencer* würden auch ohne ihr aktuelles Unternehmen in der Community wahrgenommen. Die Bindung der *Audience*, also der Wahrnehmenden im digitalen Raum, erfolgt primär an die Person, während die Audience beim Employer Branding stärker an das Unternehmen gebunden ist.

Beide Ansätze sind im modernen SAP-Personalmarketing symbiotisch: Wenn Mitarbeitende eine starke persönliche Marke aufbauen, hat das auch Auswirkungen auf die Arbeitgebermarke. Gleichzeitig profitiert die Person von der Strahlkraft eines guten Employer Brandings. Im Folgenden betrachten wir die Chancen dieser Entwicklung, aber auch die Risiken und Stolpersteine, die speziell SAP-Unternehmen beachten müssen.

6.3.1 Chancen von Personal Branding

Vorteile und Chancen

Im SAP-Kosmos eröffnen personalisierte Markenauftritte eine Reihe von Chancen – sowohl für die postenden Professionals als auch für deren Arbeitgeber:

- **Erhöhte Reichweite und Sichtbarkeit**

  Einzelne Mitarbeitende erzielen auf Social Media oft eine höhere organische Reichweite als offizielle Kanäle. Persönliche Beiträge werden häufiger geklickt und geteilt. Laut LinkedIn-Daten generiert Content, den Mitarbeitende teilen, etwa doppelt so hohe Klickraten wie Inhalte, die direkt von Unternehmen geteilt werden. Ich würde sogar das Drei- bis Vierfache annehmen – es kommt da auf den Einzelfall an.

Viele SAP-Consultants verfügen über ein spezialisiertes Netzwerk, das durch jeden Post erweitert wird. Summiert man die Netzwerke mehrerer aktiver Mitarbeitender, ergibt sich eine breite Gesamtbekanntheit für das Unternehmen. So kann z. B. ein SAP-Berater, der Einblicke in SAP-S/4HANA-Projekte postet, Tausende Follower erreichen – eine Reichweite, die klassische HR-Beiträge selten erzielen (höchstens in der HR-Community, aber eben nicht in der Zielgruppe, aus der Sie Ihre Talente sourcen möchten.

- **Nähe zur Community und Vertrauen**

  Wenn SAP-Profis ihre Erfahrungen und ihr Wissen teilen, entsteht eine besondere Nähe zur SAP-Community. Fachkräfte aus der Branche hören eher auf authentische Stimmen »aus ihrer Mitte« als auf geschönte PR-Botschaften. Mitarbeitende werden zu glaubwürdigen Botschafter*innen für die Marke, weil Menschen Empfehlungen von »jemandem wie du und ich« mehr vertrauen als Hochglanz-Statements von Vorständen.

  Diese Authentizität schafft Vertrauen in die Arbeitgebermarke. Potenzielle Bewerbende oder Kunden nehmen das Unternehmen durch Mitarbeiterstorys als greifbar und sympathisch wahr. Eine SAP-Entwicklerin, die über innovative SAP-Lösungen in ihrem Projekt bloggt, macht auch das eigene Unternehmen nahbarer, was wiederum dessen Attraktivität als Arbeitgeber und Dienstleister steigert. Marla Alschweiki, über die ich in Kapitel 10, »Female Recruiting: Gezielte Ansprache von Frauen in der IT«, berichte, ist hierfür ein tolles Beispiel.

- **Authentische Darstellung von Projekten und Kultur**

  Personal Branding erlaubt einen ungefilterten Einblick in die Arbeitswelt der SAP-Consultants. Mitarbeitende können konkrete Projektstorys, Erfolge und sogar Herausforderungen teilen. Diese Berichte vermitteln ein authentisches Bild der Unternehmenskultur und Arbeitspraxis, das über das in Hochglanzbroschüren vermittelte Bild hinausgeht. Beispielsweise könnte eine Beraterin auf LinkedIn schildern, wie ihr Team ein SAP-S/4HANA-Modul beim Kunden implementiert hat und was sie dabei lernen konnte. Solche Beiträge erzählen realistische Erfolgsgeschichten und unterstreichen zugleich die Werte und Expertise des Unternehmens. Für das Employer Branding ist das Gold wert. Die Kommunikation von innen nach außen, also durch die Stimmen der eigenen Belegschaft in die Community, macht die Marke glaubwürdig und konsistent.

  SAP selbst hat diese Strategie erfolgreich genutzt, indem das Unternehmen Mitarbeiterstorys (Life at SAP) zum Kern der Markenkommunikation machte.

- **Expertenstatus und Thought Leadership**

  Postende SAP-Consultants profilieren sich als Thought Leader in ihrem Fachgebiet. Durch regelmäßiges Teilen von Know-how (z. B. zu neuen SAP-Cloud-Architekturen, zur ABAP-Programmierung oder zu ihren Erfahrungen mit SAP Fiori) bauen sie einen Expertenstatus auf.

  Im SAP-Kontext entstehen so SAPfluencer , also angesehene Community-Mitglieder, deren Fachmeinung Gewicht hat. Davon profitieren beide Seiten: Die Person steigert ihren Marktwert und erhält direkte Anfragen für Projekte oder Jobangebote, und das Unternehmen gewinnt an Reputation, wenn es solche Köpfe in den eigenen Reihen hat. Ein Consulting-Unternehmen mit vielen publizierenden SAP-Profis wird als innovativ und kompetent wahrgenommen. Außerdem ziehen diese Thought Leader Talente an: Ambitionierte Nachwuchskräfte möchten lieber mit anerkannten Fachleuten zusammenarbeiten, was die Personalgewinnung erleichtert.

- **Budget einsparen**

  Unternehmen mit sichtbaren Mitarbeitenden erhalten deutlich mehr Bewerbungen. Jeder Share und Like eines Mitarbeiterbeitrags ist im Grunde kostenloses Marketing für Unternehmen. Wenn SAP-Consultants ihre Arbeitgeber positiv erwähnen oder Erfolge teilen, erhöht das die organische Reichweite in sozialen Netzwerken erheblich. Für SAP-Dienstleister mit begrenztem Marketingbudget ist dies attraktiv. Personal Branding kann die Abhängigkeit von Paid Ads reduzieren und zugleich qualifizierte Kontakte (Leads) liefern. Auch die Qualität der eingereichten Bewerbungen wird sich verbessern: Interessenten infolge von persönlichen Posts vertrauen der Firma bereits, was zu höheren Konvertierungsraten führt.

Sichtbarkeit für das ganze Ökosystem

Zusammengefasst bietet SAPfluencing die Chance, das Unternehmen von innen heraus positiv darzustellen. Aufmerksamkeit, Reichweite, Interaktion und Engagement können gesteigert werden. Zudem zahlt die Sichtbarkeit von einzelnen auf die des ganzen Systems ein. Und auch neue Talente werden durch Instagram oder YouTube erstmalig mit der Botschaft erreicht, dass der SAP-Kosmos ein einzigartiges Job-Ökosystem ist.

6.3.2 Risiken von Personal Branding

Herausforderungen und Risiken

Allerdings sind diese Vorteile nur realisierbar, wenn gewisse Rahmenbedingungen stimmen. Im Folgenden betrachten wir die Kehrseite, also die Risiken und Herausforderungen, die mit ungebremstem Marketing von Mitarbeitenden einhergehen können:

- **Kontrollverlust über die Kommunikation**

  Wenn SAP-Mitarbeitende eigenständig Inhalte posten, entzieht sich dies der vollen Kontrolle durch Corporate Communications oder HR. Klassische Abstimmungs- und Freigabeprozesse greifen hier kaum. Die Authentizität verlangt, dass Corporate Influencer ihre eigenen Worte wählen und nicht nach Pressetext klingen. Aus Sicht des Arbeitgebers bedeutet das weniger Kontrollmöglichkeiten in der Außenkommunikation. Unternehmenskommunikatoren, aber auch Geschäftsführer oder Management empfinden dies oft als Risiko, da Botschaften ungefiltert nach außen gehen. Auch wenn Mitarbeitende weisungsgebunden sind, lassen sich spontane Posts in sozialen Netzwerken praktisch nicht lückenlos redaktionell steuern. Das erfordert ein Umdenken im Kommunikations-Mindset.

- **Unsicherheit bei Tonalität und Inhalten**

  Jeder Mensch hat seinen eigenen Kommunikationsstil. Was passiert, wenn ein SAP-Consultant in den sozialen Medien einen unpassenden Ton trifft oder interne Informationen teilt, die nicht zur offiziellen Markenbotschaft passen? Beispielsweise könnte ein Entwickler aus Begeisterung technische Details eines Projekts posten, die eigentlich vertraulich oder für Laien missverständlich sind. Abstimmungsprobleme sind vorprogrammiert, wenn Mitarbeitende eigenmächtig kommunizieren. Die Firmenmarke könnte verzerrt dargestellt werden, falls die Markenwerte nicht richtig rüberkommen.

  Hinzu kommt die rechtliche Unsicherheit. Im schlimmsten Fall löst ein unbedachter Post einen Shitstorm oder PR-Skandal aus – eine Angst, die viele Unternehmensleitungen umtreibt. Zwar können geschulte und eingebundene Corporate Influencer lernen, was sie besser nicht posten, ein Restrisiko bleibt jedoch immer. Dies gilt insbesondere, wenn wir uns in einer Zwischenwelt zwischen Privatem und Beruflichen bewegen. Die meisten SAPfluencer posten Privates in ihrer privaten Zeit, nutzen aber LinkedIn auch geschäftlich. Sie sind keine eigentlichen Corporate Influencer, denn sie machen beruflich ja etwas gänzlich anderes. Und dennoch haben diese Menschen mehrere Tausend Follower.

  Wenn aus Versehen vertrauliche Kundendaten oder Insiderwissen veröffentlicht werden, kann das juristische Konsequenzen nach sich ziehen. Die Balance zu finden zwischen der authentischen Stimme und der Wahrung der Unternehmensinteressen ist daher eine heikle Herausforderung.

- **Konfliktpotenzial mit internen Richtlinien und nicht involvierten Teammitgliedern**

  Klassische Corporate-Communication-Abteilungen arbeiten mit Freigabeschleifen, Corporate-Design-Vorgaben und einheitlicher Tonalität. Diese starren Vorgaben stoßen jedoch beim Personal Branding an ihre Grenzen. Versucht man, die hier aktiven Mitarbeitenden an Sprachregelungen und Styleguides zu binden, verliert deren Kommunikation an Glaubwürdigkeit – also genau an dem, was man eigentlich gewinnen will. Ein zu enges Reglement wirkt sich also kontraproduktiv aus und kann zu Frust auf beiden Seiten führen: Die Influencer fühlen sich gegängelt, die Kommunikationsabteilung fühlt sich übergangen.

  Oft fällt es Verantwortlichen schwer, den nötigen Mindset-Switch zu vollziehen. Wichtig ist daher, intern klar zu kommunizieren, warum bestimmte Personen posten und wie diese Aktivität dem Unternehmen nützt – sonst entstehen bei nicht involvierten Teammitgliedern leicht Vorurteile (»Die daddeln nur auf LinkedIn herum«) oder Neid in Bezug auf die Sichtbarkeit. Vergleichbare Aussagen habe ich in den vergangenen Monaten häufiger gehört, wenn Mitarbeitende auf einmal sichtbarer wurden als ihre Chefs. Ohne Rückhalt im Management und im Team, kann Personal Branding zu einem Streitpunkt werden.

- **Unklare Abgrenzung von Arbeitszeit**

  Ein praktisches Problem ist die Frage, wann und wie oft Mitarbeitende im Rahmen des Personal Brandings aktiv sein dürfen. Das Kommentieren, Bloggen und Posten geschieht häufig während der Arbeitszeit, was im traditionell arbeitenden Management eher skeptisch beäugen. Ein SAP-Berater, der vormittags einen langen Fachartikel schreibt oder ausgedehnt in Foren diskutiert, wird mancherorts als weniger produktiv wahrgenommen. Hier prallen alte und neue Arbeitsbilder aufeinander: Techie vs. Thought Leader. Fortschrittliche Unternehmen erkennen Posting und Community-Arbeit als Teil der Rolle eines modernen Consultants an – ähnlich wie Networking oder Weiterbildung. Andere Unternehmen hingegen bewerten das Influencing als Ablenkung von der »eigentlichen Arbeit«. Diese Kulturfrage muss jedes SAP-Unternehmen für sich klären.

  Unternehmen müssen akzeptieren, dass sie die Deutungshoheit über ihre Marke teilweise abgeben müssen. Wenn Unternehmen aktive und sichtbare Mitarbeitende aus den SAP-Teams auffordern, sich zurückhalten, könnten diese im schlimmsten Fall das Unternehmen verlassen, weil sie sich nicht unterstützt fühlen – und das auch noch laut und reichweitenstark der Community mitteilen.

- **Gefahr des Netzwerk-Verlusts bei Jobwechsel**

  Ein weiterer kritischer Aspekt: Was passiert, wenn ein bekannter Personal-Branding-Akteur oder eine Akteurin das Unternehmen verlässt? In der SAP-Branche ist Fluktuation nicht unüblich; Consultants wechseln zu Kunden, zu anderen Beratungen oder arbeiten selbstständig. Wenn ein SAP-Consultant mit großer Fangemeinde kündigt, nimmt er sein Netzwerk mit. Die Follower folgen ihm oder ihr persönlich, nicht primär wegen des (ehemaligen) Arbeitgebers. Für das verlassene Unternehmen bedeutet das einen Verlust an Reichweite und Einfluss. Mühsam aufgebaute Kontakte und Community-Bindungen sind dann nicht mehr ohne Weiteres nutzbar.

  Diese Gefahr lässt sich kaum vollständig eliminieren, aber man kann sie mindern. Zum einen sollten Unternehmen darauf achten, dass das Personal Branding im Team breit aufgestellt, also auf mehrere Köpfe verteilt ist. Stützt sich die gesamte Strategie auf eine einzige Leuchtturm-Person, trifft ein Weggang besonders hart. Besser ist es, mehrere Mitarbeitende als Corporate Influencer aufzubauen, sodass die Markenpräsenz auf mehreren Schultern ruht. Zum anderen kann ein kluges Alumni-Management helfen: Ehemalige Mitarbeitende, die als SAPfluencer aktiv bleiben, können weiterhin als indirekte Botschafter*innen wirken, wenn man in gutem Kontakt bleibt und Kooperationen (z. B. Gastbeiträge) ermöglicht, trotz Arbeitgeberwechsel. Dennoch bleibt ein Jobwechsel ein kritisches Szenario.

Risiko intern offen ansprechen

Wichtig ist, die genannten Risiken intern offen anzusprechen und vertragliche sowie kulturelle Lösungen zu finden. Sie können z. B. *Social Media Guidelines* aufstellen. Ein solches grundlegendes Richtlinienwerk hilft allen Beteiligten. Darin sollte geregelt sein, was vertraulich ist und nicht gepostet werden darf (z. B. Kundendaten, interne Forecasts), welche Tonalität gewünscht ist (professionell, respektvoll, keine politischen/extrem kontroversen Inhalte usw.) und wie im Ernstfall (Shitstorm oder Fehlpost) zu verfahren ist. Diese Guidelines sollten primär rechtliche Klarheit schaffen (Was ist erlaubt? Was verletzt die Compliance?) und nicht jede inhaltliche Kleinigkeit diktieren.

Brücken in die Community

Personal Branding im SAP-Kontext bietet eine spannende Möglichkeit für Ihr Recruiting. Postende SAP-Consultants können Reichweite, Authentizität und Vertrauenswürdigkeit einer Arbeitgebermarke erheblich steigern. Sie schlagen Brücken in die Community und verleihen der oft abstrakten SAP-Welt ein menschliches Gesicht. Insbesondere in der SAP-Beratung, wo Fachkräfte rar und Projekte komplex sind, kann dies den Unterschied machen, um Top-Talente und Kunden zu gewinnen. Wichtig ist, Employer Branding und Personal Branding nicht als Gegensätze, sondern als zwei Seiten derselben Medaille zu begreifen. Sie ergänzen sich und können gemeinsam eine robuste, zukunftsfähige Arbeitgebermarke formen.

6.4 Mitarbeitende als Recruiting-Botschafter*innen

Durch die Nutzung von Business-Netzwerken wie LinkedIn oder dem SAP Community Blog verschwimmt die Grenze zwischen Arbeitswelt und Privatleben zunehmend. Wenn SAP-Fachleute posten, kommentieren und sich vernetzen, entsteht Sichtbarkeit – nicht nur für die Person, sondern auch für deren Unternehmen. Diese Nähe zur SAP-Community, also zu anderen Consultants, Entwicklungsteams oder HR-Verantwortlichen, ist ein wertvoller Zugang für das Recruiting. Mitarbeitende, die sich mit ihrer Expertise positionieren, geben gleichzeitig einen Einblick in die Unternehmenskultur. Dieser Einblick ist niedrigschwellig, glaubwürdig und nahbar.

Ein Beitrag über einen spannenden Kundenfall oder eine neue SAP-Technologie wird gelesen, kommentiert und gespeichert. Das Unternehmen, für das die postende Person arbeitet, wird automatisch als das Umfeld, in dem solche Menschen arbeiten, gesehen. Besser kann Employer Branding nicht funktionieren.

Doch es braucht mehr als Sichtbarkeit: Erst wenn es eine Schnittstelle zum Recruiting gibt, z. B. durch die Verlinkung von Beiträgen auf Karriereseiten, Talente-Pools oder gezielte Empfehlungen, wird aus einem Like eine tatsächliche Bewerbung der eigenen Arbeitsplätze. Diese Touchpoints gilt es in Ihrem Recruiting-System auszuprobieren.

Bezug zur Candidate Journey

Ein oft unterschätztes Problem beim mitarbeitergetriebenen Marketing ist der fehlende Anschluss an die Candidate Journey. In der Personalbeschaffung beschreibt die Candidate Journey alle Phasen, die ein potenzieller Bewerber oder eine Bewerberin durchläuft – von der ersten Aufmerksamkeit bis zur Bewerbung und Einstellung. Wenn nun ein SAP-Consultant durch Personal Branding neue Follower gewinnt oder Menschen auf das Unternehmen aufmerksam macht, ist das zunächst positiv. Doch ein neuer Follower bleibt neutral, wenn er nicht in eine echte Beziehung zum Arbeitgeber überführt wird, sprich, wenn kein Übergang von der Social-Media-Interaktion zur konkreten Candidate Experience stattfindet. Auch mit dieser Recruiting-Maßnahme gilt es: Die Follower müssen in den Funnel gezogen werden (siehe auch Abschnitt 5.3, »Das Recruiting-Ziel im Blick: Content und Conversion«).

In der Praxis bedeutet dies: Die Reichweite muss strategisch in den Recruiting-Prozess eingebunden werden. Interessenten, die über LinkedIn-Posts oder Blogartikel auf das Unternehmen aufmerksam werden, sollten weiterführende Informationen leicht finden. Etwa könnten Mitarbeiterprofile konsequent auf offene Stellen oder Karriereseiten verweisen. Wenn eine SAP-Architektin einen spannenden Projektbericht postet, könnten in den Kommentaren Hinweise erfolgen wie »Mehr über unsere Arbeit und Einstiegsmöglichkeiten: Link zur Karriere-Seite«. Ohne solche Touchpoints verhallen viele Kontakte im Nichts. Followern, die begeistert die Inhalte eines SAPfluencers lesen, muss aktiv eine Brücke gebaut werden, damit sie zum nächsten Schritt im Recruiting-Prozess geführt werden.

[+]

Recruiting-Touchpoints für Ihre postenden Mitarbeitenden bereitstellen

Ein positives Image allein genügt nicht – es braucht klare *Call-to-Actions* und nahtlose Übergänge. Als Unternehmen können Sie vorgefertigte, aber personalisierte Inhalte bereitstellen, die direkt auf Karriereseiten oder auf sinnvolle nächste Kontaktpunkte verlinken, z. B. auf Fachveranstaltungen oder eigene Events. Stellen Sie dazu regelmäßig Inhalte wie einen Baukasten parat. Koordinieren Sie Ihre einzelnen Personal Brands zentral, z. B. in einem Jour fixe, und schaffen Sie eine interne Community.

6.5 Zusammenfassung

Employer Branding und Personal Branding gehören zusammen und ergänzen sich sinnvoll. Im Bereich Corporate Influencing ist jedoch einiges zu bedenken, damit aus Likes und Followern auch tatsächlich Bewerbungen folgen. Ein SAPfluencer ist nicht automatisch ein Recruiter. Über Kontaktpunkte und eine starke Arbeitgebermarke muss daher ein System geschaffen werden, das die Interessierte aktiv abholt.

Diese Zielgruppe weiß, was sie will:

- marktübliches Gehalt
- Entwicklung
- Kultur und Team
- Projekte
- je nach Lebensphase Vereinbarkeit bzw. Familienfreundlichkeit

- ein gewisser Homeoffice-Anteil
- bei Beratungen: Dienstwagen oder Mobilitätsangebote
- bei Anwenderunternehmen: Stand und Aktualität des SAP-Systems

[+]

Für Unternehmensgründung, motivierte Geschäftsführung und Nachfolge von SAP-Beratungsagenturen

Setzen Sie sich im Jahreszyklus oder bei Bedarf mit Ihrem Geschäftsmodell auseinander, um auch Ihre Positionierung als Arbeitgeber zu überprüfen. Wir selbst nutzen im Sinne einer Ist-Analyse regelmäßig *Business Model Canvas* (BMC), auch um mögliche Geschäftsmodellerweiterungen zu prüfen. Führen Sie selbst Evaluierungen durch, um zu verstehen, was Menschen antreibt, bei Ihnen zu bleiben oder zu Ihnen zu wechseln.

Kapitel 7

Der Auswahlprozess

In diesem Kapitel wird der Auswahlprozess unter die Lupe genommen. Denn tatsächlich scheitern viele Unternehmen nicht nur daran, Bewerbungen zu erhalten, sondern dabei, Menschen, die sich beworben haben, dazu zu bewegen, ein Angebot anzunehmen.

Wesentliche Schlüsselfaktoren des Auswahlprozesses werden in diesem Kapitel besprochen. Es sollten dabei immer wieder ein Perspektivwechsel und ein Hinterfragen der HR-Prozesse stattfinden, um weiterhin erfolgreich Mitarbeitende zu generieren. Sie finden in diesem Kapitel praxiserprobte Ansätze, mit denen sich Soft Skills, Fachwissen und technisch-methodische Kompetenzen im SAP-Recruiting gezielt und pragmatisch abgleichen lassen. Diese Methoden helfen Ihnen dabei, die Passung nicht nur anhand von Lebensläufen oder Standardfragen zu prüfen, sondern Kompetenzen der Kandidat*innen im Handeln, Denken und Entscheiden sichtbar zu machen. Sie lernen einige Tools und ein hilfreiches Vorgehen kennen, um unter vielen Lebensläufen die spannenden und vielversprechenden Profile zu erkennen. Dabei geht es vorwiegend darum, den Menschen hinter einem Lebenslauf kennenzulernen, um das richtige Match für Ihr Unternehmen zu finden. In diesem Kontext mache ich Sie auch auf die meines Erachtens wesentlichen Stolpersteine auf dem Weg hin zu neuen SAP-Talenten aufmerksam. Dazu zählen Biaseffekte ebenso wie Zeitfresser durch nicht zielführende HR-Prozesse. Auch um den Umgang mit Initiativbewerbungen soll es in diesem Kapitel gehen.

Bevor wir starten, notieren Sie gerne zunächst einmal, wie der Auswahlprozess aktuell bei Ihnen aussieht. Führen Sie dazu alle Kontaktpunkte ab dem Zeitpunkt auf, an dem der Lebenslauf in Ihrer Inbox oder auf anderem Weg bei Ihnen eintrifft:

1. ____________________
2. ____________________
3. ____________________
4. ____________________
5. ____________________

7.1 Matching: Vom Anforderungsprofil bis zum echten Menschen

Die Herausforderung im SAP-Recruiting besteht bei Fachpositionen oft nicht darin, zwischen vielen geeigneten Bewerbenden auszuwählen, sondern darin, überhaupt einen passenden Menschen zu finden. Es gibt zu viele Stellen, aber zu wenig SAP-Talente. Oder um es ganz direkt zu sagen: Das eigentliche Matching-Problem ist das Ungleichgewicht am Markt.

In Chancen denken

Historisch gesehen gab es zwar schon immer Engpässe, jedoch nicht in der heutigen Schärfe. In manchen Bereichen hat sich der Fachkräftemangel vervierfacht. Das verändert das gesamte Prinzip von Matching. Es reicht nicht mehr, Bewerbungen nur mit dem aktuellen Bedarf abzugleichen. Vielmehr muss in Chancen gedacht werden, also in möglichen Bedarfen, die in den nächsten Monaten absehbarerweise entstehen werden, sowie in Upskilling-Möglichkeiten, d. h. darin, welche Kompetenzen sich noch entwickeln lassen.

Perspektivisch Bedarf erschließen

Wenn ein SAP-Talent heute auf eine Stelle reagiert, diese Stelle jedoch ein anderes Skillset erfordert oder doch jemand anders die Zusage erhält, muss geprüft werden: Können wir für dieses Talent perspektivisch einen Bedarf erschließen? Können wir es jetzt schon einstellen und das Budget dafür zügig intern freigeben? Wenn das nicht geht, sollten Sie über einen Kanal, ein Tool oder ein Bewerbermanagement-System nachdenken, das es Ihnen ermöglicht, DSGVO-konform miteinander in Verbindung zu bleiben. Ein Karriere-Newsletter könnte eine Option sein. Aber auch eine separate Einwilligung zur Aufnahme in Ihren Talente-Pool, die nicht gekoppelt an die eigentliche Bewerbung ist (kein »Zwangs-Opt-in«), sowie transparente Informationen über die Verweildauer der Daten (meist 12 bis 24 Monate) und das jederzeitige Widerrufsrecht sind wichtig.

Verschärfende Faktoren

Zu der ohnehin angespannten Personallage kommen im SAP-Umfeld weitere Faktoren hinzu. Der SAP-Fachkräftemarkt steht vor einem massiven demografischen Wandel. In den nächsten 2 bis 5 Jahren werden viele erfahrene SAP-Consultants in den Ruhestand gehen. Als weiterer Faktor setzen die laufenden SAP-S/4HANA-Umstellungen das SAP-Recruiting unter Druck. Sie sorgen für tiefgreifende technologische und organisatorische Veränderungen und gehen mit einem zusätzlichen Ressourcenbedarf einher. Viele Unternehmen bauen bestehende Teams um, etablieren neue Rollenprofile oder suchen plötzlich Know-how zu Themen, die vorher gar nicht in ihrem Fokus standen.

Kommunikation ist gefragt

Auf dem Weg vom Anforderungsprofil über die Stellenanzeige bis zum echten Menschen bedeutet Matching daher heute vorwiegend eines: Kommunikation. Diese muss im Kennenlernprozess mit den Kandidat*innen, aber auch nach innen gerichtet, also mit Ihrem SAP-Team stattfinden. Wie Sie Ihr SAP-Team einbinden können, habe ich bereits in Abschnitt 4.2, »Vom Business Case zum Anforderungsprofil im Team-Workshop«, vorgestellt. In diesem Abschnitt soll es vor allem um eine neue Herangehensweise an das Thema Matching gehen.

[+]

Lebenslauf nicht unkommentiert weiterleiten

Leiten Sie einen Lebenslauf, der nicht vollständig zu Ihrem Anforderungsprofil passt, nicht unkommentiert an den Fachbereich weiter. Denn Sie haben sich bereits mit dem Menschen dahinter auseinandergesetzt. Fügen Sie einen kurzen Abstract mit Ihrer Einschätzung in Bezug auf die Kompetenzfelder hinzu und gehen Sie dabei auch darauf ein, welche Maßnahmen es aus Ihrer Sicht braucht, um die Person fit für die Rolle zu machen.

7.1.1 Der Drei-Sekunden-Blick auf den Lebenslauf? Ein Plädoyer für langsameres Wahrnehmen

Wer kennt sie nicht? Lebensläufe, die aus der Zeit gefallen sind. Dokumente, die typografisch schwierig gestaltet oder völlig überfrachtet sind. Sie werden häufig gedanklich erst mal auf den Stapel »später« gelegt. Lieber widmet man sich den leicht konsumierbaren Unterlagen, bei denen Formatierung, Klarheit und Selbstvermarktung stimmen.

Abstriche bei der Lebenslaufgestaltung

Viele Lebensläufe sind mit den Jahren schlicht »mitgewachsen«. Sie wurden vom ersten Berufsjahr an immer wieder ergänzt und nur selten grundlegend überarbeitet. Gerade Fachkräfte aus SAP-Entwicklung oder -Beratung sind selten versiert auf dem Gebiet moderner Lebenslaufgestaltung. Und warum auch? Ihr Können zeigt sich im Sparring mit den Kunden sowie in der technischen Lösungsfindung, nicht im perfekten Seitenlayout. Anders sieht es bei Projektleitungen oder leitenden Consultants aus: Dort finden sich häufiger gut aufbereitete Dokumente. Kein Wunder, denn sie dienen als Aushängeschild gegenüber Kunden und sind Teil der Positionierung nach außen.

In die Projektübersicht schauen

Genau deshalb lohnt sich für Sie der zweite Blick. Schauen Sie gezielt in die Projektübersicht. Gerade bei externen SAP-Consultants ist diese oft deutlich präziser und nach Corporate-Vorgaben gepflegt, weil sie darüber entscheidet, ob jemand in ein Projekt eingebunden wird oder eben nicht. In Anlehnung an Daniel Kahnemans Konzept des *langsamen Denkens* sollte der Blick auf den Lebenslauf Ihr Moment der bewussten Tiefe sein (Kahneman: »Schnelles Denken, langsames Denken«, Siedler Verlag 2012): Sie sollten dabei nicht vorschnell urteilen, sondern gezielt prüfen, was jenseits des ersten Eindrucks steckt. So finden Sie die Profile, die andere vielleicht übersehen und die Sie für Ihr Unternehmen gewinnen können.

Schnelles und langsames Denken

Ein ausgewogenes Zusammenspiel von schnellem und langsamem Denken ermöglicht es, effizient zu arbeiten und dennoch fundierte Entscheidungen zu treffen. Nutzen Sie beide Denkweisen, um die besten Talente für Ihr Unternehmen zu gewinnen. Im SAP-Recruiting ist es entscheidend, sowohl schnelle Entscheidungen zu treffen, etwa beim Active Sourcing, als auch tiefgehende Analysen vorzunehmen. Daniel Kahnemans Konzept des schnellen und langsamen Denkens bietet hierfür wertvolle Einsichten. Er unterscheidet zwischen zwei Denkweisen:

- **Intuitives Denken**

  Schnell, automatisch und emotional. Es ermöglicht rasche Entscheidungen, kann jedoch zu voreiligen Schlüssen führen.

- **Analytisches Denken**

  Langsam, überlegt und logisch. Es erfordert mehr Anstrengung, führt aber zu fundierteren Entscheidungen.

Die folgenden zentralen Erkenntnisse aus Kahnemans Werk sind für das SAP-Recruiting besonders relevant:

- **Kognitive Verzerrungen beeinflussen Urteile**

  Unser Gehirn nutzt Heuristiken (mentale Abkürzungen), die zwar effizient sind, aber auch zu systematischen Fehlern führen können. In Abschnitt 7.3.1, »Fallstrick ›Gehalt‹«, finden Sie hierzu einige Beispiele aus dem Recruiting-Alltag.

- **Bewusstes Nachdenken verbessert Entscheidungsqualität**

  Indem wir uns automatischer Denkprozesse bewusst werden und gezielt das analytische Denken aktivieren, können wir Fehlurteile vermeiden. Dies ist besonders wichtig, wenn erste Eindrücke trügen oder zusätzliche Informationen berücksichtigt werden sollten.

Für das SAP-Recruiting bedeutet dies:

- Schnelle Einschätzungen können hilfreich sein, sollten aber durch gründliche Analysen ergänzt werden.
- Unscheinbare Bewerbungen können verborgene Talente enthalten. Ein genauerer Blick lohnt sich.
- Bewusstes Hinterfragen eigener Urteile führt zu besseren Entscheidungen im Auswahlprozess.

Durch die Anwendung dieser Erkenntnisse können Sie fundiertere Entscheidungen treffen und die besten Talente für Ihr Unternehmen gewinnen. Verzichten Sie nicht auf eine intuitive Einschätzung, zwingen Sie sich aber auch zu einem stärker analytischen Bewerten der Bewerbungsunterlagen. Notieren Sie etwa die Kompetenz-Gaps, die Sie wahrnehmen, und welche Maßnahmen Sie jeweils ergreifen würden, um sie zu schließen.

7.1.2 Upskilling mitdenken

In diesem Abschnitt möchte ich noch einmal explizit auf das Thema *Upskilling* und die Bedeutung von Kompetenzen während des Auswahlprozesses eingehen. Bei diesem Thema unterscheide ich zwei typische Fälle:

- **Fall 1: Rekrutierung »auf Linie«: Ein SD-Consultant bewirbt sich als SD-Consultant**

  Dies ist der klassische Fall: Sie schreiben z. B. eine Rolle als SAP-SD-Consultant in Ihrem Anwenderunternehmen aus, und es bewirbt sich eine Person mit genau diesem Profil, ebenfalls aus einem Anwenderunternehmen. In so einem Fall ist die Situation klar: Sie wissen zwar vielleicht noch nicht, ob die Chemie stimmt, aber dafür gibt es ja den Kennenlernprozess. Fachlich und technisch dürften Anforderung und Bewerberprofil jedoch sehr dicht beieinanderliegen.

  In so einem Fall genügt ein schneller Blick auf das Profil, um den Auswahlprozess zügig zu starten, z. B. durch eine Einladung zum Gespräch.

- **Fall 2: Rekrutierung auf der nächsten Karrierestufe**

  Der zweite Fall ist meiner Einschätzung nach deutlich häufiger und oft komplexer. Es findet ein Rollenwechsel innerhalb des SAP-Kosmos statt. Es handelt sich bei solchen Profilen nicht um einen Quereinstieg, sondern um Bewerbungen für die nächste logische Karrierestufe.

  Sie schreiben z. B. die Rolle eines Solution Architects aus, und es bewirbt sich eine erfahrene Anwendungsentwicklerin. In diesem Fall stellt sich die Frage: Kann diese Person Solution Architect werden?

An diesem Punkt ist es wichtig, die typischen Karrierepfade im SAP-Bereich zu kennen. So ist es z. B. durchaus üblich, dass sich SAP-Entwickler*innen zu Solution Architects weiterentwickelt. Das ist ein attraktiver nächster Karriereschritt für Personen, die mehr Verantwortung übernehmen, das große Ganze im Blick haben und sich stärker mit Lösungen statt nur mit der technischen Umsetzung beschäftigen möchten.

Auf dem Papier wirken die Rollen im zweiten Fall oft vollkommen unterschiedlich. Ein reines Matching anhand einer Checkliste ergäbe vielleicht nur 50 % Übereinstimmung. Tatsächlich können es aber 80 % sein, wenn die Motivation hoch ist und der nächste Schritt bewusst gewählt wurde. Das können für Sie starke Argumente sein, eine Person einzustellen.

Herausfordernd für SAP-Recruiting-Nachwuchs

Gerade für Personen, die noch nicht so lange im SAP-Recruiting arbeiten, ist der zweite Fall jedoch herausfordernd. Meine Empfehlung lautet daher: Ziehen Sie in solchen Situationen z. B. Solution Architects aus Ihrem Unternehmen zum Gespräch hinzu. So bekommen Sie ein klareres Bild davon, welche Qualifikationen die Rolle bei Ihnen tatsächlich erfordert. Sollte die Rolle ganz neu bei Ihnen sein, suchen Sie auch außerhalb Ihrer Organisation das Gespräch rund um diese Rolle.

[+]

Was macht ein SAP Solution Architect?

Wenn Sie beispielsweise verstehen möchten, was ein Solution Architect im SAP-Umfeld macht, empfehle ich Ihnen Folge 21 des Podcasts »SAP Sommeliers«, »SAP Solution Architect – Worauf kommt es an? Michael Brinkmann zu Gast«.

Hybride Rollenmodelle

Ein weiteres Beispiel für Fall zwei: Eine SAP-Entwicklerin aus einem Anwenderunternehmen bewirbt sich auf eine Beraterrolle bei einem Partnerunternehmen. Auf dem Papier passt das vielleicht nicht, technisch ist aber häufig ausreichend Wissen vorhanden, um die neue Rolle zu erfüllen. Im Auswahlprozess sollte es darum gehen, zu verstehen, warum diese Person Beraterin werden will. Ein wichtiges Stichwort hier ist die Beratungshaltung. Auch hybride Rollenmodelle könnten in diesem konkreten Beispiel eine gute Weiterentwicklungsmöglichkeit sein, also eine Einstellung als beratende Entwicklerin.

Downsizing

Als letztes Beispiel, das für viele überraschend sein mag, möchte ich auf ein bewusstes Downsizing hinweisen. Es gibt SAP-Fachkräfte, die Führungsverantwortung übernommen haben, dann aber merken, dass sie sich wieder stärker in ihre Fachthemen einbringen möchten. Diese Menschen wissen sehr genau, was sie wollen. Und auch das kann »mehr Verantwortung« bedeuten, etwa durch stärkeren Methodeneinsatz oder stärkeres Einbringen der eigenen Fachexpertise. Das Beispiel von Paulina Sperling in Abschnitt 10.7, »Erfolgsgeschichten von Frauen in SAP-Positionen«, illustriert diesen Weg sehr gut.

Abhängig davon, ob es um eine Besetzung auf Linie oder auf dem nächsten Karrierelevel geht, sollte der Kennenlernprozess leicht angepasst werden, damit Sie in seinem Rahmen entscheiden können, ob die fehlenden Kompetenzen nachgeschult werden können.

[zB]

Drei Juniors ersetzen keinen Senior

Ich möchte an dieser Stelle noch ein Thema ansprechen, das häufig unterschätzt wird. Wenn Sie in Ihrer Rolle zwingend eine erfahrene Fachkraft benötigen, sollten Sie auch gezielt danach suchen und keinen Junior einstellen, solange Sie nicht über ein gutes Programm verfügen, um Juniors wirklich auszubilden. Lesen Sie hierzu auch Kapitel 11, »SAP-Quereinstieg: Von der Anwendung zur Beratung«, und Kapitel 13, »SAP-Nachwuchstalente für sich gewinnen«.

Wenn Ihre Organisation aktuell noch nicht darauf ausgelegt ist, unerfahrene Teammitglieder strukturiert zu begleiten, ist es aus meiner Sicht nicht sinnvoll, Juniorkräfte einzustellen. Denn was passiert in der Praxis? Sie stellen eine Juniorkraft ein, die natürlich ein marktgerechtes Gehalt erwartet. Vorqualifizierte SAP-Junior-Fachkräfte werden heute nicht schlecht bezahlt, was Sie auch in den aktuellen Gehaltsbenchmarks ablesen können (siehe Anhang G). Die Person kann jedoch noch nicht direkt produktiv arbeiten. Sie können ihr technisches Equipment bereitstellen, einen Zugang zum Hub geben und sagen: »Tob dich aus«, Das wird jedoch nicht reichen. Es braucht eine solide Grundausbildung, die Zeit kostet und zwingend erfahrene SAP-Teammitglieder involviert.

Benötigen Sie also einen Senior, etwa, weil Sie kurz vor einer SAP-S/4HANA-Umstellung stehen oder Ihre interne Kompetenz weggebrochen ist, sollten Sie dies auch ernst nehmen. In einem solchen Fall reicht ein Junior nicht aus. Und auch nicht zwei oder drei. Es handelt sich bei beiden Personenkreisen schlichtweg um völlig unterschiedliche Kompetenzen, Qualitäten und Erfahrungswerte. Wir beobachten derzeit bei einigen SAP-Partnerunternehmen, dass dieses Missverhältnis langfristig zu echten Problemen führt. Wenn keine Senior-Kompetenz mehr vorhanden ist, ist die Organisation irgendwann nicht mehr arbeitsfähig, ganz gleich, wie viele Juniors eingestellt wurden.

Wenn eine bestimmte Kompetenz für eine Rolle wirklich entscheidend ist, halten Sie also daran fest. Berufserfahrung lässt sich nicht durch Masse ersetzen. Und sie kann nicht »mal eben« erworben werden.

7.2 Positiv in Verbindung bleiben

Beziehungspflege als Recruiting-Strategie

Unternehmen scheitern heute nicht nur am Bewerbungseingang. Sie scheitern auch daran, mit Talenten in Kontakt zu bleiben. Personalberatungen sind trotz des Fachkräftemangels oft erfolgreicher, weil sie eines sehr gut beherrschen: die systematische Beziehungspflege. Der Talente-Pool sollte nicht nur als eine Bewerberdatenbank verstanden werden. Er ist ein lebendiges Netzwerk, das sich über Jahre aufbaut, gepflegt werden sollte und sich bei Bedarf reaktivieren lässt. In vielen Beratungen ist dieser Pool zwar an einzelne Personen im Recruiting geknüpft, was bei Fluktuation ein Risiko darstellt, doch das Prinzip dahinter lässt sich auch im Unternehmenskontext erfolgreich adaptieren.

Gute SAP-Talente bleiben oft nicht lange verfügbar. Wer also denkt, ein freundlicher Absagebrief reiche aus, verschenkt Potenzial. Stattdessen braucht es einen klaren Plan: Wie bleiben wir mit potenziell passenden, aber aktuell abgelehnten Bewerbenden in Kontakt? Wie können wir diesen Menschen ein echtes Zukunftsangebot ohne leere Versprechen machen? Orientieren Sie sich dabei ruhig an den Maßnahmen, die bei Personalberatungen gut funktionieren.

[+]

Was Unternehmen von Personalberatungen lernen können

Folgende Mittel können Sie sich bei erfolgreichen Personalberatungen abgucken:

- Führen Sie eine strukturierte Talente-Datenbank, die mehr sein sollte als ein Lebenslaufarchiv.
- Definieren Sie klare Kriterien, wann jemand als »Talent für später« markiert wird.
- Setzen Sie regelmäßige Kontaktimpulse (z. B. indem Sie über Updates zur Unternehmensentwicklung und Events informieren oder einen Newsletter verschicken).
- Achten Sie auf eine freundliche, individuelle Kommunikation auch nach der Absage – mit konkreter Perspektive, z. B.:

  »Aktuell können wir dir leider keine Stelle anbieten, wir machen aber im Oktober die neue SAP-Personalplanung und würden dich gerne grundsätzlich berücksichtigen. Sollen wir im August noch einmal telefonieren, wo du dann gerade beruflich stehst?«
- Zeigen Sie Bereitschaft, Prozesse bei Bedarf zu beschleunigen, wenn ein früher abgelehntes Talent erneut Interesse zeigt.

Im SAP-Kontext kann Beziehungspflege z. B. bedeuten, dass man nach Projektstarts noch einmal auf spannende Kandidat*innen aus dem Vorjahr zugeht. Oder dass man Rollen, die im Moment noch nicht ausgeschrieben sind, im Hinterkopf schon mit Kontakten aus dem Talente-Pool vorbesetzt.

7.3 Das Kennenlerngespräch auf Augenhöhe

Ich habe sehr viele Bewerbungsgespräche erlebt, gute, weniger gute und auch katastrophale. Teilweise wurden sie nur von der HR-Abteilung durchgeführt, teilweise nur von Personen aus dem Fachbereich, oder sie waren interdisziplinär besetzt. Manche dauerten nur wenige Minuten, weil das Gespräch ein- oder beidseitig vorzeitig abgebrochen wurde, für andere wurden extra Folgetermine verschoben, weil sie so spannend, aufschlussreich und zielführend waren.

Leitfaden im Anhang

In Anhang E habe ich einen Leitfaden für Sie zusammengestellt, an dem Sie sich orientieren können, um einen eigenen Grundriss für ein zeitgemäßes Kennenlerngespräch für Ihr Unternehmen zu entwickeln.

Kennenlernen auf Augenhöhe

Statt von einem Bewerbungsgespräch spreche ich lieber von einem Kennenlernen auf Augenhöhe. Die folgenden Kriterien machen hier den Unterschied:

- **Positionierung durch Gesprächskultur**

  Wie Sie Gespräche führen, ist Teil Ihrer Arbeitgebermarke. Wer souverän, offen und dialogbereit auftritt, vermittelt ein modernes Führungsverständnis und hebt sich ab.

- **Talente können mehr als Lebensläufe verraten**

  In einem echten Dialog zeigen Kandidat*innen mehr von dem, was sie motiviert, antreibt und ausmacht – jenseits der Stichwörter im Lebenslauf.

- **Frühzeitiges Erwartungsmanagement**

  Gegenseitiges Kennenlernen bietet Raum, um Erwartungen auf beiden Seiten klar zu benennen, bevor Missverständnisse entstehen.

Auf Folgendes sollten Bewerbende vorbereitet sein, und Sie können es von Ihrem Gegenüber erwarten:

- **Ausgeglichene Redeanteile**

  Ein gutes Gespräch lebt vom Austausch. Kandidat*innen sollten nicht nur Antworten geben, sondern auch selbst Fragen stellen und sich aktiv einbringen.

- **Vorbereitung zeigt Interesse**

  Erwartet wird, dass Bewerbende sich über das Unternehmen, die Rolle und über ihre Gesprächsbeteiligten informieren.

- **Fragen sind willkommen**

  Notizen dürfen gemacht und Fragen gestellt werden. Wer mitdenkt und Rückfragen einbringt, zeigt Engagement und verschafft sich selbst Klarheit.

Bewerbungsgespräche scheitern an der Struktur

Am häufigsten scheitern Bewerbungsgespräche an ihrer Struktur, der Vorbereitung und einem direkten Closing. Eine Prozesssteuerung sollte vorgeben, was genau nach diesem Gespräch passiert und wie dieser essenzielle Kontaktpunkt in das weitere Bewerbungsverfahren eingebettet ist. Sie sollten daher einen Gesprächsleitfaden erarbeiten, der speziell auf die Vakanzen im SAP-Team zugeschnitten ist und an dem sich sowohl HR als auch der Fachbereich orientieren können. Gerade Anwenderunternehmen, aber auch SAP-Partnerunternehmen können in dieser Hinsicht von Personalberatungen lernen oder geeignete Vorgehensweisen adaptieren. Kopieren Sie meinen Vorschlag in Anhang E nicht 1 : 1, sondern entscheiden Sie, welche Teile für Sie passen, welche vielleicht gar nicht und was Ihnen fehlt. Formulieren Sie Ihre Gesprächsleitplanken auch gerne ganz anders, nutzen Sie jedoch unbedingt eine SAP-spezifische Struktur, um das Gespräch optimal zu nutzen, eine tolle Wirkung beim Gegenüber zu erzeugen und an die notwendigen Informationen zu kommen, um im Anschluss eine Entscheidung treffen zu können, wie Sie weiter verfahren möchten. Am besten versehen Sie den Lebenslauf dazu mit Notizen oder formulieren Ihre Gedanken dazu auf andere Weise schriftlich im Vorfeld.

Keine Prüfungssituation

Ein Vorstellungsgespräch muss keine Prüfungssituation sein. Wenn Sie SAP-Fachkräfte auf Augenhöhe gewinnen möchten, lohnt es sich, das Gespräch als gegenseitiges Kennenlernen zu gestalten. Wer zuhört, erfährt mehr, und wer seine Kultur erlebbar macht, gewinnt nicht nur Talente, sondern auch Vertrauen. Damit machen Sie aus einem Interview eine echte Begegnung und aus einem potenziellen Mitarbeiter oder einer potenziellen Mitarbeiterin vielleicht schon bald einen loyalen Mitgestalter oder -gestalterin.

[+]

Ablauf Ihres Kennenlerngesprächs

Formulieren Sie FAQs auf Ihrer Karriereseite und fügen Sie wesentliche Aussagen zu dem Ablauf Ihres Kennenlerngesprächs und dazu, wie sich die Kandidat*innen bestmöglich vorbereiten können, der Einladung zum Termin hinzu, damit diese wichtigen Informationen nicht versehentlich untergehen. Am besten fügen Sie noch die Namen und Rollen der Teilnehmenden sowie ihre LinkedIn-Profile hinzu, falls diese genutzt werden, verbunden mit der Einladung, sich bereits dort zu vernetzen. Das baut Vertrauen auf und ermöglicht die fachliche Vorbereitung. Und Sie bleiben unabhängig vom Ausgang des Bewerbungsprozesses mit den SAP-Talenten in lockerer Verbindung.

7.3.1 Fallstrick »Gehalt«

Umgang mit Gehaltswunsch

Ein häufiger Stolperstein im Auswahlprozess ist das Thema *Gehalt*, insbesondere dann, wenn es zu spät und zu unklar kommuniziert wird. Ich erlebe es immer wieder, dass die Gehaltsfrage erst ganz am Ende gestellt wird, nämlich dann, wenn die Zahl plötzlich im Arbeitsvertrag steht. Und selten stimmt diese Zahl mit dem Gehaltswunsch überein, den die Kandidatin oder der Kandidat ursprünglich angegeben hat. Das führt verständlicherweise zu Irritationen und in manchen Fällen sogar zum Abbruch des Prozesses. Dabei gibt es sicher gute Gründe, warum es zu einer Abweichung kommt, sei es durch interne Gehaltsbänder, Budgetgrenzen oder Unternehmensrichtlinien. Wichtig ist aber, dass Sie diese Gründe transparent machen. Wenn ein Gehaltswunsch angegeben wurde, sollten Sie ihn im Auswahlprozess aktiv aufgreifen. Und wenn es Abweichungen gibt – egal ob nach unten oder nach oben –, sollten Sie erklären, wie Sie zu dieser Eingruppierung kommen. Legen Sie offen, wie Ihre Gehaltsstruktur funktioniert, in welches Band die Person bei Ihnen fällt und warum das so ist.

Rechnen Sie das Jahreszielgehalt vor

Kommt es zu größeren Differenzen, müssen Sie ins Gespräch gehen. Verstehen Sie, warum jemand eine bestimmte Zahl genannt hat, und erklären Sie auch, wie sich Ihr Angebot zusammensetzt. Gibt es variable Bestandteile? Ein Firmenfahrzeug? Andere Benefits? Rechnen Sie es vor – ganz konkret. Was bleibt am Ende netto übrig? Wie wird ausgezahlt? Was bedeutet das realistisch im Alltag für die Person? Denn gerade hier gibt es viele Missverständnisse, einfach weil jede und jeder eine andere Vorstellung von Gehalt hat. Und wenn Sie merken, dass die Diskrepanz groß ist, treiben Sie den Auswahlprozess lieber nicht einfach weiter voran, sondern halten inne und suchen das Gespräch. Klären Sie die offenen Punkte oder unterbrechen Sie den Prozess gegebenenfalls auch offen und transparent. Das spart Zeit und verhindert Enttäuschungen auf beiden Seiten.

Ein zusätzlicher Hinweis: Ich empfehle Ihnen an dieser Stelle auch Kapitel 10, »Female Recruiting: Gezielte Ansprache von Frauen in der IT«. Frauen neigen im Durchschnitt häufiger dazu, sich unterhalb ihres Marktwerts einzuordnen. Hier lohnt es sich, genau hinzusehen und bei starker Qualifikation gegebenenfalls bewusst nach oben zu korrigieren. Denn wenn herauskommt, dass eine besser qualifizierte Frau im Team weniger verdient als ihr männlicher Kollege, beschädigt das nicht nur das Vertrauen, sondern auch die Arbeitgebermarke Ihres Unternehmens.

[+]

Marktgerechtes SAP-Gehalt ermitteln

Nutzen Sie zur Orientierung Gehaltsbenchmarks – zum Beispiel aus unserem großen SAP-Karriere-Report (siehe Anhang G). Noch besser: Arbeiten Sie mit eigenen, realistischen Erfahrungswerten aus Ihrem Unternehmen.

7.3.2 Das Job-Offering-Gespräch

Was das interne SAP-Recruiting zusätzlich von externen Personalberatungen adaptieren kann, ist meines Erachtens die Gesprächsführung. Alle Menschen in der Personalberatung, die ich kennengelernt habe, sind unabhängig von ihrem Schwerpunkt hier in den ersten Monaten bis Jahren durch eine harte Schule gegangen. Der Einstieg und das Traineeprogramm der größeren Personalberatungen verlaufen sehr strukturiert, klar und mit einer hohen Lernkurve. Vielleicht haben Sie in Ihrem Recruiting-Team auch bereits jemanden, der vorher bei einer der großen, namhaften Personalberatungen gearbeitet hat. Dann wissen Sie, was ich meine.

Kommunikative Prozesskontrolle

Wenn ein Talent seinen Lebenslauf geschickt und erstes Interesse an der ausgeschriebenen Stelle gezeigt hat, gilt es, am Ball zu bleiben und möglichst zu einem Match zu kommen, wenn Angebot und Nachfrage grundsätzlich zusammenpassen. Dies wird in großen Personalberatungen nicht dem Zufall überlassen. Kommunikative Prozesskontrolle auch und gerade im Kennenlernprozess nach dem Sourcing ist ein Erfolgsfaktor. (Parallel wird übrigens noch weiter gesourct, um die Wahrscheinlichkeit für einen Abschluss zu steigern.) Es geht dabei nicht darum, das Gegenüber zu überreden, denn dann würde der Deal in einer späten Phase oder direkt nach dem Eintritt ins Unternehmen platzen, und damit ist auch der Personalberatung nicht geholfen. Es geht vielmehr um ein Verkaufen des Jobs.

Job-Offering-Gespräch

Mit den folgenden Tipps können Sie Ihr Kennenlerngespräch als Job-Offering-Gespräch gestalten:

- **Gesprächseinstieg klar und professionell gestalten**

  Ein guter Einstieg schafft Vertrauen und gibt Orientierung. Teilen Sie etwas über sich mit. Nutzen Sie dafür gegebenenfalls den *Elevator Pitch* und geben Sie den Ball dann an Ihr Gegenüber weiter. Der Elevator Pitch kommt aus der Start-up-Szene. Die Idee dahinter ist, dass eine Gründerin im Aufzug (vielleicht nicht ganz) zufällig auf den gesuchten Investor trifft. Es bleiben 45 Sekunden oder eben 13 Stockwerke, um das Business-Angebot vorzutragen. Beim Elevator Pitch muss also wirklich jedes Wort sitzen. Und das erfordert etwas Übung im Vorfeld.

- **Intelligente Struktur statt reinem Bauchgefühl**

  Gespräche mit Kandidat*innen lassen sich mit einer klaren Gesprächsstruktur zielführend gestalten. Hier empfehle ich als Orientierung den Interviewleitfaden aus Anhang E.

- **Kennen Sie Ihre Jobs und machen daraus Storys**

  Sollte es sich um eine Initiativbewerbung handeln, sollten Sie möglichst den passenden Job und weitere Möglichkeiten kennen. Reduzieren Sie Ihre Jobs nicht auf das jeweilige Anforderungsprofil, sondern heben Sie das Einzigartige und Spannende für Ihre Bewerbenden hervor. Sie müssen inhaltlich verstehen, was in Ihren SAP-Jobs gefragt ist. Fragen Sie dazu z. B. den Fachbereich, was die derzeit spannendsten drei Projekte dieser Rolle sind. Geben Sie dies dann in eigenen Worten wieder.

- **Commitment**

  Signalisieren Sie, dass Sie gemeinsam am nächsten Karriereschritt arbeiten und dass auch Ihre Zeit wertvoll ist. Sie müssen Verbindlichkeit zeigen und herstellen, um einen Abbruch oder Ghosting im Vorfeld zu vermeiden.

- **Einwände respektvoll behandeln**

  Begegnen Sie Widerständen empathisch und auf Augenhöhe, statt um jeden Preis zu überzeugen oder zu verkaufen.

- **Abschlussdenken beginnt früh (Closing)**

  Das Closing ist meines Erachtens gerade am Ende des Gesprächs zentral, etwa, indem Sie sich direkt auf einen Folgetermin festlegen und Ihrem Gegenüber erklären, wann was als Nächstes passiert.

[+]

Üben Sie den Elevator Pitch für Ihre Rolle im SAP-Recruiting

Sie haben 30 oder 60 Sekunden Zeit, um sich selbst vorzustellen, Ihre Rolle zu skizzieren und Ihre Expertise zu vermitteln. Das ist gar nicht so leicht. Nachdem Sie das ein paar Mal geübt haben, empfehle ich den Kameratest. Stellen Sie Ihr Handy, wenn möglich, auf ein Stativ und heften Sie sich ein Ansteckmikro an. Bei weniger Equipment filmen Sie sich einfach nur mit dem Handy – und legen los. Beim ersten Mal klappt es in der Regel nicht. Versuchen Sie es daher mit etwas Zeitversatz noch einmal, und dann noch ein weiteres Mal. Nach diesen Durchgängen werden Sie sich sicherer fühlen. Auch auf Events und Messen werden Sie von diesem Üben profitieren.

7.4 Technische Tests und Fallstudien zur Überprüfung von SAP-Kompetenzen

Perspektive der Zielgruppe

Wenn wir über Candidate Centricity sprechen, sollten wir uns die Frage stellen, wie ein Überprüfen von SAP-Kompetenzen im Kennenlerngespräch beim Gegenüber ankommt. Ob solche Tests positiv oder negativ wahrgenommen werden, hat viel mit der Zielgruppe zu tun und damit, auf welchem Erfahrungslevel wir uns bewegen.

IQ-Test schwer zu vermitteln

Psychologische Studien zeigen, dass Intelligenztests mit einer sehr großen Wahrscheinlichkeit richtig liegen und auch erfolgreich Talente herausfiltern können. Menschen, die in diesen Tests gut oder sogar überdurchschnittlich abgeschnitten haben, haben beruflich im Durchschnitt mehr Erfolg. Aber wie wollen Sie einem erfahrenen SAP-Prozessberater FI-CO, der zuvor eine Abteilung geleitet hat, glaubwürdig und sinnhaft vermitteln, warum er einen IQ-Test machen sollte? Ich jedenfalls sehe solche Tests nicht wirklich als eine Option an.

Fallstudien und technische Prüfungen

Andere Messverfahren sind bei Weitem nicht so erfolgreich in der Vorhersage des beruflichen Erfolgs, obwohl es allerlei Anbieter gibt, die auch recht kostspielig sein können. Sie können aber die Kraft Ihres SAP-Teams nutzen und eigene »Tests« durchführen, die ich dann jedoch anders bezeichnen würde.

- **Fallstudien**

  Es lohnt sich, zugeschnitten auf das Karrierelevel fachliche Aufgaben erledigen zu lassen. Zu solchen Fallstudien habe ich bisher kein negatives Feedback von Kandidat*innen bekommen, ganz im Gegenteil. Haben Sie z. B. einen bestimmten Anwendungsfall beim Kunden zu besprechen, der typisch für diese Rolle wäre, können Sie die Kandidatin oder den Kandidaten mit ein paar Tagen Vorlauf und einer konkreten Aufgabenstellung bitten, sich dazu Gedanken zu machen. Sie können sich auch eine 15-minütige Präsentation wünschen und dazu mehr oder weniger Rahmenbedingungen mitgeben. Ist der Fachbereich in die Präsentation involviert, kann er gegebenenfalls für Rückfragen zur Verfügung stehen.

- **Technische Prüfung**

  Wenn eine bestimmte Coding-Aufgabe gelöst werden soll, kann diese, selbst wenn sie nicht so erfolgreich gemeistert wurde, doch der Einstiegspunkt für ein fachliches Gespräch über die Aufgabe und den gewählten Lösungsansatz bilden. Die Kandidatin oder den Kandidaten über die Option erzählen zu lassen, die sie oder er gewählt hat, kann sehr fruchtbar sein. Manchmal führt es auch dazu, dass die Bewerbenden ganz unmittelbar erfahren, dass die angedachte Rolle doch noch eine Nummer zu groß ist.

Wichtig ist, dass die Fachaufgabe auch vom Fachbereich gestellt wird. Ich würde davon abraten, bewusst Druck zu erzeugen. Die Situation ist schon aufregend genug, und Sie wollen ja im Kennenlernprozess nicht für Verunsicherung sorgen, sondern psychologische Sicherheit herstellen. Auch die Reflexion im Anschluss rund um die Lösungsfindung und die Wunschlösung sollte genug Zeit bekommen. Nach dem Lösen der Aufgabe kann diese in das weitere Kennenlernen eingebettet werden – schließlich sind wir nicht in der Schule, sondern kommen zusammen, um über eine positive gemeinsame Zukunft zu entscheiden.

[+]

Noch mehr Möglichkeiten im Auswahlprozess

Als Fachaufgabe könnte auch das Formulieren eines LinkedIn-Posts oder Blogbeitrags zu einem fachlichen Thema dienen. Ein solcher Beitrag wäre eine tolle Gesprächsgrundlage für das zweite Gespräch (das Follow-up) und eine hervorragende Möglichkeit, mit der die Bewerbenden sich auf sicherem Terrain bewegen. Vielleicht vereinbaren Sie auch direkt, diesen Beitrag in Ihren Content-Plan aufzunehmen, falls er sich eignet.

Kennenlerntag

Der Kennenlerntag wird von manchen Unternehmen so großartig gestaltet, dass die Personen, die es bis zu diesem Punkt geschafft haben, allesamt im Unternehmen anfangen möchten. Ein solcher Kennenlerntag ist für Unternehmen eine tolle Gelegenheit, ihre Kultur ganz direkt erfahrbar zu machen. Sie können entweder einen ganzen oder einen halben Tag planen, z. B. mit einem Ausklang bei einem gemeinsamen Mittagessen. Mein Vorschlag ist ein halber Tag, dann brauchen sich die Bewerbende nicht unbedingt einen ganzen Tag freizunehmen, und auch Ihre Abläufe werden nicht so stark unterbrochen. Ziel dieses Tages sollte das Kennenlernen zentraler Personen in Ihrem Unternehmen sein, die rund um die gesuchte Rolle relevant sein. Einen solchen Kennenlerntag kann man auch für eine einzelne Person durchführen, um Wertschätzung zu zeigen. Aufgrund des mittleren bis hohen Aufwands für seine Durchführung ist er jedoch eher am Ende eines bisher positiv verlaufenen Auswahlverfahrens anzusiedeln.

Muss es immer ein Assessment-Center sein?

Hinterfragen Sie ruhig einmal Ihren eigenen Status quo. Welche Art der fachlichen Kompetenzüberprüfung findet bei Ihnen bereits statt und was könnte zusätzlich sinnvoll sein?

____

____

Rollenspiele, Aufgaben und harte Assessments habe ich beim Recruiting von SAP-Fachpositionen bisher tatsächlich selten erlebt. Das bedeutet: Bewerbende sind an diese Herangehensweise nicht gewöhnt, was Sie bei Ihrem Vorgehen bedenken sollten. Ein Assessment-Center kann methodisch sinnvoll aufgebaut sein, aber was sagt es wirklich über den zukünftigen Erfolg einer SAP-Beraterin oder eines ABAP-Entwicklers in einem spezifischen Projektkontext aus?

Das heißt nicht, dass die genannten Methoden grundsätzlich ungeeignet wären. Gerade bei Führungskräfterollen im SAP-Kosmos –Bereichsleitung, C-Level-Positionen oder strategische Projektverantwortung – kann ein gut konzipiertes Assessment-Center sehr wohl sinnvoll sein. Vorausgesetzt, es ist realitätsnah, klar kommuniziert und Teil eines wertschätzenden Gesamtprozesses. Entscheidend ist, ob das Format zur Rolle, zur Zielgruppe und zur Haltung Ihres Unternehmens passt. Nicht jedes Auswahlverfahren muss generalisiert werden. Vielmehr braucht es die Bereitschaft, eigene Prozesse zu hinterfragen und bei Bedarf auch neue Wege zu gehen.

Probezeit nutzen

Meine diesbezügliche Haltung ist auch geprägt von meiner eigenen Gründungserfahrung. Wer im Start-up-Kontext entscheidet, hat oft keine Zeit für langwierige Verfahren, sondern muss mutig, fokussiert und handlungsbereit sein. Genau diese Mentalität kann auch etablierten Unternehmen guttun: Prüfen Sie im Zweifelsfall nicht endlos, ob eine Person zu Ihnen passt, sondern stellen Sie sie einfach ein und nutzen Sie die sechs Monate Probezeit nicht nur für das Onboarding, sondern auch, um sukzessive und systematisch zu überprüfen, ob die Person über die Kompetenzen verfügt, die Ihr Unternehmen wirklich braucht. Eine Einstellung sollte natürlich nur dann erfolgen, wenn keine gravierenden Bedenken bestehen. Aber eben ohne die Erwartung, dass alles perfekt passen muss. Denn viele Kompetenzen wachsen mit dem Handeln, und viel Potenzial zeigt sich erst im Miteinander. Wer auf Haltung, Lernfähigkeit und Dialogbereitschaft setzt, darf auch mal in Vertrauen investieren – und wird oft positiv überrascht.

[+]

Das können Sie bei Ghosting tun

Ghosting kann uns alle treffen. Gemeint ist, dass Bewerbende sich nicht mehr zurückmelden, obwohl der Prozess bereits sehr weit vorangeschritten ist. Sollte Ghosting bei Ihnen gehäuft vorkommen, lohnt es sich jedoch, diese unschöne Tatsache unter die Lupe zu nehmen und z. B. die Kontaktpunkte, den Zeithorizont und die Inhalte der vorhergehenden Gespräche kritisch zu hinterfragen. Vielleicht zeigen sich Muster, die Ihnen helfen, Ihren Prozess zu verbessern.

7.5 Kontaktpunkte gestalten: Zeit und saubere HR-Prozesse als Schlüssel zum Erfolg

Am Ende des Tages möchten Sie als Unternehmen den Menschen hinter dem Lebenslauf kennenlernen – und genauso möchte auch der oder die Kandidat*in Ihr Unternehmen kennenlernen. Sie haben also das gleiche Ziel: eine fundierte Entscheidung darüber zu treffen, ob Sie gemeinsam eine berufliche Zukunft gestalten möchten oder ob zunächst andere Wege passender sind. Diesen Prozess sollten Sie als Candidate Journey und positive Candidate Experience anlegen.

7.5.1 Best-Practices-Ablauf eines Kennenlernprozesses

Ich beschreibe in diesem Abschnitt einen Best-Practices-Ablauf, den Sie natürlich individuell an Ihre Gegebenheiten anpassen können. Vergleichen Sie ihn gerne mit Ihren eingangs gemachten Notizen rund um Ihr Auswahlverfahren.

Eingehen des Lebenslaufs

Im ersten Schritt erhalten Sie einen Lebenslauf über ein Bewerbungsportal, Ihre Karriereseite, LinkedIn oder einen Kontakt aus dem Netzwerk. Sie sollten darauf nicht nur mit einer automatischen Eingangsbestätigung reagieren, sondern auch direkt skizzieren, wie der Kennenlernprozess ablaufen wird. Bitte nennen Sie es auch so: Kennenlernprozess, nicht Auswahlverfahren. Das klingt offener und einladender.

Ein kurzes Telefonat

Ein erster Kontaktpunkt könnte ein kurzes Telefonat mit Ihnen oder dem Recruiting-Team sein: ein 30-minütiger Austausch, in dem Sie einander grundlegend vorstellen können. Dabei dürfen auch erste Fragen zur Stelle, zum Team oder zur Unternehmenskultur besprochen werden.

Digitales Gespräch mit dem Fachbereich

Im nächsten Schritt empfehle ich ein digitales Gespräch mit dem Fachbereich. Gern können Sie auch hier dabei sein. Ziel dieses Gesprächs ist ein fachliches Vorscreening, also zu prüfen, ob die fachlichen Erwartungen des Teams mit dem bisherigen Eindruck übereinstimmen. Dieses Gespräch sollte jedoch nicht nur ein Prüfmechanismus sein, sondern auch dem Kennenlernen dienen. Stellen Sie in diesem Gespräch daher Ihr Unternehmen kurz vor, machen Sie transparent, was Ziel und Inhalte des Gesprächs sind, und laden Sie den oder die Kandidat*in aktiv zur Beteiligung ein. Auch die teilnehmenden Personen sollten klar benannt werden, z. B. mit Aussagen wie »Das wird Ihre zukünftige Vorgesetzte sein« oder »Das könnte Ihre Kollegin werden.« Nutzen Sie bei der Vorstellung Ihres Unternehmens gerne den Ansatz, das Wofür hervorzuheben (siehe Abschnitt 6.1.1, »Ihre Unternehmens-DNA«) oder erzählen Sie, warum Sie damals zum Unternehmen gewechselt sind.

Zweitgespräch

Der nächste Kontaktpunkt wäre dann das Zweitgespräch (vor Ort). Sie können die Konstellation der Teilnehmenden zwischen erster und zweiter Runde variieren: In den ersten Termin involvieren Sie z. B. eher das Kollegium, im zweiten dann stärker die Führungskraft. Eventuell stellen Sie in diesem Gespräch auch eine konkrete fachliche Aufgabe. Nutzen Sie außerdem unterschiedliche Medien, zum Beispiel in Runde eins einen Remote-Termin über eine Onlinekonferenzplattform wie Microsoft Teams und in Runde zwei einen Termin vor Ort, falls das für Ihre Organisation wichtig ist. Wenn es zu Ihrem Arbeitsmodell passt, können auch alle Termine remote stattfinden. Wichtig ist, dass es sich für die Kandidat*innen wie ein interessanter und wertschätzender Prozess anfühlt, nicht wie das Abhaken einer Liste.

[zB]

Kontaktpunkte im Kennenlernprozess mit Zeitfenstern

Hier ein Beispiel für einen idealen Ablauf des Kennenlernprozesses:

1. **Erstkontakt und Orientierung: direkte Rückmeldung auf den Eingang des Lebenslaufs**

   Kurzes Telefonat (ca. 30 Minuten) mit HR bzw. dem Recruiting zum gegenseitigen ersten Kennenlernen. *Ziel*: Orientierung über die Stelle, die Unternehmenskultur und die nächsten Schritte geben.

2. **Digitales Gespräch mit dem Fachbereich: in der ersten Woche**

   Erstes inhaltliches Kennenlerngespräch via Teams. Konstellation: Fachbereich, gegebenenfalls Recruiter*in, gegebenenfalls Teammitglied.

   Ziel: persönliches und fachliches Kennenlernen ohne Präsentationsfolien sowie gegenseitiger Austausch.

3. **Zweites Gespräch mit Fokus auf Fachlichkeit und Entscheidung: in der zweiten Woche**

   Intensiveres Gespräch, z. B. mit Führungskraft und/oder anderer Fachperson. Optional mit fachlicher Aufgabe oder Fallstudie. *Ziel*: beiderseitige finale Einschätzung und Entscheidungsvorbereitung.

4. **(Optional) Kennenlerntag oder Schnuppertag: in der dritten Woche**

   Besonders geeignet bei stellenbezogenem Teamkontakt (z. B. Produktion, Logistik, Projektgeschäft). Halbtägiges Kennenlernen im Team, gegebenenfalls mit Mitarbeit an realen Themen.

5. **Finale Abstimmung und Vertragsangebot: so bald wie möglich (ein bis drei Arbeitstage) nach dem Gespräch**
   Persönliche Nachbereitung per Telefon, Vertragsversand und Vorbereitung auf mögliche Gegenangebote. *Ziel*: aktiv closen, Vertrauen sichern und Entscheidungsreife erzeugen.

Klare Tendenz nach spätestens zwei Gesprächen

Nach spätestens zwei Gesprächen sollte eine fundierte Entscheidung möglich sein. Falls es sich um eine Position handelt, bei der das Miteinander im Team besonders wichtig ist – etwa im Produktionsumfeld –, können Sie auch einen halben Kennenlerntag integrieren. Aber dann muss auch wirklich zügig eine Entscheidung getroffen werden. Im besten Fall wird der Vertrag noch am selben Tag mitgegeben oder war im Vorfeld bereits blanko eingereicht worden. Schnelligkeit ist alles. Zwei bis maximal vier Kontaktpunkte sollten genügen. Der Gesamtprozess sollte idealerweise in zwei bis drei Wochen abgeschlossen sein – vier Wochen sind bereits kritisch. Dafür braucht es Vertretungen, damit es auch im Urlaubs- oder Krankheitsfall nicht zu Verzögerungen kommt.

[«]

Top-Talente erfolgreich gewinnen

Denken Sie daran: Menschen, die ihren Job wechseln möchten, befinden sich häufig zeitgleich in mehreren Kennenlernprozessen. Sie können dieses Thema auch offen ansprechen und sich selbst als Unternehmen positionieren, das Karrieren ermöglicht. Gerade bei Personen, die Sie unbedingt gewinnen möchten, lohnt es sich, am Ball zu bleiben. Das braucht Fingerspitzengefühl und Prozesssteuerung. In dieser Endphase des Auswahlprozesses ist die gesamte Vielfalt der Recruiting-Methoden gefragt: Socializing, Kümmern und Closing (siehe auch Abschnitt 1.3, »Welche Rollen gibt es im SAP-Recruiting-Prozess?«).

Vertrag verschicken, parallel ankündigen, nachhaken

Wenn Sie das Gefühl haben, Sie seien kurz davor, zu aufdringlich zu wirken – dann sind Sie wahrscheinlich genau richtig unterwegs. In dieser Phase möchten meist schon alle Beteiligten das Arbeitsverhältnis, nur der letzte Schritt fehlt noch. Also: Vertrag rausschicken, dies parallel ankündigen, nachhaken. Bereiten Sie die Person auch auf ein mögliches Gegenangebot des alten Arbeitgebers vor. Das ist im SAP-Umfeld völlig normal. Und erklären Sie, dass niemand enttäuscht sein muss, falls ein solches Angebot nicht kommt. Wichtig ist, dass Sie Überraschungen möglichst verhindern sollten. Erinnern Sie Ihr Gegenüber aktiv an die Gründe, die für den Wechsel zu Ihrem Unternehmen sprechen, und an die, die vom vorherigen Arbeitgeber wegführten, also an die *Hin-zu-* und die *Weg-von-Wechselmotivatoren*. Machen Sie sich Notizen dazu, damit Sie diese Argumente in kritischen Momenten parat haben. So positionieren Sie sich gegenüber Bewerbenden als Sparringspartner und Karriereberatung.

Mündliche Zusagen

Wenn im Prozess mündliche Zusagen getroffen werden, z. B. durch den Fachbereich, müssen Sie diese dokumentieren und nachhalten, ob sie eingehalten werden. Ich habe einen Fall erlebt, in dem so etwas schiefging: Der Fachbereich machte im zweiten Gespräch eine mündliche Zusage, die interne Recruiterin war nicht dabei. Es folgte Funkstille. Erst Wochen später kam heraus, dass man sich doch für eine andere Person entschieden hatte. Das ist ein massiver Vertrauensbruch gegenüber dem oder der Kandidat*in. Wer so etwas erlebt hat, kehrt nicht zurück.

[zB]

Die falsche Konstellation

Ein weiteres Negativbeispiel wäre eine irreführende Konstellation beim Kennenlerngespräch. Ein Kandidat führt das Gespräch mit einer Teamleiterin, die sich als zukünftige Vorgesetzte präsentiert. Erst beim Arbeitsantritt stellt sich heraus, dass die tatsächliche Führungskraft jemand ganz anderes ist, mit der der Kandidat menschlich überhaupt nicht harmoniert. Das böse Erwachen hätte durch Transparenz vermieden werden können, etwa durch den Hinweis: »Ihre eigentliche Führungskraft ist aktuell im Urlaub, wir holen das Gespräch nach.« Und dieses Nachholen muss dann auch wirklich passieren.

Der von mir vorgestellte Standardprozess ist gut, darf aber jederzeit angepasst werden, wenn es die Umstände erfordern. Besonders im internationalen Recruiting sollten zusätzliche Schleifen eingeplant werden. Dort braucht es noch mehr Vertrauen, noch mehr Sicherheit – und auch dort lohnt es sich, den Kennenlernprozess flexibel, unterstützend und individuell zu gestalten.

7.5.2 Terminfindung mit den Beteiligten

Wie funktioniert bei Ihnen die Terminfindung? Geraten Sie dabei auch gelegentlich ins Schwitzen? Ich könnte Ihnen diverse Beispiele geben, in denen ein Abschluss einzig und allein wegen dieses Themas geplatzt ist. Auch uns ist das schon mehrfach passiert, obwohl wir versuchen, kommunikativ gegenzusteuern.

Eine tolle Möglichkeit, um bei der Terminfindung Zeit und Ressourcen zu sparen, ist die Einführung eines Selbstbuchungs-Tools. Damit haben Sie freie Zeitfenster aller Beteiligten in Ihrem Unternehmen im Blick. Ein solches Tool lässt sich auch an Ihre Bewerberdatenbank anbinden, um einen Termin für alle zu erstellen – ohne zeitaufwendige Absprache.

Selbstbuchungs-Tool

Auch Vertretungen bei Krankheit und Urlaub sollten in Ihrem Prozess abgebildet sein, damit in diesen Fällen keine Fragen auftauchen, die nicht beantwortet werden können, oder noch schlimmer, der Bewerbungsprozess über Wochen zum Erliegen kommt. Mein längster Bewerbungsprozess dauerte neun Monate vom Eingang der Bewerbung bzw. der Interessensbekundung bis zur Unterschrift. Das war für alle Beteiligten keine Freude. In diesem Fall war es am Ende eher Zufall, dass es final doch noch zu einem guten Abschluss gekommen ist. So sollte es bei Ihnen nicht laufen.

Vertretung bei Krankheit und Urlaub

Ein weiterer kritischer Punkt innerhalb von HR-Prozessen sind Freigabeprozesse, die nicht zwingend notwendig sind. Wenn ein Anforderungsprofil bereits freigegeben wurde und ein gut matchendes Profil eingegangen ist, muss nicht unbedingt noch einmal »von oben« eine finale Freigabe erfolgen, wenn es um das Unterzeichnen und Ausstellen eines Arbeitsvertrags geht, oder? Sie können das für sich prüfen, um unnötige Zäsuren zu vermeiden und Ihren Auswahlprozess zu beschleunigen.

Freigabeprozesse

[+]

Optimieren Sie die Stationen Ihrer Kennenlernreise

Markieren Sie in Ihrer zu Beginn dieses Kapitel skizzierten Kennenlernreise am besten, wie viel Zeit im Durchschnitt zwischen den einzelnen Kontaktpunkten Ihres Kennenlernprozesses liegt. Notieren Sie auch, an welchen Stellen es welche Abbrecherquote gibt oder an welchen Sie selbst das Gefühl haben, dass noch Optimierung möglich ist. Umkringeln Sie diese Baustellen am besten rot und gehen Sie sie direkt an.

7.6 Biaseffekte im Auswahlverfahren: Warum wir manchmal die Falschen aussortieren

Warum treffen wir im Recruiting manchmal die falschen Entscheidungen? Warum stellen wir Menschen ein, die nicht bleiben, oder lehnen solche ab, die wunderbar gepasst hätten? Die Antwort liegt oft nicht in mangelnder Qualifikation, sondern in unseren eigenen Denkmustern.

Bias – das klingt erst mal nach bösem Willen oder Diskriminierung. Ist es aber nicht. Ein Bias ist ein unbewusster Denkfehler, der unsere Wahrnehmung verzerrt. Und diese Denkfehler schleichen sich nicht nur in Auswahlgespräche ein, sondern beginnen oft viel früher, z. B. schon bei der Entscheidung, ob wir überhaupt aktiv rekrutieren wollen. Ob wir Strukturen schaffen. Ob wir Bewerbungen ernsthaft sichten. Ob wir uns vorstellen können, dass ein SAP-Consultant auch ein Quereinsteiger, eine Mutter mit Lücken im Lebenslauf oder eine Bewerberin aus Indien sein kann.

Beispiele zur Sensibilisierung

Ich gebe Ihnen in diesem Abschnitt drei Beispiele, in denen ein Bewerbungsprozess durch Fehlannahmen fast geplatzt wäre. Ist Ihnen etwas Ähnliches auch schon einmal selbst passiert oder haben Sie ähnliche Geschichten in Ihren Kollegenkreis gehört?

- **Beispiel 1: Die Technik stimmt nicht und der Bewerber plötzlich auch nicht mehr?**

  Sie führen ein Interview mit einem vielversprechenden SAP-Entwickler. Dessen Kamera produziert ein unscharfes Bild, der Ton kratzt, und beim zweiten Antwortversuch stockt der Kandidat leicht. Ihr erster Gedanke: »Nicht sehr souverän.« Doch Sie halten inne und fragen sich: Liegt es wirklich an ihm – oder an der Technik, an der Nervosität, an äußeren Faktoren? Eine Woche später führen Sie das Gespräch erneut, dieses Mal mit guter Verbindung – und plötzlich erleben Sie einen fachlich starken, strukturierten und sympathischen Gesprächspartner. Nur weil Sie bereit waren, noch einmal hinzusehen.

- **Beispiel 2: Die Sprunghafte**

  Ein Teamlead liest den Lebenslauf einer Bewerberin und murmelt: »Sieht irgendwie sprunghaft aus.« Im Gespräch wird dann jedes Detail durch diese Brille gelesen – ein Jobwechsel? Bestätigung. Eine Lücke? Bestätigung. Erst nach einem kritischen Gespräch im Nachgang erkennen Sie: Die Stationen sind logisch, die Entwicklung nachvollziehbar, die Kandidatin engagiert. Der erste Impuls war einfach nur ein klassischer *Confirmation-Bias* – und beinahe hätten Sie eine Top-Kandidatin verloren.

- **Beispiel 3: Das LinkedIn-Profil ist aus dem letzten Jahrtausend**

  Ein SAP-Berater bewirbt sich auf eine Position im Customer-Experience-Umfeld. Sein Lebenslauf zeugt von einem starken Fachprofil. Sein LinkedIn-Auftritt ist jedoch kaum gepflegt, ohne Foto, und er hat nur 37 Kontakte. Der Hiring Manager runzelt die Stirn: »Wenn der so wenig sichtbar ist, ist er vielleicht nicht auf dem neusten Stand?« Doch Sie kennen genau diesen Typus: hochqualifiziert, loyal, pragmatisch, aber nicht interessiert an digitaler Selbstvermarktung. Sie plädieren dafür, ihn fachlich zu bewerten, nicht nach Online-Schein. Und bringen so einen Hidden Champion ins Team.

Die häufigsten Bias im SAP-Recruiting

Welche Vorurteile und Fehlentscheidungen sind Ihnen bereits begegnet? Was erleben Sie im Recruiting-Alltag vielleicht sogar gehäuft oder beobachten es verstärkt in Ihrem Team? Notieren Sie das gerne einmal. Vielleicht finden Sie Muster und können darauf basierend einen individuellen Bias-Check in Ihr Auswahlverfahren integrieren.

____

____

____

Im Folgenden stelle ich ein paar typische Bias-Varianten vor:

- **Status-quo-Bias**

  Wir bevorzugen das, was wir kennen. Wer nie mit einem Bewerbermanagement-System gearbeitet hat, wird sich schwertun, eines einzuführen, selbst wenn es objektiv Sinn ergibt. Auch beim Hiring wählen wir gern die Person, die dem bisherigen Team am ähnlichsten ist.

- **Affinity-Bias (eng verwandt mit Similarity Bias)**

  Wir mögen Menschen, die uns hinsichtlich ihres Alters, ihrer Ausbildung, ihres Dialekts oder Auftretens ähneln. Das führt schnell dazu, dass wir solche Personen bevorzugen, obwohl andere besser geeignet wären.

- **Confirmation-Bias**

  Haben wir einmal ein Bauchgefühl zu einer Person, suchen wir nach Belegen dafür – und ignorieren den Rest. Wessen Lebenslauf einen schlechten Eindruck macht, der bekommt kaum eine faire Chance im Gespräch.

- **Halo- und Horn-Effekt**

  Ein einziges starkes Merkmal überstrahlt alles andere – im Positiven wie im Negativen.

- **Client-Fit-Bias**

  Viele SAP-Teams rekrutieren nach dem Prinzip: Funktioniert gut mit dem Kunden und treffen Annahmen darüber, was ihre Kunden von ihnen erwarten. Das ist sinnvoll, aber nicht, wenn dadurch ausschließlich extrovertierte Consultants, ausschließlich Personen mit Deutsch als Muttersprache oder ausschließlich Männer eingestellt werden.

- **Sichtbarkeits-Bias**

  Wer kein aktives LinkedIn-Profil hat, wird im Auswahlprozess schnell übersehen oder unterschätzt. Dabei sagt die digitale Sichtbarkeit wenig über fachliche Kompetenzen aus, vor allem nicht bei hochspezialisierten SAP-Consultants, die bewusst nicht öffentlich auftreten. Wer Sichtbarkeit mit Qualität gleichsetzt, blendet einen großen Teil des Markts aus.

- **Tech-Appearance-Bias**
  Unsichere Körpersprache, ein wackeliges Bild, schlechte Tonqualität oder ein unvorteilhafter Kameraausschnitt – all das kann dazu führen, dass Kandidat*innen im digitalen Interview abgewertet werden. Dabei liegt die Ursache oft nicht in deren Kompetenz, sondern in Technik, Nervosität oder fehlender Medienroutine.

[+]

Für Biaseffekte sensibilisieren

Ein Bias-Awareness-Tag im Jahr oder eine einmalige Veranstaltung zu diesem Thema, die gut moderiert ist, kann hilfreich sein, um sich zu diesen Mechanismen, vor denen wirklich niemand gefeit ist, zu informieren. Dabei geht es einfach darum, sich diese Denkstrukturen bewusst zu machen, ganz lösungsfokussiert und ohne Zeigefinger. Der für mich persönlich schlimmste Bias ist der Glaube, gerade wir seien für Bias immun.

7.7 Zusammenfassung

Meiner Meinung nach braucht es ein Matching, das nicht nur beschreibt, sondern vorausschauend agiert. Welche Talente werden wir bald benötigen? Welche Kompetenzen sollten wir aufbauen? Wie können wir vielversprechende Bewerbende von uns als Arbeitgeber überzeugen? In der Kennenlernphase des Recruitings ist Ihre ganze Kompetenz gefordert, wenn Ihr Unternehmen die erste Wahl des SAP-Talents sein soll.

Folgendes sollten Sie aus diesem Kapitel mitnehmen:

- Matching erfordert Übersetzungsarbeit auch in Hinsicht eines möglichen Upskillings.
- Beziehungspflege mit Abgelehnten bedeutet, einen Talente-Pool aufzubauen
- Denken Sie Auswahlprozesse aus Sicht der Bewerbenden (Candidate Centricity). Hier zählen Ihre Kultur, Haltung und Kommunikation.
- Strukturierte Interviews und kleinere Aufgaben machen Kompetenz sichtbarer.
- Beziehen Sie Fachbereiche und SAP-Teams ein, da Praxisnähe und Teamfit entscheiden.
- Technische Prüfungen sollten im Kennenlerngespräch mit Maß eingesetzt werden, nicht als Hürde, sondern als sinnvolle Ergänzung.

[+]

Reflexionsfragen für das SAP-Recruiting

Wenn Sie sich bei der Beurteilung eines unübersichtlichen Lebenslaufs unsicher sind, sollten Sie sich folgende Fragen stellen:

- Habe ich die Projektliste bereits aufmerksam angesehen?
- Ist das Profil auf LinkedIn vielleicht aktueller oder klarer gegliedert?
- Lässt sich der Lebenslauf mit einem kurzen Telefonat entschlüsseln?
- Könnte es sich um jemanden handeln, der fachlich sehr gut ist, aber schwächer im Selbstmarketing?
- Habe ich diesen Lebenslauf zu früh beiseitegelegt, weil er nicht direkt ins Auge springt?
- Welche Kompetenzen sind wirklich zwingend notwendig für die Rolle, was sind mögliche Entwicklungsfelder?

Kapitel 8

Onboarding, Retention und Returnship als Teil von Recruiting

Dieses Kapitel betrachtet den vollständigen Employee Lifecycle von SAP-Talenten. Denn Recruiting endet nicht, wenn die Tinte auf dem Arbeitsvertrag getrocknet ist. Es dauert mindestens bis zum Ende der Probezeit, umfasst idealerweise aber auch eine sinnvolle Retention-Strategie, also eine Strategie für die Mitarbeiterbindung.

Sie haben erfolgreich ein neues SAP-Talent gewonnen. Nun gilt es, die neu rekrutierte Kollegin oder den neuen Kollegen bewusst an Ihr Unternehmen zu binden. In diesem Kapitel stelle ich Ihnen relevante Stationen und Chancen dazu entlang des Employee Lifecycles vor, also vom Einstieg bis zum Ausscheiden von SAP-Fachkräften.

Auch das Ausscheiden aus Ihrem Betrieb mitzudenken, gehört zu einer zeitgemäßen Personalstrategie dazu. Menschen verlassen Unternehmen. Darin liegt einerseits die Chance, mit einem neuen Mitglied frischen Wind ins SAP-Team zu bringen, andererseits kommt es immer wieder vor, dass Menschen zu ihrem ursprünglichen Arbeitgeber zurückkehren. Diese Menschen sind loyal, perfekt eingearbeitet und direkt startklar. Eine Möglichkeit, mit Abgängen umzugehen, kann daher eine Personalstrategie sein, die gezielt auf eine mögliche Rückkehr hinarbeitet.

Um in Zeiten des Fachkräftemangels zufriedene und leistungsstarke Arbeitnehmende zu behalten, geht es nicht nur darum, das fachliche und prozessuale Wissen der SAP-Consultants wertzuschätzen, sondern auch deren Identität zu berücksichtigen. Sie müssen als Arbeitgeber verstehen, was für die Menschen aus dem SAP-Kosmos wichtig ist. Dazu gehören digitale Unterstützung, Zeitersparnis, der Einsatz generativer KI und Automatisierung, aber auch übergeordnete Themen wie Vereinbarkeit, die Haltung zur Arbeit und das eigene berufliche Selbstbild sowie der Wechsel der Laufbahnphasen. Ziel dieses Kapitels ist es, Sie dazu zu ermutigen, Recruiting, Retention und die Rückkehr ehemaliger Mitarbeitender nicht als isolierte HR-Prozesse, sondern ganzheitlich anzugehen.

8.1 Onboarding vom Vertragsabschluss bis zum Ende der Probezeit

Recruiting endet im Sinne der Candidate Experience oft zu früh. In vielen Unternehmen, sowohl internen HR-Abteilungen als auch bei externen Personalberatungen, gilt der Moment des Vertragsabschlusses als Schlusspunkt. Dabei beginnt hier erst der nächste, besonders entscheidende Abschnitt. Ich vertrete in dieser Hinsicht eine klare Haltung: Der Recruiting-Prozess endet erst mit dem Ende der Probezeit. Warum? Weil der Übergang zwischen Auswahl, Vertragsunterschrift und produktiver Mitarbeit nahtlos gestaltet werden muss, um Reibungsverluste zu vermeiden. Denn obwohl die Entscheidung bei Arbeitsbeginn bereits gefallen ist, beginnt erst jetzt die eigentliche Integration mit all ihren emotionalen, organisatorischen und kulturellen Aspekten.

8.1.1 Preboarding und Onboarding: Recruiting endet nicht mit der Unterschrift auf dem Vertrag

Preboarding: Kontakt statt Funkstille

Zwischen Vertragsunterschrift und dem ersten Arbeitstag liegen oft mehrere Wochen oder sogar Monate. In dieser Phase besteht ein nicht zu unterschätzendes Risiko der inneren Abwendung. Obwohl ein unterschriebener Vertrag vorliegt, ist der Wechsel bisher nicht vollzogen, und Rückzieher sind möglich, gerade wenn der aktuelle Arbeitgeber ein Gegenangebot unterbreitet. Ihre Aufgabe im Recruiting ist es, in diesem Zeitraum nah an den zukünftigen Teammitgliedern dranzubleiben. Halten Sie regelmäßigen Kontakt, reagieren Sie auf mögliche Unsicherheiten und bauen Sie das Vertrauen weiter auf, nicht ab. Im Idealfall führen Sie bereits in dieser Phase punktuell konkrete Preboarding-Maßnahmen ein: Technik organisieren, E-Mail-Adresse einrichten, erste Informationen zu zentralen Projekten und Teams bereitstellen sowie zu sozialen Business-Veranstaltungen einladen. So bleiben Sie miteinander im Gespräch.

[»]

Preboarding-Maßnahmen im Überblick

Folgende Preboarding-Maßnahmen haben sich in dieser Phase bewährt.

- Einladung zu Team-Events (z. B. Sommerfest, After-Work, Weihnachtsfeier)
- Begrüßungspaket oder Willkommensbrief
- Zugang zu internen Plattformen oder Learning Management Systems (LMS)
- Abfrage der IT-Bedarfe (Laptop, Lizenzen, Berechtigungen)

- Vorstellung des Buddy-Systems oder einer Ansprechpartnerin/eines Ansprechpartners
- Einladung zu informellen digitalen Meet-ups

Ein gelungener erster Tag

Am ersten Arbeitstag beginnt dann das Onboarding. Ein gelungener erster Tag setzt ein Signal. Er entscheidet häufig über die emotionale Verankerung im Unternehmen, da er in Erinnerung bleibt – im Guten wie im Schlechten. Ob Sie ein symbolisches Willkommensfrühstück durchführen, eine durchgeplante erste Woche oder ein Team-Onboarding an einem externen, inspirierenden Ort – entscheidend ist, dass die Maßnahme zu Ihrem Unternehmen passt. Schaffen Sie Räume für Begegnungen.

Die erste Zeit entscheidet

Die erste Zeit entscheidet dann über den weiteren Erfolg des Onboardings. Ich lege mit meinen Mitarbeitenden bewusst Meilensteine für die ersten drei Monate fest: Was soll wann verstanden, gelernt, übernommen, geklärt sein? Dabei geht es um Klarheit, psychologische Sicherheit und um den weiteren Vertrauensaufbau. Regelmäßige Feedback-Gespräche, Mini-Workshops oder Sparring-Situationen können hier den Unterschied machen. Für Sie haben diese Maßnahmen außerdem den Vorteil, dass Sie Abweichungen und schlechte Stimmung schnell erkennen und proaktiv reagieren können.

[+]

100 Tage Onboarding

Die folgenden Meilensteine lassen sich innerhalb der ersten 100 Tage in Ihrem Unternehmen definieren:

- **Woche 1**

  Einführung, Vorstellung des Onboarding-Plans, Teamkontakte, technisches Set-up, Workshop »Meine Erwartungen«
- **Woche 2–4**

  Erste eigene Aufgabenbereiche, Feedback-Runden, Zwischenreflexion
- **Woche 5–8**

  Selbstständige Arbeitsphasen, Übernahme kleinerer Verantwortungsbereiche
- **Woche 9–12**

  Review-Gespräch »Meine ersten 100 Tage«, Abgleich von Erwartungen und Realität, gegebenenfalls ableitbare Maßnahmen

Erst wenn die ersten 100 Tage erfolgreich verlaufen sind, alle Seiten sich weiterhin füreinander entscheiden und die Wahrscheinlichkeit einer Frühfluktuation signifikant gesunken ist, kann man davon sprechen, dass die Person angekommen ist. Erst jetzt, nach ihrer aktiven Begleitung, Integration und Beziehungspflege, ist das Recruiting abgeschlossen. Alles andere wäre zu kurz gedacht.

[+]

Die KI befragen

Nutzen Sie doch einmal ein KI-Tool, um es nach Ideen für einen authentischen und eindrucksvollen Pre- und Onboarding-Prozess zu fragen. Sie können unter *https://lmarena.ai/* auch die Ideen zweier KI-Modelle miteinander vergleichen.

Gespräch zum Ende der Probezeit

Das Gespräch zum Ende der Probezeit wird meiner Ansicht nach häufig nicht optimal genutzt. Bei den meisten Unternehmen wird dazu kurz vor dem Ende der Probezeit ein Termin vereinbart. Ich wurde schon einmal am letzten Tag meiner Probezeit entlassen. Das war hart und kam für mich damals unerwartet. Aus dieser Erfahrung heraus schlage ich die ersten 100 Tage als Zeitraum für wiederkehrende Feedback-Gespräche vor, um beidseitig nicht plötzlich vor vollendete Tatsachen gestellt zu werden. Wenn sich bereits Entscheidungen abzeichnen, sollten Sie direkt darüber ins Gespräch gehen und nicht abwarten.

8.1.2 Wie viele Ihrer Versprechen als Arbeitgeber halten Sie?

Falsche Versprechungen

Employer Branding ist das eine, gelebte Realität das andere. Viele SAP-Dienstleister und -Anwenderunternehmen investieren viel in ihre Außenkommunikation. Doch spätestens ab Tag eins eines neuen Arbeitsverhältnisses zeigt sich, ob diese Versprechen auch eingelöst werden. In der Praxis erleben SAP-Fachkräfte leider häufig das Gegenteil.

Wir haben sowohl bei SAP-Partnern als auch bei SAP-Anwenderunternehmen typische Situationen erlebt und für Sie zusammengetragen. Immer wieder führte beispielsweise das Thema Dienstwagen zu Unmut. Auch die Projekte und Aufgaben entsprachen häufig nicht den Erwartungen, und eine fehlende Einarbeitung sorgte für Ernüchterung.

Unsichtbare Hierarchiegrenzen

Speziell bei SAP-Anwenderunternehmen beobachten wir teilweise eine etwas zähe Transformationssituation: Es werden fähige Leute rekrutiert, die wirklich etwas verändern wollen. Dann gibt es jedoch einen Zusammenprall, einen *Clash*, mit der Organisation als komplexes System voller nicht nach außen hin sichtbarer Hürden und unsichtbarer Hierarchiegrenzen. Manchmal fanden sich in entscheidenden Positionen sogar Transformationsverhinderer. Das fühlt sich für die Betroffenen dann wie ein Kampf gegen Windmühlen an. Die guten und motivierten Veränderer verabschieden sich alsbald wieder, da es sie frustriert, wenn sie nichts ausrichten, also genau den Job, für den sie angestellt wurden, nicht verrichten können.

Der *digitale Reifegrad* von Unternehmen und den neuen Teammitgliedern sollte zusammenpassen. Sollten Sie Kapitel 1, »Die menschliche Seite der technologischen Transformation«, übersprungen haben, lohnt sich dessen Lektüre zu diesem Themenfeld.

Die häufigsten Fehlversprechen

Es gibt aber auch ganz handfeste Konfliktthemen, etwa wenn die technische Ausstattung nicht vollständig parat steht. Manche der Versprechungen wurden in den Kennenlerngesprächen mündlich kommuniziert, aber nicht schriftlich festgehalten. Fast immer ist dies keine böse Absicht, sondern die Folge einer missglückten Kommunikation nach außen hin, aber auch intern. Ich habe Ihnen in Tabelle 8.1 eine Liste der am häufigsten nicht eingehaltenen Versprechen zusammengestellt.

Versprechen im Recruiting-Prozess	Erlebte Realität nach Arbeitsbeginn
»Dienstwagen ab Tag 1.«	Häufig wird ein Dienstwagen erst nach der Probezeit gestellt, obwohl der vorherige Arbeitgeber ihn regulär zur Verfügung stellte.
»Sie kommen direkt in ein passendes SAP-Projekt.«	Projekte werden verschoben, abgesagt oder existieren in dieser Form gar nicht. Die neuen Teammitglieder werden in fachlich nicht passende Projekte »ausgeliehen« oder dauerhaft dort platziert.
»Gute Einarbeitung«	Es gibt keine klare Ansprechperson, keine Einführung und keine Begleitung. Stattdessen erfolgt der direkte Kundeneinsatz als Sprung ins kalte Wasser.
»Remote ist bei uns Standard.«	Neue Mitarbeitende müssen vor Ort erscheinen, trotz unterschriebenem Homeoffice-Vertrag.
»Flache Hierarchien und Teamgefühl«	Es besteht völlige Strukturlosigkeit, ohne Dokumentation der internen Prozesse, ohne Wissenstransfer oder Einarbeitung. Die direkte Führungskraft taucht erst am ersten Arbeitstag auf. Es bestand kein persönlicher Kontakt zu ihr im Vorfeld.

Tabelle 8.1 Recruiting-Versprechen vs. erlebte Realität von SAP-Professionals

Diese Beispiele stammen nicht aus Einzelfällen, sondern spiegeln Erfahrungen wider, die uns SAP-Fachkräfte im Rahmen unserer Karriereberatung wiederholt geschildert haben. Die Diskrepanz zwischen Employer Branding im Recruiting und tatsächlicher Unternehmenskultur ab dem Onboarding wirkt sich dabei direkt auf die Motivation und Bindung der neuen Mitarbeitenden aus. Es entsteht ein Gefühl von Enttäuschung oder auch Reue, den Job gewechselt zu haben. Besonders in der kritischen Phase der ersten 100 Tage wird eine Anhäufung nicht eingehaltener Versprechungen zu einem erneuten Wechsel innerhalb der Probezeit führen.

Der erste Eindruck zählt – und bleibt

Neben dem Personalgewinnungsprozess und dem Preboarding zählen die ersten Wochen und prägen die Bindung zum Unternehmen maßgeblich. Wenn Erwartungen nicht erfüllt werden, bleibt Frust. Und das Risiko steigt, dass Mitarbeitende innerlich kündigen oder sehr schnell wieder gehen. Besonders heikel ist es, wenn neue Teammitglieder ihre direkte Führungskraft erst am ersten Arbeitstag kennenlernen. Denn mangelnder *Cultural Fit* mit dem oder der Vorgesetzten ist nach wie vor einer der häufigsten Kündigungsgründe.

Was können Sie tun, um dem entgegenzuwirken?

- Machen Sie vor dem Eintritt in Ihr Unternehmen einen *Erwartungs-Check-in*: Was wurde konkret zugesagt?
- Sorgen Sie für die Sichtbarkeit von Führungskräften, spätestens im Preboarding-Prozess.
- Halten Sie fest, was im Recruiting-Prozess angesprochen wurde, und schaffen Sie Strukturen, um diese Erwartungen zu erfüllen.
- Und wenn etwas (noch) nicht möglich ist, kommunizieren Sie dies unmittelbar und ehrlich.

Mitarbeiterbindung entsteht nicht durch perfekt klingende Versprechen, sondern durch deren verlässliche Einhaltung. Die, baut Vertrauen auf, und das ist der Kern jeder nachhaltigen Retention-Strategie.

8.2 SAP-Buddy, Coaching und Mentoring als Hilfen beim Einstieg

Auch SAP-Seniors benötigen ein Onboarding

Viele Onboarding-Konzepte sind auf den Berufseinstieg ausgerichtet. Es gibt Dokumentationen, die die Grundlagen der Arbeit festhalten, Checklisten und eine freundliche »Du kannst alles fragen«-Atmosphäre. Was dabei oft übersehen wird, ist, dass auch erfahrene SAP-Professionals Fragen haben – nur andere. Und sie stellen sie seltener. Denn wer bereits mehrere

Jahre SAP-Projekterfahrung mitbringt, wird oft als »sofort einsetzbar« betrachtet. Erwartet werden Eigenständigkeit, Überblick und ein bestehendes Netzwerk. Das Onboarding folgt dann nicht selten dem Prinzip »Zugangsdaten und Projektlink bereitstellen – und viel Erfolg«. Doch genau das ist riskant. Denn auch erfahrene SAP-Consultants kennen zu Beginn weder die spezifische Systemlandschaft Ihres Unternehmens noch die Teamdynamik, die internen Prozesse oder die Erwartungshaltung im neuen Umfeld. Ohne gezielte Begleitung entstehen unnötige Reibungsverluste. Im schlimmsten Fall geht das neue Teammitglied wieder.

Begleitformate

Abhilfe schaffen drei Begleitformate, die sich in ihrer Zielsetzung, Haltung und Wirksamkeit voneinander unterscheiden:

- **SAP-Buddy**

  Ein SAP-Buddy begleitet auf Augenhöhe. Er oder sie ist meist Teil desselben Teams und unterstützt informell bei Alltagsfragen: Wer ist hier wofür zuständig? Wie läuft die Kommunikation mit dem Fachbereich? Was ist technisch besonders knifflig? Buddys wirken niedrigschwellig, geben Orientierung und sorgen für soziale Sicherheit in der Anfangsphase.

- **Mentoring**

  Mentoring begleitet strategisch. Das kann durch eine erfahrene SAP-Führungskraft oder einen Senior Consultant erfolgen, die neue Mitarbeitende beim fachlichen Ankommen, bei der Rollenklärung und der mittelfristigen Entwicklung unterstützen. Mentoring ist ein Reflexionsformat mit dem Ziel, Entwicklung bewusst zu gestalten.

- **Coaching**

  Ein Coach arbeitet professionell und zielgerichtet an individuellen Themen. Das kann bei Unsicherheit über den nächsten Karriereschritt, bei Rollenkonflikten oder bei der Neuorientierung im Projektkontext helfen. Coaching ist freiwillig und ressourcenorientiert und kann auch durch eine externe Person erfolgen.

Alle drei Formate ergänzen sich. Gerade das Coaching-Element kann auch bei internen Karriereverläufen einen positiven Effekt auf die Bindung und Entfaltungsmöglichkeit haben.

8.3 Karriereverläufe im SAP-Consulting entlang der Phasen des Employee Lifecycles

Was bedeutet Karriere?

Nach meinem Verständnis ist Karriere ein Weg, den wir bewusst wählen können. Manchmal schreiten wir gemächlich dahin, manchmal wird es holprig und geht über Stock und Stein, und manchmal haben wir den Wunsch, neue Abzweigungen zu gehen oder noch einmal eine andere Aussicht zu haben. Manchmal fordert uns dieser Weg einiges ab, manchmal fällt er uns ganz leicht – und wir gehen einfach weiter. Der Begriff *Karriere* leitet sich vom lateinischen *Carra* (deutsch: Wagen) ab. Diesen Wortursprung empfinde ich als viel passenderes Bild als das einer Karriereleiter, einer Fahrstuhl- oder sogar einer Kaminkarriere. Bei diesen herkömmlichen Bildern ist irgendwann immer der höchste Punkt erreicht.

Vielfältige Laufbahnen

Laufbahnen sind gerade im SAP-Kosmos sehr vielfältig. Sie können verschiedene fachliche Stationen oder Führungsebenen umfassen, aber auch viele unterschiedliche Lead-Rollen auf Projekt- oder Prozessebene. Es gibt konstant Möglichkeiten und auch Notwendigkeiten zur technischen Weiterbildung. Und dann gibt es noch die vielen unterschiedlichen Arten von Organisationen, vom kleinen oder mittelständischen SAP-Anwenderunternehmen bis zum riesigen Konzern, vom SAP-Partner bis zum Hersteller, von der Boutique-Beratung zu den Big Playern (siehe auch Abschnitt 3.3, »Einsatzbereiche für SAP-Profis und deren Besonderheiten«). Ferner führen Wege in die Freiberuflichkeit, zurück ins Angestelltenverhältnis oder zur Gründung eines eigenen Unternehmens. Und auch der komplette Ausstieg aus der SAP-Branche ist für manche eine attraktive Karrierevorstellung.

Typische Phasen einer SAP-Laufbahn

Trotz dieser Vielfalt lassen sich meiner Beobachtung nach und auf Basis meines Austauschs mit anderen SAP-Personalverantwortlichen bestimmte Phasen innerhalb von SAP-Laufbahnen ausmachen, die an das jeweilige Erfahrungslevel gekoppelt sind. Diese sollten Unternehmen kennen. Natürlich bestätigen auch hier Ausnahmen die Regel. Verstehen Sie das folgende SAP-Laufbahnphasen-Modell als einen Vorschlag, um Ihnen Orientierung bei der Personalgewinnung und -bindung zu geben.

8.3.1 SAP-Einstieg

Das erste Mal beim Kunden – ein bleibender Eindruck

Der Weg in die SAP-Welt beginnt bei den meisten nicht mit einem klaren Plan, sondern ist eine Folge des Zufalls. Viele SAP-Consultants starten über einen Quereinstieg – etwa über eine Werkstudierendentätigkeit, erste Berührungspunkte in den Fachbereichen wie Controlling oder Logistik oder über die IT eines Unternehmens. Die wenigsten haben bereits mit ihrem Studium SAP als Berufsziel angestrebt. Gerade deshalb ist die Einstiegserfahrung oft von Unsicherheit, aber auch von Neugier geprägt. Was steckt hinter diesem komplexen System, und wo gehöre ich hin?

Als Unternehmen können Sie sich sicher sein, dass der Einstieg in den SAP-Kosmos oder das erste Mal beim Kunden einen bleibenden Eindruck hinterlassen wird. Das sind Momente, an die sich Menschen aus dem SAP-Ökosystem auch nach Jahren oder Jahrzehnten noch erinnern. Sie als Unternehmen haben die Chance, dieses Erlebnis positiv zu besetzen. Ein »Sprung ins kalte Wasser« mit anstrengenden Kunden und einem zähen Projekt trägt eher nicht dazu bei.

[zB]

Synaworks Academy – souverän starten statt ins kalte Wasser springen

Die Synaworks Academy bietet gezielte Trainings für junge SAP- und IT-Consultants, insbesondere für Berufs- und Quereinstieg. Der Fokus liegt nicht allein auf der Vermittlung von Fachwissen, sondern auf den zentralen Sozial- und Methodenkompetenzen, die für einen erfolgreichen Start in die Beraterrolle entscheidend sind. Teilnehmende an dem Programm lernen, mit komplexen Kundensituationen souverän umzugehen, sich professionell im Team zu bewegen und in ihre Rolle hineinzuwachsen. Damit leistet die Academy einen wichtigen Beitrag zur langfristigen Mitarbeiterbindung. Falls Sie dieses Konzept interessiert, empfehle ich Ihnen die Podcast-Folge der SAP Sommeliers mit Daniel Kohl, dem Geschäftsführer von Synaworks.

8.3.2 Den SAP-Junior-Status ablegen

Nach der ersten Orientierungsphase, die meist in Form eines Traineeprogramms oder durch Learning-on-the-Job erfolgt, folgt eine erste Konsolidierung. Das Grundverständnis für die Fachthemen wurde erworben und die ersten Kundenprojekte wurden mitgestaltet. Nach zwei bis drei Jahren wechseln viele zum ersten Mal den Arbeitgeber. Der Grund: Sie wollen »nicht ewig Junior sein«, suchen gezielt nach Verantwortung, mehr Gehalt oder attraktiveren Aufgaben. Die anfangs sehr steile Lernkurve flacht ab, obwohl es gerade für Wissenshungrige und Hands-on-Consultants gefühlt gar nicht schnell genug vorangehen kann.

Proaktiv in Karrieregespräche gehen

Arbeitgeber, die diese Dynamik ignorieren, verlieren gut ausgebildete Talente genau dann, wenn sie erste Wirkung zeigen könnten. Meine Empfehlung lautet daher, proaktiv in Karrieregespräche zu gehen, um in dieser Phase neue Möglichkeiten und Weiterentwicklungsoptionen innerhalb Ihrer Organisation aufzuzeigen. Wenn auch das fachliche Know-how bereits aufgebaut wurde und die SAP-Technologie vertraut ist, bestehen im Bereich der Beratungshaltung und Methodik noch viele Möglichkeiten zur weiteren Förderung. Unternehmen können etwa gezielt ein Mentoring ermöglichen. Diese Person unterstützt bei der Reflexionsarbeit und dient als Sparringspartner*in.

Studienabschluss finanzieren

Manche SAP-Professionals wünschen sich auch einen ersten oder weiterführenden Studienabschluss, etwa einen Master of Business Administration (MBA) oder einen Abschluss zu einem bestimmten Fachgebiet, um sich noch sicherer zu fühlen oder gezielt auf eine Führungskarriere hinzuarbeiten. Diese Überlegungen können Sie gemeinsam mit den Angestellten diskutieren, die Optionen abwägen und die Ausbildung auch finanziell unterstützen. Im Gegenzug gibt es nach solchen umfangreichen und auch kostenintensiven Weiterbildungen Möglichkeiten, um eine bestimmte Beschäftigungsdauer in Ihrem Unternehmen vertraglich festzuhalten und die Nachwuchskraft somit noch ein bis zwei Jahre länger zu binden. Prüfen Sie dies im konkreten Fall mit arbeitsrechtlicher Unterstützung.

[zB]

Kompetenzentwicklung als Retention-Tool

Wer SAP-Fachkräfte halten will, muss ihnen nicht nur Sicherheit geben, sondern auch Perspektive. Die Fähigkeit, mit modernen Lösungen und Konzepten wie SAP BTP, generativer KI und Clean Core umzugehen, entscheidet zunehmend darüber, ob Mitarbeitende bleiben oder innerlich kündigen. Martin Koch, CEO der CloudDNA GmbH, setzt hier auf rollenbasierte Lernpfade. Sie werden auf einzelne Fachkräfte zugeschnitten – ob ABAP-Entwicklung, Integration Manager oder Solution Architect. Das Unternehmen führt praxisorientierte Workshops mit direktem Unternehmens- und Projektbezug durch. Vor der Investition in eine Schulung wird identifiziert, was wirklich gebraucht wird und die Teilnehmenden motiviert.

In konkreten Kundenprojekten können die Mitarbeitenden weitere Kompetenzen erwerben. Beispielweise konnte sich ein technischer Entwickler durch einen gezielten Lernpfad zum SAP BTP Solution Architect weiterentwickeln und entwickelte gemeinsam mit dem Fachbereich eine KI-gestützte Produktionsprognose. Solchen Entwicklungen Raum zu geben, erzeugt nicht nur Innovationskraft, sondern stärkt auch die emotionale Bindung. Wer erlebt, dass ihm oder ihr etwas zugetraut wird, bleibt. Upskilling wird damit zur Anerkennung und zur Karrierechance im eigenen Unternehmen. Martin Koch weist auch darauf hin, dass bei begrenztem Budget auch Programme wie der SAP Learning Hub, regionale Bildungsförderungen oder praxisnahe Zertifizierungen aus Partnernetzwerken funktionieren können.

Entscheidend sei nicht das Zertifikat an sich, sondern die Anwendbarkeit im Projektalltag.

8.3.3 Elternzeit und der Wiedereinstieg

Momboarding-Konzept

In ganz verschiedenen Stationen der Laufbahn kommt für viele Menschen im SAP-Kosmos irgendwann der Zeitpunkt, zu dem sie Mutter oder Vater werden. Mütter gehen einige Wochen vor dem errechneten Entbindungstermin in den Mutterschutz. Auf Basis meiner eigenen Erfahrungen in diesem Themenfeld habe ich ein spezielles *Momboarding-Konzept* entwickelt, das ich Ihnen detailliert in Kapitel 10, »Female Recruiting: Gezielte Ansprache von Frauen in der IT«, vorstelle. Dieses Konzept unterstützt Frauen während ihrer Schwangerschaft und der Elternzeit und bis zu ihrem Wiedereinstieg.

[zB]

Meine eigenen Erfahrungen mit dem Thema Elternzeit

Ich selbst habe bis zur Geburt gearbeitet, weil ich körperlich fit war. Drei Monate nach der Geburt meines ersten Kindes bin ich wieder in Teilzeit eingestiegen. Mein Partner hatte komplett die Elternzeit von 12 Monaten genommen. Sein damaliger Arbeitgeber hatte ihm jedoch deutlich gemacht, dass es in seiner Schlüsselposition keine längere Elternzeit als die bei Vätern üblichen 2 Monate geben dürfte – ansonsten wäre er den Job los.

Beim zweiten Kind habe ich den Großteil der Elternzeit genommen und fühlte mich überhaupt nicht wohl dabei. Mein eigenes Start-up-Unternehmen mit seinem dynamischen Team nicht gemäß meiner Vision führen und unterstützen zu können, nicht wertschöpfend tätig zu sein und zu sehen, wie andere meine zentralen und liebgewonnenen Aufgaben übernahmen – das war für mich hart und auch schmerzhaft.

Durchschnittliche Dauer

Im Durchschnitt dauert die Elternzeit von Frauen im SAP-Kosmos 1,5 bis 2 Jahre. Bei Männern sind es rund 3 Monate, wie unser Yellow Paper »Väter im SAP-Kosmos« von 2023 zeigte.

Die meisten Väter hätten sich mehr Support von Ihrem Arbeitgeber gewünscht und scheuten vorwiegend wegen der finanziellen Auswirkungen davor zurück, länger Elternzeit zu nehmen. 90 %, also ein wirklich großer Teil der Väter sagte aus, wie wichtig Ihnen eine faire Aufteilung der Care-Arbeit sei. Doch gleichzeitig reduzierten nur vereinzelt Väter ihre Arbeitszeit nach der Elternzeit – aus Sorge vor Karriereeinbußen, aber auch aus finanziellen Gründen.

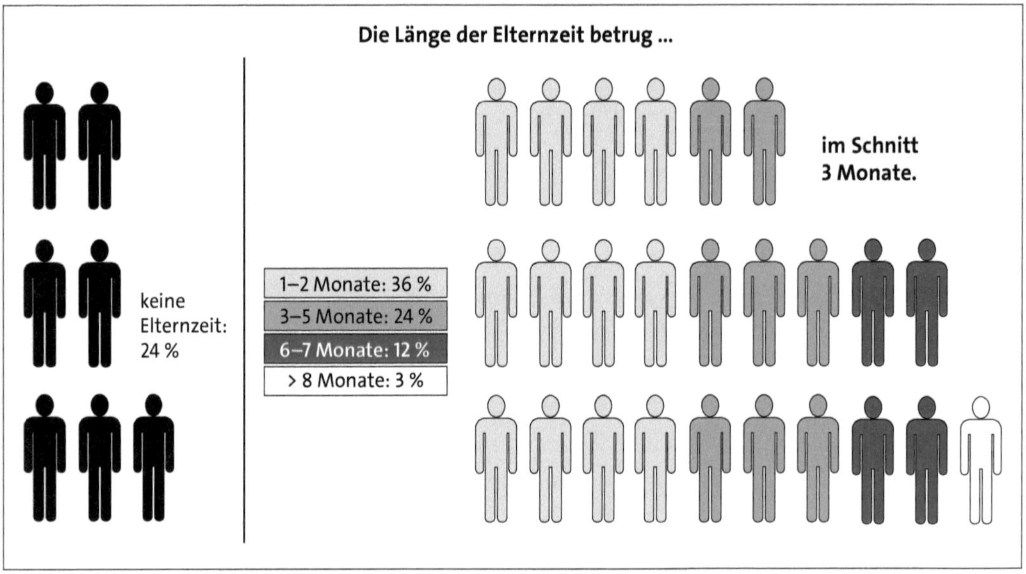

Abbildung 8.1 Auszug aus der Ankerkopf-Studie Yellow Paper 2023, »Väterzeit im SAP-Kosmos«

Motherhood Penalty

Für Mütter bedeutet der Wiedereinstieg fast immer Teilzeitarbeit, und das über mehrere Jahre. Manchmal folgen weitere Schwangerschaften, Geburten und Elternzeiten. In dieser häufig langjährigen Phase werden die männlichen SAP-Kollegen befördert, erhalten Gehaltserhöhungen, steigen zu Führungskräften auf. Im amerikanischen Sprachgebrauch gibt es für dieses traurige Phänomen den Begriff *Motherhood Penalty*, die Strafe für Mutterschaft. Ausgehend von den vielen Gesprächen und Interviews, die ich im Rahmen unseres Podcasts »Alice im Serverland« führte, bin ich mir sicher, dass neben der Politik auch Unternehmen sowie die Frauen selbst an dieser Situation etwas ändern können, sie zumindest verbessern können. Für manche Frauen sind eine beidseitige leichte Reduktion der Wochenstunden von Mutter und Vater, Homeoffice und flexible Arbeitszeiten mit verbindlichen Teamknotenpunkten die Lösung.

Von Ihnen als Arbeitgeber sollten Mütter nicht wie SAP-Fach- oder Führungskräfte zweiter Klasse behandelt werden, auch nicht aus falscher Rücksichtnahme. Bevormunden Sie Eltern nicht, sondern gehen Sie in einen lösungsfokussierten Dialog. Rechnen Sie den Frauen vor, was eine dauerhafte Reduktion ihrer Arbeitszeit auf 20 Stunden für ihre Rente bedeutet. Das Thema Altersarmut ist bei Frauen in Deutschland, auch durch eine hohe Scheidungsrate, sehr präsent. Für Sie ist angesichts des eklatanten und sich immer weiter verschärfenden SAP-Fachkräftemangels jede Person wertvoll, und Sie können Ihren Bedarf natürlich besser abdecken, wenn Ihre weiblichen SAP-Fachkräfte nicht mit 20, sondern mit 27 oder 30 Wochenstunden zurückkommen. Geben Sie in entsprechenden Gesprächen Impulse und verweisen Sie auf weibliche Role Models aus Ihrem Unternehmen, initiieren Sie einen Working Mom Club oder beteiligen Sie sich an einer bestehenden Initiative. Das Vorzeigen und Vorleben neuer Arbeits- und Partnerschaftsmodelle hilft sowohl Ihrem Unternehmen als auch den Eltern.

Väterzeit stärken

Meiner Überzeugung nach sollten auch die Väter stärker unterstützt werden, indem es ihnen ganz aktiv ermöglicht wird, die frühe Zeit des Elternwerdens zu genießen und Bindung zum Kind aufzubauen, ohne Sorge vor Karriereknicks oder schrägen Bemerkungen haben zu müssen. Die verglichen mit einem ganzen Arbeitsleben so kurze Phase der Elternzeit ist für Sie als Unternehmen vernachlässigbar. Für den Vater jedoch bedeutet sie Lebenserinnerungen. Durch Verständnis und gegebenenfalls finanzielle Unterstützung hinterlassen Sie einen positiven Eindruck. Ziehen Sie gerne auch einmal Geschenke wie einen Babybody oder ein Herren-T-Shirt mit dem Aufdruck »Next Gen ABAP« oder »Frühe Nachwuchsförderung für SAP-Talente« oder eine Tasche zum Wickeln für Männer in Betracht. Vielleicht bekommen Sie dafür sogar einen netten LinkedIn- oder Instagram-Post als Dankeschön.

[zB]

Schließen Sie Ihre SAP-Eltern auch von Events und Messen nicht aus

Als Unternehmen können Sie bei einer geplanten längeren Babypause trotzdem wichtige Workshops und Weiterbildungen technischer Art anbieten, vielleicht sogar zusammen mit dem Kind bzw. einer Kinderbetreuungsoption. Im Start-up-Kontext ist es gar keine Seltenheit, eine Kinder- und Stillecke in den Büroräumen zu haben.

Auch an wichtigen Strategie-Meetings können Eltern teilnehmen, wenn sie es möchten. Mein zweites Kind wollte nur gehalten und getragen werden, trotzdem wollte ich mir unser Strategie-Event nicht entgehen lassen. Im Vorfeld stimmte ich mit dem Moderator ein Zeitfenster ab, in dem ich voraussichtlich ganz babyfrei sein würde. Meine Teilnahme während dieses begrenzten Zeitraums klappte so wirklich gut.

Beim DSAG-Jahreskongress 2024 in Leipzig, einer der wichtigsten SAP-Veranstaltungen in Deutschland, war ich außerdem eingeladen, um auf der Impulsbühne zum Thema Gender Pay Gap im SAP-Kosmos zu moderieren. Kurzerhand mieteten wir für den Zeitraum des Kongresses ein gut gelegenes Familienzimmer und luden die Großeltern zur Kinderbetreuung während der Ausstellungs- und Vortragszeiten ein – nur die After-Work-Treffen kamen in diesem Jahr etwas zu kurz.

Verstehen Sie sich als Unternehmen als Teil der aktuellen Transformation, und lassen Sie Eltern Teil Ihres Teams sein. Laden Sie sie zu Veranstaltungen ein, zu Fachkonferenzen oder sogar zu eigenen Beiträgen. Akzeptieren Sie aber auch, wenn Eltern einfach nur die Zeit mit der Familie verbringen möchte. Ihre gut gemeinten Vorschläge sollten daher so formuliert sein, dass sie leicht abgelehnt werden können.

Gerade viele Frauen erleben trotz vorangegangener Karriere oft Unglaubliches – die 1950er-Jahre lassen grüßen. Infolgedessen wechseln sie daher kurz nach dem Wiedereintritt häufig ihren Arbeitgeber. Elternzeiten positiv und wertschätzend mit Plan und Empathie zu unterstützen, kann eine Chance für Ihr Recruiting sein. Hier strukturelle Fehler zu begehen, geht auf der anderen Seite mit dem großen Risiko einher, Ihre SAP-Powerfrauen zu verlieren.

[+]

Versuchen Sie es einmal mit Jobcrafting für Ihr SAP-Team

Was passiert, wenn jemand aus der Elternzeit zurückkehrt und »irgendwie nicht mehr reinfindet«? Wenn die Motivation nachlässt, ohne dass klar ist, woran es liegt? Gerade in solchen Phasen ist ein durch interne oder externe Personen moderiertes *Jobcrafting* ein hilfreiches Tool zur Mitarbeiterbindung. Gemeint ist damit die bewusste Umgestaltung des Aufgabenbereichs unter Berücksichtigung individueller Stärken, Interessen und aktueller Lebensrealitäten. Jobcrafting basiert auf der Erkenntnis, dass viele Mitarbeitende ihre Rollen ohnehin über die Zeit individuell formen – ob sichtbar oder still. Dieser Impuls lässt sich gezielt nutzen.

- **Individuelles Jobcrafting**

  Mitarbeitende reflektieren aktiv, wovon sie »mehr« oder »weniger« wollen, und entwickeln von sich aus eine neue Passung für ihre aktuelle Rolle. Dies kann besonders nach längeren Pausen wie einer Elternzeit oder in beruflichen »Midlife«-Phasen hilfreich sein.

- **Teamdynamisches Jobcrafting**

  Führungskräfte können bewusst Jobcrafting in Teamrunden einführen, z. B. bei Reorganisationen, Neubesetzungen oder zur Motivationserhaltung. Wer übernimmt gern welche Aufgaben? Was passt besser zu wem? Wer möchte sich wohin entwickeln?

- **Organisatorisches Jobcrafting**

  Jobcrafting wirkt als Frühwarnsystem. Anstelle von latenter Unzufriedenheit oder verdeckter Frustration entsteht ein strukturierter Raum für Entwicklungsgespräche, Rollenklärung und gezielte Weiterentwicklung. Einer Kündigung ohne Vorwarnung oder entstehenden Jobwechsel-Wünschen aus Frust oder Eintönigkeit wird damit vorgebeugt.

Jobcrafting bedeutet nicht, dass alle sich nur die Rosinen herauspicken. Richtig angewendet, eröffnet es Perspektiven und sorgt für mehr Motivation, eine bessere Passung und eine langfristige Bindung. Es ermöglicht außerdem eine bessere Teamleistung, denn manche Aufgaben werden von Teammitglied A negativ bewertet, von Teammitglied B jedoch als tolle Erweiterung der eigenen Aufgaben. Auch bei Erhöhung oder Senkung der wöchentlichen Arbeitszeit kann Jobcrafting sinnvoll sein, um Aufgabenpakete besser zu verteilen. Anregungen erhalten Sie z. B. in der Folge zum Thema Jobcrafting des Podcasts »Alice im Serverland«.

Wiedereinstieg als Phase

Ein Wiedereinstieg, der oft in Teilzeit erfolgt, wird nicht nur zur organisatorischen, sondern auch zur emotionalen Herausforderung. Frauen erleben in dieser Phase häufig eine berufliche Rückstufung, Männer geraten hingegen in Zugzwang, wenn sie die klassische Rolle des Allein- oder Hauptverdieners übernehmen: mehr Leistung, mehr Gehalt, mehr Verantwortung – noch weniger Zeit für die Familie. Für gleichberechtigte Modelle mit zwei Vollzeitstellen fehlt hingegen oft die Systemunterstützung, etwa durch flexible Betreuung, strukturierte Arbeitszeitmodelle oder hybride Führung. Wertschätzung entscheidet in dieser Phase über Loyalität oder Wechsel.

8.3.4 Mehr Verantwortung: Was kommt nach dem Senior?

Wunsch nach mehr Verantwortung

Viele SAP-Consultants entwickeln nach fünf bis acht Jahren im Beruf einen neuen Wunsch: »Ich will mehr Verantwortung übernehmen«. Was das konkret bedeutet, ist individuell. Für einige ist es die Führung eines Teams, für andere eine tiefere fachliche Spezialisierung oder der Einstieg in ganz neue Felder wie Architektur, Coaching oder Presales. Wenn Sie diesen Wunsch nicht ernst nehmen, riskieren Sie eine innerliche Kündigung oder einen realen Arbeitgeberwechsel. Unternehmen, die an dieser Stelle Entwicklungsmodelle anbieten (z. B. Fachkarrierepfade, Innovationsprojekte, Tandemmodelle), binden Talente nachhaltiger.

Selbstständigkeit ermöglichen

Parallel beobachten wir im SAP-Kosmos einen zunehmenden Drang zur Selbstständigkeit. Gerade infolge der hohen Nachfrage auf dem Markt überlegen viele Consultants, sich als Freelancer, Boutique-Consultants oder mit dem Vertrieb eines eigenen Tools oder Add-ons selbstständig zu machen. Teils erfolgen solche Tätigkeiten nebenberuflich, teils mit voller Kraft. Diese Phase muss nicht als »Bedrohung« begriffen werden, sondern kann durch einen konstruktiven, vertrauensbasierten Umgang mit dem Wunsch nach Veränderung für beide Seiten fruchtbar gestaltet werden. Voraussetzung dafür ist eine Kultur, die Autonomie erlaubt und zugleich Bindung aufgebaut hat.

[+]

Gründung und nebenberufliche Selbstständigkeit

Nicht selten kommen SAP-Professionals, und dazu gehören auch die richtig guten, zu einem Punkt, an dem sie selbst ein Unternehmen gründen möchten. Einige suchen sich dazu einen ganz anderen Fachbereich aus als das SAP-Umfeld. Es gibt aber auch die Menschen, die sich nebenberuflich mit genau dem Fachthema selbstständig machen wollen, an dem sie hauptberuflich arbeiten.

Sie als Unternehmen können auch diese Karriereoptionen unterstützen. Natürlich besteht das Risiko, dass sich die Person dann ganz selbstständig macht, aber genauso kann es sein, dass die Nebenberuflichkeit für mehrere Jahre ein zufriedenstellender Übergang bleibt. Ich habe auch erlebt, dass die ehemaligen Angestellten als SAP-Freelancer auf eigene Rechnung für den einstigen Arbeitgeber arbeiteten. Da auch versierte SAP-Freelancer nicht so leicht zu finden sind, insbesondere solche, die Ihre Prozesse und Menschen kennen, lohnt es sich, auch diesen Karrierepfad nicht zu behindern.

Karriereplateau

Mit weiter zunehmender Berufserfahrung, also etwa nach zehn bis fünfzehn Jahren, erleben ferner viele SAP-Consultants ein Karriereplateau, also eine Phase, in der sie sich nicht mehr weiterentwickeln. Die wesentliche Frage lautet nicht mehr: »Was kann ich?«, sondern »Was will ich noch?«. Hier ist HR gefragt, neue Perspektiven aufzuzeigen, sei es über ein gezieltes Upskilling, ein Sabbatical, eine neue Rolle im Unternehmen oder ein abteilungsübergreifendes Projekt.

8.3.5 Kündigung und Ausscheiden

Früher oder später steht auch eine Kündigung im Raum. Ob sie aktiv oder passiv erfolgte, freiwillig oder betriebsbedingt. Diese Phase entscheidet stark über Ihr Image als Arbeitgeber. Offboarding-Prozesse sollten nicht mechanisch, sondern strategisch gestaltet werden. Mittel dazu sind Exit-Gespräche, klare Informationsflüsse, Wissenssicherung und wertschätzende Gesten wie ein »goldenes Rückfahrticket«. Die Verbindung zu Ehemaligen nicht abzubrechen, kann zum Aufbau eines wertvollen Alumni-Netzwerks führen. Nicht selten kommt es auch zu einer Rückkehr ins Unternehmen in neuer Rolle.

Gelegentlich möchten Menschen aus den unterschiedlichsten Gründen gar nicht mehr im SAP-Kosmos arbeiten. Sollte dies bei Ihnen gehäuft vorkommen, analysieren Sie mögliche Gründe und gehen mit den Personen, die aus dem SAP-Job ausgestiegen sind, in ein offenes, konstruktives Gespräch. Vielleicht gibt es Stellschrauben, an denen Sie drehen könnten, damit die Person zurückkehrt.

Ausstieg aus dem SAP-Kosmos

8.3.6 Die letzten zehn (oder mehr) Arbeitsjahre

Arbeiten mit Mitte 50

Spätestens ab Mitte 50 stellen viele noch einmal alles infrage. Die Kinder sind aus dem Haus, das Berufsleben gefestigt. Häufig regt sich in dieser Phase noch einmal der Wunsch nach Neuem. Viele möchten noch einmal etwas wagen, z. B. vom operativen Job in eine beratende Rolle wechseln, Transformationsprojekte gestalten, sich sozial engagieren oder Wissen weitergeben. Unternehmen, die in dieser Phase flexible Modelle anbieten (z. B. projektbezogene Beratung, Mentoring-Rollen, Altersteilzeit), können diese Lebensphase produktiv und sinnstiftend nutzen.

Verrentung

Und auch die Verrentung bedeutet nicht automatisch Abschied. Wenn Sie klug planen, hält den Kontakt zu erfahrenen SAP-Fachkräften als Sparringspartner*innen, Coaches oder Speaker aufrecht – und schreiben so den Employee Lifecycle weiter.

Krankheit oder Todesfall

Natürlich gibt es auch unvorhersehbare Phasen wie schwere Krankheiten oder das Versterben eines Teammitglieds oder enger Angehöriger mitten im Arbeitsleben. Auch diese Phasen gehören zum Employee Lifecycle. Hier sind Arbeitgeber gefragt, wertschätzende Unterstützung anzubieten, gegebenenfalls auch finanzieller Art wie eine Lohnfortzahlung für die Dauer der Krankheit oder das unkomplizierte Gewähren von Extra-Sonderurlaub.

8.4 Umgang mit Karrierewechseln: Offboarding mit Wiederkehrpotenzial

Manchmal ist der Drang nach beruflichem Neuland so groß, dass ein Mensch unbedingt das Unternehmen wechseln muss. Manche SAP-Fachkräfte haben z. B. den Wunsch, einmal bei einem der ganz großen Beratungshäuser oder bei SAP selbst zu arbeiten. Manchmal lockt eine einzigartige Karrierechance, die das aktuelle Unternehmen nicht bieten kann.

Seien Sie nicht persönlich beleidigt!

Seien Sie in solchen Fällen nicht persönlich beleidigt! Aus menschlicher Sicht wäre es doch schade, das Ausscheiden einer produktiven SAP-Fachkraft so aufzufassen, als wäre diese nun eine Persona non grata, die einfach ihre Sachen packen soll und raus. Ein unangenehmer letzter Kontaktpunkt wird die Person sicherlich nicht dazu veranlassen, zu Ihnen zurückzukehren. Sollte es bei dem neuen Arbeitgeber nicht so großartig sein wie gehofft, wechselt die Person wieder – aber bestimmt nicht mehr in Ihr Unternehmen.

Weg-von-Gründe in anonymisierter Umfrage

Stattdessen können Sie versuchen, in einem strukturierten Offboarding-Gespräch wertvolles Feedback dazu zu erhalten, was die Person weg von Ihnen und hin zu der neuen Rolle treibt. Versuchen Sie auch, authentisches Feedback auf Plattformen wie *Kununu* zu bekommen. Sollten sich bei den Gründen, aus denen Mitarbeitende Ihr Unternehmen verlassen, Muster erkennen lassen, gehen Sie den Ursachen auf den Grund. Führen Sie dazu z. B. eine anonymisierte Umfrage in Ihrem bestehenden Team durch. Manche Analytics-Tools von Bewerbermanagement-Systemen bieten eine solche Funktion direkt mit an, sodass Sie alle Daten in Ihrem Bewerbermanagement-System zur Hand haben und Ihre Hypothesen überprüfen können.

Boomerang Hiring

Nicht nur ein gelungener Start in Ihrer außergewöhnlichen Candidate Experience, sondern auch ein starker, positiver Abschluss kann Ihren Interessen als Arbeitgeber dienen. Laut einer Studie der Königsteiner Gruppe, einer Agentur für Personalmarketing, können sich 43 % der Befragten eine Rückkehr vorstellen. 21 % warten sogar explizit auf eine aktive Ansprache durch den ehemaligen Arbeitgeber. Tatsächlich sind aber nur 5 % zurückgekehrt. Die Gründe dafür sind vielfältig: fehlende Impulse, Unsicherheit, alte Tabus. Sie können diesen super eingearbeiteten Talente-Pool für sich nutzen und eine Re-Hiring-Journey anstreben: Senden Sie an Ihre ehemaligen SAP-Mitarbeitenden eindeutige Signale, dass Sie sie willkommen heißen. Brechen Sie mit dem Tabu und nutzen Sie die Chancen, die sich nach einer Kündigung auftun. Am besten sourcen Sie in Ihrer Datenbank nach ehemaligen SAP-Talenten – so ergibt sich eine neue Möglichkeit des *Boomerang Hirings*.

Das goldene Rückkehrticket

Boomerang Hiring ist meiner Ansicht nach eine echte Chance, um auf den SAP-Talentemangel zu reagieren. Den »goldenen Handschlag« bei einer Kündigung gibt es inoffiziell bereits seit Längerem. Größere Unternehmensberatungen führen regelmäßig Alumni-Events durch und halten Kontakt mit ihren Ehemaligen. Unsere Herangehensweise, das *goldene Rückkehrticket*, ist ein Versuch, Boomerang Hiring zu institutionalisieren. Offenbar haben wir damit einen Trend angestoßen, denn seit dem Sommer 2023 haben bereits viele Unternehmen diese Offboarding-Maßnahme bei sich eingeführt. Initiator war ein Post auf LinkedIn, der 69.906 Impressionen, 12.514 Likes und 803 Kommentare erhielt und 343 Mal repostet wurde.

Sogar die überregionale Fachpresse wie die »Business Punk« berichtete über den Post »Das goldene Rückfahrticket – ein Instrument im Offboarding« meiner Kollegin Theresa Budde. Die Wirkung zeigte sich in den sozialen Medien. So berichtete etwa eine ehemalige Flughafenmitarbeiterin auf LinkedIn unter dem Hashtag #Wertschätzung von ihrem persönlichen Rückflugticket – ein Zeichen dafür, wie emotional bindend solche Gesten sein können.

[«]

Ein Post geht viral – und dann?

Ein viraler Post kann für die einzelne Person ganz viel bedeuten, auch einen riesigen Zuwachs an Followern, und zugleich ganz wenig Auswirkung auf die eigene Corporate Brand haben. Sollten Sie irgendwann einmal selbst in den Genuss kommen, aufgrund eines viral gegangenen Posts mit Journalist*innen zu sprechen, empfehle ich Ihnen, mit Profis aus dem PR-Umfeld in Kontakt zu treten, um auszuloten, wie sich die Visibilität dieses einzelnen Posts positiv für Ihr Unternehmen einsetzen lässt und wie Sie selbst das Storytelling in der Hand behalten können.

Signalwirkung und handfeste Einladung zur Rückkehr

So funktioniert das Ticket: Kündigt ein Teammitglied, das man gerne im Unternehmen gehalten hätte, kann die jeweilige Führungskraft ein Rückfahrticket bei der Personalabteilung beantragen. Darauf stehen der Name, die Position und das Austrittsdatum der Person. Die Führungskraft ergänzt ihre Unterschrift. In einem persönlichen Gespräch wird das Ticket dann überreicht. Es signalisiert: Du bist hier jederzeit willkommen. Möchte die Person zurückkehren, reicht sie einfach das Ticket ein – ganz unkompliziert, ohne erneutes Bewerbungsverfahren und ohne Neuverhandlung der Konditionen. Solche Rückkehrtickets können ganz unterschiedlich gestaltet sein. Wichtig ist, dass die Übergabe wertschätzend erfolgt und in eine sinnvolle Re-Hiring-Strategie eingebettet ist. Abbildung 8.2 zeigt unseren Prototyp.

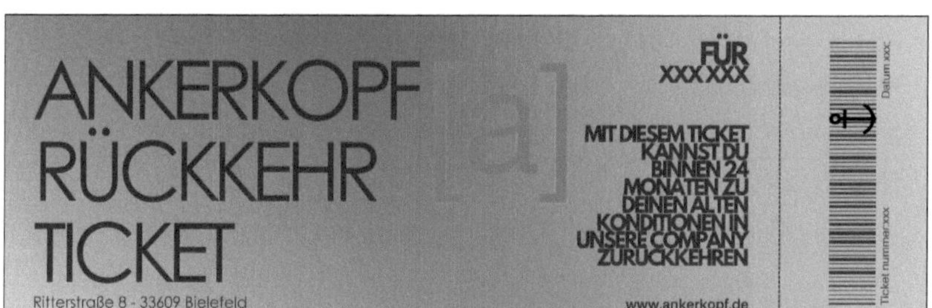

Abbildung 8.2 Beispiel für die Gestaltung eines goldenen Rückkehrtickets

Teil einer gelebten Unternehmenskultur

Damit das Rückfahrticket wirkt, muss es Teil einer gelebten Unternehmenskultur sein. Es darf nicht nur symbolisch existieren, sondern muss ernst gemeint, klar kommuniziert und strategisch verankert sein. Ob das Ticket aussieht wie eine nostalgische Bahnfahrkarte, ein Boardingpass oder ein moderner QR-Code – das hängt vom Stil des Unternehmens ab.

8.5 Work-Life-Balance und Arbeitsumfeld

Steigende Arbeitsbelastung

In einer LinkedIn-Umfrage gaben 41 % der SAP-Fach- und Führungskräfte an, ihre Arbeitsbelastung würde steigen. Nur 9 % sagten, dass alles super laufe. Ebenfalls 9 % überlegten offen, bei ihrem Unternehmen auszusteigen. Diese Zahlen sind kein wissenschaftlicher Beweis, ergeben aber ein Stimmungsbild, das ernst genommen werden muss. Wenn fast 10 % innerlich bereits gekündigt haben, kann Retention fast als Survival-Training für Ihr SAP-Team gesehen werden.

Die Arbeitsbelastung wird auch weiter zunehmen. Der Branchenverband Bitkom sagt eine Vervierfachung der IT-Fachkräftelücke voraus, was für das Bestandsteam eine ständige Erhöhung der Arbeitsbelastung bedeutet, der Sie als Organisation und Arbeitgeber systematisch begegnen sollten.

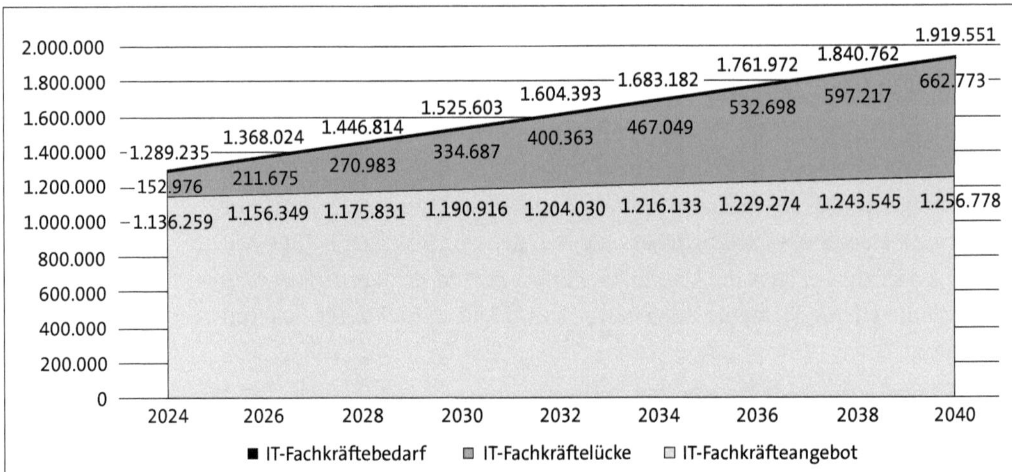

Quelle: QuBE-Projektion des Bundesinstitut für Berufliche Bildung | Eigene Hochrechungen/Projektionen.

Abbildung 8.3 Vervierfachung der IT-Fachkräftelücke (Quelle: Bitkom Studie 2024)

Wenn ich mit Menschen über ihre Work-Life-Balance spreche, zeigen sich diese nie besonders zufrieden. Gerade für Menschen im SAP-Beratungskontext gehören stressige Projektsituation, das Arbeiten unter starkem

Zeitdruck, der Umgang mit Konfliktsituationen sowie Spät- und Wochenend-Schichten, zum Beispiel vor einem Go-live, zu ihrem normalen Arbeitsleben. Es gibt Peaks, also Zeiträume, in denen die SAP-Fachkräfte weit mehr und auch länger arbeiten, als es im Arbeitsvertrag steht. Obwohl dies in vielen Bereiche dazugehört, gibt es bestimmte Aspekte, an denen Unternehmen arbeiten können und sollten. Dafür möchte ich Sie in diesem Abschnitt sensibilisieren.

Faktoren für Unzufriedenheit im Job

Meine weitere LinkedIn-Umfrage unter SAP-Fach- und Führungskräften zeigte, dass für viele nicht der Arbeitgeber im Zentrum der Frustration steht, sondern die Projekt- und Technologieumgebung: Fehlende Automatisierung, keine nutzerfreundliche UX, schwache Zusammenarbeit mit den Fachbereichen oder schlicht Projektflauten sorgen für Demotivation. Sie erhöhen damit die Wahrscheinlichkeit, dass die SAP-Talente, die sich erst gerade bei Ihnen beworben haben oder bereits länger in Ihrem Unternehmen arbeiten, abwandern. Ich gebe Ihnen in diesem Abschnitt ein paar Lösungsimpulse, damit Ihr SAP-Team wieder zufriedener wird.

Erlebte Sinnhaftigkeit

Es sind nicht immer die großen Themen wie Gehalt oder Karrierestufe, die über Bleiben oder Gehen entscheiden. Häufig geht es darum, Sinnhaftigkeit im Arbeitsalltag zu erleben. Oder anders gesagt: Der Rucksack der SAP-Fachkräfte wird nicht durch fehlende Benefits schwerer, sondern durch all die kleinen Stolpersteine auf dem Weg, die verhindern, dass man mit mehr Leichtigkeit oder Tempo vorankommt. Fehlende Automatisierung, unübersichtliche Systeme, Kommunikationslücken zum Fachbereich – das sind die Geröllfelder, auf denen Motivation zerbröseln kann. Auch ein sinnvoller Einsatz von KI-Tools wie ChatGPT oder Joule kann Ihr SAP-Team unterstützen.

8.5.1 Zeit- und nervensparende User Experience

UX ist der Weg, den Menschen täglich gehen

User Experience (UX) wird im SAP-Kontext oft als Add-on betrachtet, als etwas, das »nice to have« ist, aber nicht entscheidend. Wer so denkt, unterschätzt einen zentralen Faktor für Motivation, Wirksamkeit und Mitarbeiterbindung. In der erwähnten LinkedIn-Umfrage unter SAP-Fach- und Führungskräften gaben 19 % an, dass »keine einheitliche oder gute UX« sie in ihrer Wirksamkeit behindere. Dies ist ein eindeutiger Hinweis darauf, dass UX kein oberflächliches Thema ist, sondern ein täglicher Realitätstest. Alle, die SAP nutzen, kommen damit automatisch in Berührung. Wer sich als User oder Consultant nicht im System zurechtfindet, verliert Motivation und ist weniger effizient.

In einer Folge unseres Podcasts »SAP Sommeliers« mit UX-Designer und Geschäftsführer Maximilian Gräf beschreiben wir die Herausforderungen in diesem Bereich: In vielen Unternehmen gleichen die SAP-Systeme einer kundenindividuellen Systemlandschaft. Es gibt zahlreiche Eigenentwicklungen, mit der Zeit gewachsene Masken und inkonsistente Oberflächen. Mal ist der Speichern-Button links, mal rechts. Mal springt ein Pop-up auf, mal nicht. Die Folge: SAP fühlt sich nicht mehr wie SAP an, und der tägliche Weg durch das System wird zum Hindernisparcours.

Gute UX spart nicht nur Klicks, sondern bindet auch

Was auf den ersten Blick wie ein technisches Problem aussieht, ist tatsächlich auch ein Retention-Thema. Denn schlechte UX erzeugt Stress, Frust und Mehrarbeit. Sie führt dazu, dass Schulungen länger dauern, dass sich neue Mitarbeitende langsamer einarbeiten müssen und dass erfahrene Fachkräfte beginnen, daran zu zweifeln, ob sie wirklich noch am richtigen Ort sind. Gute UX hingegen erzeugt das Gegenteil: Klarheit, Vertrauen und einen guten Arbeitsfluss. Wer mit wenigen Klicks ans Ziel kommt, erlebt sich als kompetent. Wer sich im System zurechtfindet, fühlt sich eingeladen, mitzudenken. Und wer merkt, dass seine Rückmeldungen zur Verbesserung beitragen, erlebt einen eigenen Gestaltungsspielraum.

Schon kleine Maßnahmen zeigen oft Wirkung

Maximilian Gräf beschreibt die Rolle des UX-Designers als Vermittler zwischen Technologie, Projektleitung und echten Menschen. Es geht nicht nur darum, Anforderungen abzufragen, sondern darum, emotionale Muster zu erkennen: Wo hakt es immer wieder? Was verwirrt die User? Welche Begriffe funktionieren und welche nicht?

Schon kleine Maßnahmen zeigen hier oft Wirkung: konsistente Begrifflichkeiten, klare Navigationspfade, einheitliche Reaktionsmuster. UX ist der Pfad, den SAP-Professionals jeden Tag gehen. Ob sie ihn mit Freude betreten oder bei jedem Schritt zögern, entscheidet mit über ihre Verweildauer in Ihrem Unternehmen. Oder wie es in der Podcast-Folge formuliert wurde: *»UX kostet nicht extra – schlechte UX kostet doppelt.«*

8.5.2 Einsatz von künstlicher Intelligenz und Robotic Process Automation

Künstliche Intelligenz als mächtiger Begleiter

Stellen Sie sich vor, ein neuer Kollege beginnt montagmorgens um neun Uhr. Er spricht alle Sprachen, hat sämtliche Studiengänge absolviert, kennt jedes Tool und jeden SAP-Prozess, versteht jedoch keine Ironie, stellt keine Rückfragen und hat keinen Sinn für soziale Konventionen. Willkommen im Zeitalter der künstlichen Intelligenz. Diese bildhafte Beschreibung stammt aus einer Folge unseres Podcasts »SAP Sommeliers« mit Karsten Kötter,

Consulting Director bei cbs Consulting, und bringt auf den Punkt, worum bei der Integration von KI geht: Künstliche Intelligenz ist kein Ersatz für Menschen, aber ein mächtiger Begleiter, wenn man weiß, wie man sie sinnvoll einsetzt.

Retention durch Automatisierung von Routine

KI kann für Entlastung im Alltag sorgen. Viele SAP-Fachkräfte verbringen einen erheblichen Teil ihrer Arbeitszeit mit immer gleichen Handgriffen – sei es im Ticket-Handling, bei der Testdatenerstellung oder bei der Verarbeitung von Massendaten. KI-gestützte Automatisierung (z. B. via SAP Build Process Automation) kann diese Tätigkeiten übernehmen und so Freiraum für komplexere Aufgaben mit Sinn schaffen. Das hat unmittelbare Auswirkungen auf Motivation und Bindung.

KI als Frühwarnsystem für Retention-Risiken

Auch im Bereich Retention kann KI durch die Analyse von Feedbackdaten, anonymisierten Umfragen, Interaktionsmustern oder Stimmungsbildern neue Impulse setzen. So lassen sich frühzeitig Hinweise auf Überlastung, Frust oder Kündigungsabsichten erkennen. Karsten Kötter beschreibt in der genannten Podcast-Folge eine Zukunft, in der KI nicht nur auf Anfragen reagiert, sondern als Agent unterstützt. Ein solcher KI-Agent erkennt z. B., dass eine Probezeit endet, und löst automatisch einen Reminder für das Feedbackgespräch aus. Oder er erkennt Lücken in einem Onboarding-Plan und schlägt passende Inhalte oder Maßnahmen vor.

RPA oder KI?

Martin Koch, SAP-PRESS-Autor und technischer Architekt, bringt auf den Punkt: *»RPA ist regelbasiert. KI hingegen lernt.«* Robotic Process Automation (RPA) kann wiederholbare, strukturierte Abläufe automatisieren, z. B. das Kopieren von Daten, das Starten von Transaktionen, das Navigieren durch Masken. KI hingegen kann unstrukturierte Informationen interpretieren, aus Mustern lernen und dynamisch auf neue Situationen reagieren.

8.5.3 Gute Zusammenarbeit mit SAP-Key-Usern

Zusammenarbeit mit Key-Usern

In vielen SAP-Projekten und -Betriebsmodellen spielen Key-User eine tragende Rolle. Sie sind die stillen Brücken zwischen Fachbereich und IT, helfen bei Problemen, erklären Prozesse, geben Rückmeldung. Doch genau diese Schlüsselpersonen sind häufig überlastet, unklar geschult oder ohne offizielle Rückendeckung eingebunden. Klare Zuständigkeiten zu definieren, gezielte Schulungen anzubieten und sie als strategische Schnittstelle anzuerkennen, stärkt die Rolle der Key-User und hilft damit auch den SAP-Professionals.

Ticketsysteme zeigen Wirkung

Hier zeigen Ticketsysteme Wirkung. Wenn sie richtig eingesetzt werden, strukturieren sie die Kommunikation, priorisieren Anliegen und helfen, Anforderungen sichtbar zu machen. Viele Tickets enthalten jedoch zu wenig Kontext, keine Prozessbeschreibung oder werden ohne Rückmeldung geschlossen. Das frustriert nicht nur die Fachabteilung, sondern erschwert auch die Lösungsfindung im Support oder in der Entwicklung.

Für eine gute Zusammenarbeit braucht es daher nicht nur ein gutes Tool, sondern vor allem eine Kultur des Zuhörens und strukturierte Rückmeldewege. Wichtig ist auch das Verständnis dafür, dass Key-User und Menschen, die SAP anwenden, wichtige Partner im Veränderungsprozess sind. Sie sollen nicht nur Tickets erstellen, sondern die Reise aktiv mitgestalten.

Die Art und Weise, wie ein Ticketsystem in einem Unternehmen eingesetzt wird, sagt bereits einiges über die Unternehmenskultur aus. Sie ist ein Hebel, an dem sich im Bereich Retention ansetzen lässt. Eine effiziente Nutzung steigert sowohl die Zufriedenheit der SAP-Fachkräfte als auch die der Fachabteilungen bei der Nutzung des SAP-Systems.

[+]

ChatGPT oder Joule

Auch digitale Assistenten wie ChatGPT oder Joule können SAP-Consultants und Key-User entlasten: ChatGPT kann z. B. bei der Formulierung von Tickets, der Vorbereitung von Anforderungsworkshops oder bei der Dokumentation von Lösungsideen unterstützen. Der SAP-eigene KI-Assistent *Joule* ergänzt diese Möglichkeiten systemintern, indem er direkt den passenden Kontext in der SAP-Landschaft liefert, Daten verknüpft und operative Fragen beantwortet. Beide Tools können Übersicht schaffen, Prozesse beschleunigen – und die Zusammenarbeit zwischen IT und Fachbereich ein gutes Stück leichter machen.

8.5.4 Umgang mit Krisen und Projektflauten

Kurzarbeit bei SAP-Anwenderunternehmen, Krisen, globale politische Veränderungen, Lieferengpässe und weitere Faktoren hinterlassen auch Spuren im SAP-Consulting. Bei manchen großen SAP-Partnerunternehmen gab es bereits Einstellungsstopps. Viele Menschen sitzen auf der Bank. Das betrifft oft gerade die, die frisch gestartet sind und jetzt eigentlich ihre PS auf die Straße bringen wollen.

Beschäftigte kommunikativ abholen

Falls Ihr Unternehmen zu den betroffenen zählt, kann ich Ihnen mitgeben, dass Sie nicht die einzigen sind. Auch wir sind durch mehrere Krisen gegangen. Ich beobachte jedoch aktuell, dass in solchen Situationen nicht alle SAP-Professionals so abgeholt werden, dass ein positives Bild der Zukunft entsteht, dass es mancherorts an Visionen mangelt. Manche werden mit dem Hinweis, sich doch jetzt einfach einmal in Ruhe weiterzubilden, vertröstet. Für die betreffenden Personen ist dies jedoch nicht zufriedenstellend. Je nach Gehaltsmodell hat der Wegfall des variablen Anteils erhebliche Auswirkungen auf das Sicherheitsgefühl. Auch die Wahrnehmung der eigenen Wirksamkeit leidet, wenn man keine Chance bekommt, die Aufgabe, für die man angetreten ist, zu erfüllen. Das Damoklesschwert der betriebsbedingten Kündigung hängt über den Köpfen. Dieser Druck wächst manchmal so stark an, dass von sich aus neue Wege gesucht werden. Dies ist gut für andere Unternehmen, für Sie jedoch eine Katastrophe, denn Krisen gehen vorüber, und im Anschluss werden Sie jede einzelne SAP-Fachkraft benötigen.

Das beste Vorgehen in solchen Krisen ist daher, klare Worte zu finden, die die Situation begreifbar machen, einen zeitlichen Horizont abzustecken und zu versuchen, jedes einzelne Teammitglied mit in die Verantwortung zu nehmen. Alle müssen in solchen Situationen an einem Strang ziehen.

[+]

Bodyleasing

Sollte eine Ihrer Lösungen *Bodyleasing* sein, d. h. das Verleihen von einzelnen SAP-Talenten in SAP-Projekte anderer Dienstleister, oder sollte dieser Vorschlag sogar aus Ihrem SAP-Team selbst kommen, dann markieren Sie dieses Vorgehen als besondere Situation, die zeitlich begrenzt ist. Schließen Sie sich mit Ihrer Konkurrenz zusammen, versuchen Sie durch dieses Vorgehen, Abgänge zu verhindern und die Phase zu überbrücken. Bleiben Sie außerdem mit den ausgeliehenen Mitarbeitenden in regelmäßigen Abständen im Gespräch.

Strukturiertes Offboarding

Sollte kein Ende der Krise absehbar sein und sollten Sie vor der schwierigen Entscheidung stehen, auch SAP-Talente gehen zu lassen und ihnen zu kündigen, versuchen Sie, ein strukturiertes Offboarding durchzuführen. Holen Sie sich dazu gegebenenfalls Unterstützung von einer SAP-Recruiting-Agentur oder -Personalberatung, denn so können Sie ziemlich sicher sein, dass Ihre Kolleg*innen zügig und ohne Lücke die Chance haben, eine neue Stelle zu finden.

8.6 Exkurs: SAP-Consulting als Lifestyle- und Identitätsthema

Ökosystem mit eigenen Regeln

Wer über SAP spricht, denkt an Software oder vielleicht noch an seine Module, Transaktionen und Systeme oder an einen Hersteller mit Hauptsitz in Walldorf. Doch rund um diese technologische Infrastruktur hat sich ein weltweites Ökosystem entwickelt – mit eigenen Regeln, Rollen und Routinen. Dieses System verfügt über ein soziales Gefüge, das viel mehr umfasst als das Projektgeschäft. Das SAP-Ökosystem spricht eine eigene Sprache, mit Abkürzungen wie SD, MM, FI, CO. Es hat eigene Rituale in Form von Veranstaltungen wie ABAPConf und DSAG-Jahreskongress sowie eigene Sprachrohre wie S@pport oder das IT-Onlinemagazin. Es hat seine eigenen Podcasts, Blogs, Karriereplattformen und Meet-ups. Und es hat seine eigenen Symbole. Die DSAG-Tasche etwa ist mehr als ein Werbegeschenk. Sie ist ein kollektives Erinnerungsstück, das über Jahrzehnte mitgewachsen ist.

SAP-Consulting ist kein Beruf, den man nach Feierabend ablegt. Es ist ein Identitätsraum, in dem sich Menschen durch eine gemeinsame Sprache, Zugehörigkeit, fachliche Tiefe und gemeinschaftliches Wirken zu Hause fühlen. In unserem Unternehmensmagazin »Recruiting Kitchen« wird dieser Aspekt als Lebensstil beschrieben, als Ausdruck sozialer Positionierung, aber auch als Einladung zur Beteiligung.

SAP-Consultants wirken nicht nur an digitalen Transformationen mit, sondern leben in einem System, das seine eigenen Werte und Dynamiken kennt. Es gibt ein kollektives Verständnis von Lösungsorientierung, eine Kultur des Mitdenkens, eine hohe Taktung, aber auch starke Beziehungen. Identifikation entsteht hier nicht über Titel, sondern über Projekte, Projekte, Projekte – und über die Fähigkeit, darin einen echten Unterschied zu machen und die Zukunft von Unternehmen mitzugestalten.

SAP-Consulting ist für viele deshalb nicht einfach ein Job, sondern eine persönliche Chiffre für Kompetenz, Entwicklung und ein Netzwerk, das trägt. Vielleicht ist es genau das, was so viele im SAP-Kosmos hält: nicht nur die Technologie, sondern die Zugehörigkeit zu einer Bewegung, die größer ist als jeder einzelne Job oder auch das einzelne Projekt.

8.7 Zusammenfassung: Die 3 Hauptphasen des SAP Employee Lifecycles

Recruiting-Retention-Returnship-Loop

In diesem Kapitel habe ich Sie wie ein Tourguide durch ein prototypisches SAP-Arbeitsleben geführt und Ihnen viele Möglichkeiten gezeigt, wie Sie eine positive Arbeitsumgebung für Ihr SAP-Team schaffen können. Dabei war es mir wichtig, kritische Lücken zwischen der Personalgewinnung und -bindung zu schließen. Abbildung 8.4 stellt abschließend den Recruiting-Retention-Returnship-Loop grafisch dar.

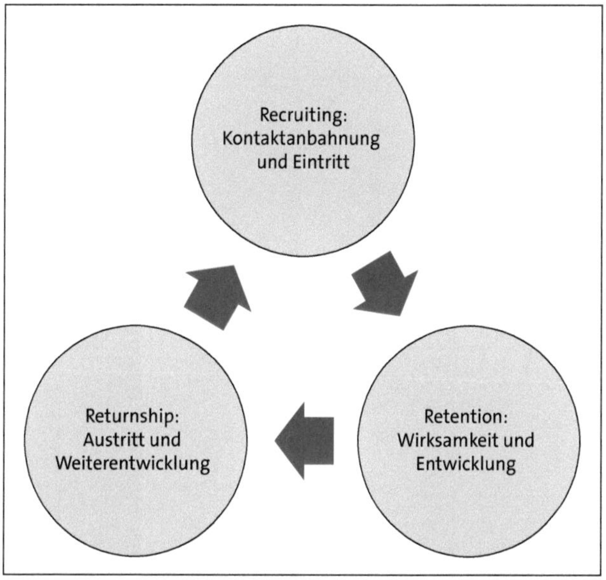

Abbildung 8.4 Recruiting, Retention und Returnship als Kreislauf

Die wesentlichen Aspekte dieser drei Phasen fasse ich hier noch einmal kurz zusammen:

1. **Recruiting: Kontaktanbahnung und Eintritt**
   - Die Beziehung beginnt vor der Bewerbung
   - Erste Touchpoints: Social Media, Events, Talente-Pool
   - Active Sourcing, Interviews, Kennenlernen
   - Preboarding: zwischen Vertragsunterschrift und Start im Unternehmen
   - Onboarding: erste Woche, erster Monat, erste 100 Tage
2. **Retention: Wirksamkeit und Entwicklung**
   - Performance und Entwicklung: Jahresgespräche, Laufbahngespräche
   - Verantwortung übernehmen
   - Karriereverläufe und Übergänge: Sabbatical, Teilzeit
   - Vereinbarkeit: Elternzeit, Momboarding, Väterzeit
3. **Returnship: Austritt und Weiterentwicklung**
   - Offboarding: Exit-Gespräch
   - Boomerang-Hiring-Rückkehrprozess, Phase 1–3
   - Senior Experts und Ruhestand: Erfahrungswissen sichern, gegebenenfalls Altersteilzeit, generationsübergreifendes Mentoring ermöglichen

Kapitel 9
Headhunting von SAP-Führungskräften bis ins C-Level

Dieses Kapitel richtet den Blick auf das Recruiting von Führungskräften im SAP-Kontext. Es adressiert damit speziell Menschen, die bereit sind, die Organisation zu verändern und gewissermaßen den Mount Everest zu besteigen. Es gibt praktische Einblicke in Direktansprache und Active Sourcing.

In Kapitel 5, »Strategien zur Anwerbung von SAP-Fachkräften: Passive Sourcing«, haben wir uns intensiv mit dem Thema *Passive Sourcing* beschäftigt. Sie haben Strategien, Tools und Medien kennengelernt, mit denen Sie SAP-Talente auf Sie und Ihr Jobangebot aufmerksam machen können. Ziel von Passive Sourcing ist es, gefunden zu *werden*. In diesem Kapitel geht es nun darum, speziell Führungspositionen im SAP-Kosmos zu besetzen. Dabei folgt das Recruiting anderen Gesetzen als bei den klassischen Fachrollen. SAP-Führungsrollen sind deutlich individueller, seltener und strategisch oder an der einzelnen Vakanz gemessen auch bedeutsamer. Eine Führungskraft gestaltet aktiv das Unternehmen. Genau deshalb lohnt sich der Blick auf die Besonderheiten dieser Zielgruppe in Abschnitt 9.1 und Abschnitt 9.2. Wir diskutieren in diesen Abschnitten, was der Unterschied zwischen einer Fach- und Führungskraft im SAP-Kosmos ist und was eine erfolgreiche Führungskraft auszeichnet. Wie kann Führung messbar gemacht werden?

Nach einer Erläuterung möglicher Strategien in Abschnitt 9.3 nehme ich in Abschnitt 9.4 dieses Kapitel zum Anlass, um grundlegend in das Tool des Active Sourcings einzuführen und kreative Wege der Direktansprache aufzuzeigen. Insbesondere richtet sich dieses Kapitel an das Management von Unternehmen, die über Veränderung innerhalb ihrer Organisation eine neue Führung vorantreiben wollen. Was das bedeuten kann, erläutere ich in Abschnitt 9.5.

9.1 Warum SAP-Führungskräfte eine besondere Recruiting-Disziplin sind

Passende SAP-Führungskräfte zu finden, ist eine besondere Disziplin im Recruiting. Die größte Schwierigkeit im Vergleich zur Besetzung fachlicher Rollen liegt in der Sichtbarkeit und Bewertung von Führungskompetenz. Während sich Fachwissen oft durch Zertifikate, Praxisbeispiele oder Testaufgaben nachvollziehen lässt, bleibt Führungsfähigkeit häufig abstrakt und dadurch schwer greifbar.

Sichtbar machen, was eine Führungskraft mitbringt

Welche Werte, welche Haltung, welche Führungsbiografie verbergen sich hinter einem Lebenslauf? Und wie klar ist dem Unternehmen, welche Art von Führung es sich wünscht – was also zum SAP-Team, zur Kultur und zur unternehmerischen Vision passt? Diese Fragen lassen sich nicht mit einem einfachen Skill-Abgleich beantworten. Sie erfordern Zeit, Tiefe und kluge, reflektierte Prozesse. Starten wir zunächst mit einer Abgrenzung und Schärfung zwischen den Profilen von Fach- und Führungskräften.

Unterschied zwischen Fach- und Führungskräften

Der erste Unterschied zeigt sich in der Anzahl der Personen, die diese Rollen einnehmen. SAP-Fachkräfte gibt es viele. Dazu gehören auch Rollen, die eine fachliche Lead-Funktion einnehmen (siehe auch Tabelle 9.1). Führungskräfte gibt es im SAP-Bereich dagegen vergleichsweise wenige. Während zwischen Fachrollen häufig ein lateraler Wechsel erfolgt, etwa vom SD-Berater bei Unternehmen A zum SD-Berater bei Unternehmen B, sind Führungspositionen deutlich individueller ausgestaltet.

Art der Führung	Ausgestaltung
Fachliche Führung	Steuerung von Inhalten, Qualität, Prozessen, Methoden. Kein disziplinarisches Weisungsrecht, aber Verantwortung für Ergebnisse und Produkte
Administrative Führung	Organisatorische Verantwortung, Budgetverantwortung, Personalführung, Zielvorgaben. Treffen von verbindlichen Entscheidungen auf Unternehmensebene

Tabelle 9.1 Zwei Ebenen von Führung im SAP-Kontext

SAP-Führungspositionen sind meist an bestimmte unternehmensspezifische Kontexte gekoppelt, etwa mit Blick auf die strategische Steuerung, Teamgrößen, Budgetverantwortung oder Kundenschnittstellen. Der Wechsel aus einer Führungsrolle heraus in eine andere Position geschieht nicht leichtfertig und ist auch nicht unbedingt häufig. Gleichzeitig geht mit einer gewonnenen Führungskraft oft mehr einher als einfach eine »Besetzung«. Häufig bringt eine Führungskraft ein eigenes Netzwerk, einen bestimmten Führungsstil und eine klare Vorstellung von Wirkung mit und kann damit zum Multiplikator für den Unternehmenserfolg werden.

Typische administrative Führungsrollen

Die in Tabelle 9.2 aufgeführten Rollen tragen im SAP-Kontext Personalverantwortung, entscheiden über Ressourcen, Budgets und strategische Ausrichtung. Sie steuern oft mehrere Projekte oder ganze Programme.

Rolle	Fokus-/Einflussbereich
SAP-Projektleitung (intern)	Führt das Projekt auf Unternehmensseite, verantwortlich für Ressourcen, Freigaben, Business Alignment.
IT-Leitung/CIO	Gesamtverantwortung für SAP-Landschaft, IT-Strategie, Architekturentscheidungen
Bereichsleitung Fachbereich	Disziplinarische Führung von Mitarbeitenden, stellt Fachressourcen, entscheidet über Prozessstandards
Programmmanager*in	Führt mehrere SAP-Projekte strategisch (z. B. SAP-S/4HANA-Transformation und Carve-out), Ressourcen- und Budgetverantwortung.
Teamleitung SAP und Modul/Thema	Führt SAP-Consultants oder Admins im Unternehmen (administrativ).
Partner*in (Beratung)	Gesamtverantwortung für Kunden/Portfolios, Eskalationen, Kundenbindung, Repräsentation gegenüber der Vorstandsebene
Geschäftsführung/ CEO (Beratung)	Gesamtstrategie, Profitabilität, Ressourcenverantwortung, strategische Projektentscheidungen
Head of Consulting (Beratung)	Disziplinarische Führung der Consultants, Skill-Management, Auslastung, Qualitätssicherung in Projekten

Tabelle 9.2 Typische administrative Führungsrollen im SAP-Kontext

9.2 Was macht eine erfolgreiche SAP-Führungskraft aus?

Fachliche Kompetenz ist selbstverständlich wichtig, wenn es die Rolle erfordert. Ich habe aber auch in anderen IT-Umgebungen exzellente Führungskräfte oder sogar CIOs kennengelernt, die überhaupt nicht aus der IT kamen und gar nicht coden konnten. Sie konnten gerade durch ihre fachlich andere Prägung eine etwas antiquierte Organisation innovieren.

Überdurchschnittliche Bewerbungsunterlagen

Bei Bewerbungen auf Führungsrollen mit großer Verantwortung erwarte ich auch überdurchschnittliche Bewerbungsunterlagen, die zeigen, dass sich die Person mit dem Unternehmen auseinandergesetzt hat. An dieser Stelle sehe ich deutlich eine Differenz zu Bewerbungen auf Fachebene.

Breites Netzwerk

Auf Führungsebene rückt jedoch ein anderes Kriterium in den Vordergrund: Wirkung. Erfolgreiche SAP-Führungspersönlichkeiten sind oft dort aktiv, wo das SAP-Ökosystem diskutiert, sich vernetzt und sich weiterentwickelt. Sei es als Speaker auf einer ABAP-Konferenz, in einem DSAG-Arbeitskreis oder durch Fachpublikationen und LinkedIn-Posts – die Präsenz von Führungspersönlichkeiten ist spürbar. Genau das macht sie anschlussfähig und offenbart ihr großes Potenzial für Ihr Unternehmen. Denn nicht selten verfügen gestandene Führungspersönlichkeiten über ein breites Netzwerk von Kunden (dies ist interessant für alle SAP-Partner), aber auch von Teammitgliedern und weiteren SAP-Talenten, die sie mit in das neue Unternehmen bringen.

Sichtbarkeit erzeugt Vertrauen

Sichtbarkeit erzeugt Vertrauen – auch und gerade im Recruiting. Wer einen Namen hat, dem wird eher zugehört. Wer in einer Mentoring-Rolle oder als Thought Leader auftritt, signalisiert: Ich bin nicht nur Fachmensch, sondern Führungspersönlichkeit mit Haltung. All das sind Hinweise, die Sie im Recruiting wahrnehmen und die als Qualitätsmerkmale in die Besetzungsstrategie einfließen können. Beschäftigen Sie sich also beim Sourcing einer Führungskraft nicht nur mit deren fachlichem Matching, sondern insbesondere auch mit dem Wirkungskreis der Person. Nutzen Sie diese Informationen, um zu entscheiden, ob die Person zu Ihrer geplanten Geschäftsentwicklung passt. Führung im SAP-Kosmos heißt nicht nur verwalten, sondern das Unternehmen und das Team vorantreiben. Und auch die Führungskraft selbst muss sich entfalten können.

Ich finde es auch eine sinnvolle Ergänzung, neben der Sichtbarkeit innerhalb des SAP-Ökosystems hinzuschauen, ob die Person sich sozial engagiert, im Bereich Charity, Bildung oder Sport. Das ist ein Indikator für die Werte von Führungspersonen und bietet darüber hinaus Anknüpfungspunkte im Rahmen der ersten Kennenlernphase. Es ist interessant, zu erfahren, was eine Person außerhalb ihrer Arbeit macht.

Auch die in Abschnitt 3.4, »Trends im SAP-Ökosystem und mögliche Auswirkungen auf Jobrollen«, vorgestellten Future Skills können Indikatoren für erfolgreiche Führungskräfte sein.

[+]

Darauf können Sie bei Ihren potenziellen neuen Führungskräften achten

Folgende Eigenschaften sind bei Führungskräften besonders von Vorteil:

- Sichtbarkeit und Einfluss im SAP-Ökosystem, z. B. durch Engagement innerhalb der Community, Speakerrollen oder Fachpublikationen
- Gepflegtes LinkedIn-Profil und ansprechende Bewerbungsunterlagen
- Eine breite Netzwerkkompetenz (gute vernetzte Führungskräfte können neue Talente mitbringen)
- Zukunftskompetenzen (neben fachlichem Know-how z. B. auch Kompetenzen in Recruiting und Retention)
- Leadership über reines Verwalten hinaus (Aufbau und strategisches Wachstum)
- Aktivität in anderen Netzwerken, etwa als aktive Mitglieder von Vereinen, Charity

9

9.2.1 SAP-Gehälter: Fachkräfte vs. Führungskräfte

Unsere Gehaltsauswertungen zeigten einen deutlichen Unterschied zwischen erfahrenen SAP-Fachkräften und Führungspersonen, auch bei vergleichbarer Berufserfahrung. Wir haben zwei Gruppen analysiert: Fachpersonen und Führungspersonen mit jeweils mindestens neun Jahren Berufserfahrung (siehe Abbildung 9.1).

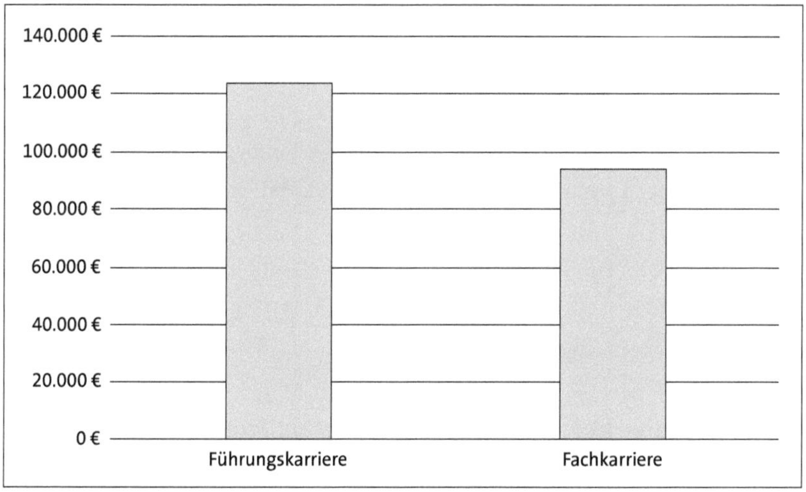

Abbildung 9.1 Gehälter von SAP-Führungskräften und Personen mit SAP-Fachkarriere – wer verdient mehr?

SAP-Führungskräfte verdienen rund 40 % mehr

Führungskräfte verdienen im Durchschnitt 124.005 € brutto jährlich (FTE), während erfahrene SAP-Fachkräfte auf ein durchschnittliches Jahresgehalt von 93.819 € kommen. Der Gehaltsvorsprung im Management liegt damit bei knapp 40 %. Selbst in der Gruppe der Fachkräfte mit über 20 Jahren Berufserfahrung bewegt sich das durchschnittliche Gehalt mit rund 94.000 € immer noch auf einem vergleichbaren Niveau, das deutlich unter dem von Führungskräften liegt. Erfahrung allein führt also nicht zwangsläufig zu einem derartigen Gehaltssprung. Die Übernahme von Führungsverantwortung wirkt sich wesentlich stärker auf das Einkommen aus.

9.2.2 Interne vs. externe Besetzungen: Vorteile, Risiken, Kosten

Hohe Vermittlungskosten für Headhunting

Der klassische Weg bei der Neubesetzung von Führungsrollen besteht im sogenannten *Executive Search* – also dem klassischen Headhunting (siehe auch Abschnitt 9.4.2, »Zusammenarbeit mit einer Personalberatung«). Gerade im SAP-Kontext, wo Führungskräfte auf C-Level (also der obersten Ebene des Unternehmens) oft hohe Tagessätze, komplexe Projektverantwortung und Marktpräsenz mitbringen sollen, ist dieser Weg gängig. Er ist jedoch auch teuer. Bei erfolgsbasierten Modellen kann er schnell zu Vermittlungskosten von 50.000 € oder mehr führen.

Gleichzeitig lohnt es sich, den Blick nach innen zu richten: Gibt es interne Talente, die sich für eine Führungsaufgabe eignen oder in dieser Richtung entwickeln lassen? Gibt es Karrierepfade, die bisher nicht systematisch gefördert wurden?

Risiken

Beide Optionen, die interne oder die externe Besetzung, haben ihre Berechtigung. Und beide bergen auch Risiken:

- **Interne Besetzungen**
  - *Vorteile*: geringere Kosten, bestehendes Unternehmenswissen, Bindung von Talenten, Förderung von Loyalität und Entwicklungsperspektiven
  - *Herausforderungen*: mangelnde externe Benchmark-Erfahrung, mögliche Betriebsblindheit, unzureichende Führungsroutine
- **Externe Besetzungen**
  - *Vorteile*: frische Perspektiven, bewährte Führungserfahrung in vergleichbaren Kontexten, schneller Kompetenzzuwachs
  - *Herausforderungen*: Gefahr der Fehlpassung zur Teamkultur, Demotivation bestehender Mitarbeitender, hohes Investitionsrisiko bei Fehlbesetzung

Passung entscheidet

Daher gilt bei der Besetzung von Führungspositionen eine Abweichung zur Rekrutierung von SAP-Fachpersonen: Nicht die möglichst schnelle Besetzung und Upskilling von Kompetenzen, sondern die fachliche sowie persönliche und auch kulturelle Passung entscheidet hier. »Passung« bezieht sich dabei jedoch nicht nur auf die im Lebenslauf präsentierte Ist-Situation, sondern auf das Matching in der Zukunft, also darauf, wie viel Wirkung dieser Mensch auf das Unternehmen und für das Team voraussichtlich haben wird. Es geht primär darum, ob die Werte dieser Person zur Unternehmens-DNA und Ihrer Vision passen.

Klare Unternehmensziele und als Voraussetzung

Es ist die eine Seite, zu versuchen, den oder die Bewerbenden im Auswahlprozess auf verschiedenen Ebenen kennenzulernen und mittels Persönlichkeitsdiagnostik-Tools und Assessments zu durchdringen. Die andere Seite ist es, sich selbst über die eigenen Unternehmensziele und die eigene Vision klar zu sein. Denn ohne diese Klarheit können Sie nicht die richtige Entscheidung für oder gegen eine bestimmte Führungskraft treffen. Auch für das Erarbeiten einer Business-Vision eignet sich das in Abschnitt 6.1.4, »Herausforderungen für SAP-Dienstleister«, erwähnte Business Model Canvas. Es braucht darüber hinaus eine fundierte Auseinandersetzung mit der Frage, was Führung im jeweiligen Unternehmenskontext überhaupt bedeuten soll.

9.2.3 Definition von Führung: Selbst-, Team- und Unternehmensführung

Die drei Ebenen Selbst-, Team- und Unternehmensführung sind essenziell für Auswahlprozesse auf dieser Ebene. Sie sollten sowohl intern als auch extern systematisch geprüft werden.

Ob sich eine Person für die miteinander verzahnten drei Ebenen von Führung eignet, lässt sich mit folgenden Fragen erkennen:

- **Selbstführung**

  Wie klar ist sich die Person über ihre eigenen Werte, Ressourcen, Stressmuster und ihre Wirkung? Wie reflektiert ist ihr Umgang mit Entscheidungen?

- **Teamführung**

  Wie gelingt es der Person, ein Team zu befähigen, Vertrauen aufzubauen, Rollen zu steuern und Kommunikation zu gestalten?

- **Unternehmensführung**

  Wie versteht die Person ihre Rolle im Gesamtgefüge, also in Bezug auf Strategie, Kultur, Verantwortung und Unternehmensentwicklung?

9.3 Erprobte Strategien zur Besetzung von Führungspositionen

In diesem Abschnitt stelle ich Ihnen einige Best Practices und erprobte Tools für das Führungskräfte-Recruiting vor.

9.3.1 Best Practice 1: Assessment für die interne Besetzung der Geschäftsführungsnachfolge

Interne Suche nach neuer Geschäftsführung

Ein SAP-Partnerunternehmen beauftragte uns mit dem Assessment für eine neue Geschäftsführung. Im Raum standen zwei Profile – beide intern, beide mit Potenzial. Ziel war es, herauszufinden, wie sichtbar gemacht werden kann, welche Form von Führung jede dieser Personen verkörpert und welche Zukunftsvision jeweils damit verbunden ist und ob sich die Person als Geschäftsführung eignet. Der Mehrwert darin, uns einzubeziehen, bestand in der Beobachtungsperspektive von außen, also in unserem neutralen Blick.

Dazu haben wir ein strukturiertes, mehrstufiges Vorgehen gewählt:

1. **Karrieregespräche mit Visionsfokus**

   Einzelgespräche mit den Kandidat*innen mit besonderem Fokus auf Selbstverständnis, Führungshaltung und Zukunftsbilder.

2. **Profiling Values – Führung über Werte sichtbar machen**

   Als zertifizierte Profiling-Values-Beraterin (siehe folgenden Hinweiskasten) habe ich mit beiden Personen ein diagnostisches Tool eingesetzt. Es basiert auf wissenschaftlich fundierten Wertedimensionen und zeigt auf, wie Menschen führen, nicht nur, dass sie führen.

3. **Feedback-Dialog statt Testbewertung**

   Wichtig war uns, keine objektive »Wahrheit« herauszuarbeiten, also nicht zu sagen »Ja, du bist eine Führungskraft« oder »Nein, du bist leider nach Aussage unseres Diagnostiktools keine Führungskraft«, sondern ein Gesprächsangebot auf Basis des Profilings zu machen. Diagnostiktools geben immer nur einen kleinen Einblick und ihre Ergebnisse müssen im Gespräch bewertet werden. Wo gibt es blinde Flecken? Wo decken sich Selbst- und Fremdbild? Das sollten Sie immer im Hinterkopf behalten.

4. **Gemeinsamer Visionsworkshop mit der Geschäftsführung**

   Mithilfe des Leadership-Zusatzmoduls zum Tool Business Model Canvas haben wir gemeinsam die unternehmerische Zukunft durchdacht und dabei auch Rollenklarheit hergestellt.

Das Ergebnis war überraschend, denn tatsächlich wurden beide Kandidaten – in unterschiedlicher Form – in Geschäftsführungsrollen überführt. Durch den begleiteten Prozess wurden Führungsqualitäten nicht nur sichtbar, sondern auch strategisch weiterentwickelt, und auch die Organisation wurde aufgrund der neuen Führungsrollen angepasst.

[«]

Profiling Values – Diagnostik für Führungskräfte

Profiling Values ist ein wissenschaftlich fundiertes Online-Diagnostiktool, das Denk- und Wertestrukturen von Führungskräften objektiv sichtbar macht. Es kann ohne eine klassische Selbsteinschätzung und nur über zertifizierte Partner*innen durchgeführt werden. In nur 20 Minuten entsteht ein differenziertes Bild der Fähigkeiten, Motivation und Entwicklungsfelder einer Person. Das Verfahren basiert auf den Denk- und Wertedimensionen nach Robert S. Hartman und eignet sich ideal zur Führungskräfteentwicklung, Potenzialanalyse und passgenauen Platzierung. Zertifizierte Partner*innen begleiten den Prozess professionell mit einer Auswertung und einem Interpretationsgespräch.

9.3.2 Best Practice 2: Hybride Rolle mit Nachfolgeplanung in einem SAP-Anwenderunternehmen

Ein mittelständisches SAP-Anwenderunternehmen in einer strukturell schwächeren Region suchte eine Nachfolge für die IT-Leitung – allerdings nicht sofort, sondern perspektivisch. Gesucht wurde zunächst jemand für eine fachliche Rolle mit Führungsoption in zwei bis drei Jahren.

Auch in diesem Fall gingen wir wieder schrittweise vor:

1. **Hybride Rolle klar kommuniziert**

   Statt überzogene Erwartungen zu wecken, wurde realistisch formuliert, dass Führungsverantwortung entwickelt werden darf.

2. **Jobbranding mit Storytelling**

   In enger Abstimmung mit der aktuellen IT-Leitung wurde transparent kommuniziert, dass eine Nachfolge gesucht wird. Eine kleine Videokampagne mit Statements aus dem Team flankierte die Ausschreibung.

3. **Active Sourcing mit Empowerment-Fokus**

   Weibliche SAP-Fachkräfte wurden mit Mut machenden Botschaften gezielt angesprochen: Du musst nicht perfekt sein. Es reicht, wenn du den nächsten Schritt willst.

4. **Cultural Fit vor dem Kompetenzabgleich**

   Das Matching auf dem Papier betrug maximal 40 %. Aber das Mindset passte, und die Entwicklungsmöglichkeiten waren klar definiert.

Die schließlich ausgewählte Kandidatin brachte neue Perspektiven, ein klares Commitment und Entwicklungspotenzial mit. Durch die offene Kommunikation des strategischen Entwicklungsziels konnte sie frühzeitig in die Führungsrolle hineinwachsen.

9.3.3 Toolbox: Wie Führungskompetenz sichtbar und messbar gemacht werden kann

Doppelstrategie im Kennenlerngespräch

Eine besonders wirkungsvolle Methode, um Führungsqualität in einem Auswahlprozess sichtbar zu machen, ist es, im Kennenlerngespräch eine Doppelstrategie zu verfolgen. Nennen wir dies einmal *Komfortstörungs-Methode* oder auch *Leadership Switch*. Sie kombinieren dazu Fragen zur inhaltlichen Tiefe mit situativer Irritation, wechseln also gezielt zwischen der Komfortzone des oder der Kandidat*in und den Aspekten, die Neuland für ihn oder sie bedeuten und in denen sich die echten Leadership-Qualitäten zeigen. Bewerbende für eine Führungsrolle – z. B. auf C-Level oder als Bereichsleitung – werden dazu eingeladen, ein fachliches Thema mit Relevanz für das Unternehmen zu präsentieren. Das Thema sollte klar definiert, aber offen genug formuliert sein, um unterschiedliche Perspektiven zuzulassen. Ziel ist keine PowerPoint-Show, sondern eine Diskussionsgrundlage für das Gespräch mit der Geschäftsführung oder dem erweiterten Managementteam.

Was-wäre-wenn-Szenario

Im Anschluss daran oder im zweiten Teil des Gesprächs sollte bewusst ein unerwarteter Impuls folgen. Ein Was-wäre-wenn-Szenario, das nicht vorbereitet werden konnte, aber für das Unternehmen realistisch ist. Hier wären z. B. folgende Szenarien möglich:

- »Was wäre, wenn Ihr wichtigster Kunde kurzfristig den SAP-Wartungsvertrag kündigte? Wie reagieren Sie strategisch, kommunikativ und organisatorisch?«
- »Was wäre, wenn unsere komplette Produktion durch einen Cyberangriff für zwei Wochen ausfiele?«
- »Was wäre, wenn das Unternehmen durch eine Übernahme vor eine neue Integrationskultur gestellt würde?«

Ein Ziel dieser zweiten Phase ist es, die Personen aus der Komfortzone herauszuholen und zu sehen, wie sie in Stress-, Krisen- oder Innovationsmomenten agieren. Denn Führung in der VUKA-Welt erfordert auch, mit vollkommen unerwarteten Situationen zurechtzukommen und das Team und die Organisation bestmöglich durch das stürmische Meer zu manövrieren. Wichtig ist, dass diese Gespräche mit den Kandidat*innen zusammen mit den relevanten Führungskräften stattfinden, um der strategischen und unternehmerischen Tiefe gerecht zu werden.

Diagnostiktools

Ich stelle Ihnen außerdem noch meine persönlichen Favoriten unter den Diagnostiktools im Führungsspektrum vor:

- **Profiling Values**

  Wertebasierte Standortbestimmung in Sachen Selbst-, Team- und Unternehmensführung
- **Clifton StrengthsFinder**

  Assessment, das Zugang zu persönlichen Stärken und Führungsmustern ermöglicht
- **Belbin-Teamrollen**

  Analyse des bestehenden Teams und gezielte Ergänzung durch neue Führungsimpulse
- **Leadership-Canvas/Visionsarbeit**

  Diskussion aktueller und künftiger Herausforderungen auf Augenhöhe
- **Was-wäre-wenn-Szenarien**

  Reflexion von Krisen-, Transformations- und Stresssituationen zur Prüfung von Führungshaltung und Entscheidungskompetenz

Sie kennen darüber hinaus vielleicht das Bochumer Inventar zur berufsbezogenen Persönlichkeitsbeschreibung (BIP), die Big Five zur Beschreibung der menschlichen Persönlichkeit oder noch ganz andere Tools mit diagnostischen Anteilen. Meiner Ansicht nach geht es nicht so sehr um die Auswahl des perfekten Tools, sondern viel mehr um dessen Einsatz im Rahmen des Assessments oder Kennenlernprozesses. Grundsätzlich braucht es dabei nicht zwingend ein Eignungstool, wie ich klarstellen möchte.

Ergebnisse bewerten

Sollten Sie ein Assessment mit externen oder gegebenenfalls auch internen Bewerbenden durchführen, sollte das Ergebnis solcher Tests nicht als absolute Wahrheit behandelt werden, sondern als Gesprächsgrundlage dienen und eine weitere Perspektive ermöglichen.

9.3.4 Führungspositionen entschleunigt besetzen

Gute Fachkraft = gute Führungskraft?

In vielen Unternehmen hält sich ein hartnäckiger Denkfehler: die Annahme, dass die beste Fachkraft auch die beste Führungskraft wäre. Doch das Gegenteil ist häufig der Fall. Denn fachliche Exzellenz bedeutet noch lange nicht, dass jemand Menschen führen, Entscheidungen treffen, Verantwortung aushalten oder strategisch wirken kann. Wer intern immer mit Brillanz im SAP-Customizing oder in der Projektleitung überzeugt hat, muss noch lange nicht die richtige Person sein, um ein SAP-Team durch Veränderungsprozesse zu führen, die einzelnen Teammitglieder so zu fördern und zu fordern, wie es die Situation erfordert, und auch das Unternehmen weiterzubringen. Führung ist eine eigenständige Kompetenz und auch eine eigene Rolle mit eigenen Kriterien, eigenen Auswahlverfahren. Zu ihr gehört ein klares Verständnis davon, was Führung in Ihrem Unternehmen eigentlich leisten soll. Wie wirksam darf die Führungskraft bei Ihnen agieren? Und welchen Bezug gibt es zu Ihrer SAP-Roadmap?

Was soll Führung bei Ihnen bewirken?

Fragen Sie sich daher vor jeder Besetzung einer SAP-Führungsposition, worum es Ihnen dabei konkret geht:

- **Geht es um Bewahrung?**
  Die bestehende Kultur, Struktur und Strategie sollen möglichst erhalten bleiben, z. B. bei Nachfolgeprodukten in stabilen SAP-Landschaften oder reinen Brownfield-Migrationen.
- **Geht es um Evolution?**
  Bestehendes soll weiterentwickelt werden – neue Impulse sind willkommen, sollten aber nicht disruptiv wirken. Sie wissen beispielsweise im Grunde, dass Sie auf SAP S/4HANA umsteigen wollen und sind auch bereit, die alten Systeme auf den Prüfstand zu stellen, aber nicht dazu, auf jeglichen Custom Code zu verzichten.
- **Geht es um Revolution?**
  Es braucht einen radikalen Wandel, z. B. in Form eines Digitalisierungsschubs oder eines Turnarounds bzw. einer Neupositionierung der SAP-Strategie. Sie wollen einen radikalen Greenfield-Ansatz verfolgen oder flächendeckend künstliche Intelligenz (KI) und Robotic Process Automation (RPA) einsetzen? Oder wollen Sie, dass Ihr SAP-Beratungsgeschäft durch ein gänzlich neues Thema oder Geschäftsmodell weiterentwickelt wird?

Diese Unterscheidung hilft Ihnen nicht nur bei der Auswahl der richtigen Persönlichkeit. Sie ist auch essenziell für das Gelingen von Führung. Wenn Sie jemanden für eine Revolution einstellen, aber intern nur Evolution zulassen, wird diese Person scheitern. Wenn Sie umgekehrt jemanden holen, der bewahren will, während das Unternehmen nach radikaler Veränderung strebt, wird sich nichts bewegen.

Tempo raus

Bei Führungspositionen gilt es nicht, den Wert für die Kennzahl Time to Hire zu minimieren. Während Geschwindigkeit im Fachkräfte-Recruiting entscheidend sein kann, sollten bei Auswahlprozessen auf Führungsebene Zeit, Tiefe und Qualität im Fokus stehen. Sie dürfen damit deutlich länger dauern und auch kleinteiliger sein. Eine falsche Besetzung auf C-Level kostet enorm viel Geld, Motivation, Vertrauen und schlimmstenfalls sogar das Team. Mein Appell an Sie lautet daher:

- Investieren Sie bewusst in Führung.
- Reflektieren Sie Ihre Erwartungen.
- Gestalten Sie einen Recruiting-Prozess, der sich von dem der SAP-Fachkräftegewinnung abhebt.

Im folgenden Abschnitt komme ich auf die Adressierung geeigneter Kandidat*innen zu sprechen und nehme dabei das Active Sourcing genauer unter die Lupe.

9.4 Direktansprache: Ab welcher Position lohnt sich Active Sourcing?

Active Sourcing hat sich etabliert. Seit mehr als 10 Jahren wird von den großen englischsprachigen Personalberatungshäusern die Direktansprache auf XING und LinkedIn betrieben. Zunehmend setzen auch SAP-Anwenderunternehmen und -Partner auf dieses Recruiting-Tool. Aktuell werden daher sämtliche SAP-Fach- und Führungskräfte ständig aktiv auf neue Jobs angesprochen.

Ziel von Active Sourcing

Wir gehen in diesem Abschnitt von dem Anwendungsfall aus, Active Sourcing für Führungskräfte zu betreiben. Das Vorgehen können Sie natürlich auch auf SAP-Fachkräfte, Juniorpositionen oder auf einen Quereinstieg adaptieren und einsetzen. Meines Erachtens lohnt sich Active Sourcing vor allem, wenn die angebotene Vakanz wirklich attraktiv für die Person ist, die Sie gewinnen möchten. Das herauszufinden, ist tatsächlich gar nicht so leicht. Doch nicht nur inhaltlich, auch technisch gilt es beim Active Sourcing ein paar Dinge zu beachten, um gute Ergebnisse zu erhalten, also eine Liste von Menschen, die Sie direkt ansprechen möchten. Ansprechen heißt hier in der Regel, eine Direktnachricht auf LinkedIn oder XING zu schreiben. Denkbar sind jedoch auch Telefonanrufe oder weitere Kanäle mit Chat-Funktion, zumindest für das externe SAP-Recruiting. Ziel von Active Sourcing ist die Identifikation und Direktansprache von SAP-Talenten. Es richtet sich besonders an latent Wechselwillige mit passenden Skills und Berufserfahrung.

Technische Suche

Für die Suche nach geeigneten Personen auf den Online-Business-Plattformen sollten Sie die Logik der verwendeten booleschen Operatoren kennen. Durch die Befehle schränken Sie das Suchergebnis ein und kommen zu einer hilfreichen Liste von Kandidat*innen. Tabelle 9.3 zeigt einige Beispiele für die Verwendung solcher Operatoren in den Suchfunktionen der Plattformen.

Operator	Bedeutung	Beispiel
AND	Verknüpft Begriffe	SAP AND Logistik
OR	Alternativen	SAP OR "S/4HANA"
NOT	Schließt Begriffe aus	SAP NOT Entwickler
""	Exakte Wortgruppe	"SAP FI Consultant"
()	Gruppierung von Bedingungen	(SAP OR "S/4HANA") AND Logistik

Tabelle 9.3 Beispiele für die Verwendung boolescher Operatoren bei der Suche

Testen Sie Suchstrings immer mit wenigen Begriffen und verfeinern Sie sie dann. Die Qualität der Treffer steigt mit spezifischer Sprache. Spezifischer werden Sie z. B. durch eine Kombination aus Technologiebegriffen, Jobtiteln und Projektkontext und natürlich auch durch die Einschränkung des Suchradius. Starten Sie näher an Ihrem Arbeitsort und überlegen Sie, wie weit die Person entfernt wohnen könnte, um gerne und relativ dauerhaft den Weg zu Ihrem Büro zu finden. Sie können auch gezielt Städte in Ihrer Nähe eingeben.

[+]

Denken Sie an lokale Universitäten oder Schulen und sourcen Sie gezielt Fachkräfte, die zurückkehren möchten

Meine Region Ostwestfalen ist wirtschaftlich erfolgreich und innovativ. Obwohl es sich um eine ländliche Region handelt, gibt es keine Landflucht. Dies liegt nicht zuletzt an den vielen *Job-Rückkehrer*innen*. Unter einer Job-Rückkehr verstehe ich das Phänomen, dass Menschen in einer bestimmten Region geboren und aufgewachsen sind, häufig auch ihre Ausbildung oder ihr Studium noch in der Nähe absolviert haben und dann aus beruflichen Gründen in entferntere Städte oder Länder gezogen sind. Diese Menschen möchten nach einer gewissen Zeit häufig wieder in die alte Heimat zurückkehren.

Diese Zielgruppe ist sehr spannend, da sie ganz frische Perspektiven in die Region, aber auch in Ihr Unternehmen einbringt. Nach Ostwestfalen ziehen Menschen häufig zwecks Familiengründung zurück. Sie sind meist nicht abgeneigt, eine Führungsrolle einzunehmen. Benutzen Sie in Ihrem Suchstring daher doch einmal gezielt eine Schule, Ausbildungsstätte oder Universität in Ihrer Nähe und sourcen Sie die fachlich passenden Menschen, die bei dem richtigen Angebot gegebenenfalls wieder bereit wären, in Ihre Region zurückzukehren.

Plattformspezifische Tools

Neben der Standardsuchfunktion bieten die Business-Portale auch spezielle Tools für das Recruiting an:

- **XING TalentManager**
  - Automatische Kandidatenvorschläge
  - Filter für bestimmte Branchen, Berufserfahrung, Umzugsbereitschaft
  - DACH-Fokus mit abnehmender SAP-Reichweite, jedoch im Bereich Führungskräfte noch nicht zu vernachlässigen
- **LinkedIn Recruiter/Lite**
  - Präzise Filterfunktionen (Seniority-Level, Keywords im Profil, Firmenliste)
  - Spotlight-Funktionen: z. B. »Open to Work«, »Interagiert mit Ihrer Marke«
  - Weltweit größter Talente-Pool

Wir selbst arbeiten im Active Sourcing mit der Lite-Variante von LinkedIn Recruiting und einer Verknüpfung zu unserer eigenen Datenbank. Kosten und Nutzen stehen für unser Team in einem guten Verhältnis. Am besten rechnen Sie sich selbst die Kosten und Vorteile durch. Haben Sie dabei im Hinterkopf, dass Sie im besten Fall eine Schulung buchen sollten, um die vollen Möglichkeiten der Recruiting-Tools einsetzen zu können, für die Sie bezahlen.

[+]

Active-Sourcing-Ergebnisse systematisch festhalten

Das Allerwichtigste im Active Sourcing ist eine gut gepflegte Liste. Pflegen Sie zur Übersichtlichkeit eine Excel-Liste oder arbeiten Sie hierzu mit Ihrer Datenbank. Dokumentieren Sie Ihre Suchstrings, um zu verstehen, welche Talentgruppen Sie auf den Kanälen bereits gesourct haben und wo noch Potenzial ist. Dann finden Sie nach etwas Routine auch Ihre erfolgversprechendsten Suchstrings, mit denen Sie gute Ergebnisse bekommen. Auch ein Active-Sourcing-Workshop kann hilfreich sein, um bestmögliche Ergebnisse zu erhalten.

9.4.1 Active Sourcing von SAP-Führungskräften: Strategisches Vorgehen

Nicht nach dem Gießkannenprinzip

Active Sourcing im Führungskräftebereich funktioniert nicht nach dem Gießkannenprinzip. Während man bei der Suche nach Fachkräften häufig mit größeren Ergebnislisten arbeitet und breiter streuen kann, ist im Top-Recruiting ein präziser, abgestimmter und vernetzter Ansatz zielführend.

Schritt 1: Keywords und Suchlogik gemeinsam mit dem Fachbereich definieren

Vorbereitung im HR Potential Workshop

Der erste Schritt beginnt im Austausch mit dem Fachbereich. Der HR Potential Workshop kann auch bereits relevante Keywords und mögliche Suchstrings hervorbringen (siehe auch Abschnitt 4.2, »Vom Business Case zum Anforderungsprofil im Team-Workshop«). Die Personen, die das Active Sourcing betreiben, sollten gemeinsam mit dem zuständigen Fachbereich – idealerweise direkt mit der Führungskraft, die später mit der neuen Person zusammenarbeiten wird – folgende Fragen klären:

- Welche fachlichen Begriffe werden potenzielle Kandidat*innen voraussichtlich in ihren Profilen verwenden?
- Gibt es Synonyme, branchenspezifische Schreibweisen oder technologische Cluster?
- Welche Abschlüsse, Zertifikate oder Stichwörter könnten auf eine besondere Eignung hinweisen?

[zB]

Führungskraft im Bereich Finance

Für eine Führungskraft im Bereich Finance könnten die Begriffe »FICO«, »Controlling«, »Financials«, »S/4HANA Finance« sowie Zertifikate wie »CMA« oder »CPA« relevant sein. Auch frühere Arbeitgeber, Rollenbezeichnungen und Standortangaben sollten Teil der Überlegungen sein – idealerweise im Dialog mit den Hiring Managern.

Schritt 2: Ergebnisliste prüfen und »versteckte Verbindungen« identifizieren

Ergebnisliste

Anschließend wird die Suchmaske des LinkedIn Recruiter (oder eines vergleichbaren Tools) mit den definierten Kriterien befüllt. Ziel ist nicht die größtmögliche Treffermenge, sondern eine qualitativ hochwertige, gut überschaubare Liste. Häufig sind es 10–30 Profile – nicht 300.

Die Personen auf dieser Liste werden nun nicht sofort kontaktiert, sondern die einzelnen Treffer werden zunächst analysiert:

- Wer aus dem bestehenden Management-Team oder Recruiting-Team ist bereits mit den Zielpersonen vernetzt?
- Gibt es gemeinsame Arbeitgeberstationen, frühere Projektkooperationen, Veranstaltungen, Gremienmitgliedschaften oder andere inhaltliche Berührungspunkte?
- Gibt es Hinweise auf eine Beziehungsebene, etwa durch Likes, Kommentare oder gemeinsame Kontakte?

Diese Anknüpfungspunkte sind entscheidend – denn eine warme Ansprache funktioniert besser als eine kalte.

Schritt 3: Strategische Ansprache entlang bestehender Beziehungen

Kontaktaufnahme

Im nächsten Schritt wird die Kontaktaufnahme gezielt vorbereitet. Hier gilt: Die Ansprache sollte möglichst persönlich, glaubwürdig und kontextbasiert erfolgen. Je nach interner Konstellation und politischer Machbarkeit ergeben sich unterschiedliche Wege:

- Top-down-Ansprache durch eine Führungskraft, die bereits bekannt oder mit der Zielperson vernetzt ist
- Direkte Ansprache durch den Fachbereich, wenn ein natürlicher Anknüpfungspunkt besteht
- Über HR
- Über einen Headhunter, wenn politische Neutralität gewünscht oder notwendig ist

Persönliche Ansprache

Ziel ist es, die Ansprache nicht als Kaltkontakt erscheinen zu lassen, sondern als persönliche Einladung zu einem sinnvollen Dialog. Die Botschaft sollte lauten: *»Wir haben dich nicht zufällig gefunden – wir haben uns bewusst für dich entschieden.«*

[zB]

Praxisbeispiel aus dem SAP-Kontext

Ein Unternehmen möchte eine Bereichsleitung für SAP S/4HANA gewinnen. HR und der zuständige VP Consulting definieren gemeinsam die Keywords. In der Ergebnisliste auf LinkedIn finden sie eine passende Person, die zufällig in einem früheren Projekt mit einem heutigen Senior Manager des Unternehmens zusammengearbeitet hat. Statt das HR-Team eine anonyme Nachricht verfassen zu lassen, wird der frühere Kollege gebeten, den Erstkontakt aufzunehmen – mit dem Hinweis auf die neue Rolle und die Möglichkeit eines vertraulichen Austauschs.

Diese Art des vernetzten, abgestimmten Sourcings erfordert zwar etwas mehr Koordination, erhöht aber die Qualität der Kontakte und die Erfolgswahrscheinlichkeit erheblich.

[+]

Ab wann lohnt sich für Sie die aufwendige Direktansprache bei SAP-Führungskräften?

Meine Empfehlung lautet, es ab der Teamleitung aufwärts mit der Direktansprache zu versuchen. Wer eine solche Führungsrolle besetzen möchte, kann mit Active Sourcing gezielt Menschen ansprechen, die bisher in Fachrollen tätig waren und sich weiterentwickeln möchten. Hier ist die Formulierung der Nachricht entscheidend: Sie muss verdeutlichen, dass es sich um eine echte Chance handelt – einen Karriereschritt, nicht bloß einen Jobwechsel. Bei höher eingestuften Rollen – etwa im Management oder auf C-Level – gilt: Die Quelle der Ansprache zählt. Wird ein C-Level-Kandidat von der HR-Abteilung eines unbekannten Unternehmens kontaktiert, ist die Wahrscheinlichkeit einer Antwort gering. Kommt dieselbe Nachricht jedoch von einem Headhunter mit guter Marktkenntnis – oder sogar aus dem Top-Management selbst –, steigt deren Relevanz. Wertschätzung und eine exzellente Candidate Experience, insbesondere für SAP-Führungskräfte, beginnen bei der Art der Ansprache.

9.4.2 Zusammenarbeit mit einer Personalberatung

Strategische Karrierenetzwerke

Die wenigsten Führungskräfte bewerben sich direkt auf eine ausgeschriebene Stelle. Häufig sind diese Personen nicht aktiv auf Jobsuche und scannen den Ausschreibungsmarkt nicht, da sie ohnehin gut vernetzt sind, meist in strategischen Karrieregesprächen mit den Personalberatungen ihres Vertrauens stehen und sich darauf verlassen, dass ihnen geeigneten Jobangebote vorgestellt werden. Manchmal sind diese Menschen sogar willens, umzuziehen, doch ist diese Bereitschaft eher selten oder aufgrund familiärer oder partnerschaftlicher Verhältnisse nicht möglich.

Verdeckte Besetzung

Gerade für C-Level-Rollen ist es unternehmensseitig üblich, externe Expertise einzubeziehen. Manche Rollen sollen bewusst verdeckt besetzt werden. Damit ist gemeint, dass aus personalstrategischen, organisatorischen und/oder betriebspolitischen Gründen keine Stellenausschreibung gemacht wird.

SAP-Personalberatung oder Executive Search

Personalberatungen mit Fokus auf SAP verfügen in der Regel über ein sehr breites Netzwerk auch von Menschen, die erst bei dem richtigen Angebot aktiv werden würden. Nennen wir sie einmal Schläfer*innen. Auch Personalberatungen, die sich auf Executive Search fokussiert haben, können unter Umständen als Partner für Sie funktionieren.

Führungspersönlichkeiten sind übermüdet von standardisierten Massenmails. Die Qualität der Kommunikation ist ebenso wie das Gespür für den Cultural Fit entscheidend. Unternehmen sollten deshalb genau prüfen, mit wem sie zusammenarbeiten. Eine gute Personalberatung bringt nicht nur Kontakte mit, sondern auch ein tiefes Verständnis für Führungspersönlichkeiten und das SAP-Ökosystem.

9.5 Neue Organisations- und Führungsmodelle

Führung verändert sich ebenso wie Organisationen. Die Anforderungen an Führungskräfte sind gestiegen, nicht nur, weil Projekte komplexer, Teams vielfältiger und Technologien schneller geworden sind, sondern auch, weil sich Lebensentwürfe verändert haben. Menschen – ob Mütter, Väter, pflegende Angehörige oder einfach Menschen mit anderen Prioritäten – fordern ein Arbeitsleben, das nicht in Gegensätzen gedacht wird: Kind oder Karriere, Präsenz oder Verantwortung, Teilzeit oder Führung.

Für Unternehmen, die im SAP-Umfeld langfristig wettbewerbsfähig bleiben wollen, ist das eine große Chance. Neue Führungsmodelle öffnen ihnen Zugänge zu einem viel größeren Talente-Pool und einer realistischeren, menschlicheren Arbeitswelt. Aber auch neue Organisationsmodelle, die z. B. nicht hierarchisch oder zu 100 % remote arbeiten, sind Neuland und Möglichkeiten für Unternehmen, Ihre Organisation inmitten der VUKA-Welt in die Zukunft zu führen. Diese starken Umwälzungen erfordern wiederum neue Talente und neue Führung.

9.5.1 Co-Leadership: Führung im Tandem

Vorteile von Co-Leadership

Ein Modell, das in der SAP-Praxis noch viel zu selten eingesetzt wird, ist das sogenannte *Co-Leadership*: Zwei Menschen teilen sich eine Führungsposition – mit klar geregelter Aufgabenverteilung, gegenseitiger Vertretung und abgestimmter Kommunikation. Dieses Modell ist ein strategischer Gewinn. Denn zwei Perspektiven, zwei Kompetenzprofile, zwei Lebensrealitäten bringen Synergien ein, die Einzelpersonen oft nicht abdecken können.

Warum nicht eine erfahrene Mutter mit einem jungen Tech-affinen Kollegen aus der Gen Z kombinieren? Warum nicht die Stärke von Erfahrungswissen mit der Innovationslust neuer Generationen verbinden? Die Idee des Co-Leaderships hat enormes Potenzial – gerade in einer Branche wie SAP, in der viele Führungspositionen von Männern mittleren Alters und mit einem ähnlichen Hintergrund besetzt werden. Da die Anforderungen durch die Veränderungen des Markts, der Arbeitswelt und durch die VUKA-Welt hoch sind und klassische Vollzeitmodelle bei Eltern an ihre Grenzen stoßen, lohnt sich die Öffnung einer Führungsrolle für das Co-Leadership-Modell. Das macht Sie als Arbeitgeber derzeit noch ziemlich einzigartig, und Sie gewinnen ganz neue Zielgruppen und Talente, die ansonsten aufgrund der hohen Arbeitsstundenzahl nicht in eine Führungsrolle wechseln würden.

Natürlich bringt Führung als Tandem auch neue Anforderungen an die Organisation, Kommunikation und auch die Kultur eines Unternehmens mit sich. Die Abstimmung zwischen den beiden Führungskräften muss exzellent sein, und die Chemie muss stimmen. Beim Auswahlprozess gibt es daher noch eine weitere Ebene, auf die geschaut werden muss, die Passung zwischen Lead 1 und Lead 2. Aber die Vorteile überwiegen meiner Erfahrung nach:

- geringere Fluktuation, da ein Tandem zusammenschweißt
- geringerer Know-how-Verlust, da in Urlaubszeiten oder bei einem Sabbatical für gegenseitige Vertretung gesorgt ist
- stärkere Mitarbeiterbindung, weil auch das Team merkt, dass Führung in dem Unternehmen mehr Raum bekommt

Damit wird Co-Leadership ein echter Wettbewerbsvorteil im Kampf um die besten Führungstalente.

[+]

Podcast zu Co-Leadership im SAP-Consulting

In der Episode 63 der SAP Sommeliers diskutieren die Hosts mit Gerd Hagmaier, Vice President SAP Cloud ERP Transformation und Co-Lead SAP Practice Germany, zum Thema Co-Leadership. Die Episode zeigt etablierten Organisationen neue Wege für Führung auf, z. B. auch Sabbaticals für Führungskräfte.

Geteilte Führung kann auch im demografischen Wandel genutzt werden, um jüngeren Nachwuchskräften Chancen auf Führung zu geben und gleichzeitig die austretende Generation der SAP-Führungskräfte sinnvoll einzubinden. Es handelt sich um eine Win-win-Situation, ist für größere Organisationen aber auch herausfordernd.

9.5.2 Führen in Teilzeit: Ein unterschätzter Game Changer

Die Vorstellung, dass Führung nur in Vollzeit funktioniert, hält sich hartnäckig, ist aber überholt. Was zählt, ist nicht die Anzahl der Stunden, sondern das Ergebnis. Führung ist auch in 30 Wochenstunden erfolgreich möglich. Besonders dann, wenn Rollen gut zugeschnitten sind, Teams klar kommunizieren und Verantwortung intelligent verteilt wird.

Vorteile von Teilzeitführung

Teilzeitführung erlaubt es, Kompetenzen im Unternehmen zu halten, auch wenn Führungskräfte in andere Lebensphasen übergehen. Gerade im SAP-Bereich, wo Projekte oft langfristig angelegt sind, können Organisationen von kontinuierlicher Teilhabe profitieren. Statt ständig neue Personen einzuarbeiten, lohnt es sich, bestehende Mitarbeitende zu halten. Flexible Modelle sollten dazu nicht als Ausnahme, sondern als Standard gedacht werden.

9.5.3 Frauen gezielt für SAP-Führungspositionen gewinnen

Viele Unternehmen möchten mehr Frauen in Führungspositionen bringen. Doch häufig bleibt es beim Wunsch. Damit aus Absicht Realität wird, braucht es mehr als ein Lippenbekenntnis zur Diversität. Es braucht Rahmenbedingungen, die es Frauen erleichtern, Führungsverantwortung zu übernehmen – auch in Teilzeit, auch nach der Elternzeit, auch im Tandem.

Recruiting-Prozesse müssen sich dieser Realität anpassen. Nur die »klassische« Vollzeitrolle auszuschreiben, wird viele potenzielle Kandidatinnen gar nicht erst erreichen. Wenn Sie jedoch proaktiv auf Vereinbarkeit hinweisen, mit Teilzeitführung werben oder Jobsharing explizit ermöglichen, vergrößern Sie den weiblichen Talente-Pool erheblich. In Kapitel 10, »Female Recruiting: Gezielte Ansprache von Frauen in der IT«, wende ich mich diesem Themenkomplex ausgiebig zu.

9.5.4 Exkurs: Holokratie im SAP-Beratungshaus

Führungshierarchien hinter sich lassen

Eine SAP-Beratung hat sich entschieden, klassische Führungshierarchien hinter sich zu lassen, und arbeitet nun holokratisch. Das heißt: keine festen Titel, sondern klar definierte Rollen mit Verantwortung. Entscheidungen werden dezentral getroffen, Zuständigkeiten laufend reflektiert, und die Unternehmensstruktur passt sich flexibel an. Gerade, als ich dieses Kapitel schrieb, habe ich von dieser Entscheidung auf LinkedIn gelesen. Ich kann mir vorstellen, dass diese Art zu arbeiten zu einem Zukunftsmodell wird.

Bedeutung für das Recruiting

Ein entsprechendes Modell fordert das Recruiting auf, nicht nur fachlich zu arbeiten, sondern auch auf das Verständnis der Kultur zu achten: Wie tickt eine Organisation, in der Mitarbeitende sich selbst führen und in der Führung über Moderation, Meetingstruktur und Verantwortungsgemeinschaften funktioniert? Für SAP-Führungskräfte kann ein solches Modell attraktiv sein – aber auch ungewohnt. Denn der Wechsel in ein holokratisches System verlangt ein neues Führungsverständnis. Ohne disziplinarische Macht sind Kommunikationsfähigkeit, Selbstreflexion und Konfliktkompetenz entscheidend. Nicht jede Führungskraft will oder kann das.

Als Führungskraft müssen Sie daher auch neue Fragen stellen. Welche Art von Verantwortung sucht ein Mensch? Wie viel Struktur braucht sie oder er? Und wie viel Gestaltungsspielraum wird gewünscht? Welche Effekte auf die SAP-Rollen hat die neue Organisationsstruktur?

Die Hinwendung zur Holokratie werte ich als ein Signal dafür, dass auch Organisationen im SAP-Kosmos beginnen, Führung radikal neu zu denken. Wenn Sie zu den Vorreitern gehören, sollte das neue Modell auch im Recruiting frühzeitig aufgegriffen und es nach außen hin zu den neuen SAP-Talenten sichtbar gemacht werden. Auch eine alte Rolle kann durch die neue Unternehmenskultur wieder neue Spannung bekommen, wenn die Art der Organisation und damit auch Kommunikation eine vollkommen neue ist. Als Klassiker zu diesem Thema empfehle ich das Buch »Reinventing Organizations« von Frédéric Laloux (Vahlen 2015).

9.6 Zusammenfassung

Die Rekrutierung von SAP-Führungskräften unterscheidet sich grundlegend vom klassischen Recruiting entlang definierter Fachrollen. Führungsrollen sind seltener, individueller und manchmal auch begehrter. Sie benötigen strategische Vorbereitung, Fingerspitzengefühl in der Direktansprache und Verständnis für die Besonderheiten der Zielgruppe und dafür, wie genau Führung in Ihrer Organisation verstanden wird. Die Zusammenarbeit mit einem Headhunter kann eine zielführende Maßnahme sein. Dennoch muss das suchende Unternehmen im Auswahlprozess sehr genau das Matching und die gemeinsame Vision prüfen, z. B. durch spezielle Assessments.

Active Sourcing ist für Positionen ab einer Teamleitung aufwärts ein zentrales Instrument. Zielführend ist es jedoch nur dann, wenn es qualitativ hochwertig und glaubwürdig erfolgt. Je höher die Rolle in der Unternehmenshierarchie positioniert ist, desto wichtiger ist der Absender der Botschaft und desto größer wird die Bedeutung von Vertrauen und Reputation. Ein nicht zu unterschätzender Erfolgsfaktor liegt in der strukturellen Offenheit für neue Führungsmodelle.

Kapitel 10

Female Recruiting: Gezielte Ansprache von Frauen in der IT

In diesem Kapitel lege ich den Fokus auf das Recruiting weiblicher Fachkräfte innerhalb der »Männerdomäne« IT und darauf, welche Möglichkeiten es hier insbesondere im SAP-Kosmos gibt.

Wo sind all die wunderbaren Frauen? Das war mein Gedanke, als ich als Neueinsteigerin zunächst in das IT-Umfeld und dann in den SAP-Kosmos geraten bin. Meine berufliche Laufbahn begann zunächst in der Kunst- und Kulturszene – und dort tummeln sich gefühlt zu 80 % Frauen und nur wenige Männer, die dann häufig als Direktoren agieren. In der IT gibt es laut Branchenverband Bitkom dagegen nur einen Frauenanteil von rund 17 %. Leider gibt es keine Statistik darüber, wie hoch der Frauenanteil im SAP-Consulting oder in den SAP-Teams aufseiten der Anwenderunternehmen ist.

Frauenanteil in Ihrem SAP-Team?

Aber zählen Sie doch einmal in Ihrem Unternehmen durch. Meiner persönlichen Schätzung nach liegen wir abhängig von Modul und Fachthema bei einem Frauenanteil von 30–35 %, z. B. im SAP-Finanzbereich oder beim SAP-Personalwesen. Schaut man auf andere Bereiche wie Lagerlogistik oder Security, entsteht jedoch der Eindruck, dass selbst 10 % nicht immer erreicht werden. Manch kleiner Dienstleister hat sogar gar keine Frau im Team.

Doch liegt dies nicht an einer bösen Absicht der Geschäftsführung, sondern passiert leider automatisch, wenn wir nicht aktiv gegensteuern. Es handelt sich um einen Fehler im System oder um eine Fehlerkette mit vielfältigen Ursachen, die in wechselseitiger Abhängigkeit zueinander stehen. Da Sie aber gerade dieses Kapitel lesen, nehme ich an, dass Sie etwas an diesem System verändern und Energie in dieses Thema stecken möchten. Dazu finden Sie in diesem Kapitel viele Anregungen.

Nach einem kurzen Motivations-Check in Abschnitt 10.1 werfe ich in Abschnitt 10.2 einen genaueren Blick auf den Status quo von Frauen in der IT und speziell in der SAP-Arbeitswelt, bevor es direkt in die Praxis geht. Als studierte Germanistin achte ich besonders auf Text und Bildsprache. Dort gibt es einige Fallstricke, die es zu vermeiden gilt und die tatsächlich immer wieder auftreten. Die richtige Sprache, z. B. in gendersensiblen Stellenausschreibungen, holt Frauen ab (siehe Abschnitt 10.3). Frauennetzwerke und die weibliche SAP-Community behandle ich in Abschnitt 10.4 und Abschnitt 10.5, weil darin meiner bisherigen Erfahrung nach der größte Hebel liegt, mehr Frauen ins Unternehmen zu bringen. In Abschnitt 10.6 geht es schließlich darum, wie eine frauenfreundliche Arbeitsumgebung aussehen muss und welche Maßnahmen Sie dazu konkret in Ihrem Unternehmen umsetzen können. Zum Abschluss möchte ich Ihnen in Abschnitt 10.7 einige Frauen vorstellen, die es geschafft haben, in der SAP-Welt erfolgreich zu sein.

10.1 Ihr Motivations-Check

Was ist Ihre Motivation? Vielleicht ist es Ihnen wichtig, Frauen zu fördern, weil Gleichberechtigung zu Ihren Grundwerten gehört. Vielleicht wollen Sie die starke und weitgehend ungenutzte Wirtschaftspower von Frauen in Teilzeit oder mit geringfügiger Beschäftigung nutzen? Vielleicht setzen Sie auf neue Fische im Meer der Talente? Vielleicht streben Sie eine optimale Teamleistung an und setzen auf mehr Diversität, um diesem Ziel näherzukommen. Vielleicht sind Sie auch Elternteil eines Mädchens geworden und wollen nicht, dass Frauen in 20 Jahren immer noch spürbar von bestimmten Bereichen ausgeschlossen bleiben.

Notieren Sie Ihr »Wofür«

Überprüfen Sie einmal Ihre Gründe, warum Sie mehr Frauen rekrutieren möchten, und notieren Sie sie. Dieses Wofür, Ihre intrinsische Motivation, wird Ihnen bei der Gewinnung von weiblichen SAP-Fach- und Führungskräften helfen.

____

____

____

[+]

Ihre Shecruiting-Erfolgskennzahl

Wie viele Ihrer Vakanzen möchten Sie gezielt mit Frauen besetzen? Was wäre für Sie eine zufriedenstellende und machbare Quote? Notieren Sie auch diese Zahl und machen Sie diese zu Ihrer Shecruiting-Erfolgskennzahl!

Starten Sie am besten sofort und warten Sie nicht auf die vermeintlich perfekte Rolle für Ihren Start im Female Recruiting. Nehmen Sie einfach die nächste Vakanz, die kommt, und besetzen Sie diese mit einer Frau. Notieren Sie dabei die positiven Aspekte und tauschen Sie sich dazu mit der Geschäftsleitung und mit dem Fachbereich aus. Versuchen Sie, Personen aus Ihrer Organisation zu gewinnen, die dieses Thema aufgreifen und den Weg bereiten.

Besetzen Sie die nächste Stelle mit einer Frau

Schließen Sie sich mit anderen auch organisationsübergreifend zusammen und bilden Sie einen Shecruiting Circle, rufen Sie Kooperationen mit Mentorinnen-Netzwerken ins Leben oder werden Sie selbst ein aktives Mitglied. Die weibliche SAP-Community und unterstützende männliche Kollegen (Male Allys) werden Sie inspirieren und motivieren, an Ihrem Anliegen festzuhalten. Sie werden dadurch viele interessante Kontakte und Anknüpfungspunkte bekommen.

10.2 Status quo: Frauen in der IT- und SAP-Welt

Frauen in der IT

Seit der Gründung meines Start-ups treibt mich die Frage um, wie viele Frauen es in den unterschiedlichen SAP-Rollen in Deutschland insgesamt gibt. Leider gibt es hier keine genauen Zahlen. Um uns anzunähern, starten wir beim großen Ganzen, d. h. mit der Frage, wie viele Frauen insgesamt in der IT arbeiten. Hier gibt es größere Unterschiede bei den Statistiken. Der IT-Branchenverband Bitkom sprach 2024 in der »Bitkom Research« von 30 % Frauenanteil in IT-Rollen (Quelle: *https://www.bitkom.org/Presse/Presseinformation/IT-Branche-wirbt-gezielt-um-Frauen*). Laut dem Statistischen Bundesamt Destatis waren es 2023 nur 18 % (*https://www.destatis.de/DE/Presse/Pressemitteilungen/Zahl-der-Woche/2024/PD24_17_p002.html*). Wenn wir auf junge Talente und Einsteigerinnen schauen, komplettiert sich das Bild. Nur jede fünfte Informatik-Studierende ist weiblich. Unter denen, die eine Ausbildung zur Fachinformatikerin abschließen, sind laut dem IT-Einstiegs-Portal »Get in IT« tatsächlich nur 7 % Frauen (*https://www.get-in-it.de/magazin/arbeitswelt/it-arbeitsmarkt/wo-sind-die-frauen-in-der-it*).

Riesiger und vielfältiger Wirtschaftssektor

Die IT-Branche ist ein hochgradig spezialisierter und gleichzeitig sehr breit angelegter Sektor. Wir finden hier sowohl technische als auch beratende Rollen und höchst unterschiedliche Technologie-Stacks. Allein die Bandbreite im SAP-Kosmos ist bereits groß (siehe Kapitel 3, »Ein Erkundungsgang durch die SAP-Landschaft«), die gesamte IT-Branche ist natürlich noch viel breiter aufgestellt.

Wie viele Frauen arbeiten im SAP-Umfeld?

Ich habe den Herausgeber*innen der genannten Statistiken und mir selbst die ganz grundsätzliche Frage gestellt, wie viele Menschen in Deutschland im SAP-Kosmos arbeiten, auch um zu verstehen, wie hoch der Frauenanteil ist – aber eine konkrete offizielle Zahl wurde hierzu bisher nicht veröffentlicht. Falls Sie ungefähre Zahlen oder offizielle Statistiken zum Frauenanteil im SAP-Umfeld kennen, freue ich mich sehr über Ihre Kontaktaufnahme.

Annäherung des Frauenanteils über eigene Gehälter-Studie

An unserer Ankerkopf-Gehaltsstudie nahmen rund 42 % Frauen teil (Stand März 2025). Bei den Führungspositionen wird die Luft jedoch dünner. 80 % der Top-Gehälter verteilten sich laut dieser Studie auf männliche Manager und nur 20 % auf Frauen. Schauen wir auf die wichtige Gremienarbeit bei der Deutschen SAP-Anwendergruppe e. V. (DSAG), so wurde 2025 keine einzige Frau in den CIO-Beirat gewählt oder hat sich überhaupt für die Wahl aufstellen lassen (Quelle: LinkedIn Post der DSAG unter *https://www.linkedin.com/posts/dsag_dsag-cio-it-activity-7296860883836649472-hodq?utm_source=social_share_send&utm_medium=member_desktop_web&rcm=ACoAAAwKfxOBchCHno-_gWQQmsQO2b6zn2F1CKg*). Auch auf zentralen Messen und Tech-Veranstaltungen gibt es häufig nur männliche Organisatoren und Keynote-Speaker. In solchen Repräsentationsrollen gibt es mancherorts einen Frauenanteil von 0 %. Auf meine persönliche Nachfrage hin beteuern die Akteure, dass es überhaupt nicht um Ausgrenzung von Frauen ginge, sondern dass sich eben keine Frau gefunden oder proaktiv gemeldet habe.

Der Fehler im System

Und hier liegt ein wenig die »Wurzel des Übels« oder der Fehler im System. Frauen werden meiner persönlichen Erfahrung nach anders gewonnen als Männer. Bei einer Gremien-Wahl oder der Auswahl von Speakern ist das ähnlich wie bei der Besetzung von Jobs. Wir müssen erst ein System schaffen, das Frauen abholt und motiviert. Wir brauchen eine Einladung, die speziell auf die Zielgruppe zugeschnitten ist. Das ist anstrengender und fordert im ersten Schritt mehr Ressourcen. Aber wenn Sie es schaffen, dieses neue System zu etablieren, werden Sie nachhaltig mehr Frauen für Ihre Vakanzen finden und neue weibliche Talente adressieren. So ebnen Sie erst den Weg für so viele berufliche Chancen im SAP-Kosmos.

Gewinnung von Frauen als Chance

Mit diesem Ansatz und dem Wunsch, mehr Frauen zu rekrutieren und als Wirtschaftspower zu nutzen, stehen Sie nicht allein da. Laut der erwähnten Bitkom Research 2024 sehen 90 %, also ein außerordentlich großer Teil der IT-Unternehmen, eine große Chance in der Erhöhung des Arbeitnehmerinnen-Anteils. Bitkom hat die damit zusammenhängenden Ziele und Erwartungen ebenfalls erfasst. Als wichtigstes Ziel nannten rund 92 % ein erwartetes positives Betriebsklima. Etwa gleich hoch bewertet wurden neue Denkweisen, Kreativität, Produktivität und Außenwirkung.

Das klingt nach sehr attraktiven Erwartungen und neuen Soft Skills. Aber auch die negativen wirtschaftlichen Konsequenzen bei einer Abkehr von den formulierten Zielen bewerteten die Unternehmen im Kontext des Frauenanteiles als recht hoch. Ohne Frauen würde man die Zukunft der IT riskieren und dem Fachkräftemangel noch stärker ausgesetzt sein.

Frauenförderung – wirksame Maßnahme oder zahnloser Tiger?

Doch die genannte Studie führt auch einen Realitätscheck durch. Sie deckt auf, dass immerhin 60 % der Männer die Bevorzugung von Frauen in der IT als unfair empfinden. Der Löwenanteil empfindet die Maßnahmen also als vorgeschoben oder als zahnlosen Tiger. Und obwohl der Großteil der IT-Unternehmen dieses Thema als wichtig erachtet, gibt es häufig noch keine konkreten Umsetzungen und teilweise nicht einmal zuständige Personen im Betrieb, die sich diesem Thema annehmen. Dies gilt insbesondere bei kleineren IT-Betrieben.

Im SAP-Kosmos und gerade bei den Partnerunternehmen ist meine persönliche Wahrnehmung ähnlich, obwohl ich hier fantastische Initiativen, Netzwerke und Ansätze kennengelernt habe. Diese werde ich Ihnen in diesem Kapitel noch vorstellen. Der Grundtenor lautet jedoch häufig: Wir haben einfach keine Frau gefunden. Es gab keine passende Bewerberin. Wir haben rein auf die Qualifikation geachtet. Aber auch Scheinargumente, die ich als aus der Zeit gefallen bewerte, werden angebracht. Dazu gehören:

> *»Eine Frau könnte das mit dem Reisen zum Kunden und der Projektdichte bestimmt nicht handeln und würde zu oft wegen der Kinder krank ausfallen.«*

> *»In Teilzeit ist die Stelle nicht ausgeschrieben.«*

Fakten statt Floskeln

Die AllBright Stiftung, die sich für Gleichberechtigung auf dem Arbeitsmarkt engagiert, gibt regelmäßig ein Floskel-Bingo heraus (*https://www.allbright-stiftung.de/bingo*). Vielleicht sind auch Ihnen solche oder ähnliche Scheinargumente schon begegnet. Wenn Sie eine Erhöhung des Frauenanteils angehen, können Sie davon ausgehen, dass Sie auf solche Widerstände treffen. In jedem Veränderungsprozess entstehen Widerstände – diese gilt es zu erkennen, anzunehmen und konstruktiv zu nutzen, wenn Sie in Ihrer Organisation Themen vorantreiben. Noch können Sie Pionierin oder Vorreiter sein und durch Ihr frühes, sichtbares Engagement punkten.

Wirtschaftsfaktor Frauen in der IT

Falls Sie noch stärkere wirtschaftliche Argumente benötigen, um Ihr Vorhaben, mehr Frauen in Ihrem SAP-Team einzustellen, zu begründen, sehen Sie sich die Zahlen an, die die Unternehmensberatung McKinsey rund um den Wirtschaftsfaktor von Frauen in der Technologiebranche veröffentlicht hat. Hier wird prognostiziert, dass 2027, also genau zu dem Zeitpunkt im Übrigen, zu dem SAP-Kunden auf SAP S/4HANA umgestiegen sein sollten, allein in Deutschland 780.000 Arbeitskräfte in der Technologiebranche fehlen werden. McKinsey setzt daher deutlich auf die Wirtschaftspower von Frauen und prognostiziert ein Wachstum von Europas Bruttoinlandsprodukt (BIP) um 600 Milliarden € bei einer Verdopplung des Frauenanteils in Tech-Berufen (Quelle: *https://www.mckinsey.de/news/presse/europa-mit-grosser-talentluecke-bei-frauen-in-tech-jobs-technologieberufe-mint*). Mehr Frauen auszubilden und für SAP-Rollen zu begeistern, gezielt zu rekrutieren, die Organisationen frauenunterstützend auszurichten, ist also ein riesiger Hebel für die Wirtschaft, die Gesellschaft – und auch für Sie ganz persönlich in Ihrer Recruiting-Rolle.

Das möchten Frauen im IT- und SAP-Umfeld

Was sagen eigentlich die Frauen aus der IT-Branche und dem SAP-Kosmos zu ihrer eigenen Situation? Diese Frage hat Ankerkopf im Rahmen unseres Pink Papers zu Frauen in der IT beschäftigt. Dieses Pink Paper analysiert die Situation, zeigt auf, welche Herausforderungen es gibt und wie Unternehmen Frauen in der IT gezielt fördern können. Unser Einzugsgebiet war Ostwestfalen, und gesprochen haben wir mit unterschiedlichen Frauen in 30 halbstandardisierten Interviews. Die Interviews wurden anonymisiert ausgewertet und in dem Paper veröffentlicht. Folgende waren die zentralen Erkenntnisse der Studie:

- **Fehlende weibliche Vorbilder und Unsichtbarkeit der IT-Berufe**
  - Fast keine der befragten Frauen hatte ein weibliches Vorbild bei der Berufswahl.
  - IT-Berufe sind oft nicht greifbar oder mit negativen Stereotypen behaftet.
- **Diskriminierung existiert weiterhin, wenn auch weniger häufig.**
  - Frauen berichteten von Vorfällen wie dem gezielten Wunsch nach einem männlichen Ansprechpartner oder sogar sexueller Nötigung.
- **Hauptgründe für die geringe Frauenquote in der IT**
  - Stereotypisierung und das Nerd-Klischee schrecken Frauen ab.
  - Fehlende (Früh-)Förderung führt dazu, dass Mädchen selten in technischen Bereichen unterstützt werden.
  - Frauen trauen sich IT-Karrieren oft nicht zu, obwohl sie die notwendigen Fähigkeiten hätten.
- **Attraktivitätskriterien für Arbeitgeber aus Sicht von Frauen**
  - Flexible Arbeitszeiten und Homeoffice
  - Work-Life-Balance und familienfreundliche Strukturen
  - Persönliche Weiterentwicklung und Bildung
  - Transparente Gehaltsstrukturen

- **Gender Pay Gap bleibt bestehen**
  - 90 % der Frauen glauben, dass der Gender Pay Gap in der IT auch in den nächsten zehn Jahren bestehen bleiben wird.

Dieses Stimmungsbild hat meine Denkweise als SAP-Personal- und Karriereberaterin maßgeblich beeinflusst. Am interessantesten empfand ich den Aspekt, dass keine Frau das Gehalt als Arbeitgeberkriterium genannt hat, auf Nachfrage hin aber sehr wohl angab, dass die unterschiedliche Bezahlung auch in den nächsten Jahren noch ein Thema sein werde. Wie wichtig Frauen das »Drumherum« bei einem Job ist, zeigt sich meines Erachtens eindeutig bei den Attraktivitätskriterien für Arbeitgeber. Welche Auswirkungen es haben kann, diese und weitere frauenspezifische Kriterien in das Recruiting einzubinden, ist kaum zu unterschätzen. Lassen Sie uns also bei den Grundlagen beginnen und mit diesen ersten Erkenntnissen im Gepäck einen kritischen Blick auf Stellenausschreibung und Ansprache werfen.

10.3 Gendersensible Stellenausschreibungen und Ansprache

Aus positiven Beispielen lernen

Ich habe lange überlegt, ob ich in diesem Abschnitt Negativbeispiele verwenden möchte. Die Liste an Stellenausschreibungen, die eine Bildsprache verwenden, die Frauen besonders abschreckt, ist lang, und täglich kommen neue hinzu. Anstatt solche Beispiele zu reproduzieren, möchte ich Ihnen positive Anregungen an die Hand geben und Schritt für Schritt erarbeiten.

Mit Varianten arbeiten

Wenn Sie das Gefühl haben, dass Sie damit die männlichen Bewerber ausschließen, versuchen Sie doch einmal, mit Varianten Ihrer Stellenausschreibungen zu arbeiten und zu experimentieren und in Ihrer Personalstrategie und Ihrem Storytelling bewusst unterschiedliche Zielgruppen zu adressieren. Veröffentlichen Sie dazu eine Ausschreibung so, wie Sie es immer gemacht haben. Nehmen Sie dann allen Mut zusammen und schreiben Sie eine, bei der Sie ganz gezielt eine Frau, z. B. als Candidate Persona (siehe Anhang D), im Kopf haben, die Sie für die neue SAP-Rolle gewinnen möchten. Allgemeine Tipps zum Formulieren einer Stellenausschreibung finden Sie im gleichnamigen Abschnitt 5.1.1.

Zeichenebenen in der Stellenausschreibung

Ohne in die *Semiotik*, die Zeichentheorie, abzudriften, die mich in meinem Studium im Rahmen der Linguistik und Bildtheorie begleitet und auch geprägt hat, hilft es uns, zunächst einmal festzuhalten, dass es unterschiedliche Arten von Kommunikation gibt. Die Bestandteile dieser Kommunikation nennen wir Zeichen. In Stellenausschreibungen gibt es einerseits die

Text-Ebene, bestehend aus Schriftsprache, Wörtern und Sätzen, gegliedert in verschiedene Abschnitte, und andererseits die *Bild-Ebene* in Form von Fotos, Videos, Text-Bild-Collagen, Farbgestaltung und Layout. Ferner gibt es natürlich den eigentlichen Inhalt, also was genau die ausgeschriebene Stelle beinhaltet oder welche Benefits sie umfasst. Und um es noch etwas komplizierter zu machen, gibt es neben dem eigentlichen Inhalt auch noch einen indirekten, übertragenen Inhalt, den *Konnotationsraum*. Konnotationen sind das, was nicht direkt im Text steht, aber dennoch mitgelesen wird. Der Konnotationsraum ist ein Raum für Spekulationen und Assoziationen. Wenn wir über gendersensible SAP-Stellenausschreibungen nachdenken und Probleme in diesem Umfeld angehen wollen, sollten wir diese kommunikative Komplexität im Hinterkopf behalten, denn der Teufel steckt bekanntlich im Detail.

10.3.1 Die richtige Sprache finden, um Frauen zu adressieren

Das Gendern

Gibt es eine männliche Sprache, die Frauen ausschließt? Beginnen wir direkt bei einem Thema, das immer wieder durch die Medien geht und zu dem ich selbst bereits Anfeindungen, vor allem jedoch Zuspruch von meiner Community bekommen haben – das *Gendern*. Vielleicht achten Sie bereits auf eine gendergerechte Sprache. Auf jeden Fall werden Sie beim Jobtitel betonen, dass alle SAP-Consultants willkommen sind, um Ihre Stellenausschreibungen rechtskonform zu formulieren.

Jobtitel

Dazu können folgende Ausdrücke verwendet werden:

- all genders
- m/w/x
- m/w/d

Vielleicht verwenden Sie aus Gründen der besseren Lesbarkeit das generische Maskulinum mit einem Asterisk (*) für den Jobtitel, z. B. »SAP-Berater*in« und versichern darunter, dass selbstverständlich alle Geschlechter gemeint seien. Mit dem verpflichtenden Gendern der Jobtitel sind wir heute schon weiter als noch vor wenigen Jahren. Dennoch scheint es nach wie vor zwei klar entgegengesetzte Lager zu geben, begleitet von einer spürbaren politischen Aufladung.

Mir geht es nicht ums Gendern um des Genderns willen, sondern um ein Bewusstsein für Sprache, die – ob versehentlich oder bewusst – falsch adressiert und Frauen ausgrenzt. Das ist in Berufsbranchen mit einem zu niedrigen Frauenanteil und einer teilweise noch ungenutzten Wirtschaftspower einfach keine kluge Entscheidung.

Text der Ausschreibung

Auch im Text der Ausschreibung können Sie mit einem Asterisk oder Binnen-Doppelpunkt arbeiten, um das generische Maskulinum zu vermeiden. Aus »Beratern« machen Sie also »Berater:innen« oder »Berater*innen«. Oder Sie verwenden den englischen Begriff »Consultants«. Wenn Sie solche Jobbezeichnungen im Plural formulieren, sorgen Sie für eine bessere Lesbarkeit, denn dann müssen Sie nicht immer »der/die« als Doppel-Artikel verwenden. Auch neutrale Umschreibungen, wie »Teammitglieder« oder »das SAP-Team« sind charmante Möglichkeiten, einen Text trotz Gendern lesbar zu machen. Und wenn Ihr Unternehmen eine weibliche CIO oder eine weibliche Teamleitung hat, schreiben Sie das unbedingt.

Gerne per Du und mit Vornamen

In der Direktansprache von Frauen oder bei einer automatisch generierten Antwort Ihres Bewerbermanagement-Systems halte ich die Verwendung für hilfreich. Von Ihrem Bewerbermanagement-System können Sie auch das Geschlecht abfragen lassen, um Anreden wie Frau <Nachname> zu verwenden. Wenn Sie ohnehin eine Duz-Kultur pflegen, können Sie auch direkt beim ersten Kontaktpunkt das Du und den Vornamen verwenden. Unser Name ist Teil unserer Identität. Ihn in der Ansprache zu verwenden, ist hilfreich für den Vertrauensaufbau im Rahmen der frühen Candidate Experience.

10.3.2 Die richtige Wortwahl: Unterschätzte Adjektive und überstrapazierte Buzzwords

Welche Wortarten verwenden

Wenn Geschlechtersensibilität in Stellenausschreibungen nicht bloß ein Feigenblatt sein soll, geht es bei der Stellenausschreibung auch um die richtige Wortwahl. Adjektive und Adverbien machen Texte flüssig und lebendig. Ein Nomen und ein Verb bilden zusammen die kleinste Satzeinheit. Wörter können einladend wirken, weil sie in unserem normalen Sprachgebrauch zum Einsatz kommen. Sie können aber auch ausgrenzen. Denken wir etwa an Jugendsprache, zu der Erwachsene überhaupt keinen Zugang haben. Hier kann es schnell lustig bis peinlich werden, wenn sich jemand außerhalb der Zielgruppe diese Begriffe benutzt.

Männlich konnotierte Begriffe und Alternativen

Gerade im Tech-Umfeld neigen wir dazu, von »Innovationskraft«, »Pionierlaune« und »Performance« zu sprechen. Diese Wörter adressieren stärker eine männliche Zielgruppe. In Tabelle 10.1 habe ein paar weitere Beispiele für eher maskulin konnotierte Begriffe aufgeführt, die insbesondere im SAP-Kosmos häufig verwendet werden.

Männlich konnotiert	Gendergerechte Alternative
Verben	
durchsetzen	vermitteln, überzeugen
dominieren	prägen, beeinflussen
analysieren	erfassen, untersuchen
beherrschen	souverän nutzen, anwenden
optimieren	verbessern, weiterentwickeln
entscheiden	gemeinsam abstimmen
verantworten	betreuen, begleiten
Adjektive	
durchsetzungsstark	kommunikationsstark, überzeugend
führungsstark	inspirierend, unterstützend
entschlossen	reflektiert, zielorientiert
wettbewerbsorientiert	teamorientiert, gemeinschaftlich denkend
dynamisch	engagiert, flexibel
leistungsorientiert	qualitätsbewusst
zielstrebig	motiviert, fokussiert
erfolgsgetrieben	ergebnisorientiert, wirkungsbewusst
willensstark	beharrlich, engagiert
Nomen	
Experte	Fachkraft, Spezialist*in
Innovator	Ideengeber*in, Gestalter*in
Visionär	Zukunftsgestalter*in, kreative*r Vordenker*in
Problemlöser	Lösungsfinder*in, Prozessoptimierer*in
Pionier	Wegbereiter*in, Vorreiter*in
Kämpfer	engagierte Person, Überzeugungstäter*in

Tabelle 10.1 Männlich konnotierte Verben, Adjektive und Nomen und gendergerechte Alternativen

Nutzen Sie diese Tabelle, um auf Ihrer Karriereseite und in den einzelnen Stellenausschreibungen zu prüfen, ob sie bestimmte männlich konnotierte Begriffe enthalten, die Frauen tendenziell daran hindern könnten, sich bei Ihnen als SAP-Teammitglied zu bewerben.

Prompt für eine gendergerechte Sprachprüfung

Sie können ChatGPT oder ein anderes KI-Tool nutzen, um Ihre Texte auf gendergerechte Sprache hin zu prüfen. Der folgende Prompt überprüft SAP-Stellenausschreibungen auf männlich dominierte Begriffe und schlägt semantisch passende, geschlechtergerechte Alternativen vor:

- **Prompt**

  »Analysiere die folgende SAP-Stellenausschreibung auf geschlechtsspezifische Sprache.

  - Identifiziere Begriffe, die stark männlich konnotiert sind (z. B. »durchsetzungsstark«, »Experte«, »dominieren«).
  - Schlage eine gendergerechte Alternative vor, die den gleichen oder einen vergleichbaren Sinn transportiert, aber inklusiver ist.
  - Erkläre kurz die Wirkung der ursprünglichen Formulierung und warum die Alternative besser geeignet ist.«

- **Beispielhafte Ausgaben**
  - »durchsetzungsstark« → »kommunikationsstark« (betont Überzeugungskraft statt Dominanz).
  - »Experte« → »Fachkraft« (neutral und inklusiv).
  - »Manager« → »Koordinatorin« (fokussiert auf die Aufgabe statt auf die Hierarchie)

10.3.3 Bildsprache bei Stellenausschreibungen und auf Karriereseiten

Bilder werden von einem anderen Teil unseres Gehirns verarbeitet als Sprache. Wir müssen nicht wie beim Lesen einer Stellenausschreibung erst Bilder und Konnotationen in unserem Gehirn formen. Der Weg ist direkter. Was wir sehen, blickt uns an. Im technischen Bereich verwendet man auch häufig den Ausdruck »What you see is what you get«.

Authentisches Bildmaterial

Schauen Sie sich Ihre Karriereseite einmal daraufhin an, welche Bilder Sie in Zusammenhang mit SAP-Traineestellen, SAP-Fach- oder Führungspositionen verwenden. Nutzen Sie Bilder Ihres Teams und können Sie so einen authentischen Eindruck vermitteln oder verwenden Sie Stock-Fotos? Stock-Fotos, insbesondere von Frauen in Business-Situationen, orientieren sich in der Regel an einem jungen, schlanken, makellosen Schönheitsideal. Häufig werden Frauen eher als passiv und Informationen annehmend dargestellt, wohingegen »der Macher« weiß, männlich und sportlich als Leader inszeniert wird. Einige Modelle scheinen sich auf jede zweite Karriereseite geschlichen zu haben.

Als wir mit unserem Unternehmen gestartet sind, haben wir in den ersten Wochen und Monaten auch auf solches Stock-Material zurückgegriffen. Schrittweise haben wir die Fotos dann durch authentische Inhalte ausgetauscht. Ich würde Ihnen ebenfalls empfehlen, lieber eigenes, echtes Bild- und Fotomaterial zu verwenden als Stock-Fotos und KI-generierte Bilder. Beauftragen Sie am besten einen Fotografen, Content Producer oder eine Videomacherin mit der Anfertigung von zwei bis drei Bildserien, auf die Sie bei Bedarf zurückgreifen können. Echte Bilder Ihres Teams schaffen Vertrauen, und Sie wissen ja bereits, dass dies der Recruiting-Schlüssel ist. KI-optimierte Bilder können Sie natürlich verwenden, aber bei vollständig mit KI erzeugten Bildern fehlt häufig die vertrauensstiftende Echtheit.

Ausschließlich glückliche Menschen?

Wenn Sie Frauen zeigen, fragen Sie sich: Müssen alle Frauen immer lächeln? Ich finde, dass Frauen auch selbstbewusst rüberkommen dürfen und nicht immer »Everybody's Darling« sein müssen. Auf Karriereseiten gibt es nicht nur die perfekten Stock-Menschen, sondern auch ausschließlich glückliche Menschen. Der Bandbreite an Emotionen, die wir im Beruf erleben, wird das nicht gerecht; es ist einseitig und wirkt gestellt.

[+]

Persönliche, visuelle Ansprechpartnerin

Für unser eigenes Karriereportal führt eine Kollegin visuell durch den Bewerbungsprozess. Sie ist für die Bewerbenden das Gesicht unseres Unternehmens und gewissermaßen eine digitale Recruiting-Ansprechperson. Dieses Konzept scheint aufzugehen. Unsere Frauenvermittlungsquote liegt bei über 40 %. Natürlich ergibt sich der Anteil an Bewerberinnen nicht nur durch ein einziges Bild oder eine einzige Idee. Vielmehr sind es die genannten Puzzlestücke, die sinnvoll ineinandergreifen und als Gesamtbild die gewünschte Wirkung haben.

10.3.4 Direktansprache: Nicht mit der Tür ins Haus fallen

Frauen haben häufig mehr Bedenken und brauchen mehr Vertrauensaufbau im Recruiting-Prozess. Bei der Direktansprache sollten Sie daher nicht mit der Tür ins Haus fallen und sofort Ihren Traumjob vorschlagen. Der Vertrauensaufbau dauert meiner Erfahrung nach etwas länger, und es braucht tatsächlich einige Kontaktpunkte zu Ihrem Unternehmen, bis die Kandidatin mit einem guten Gefühl in den neuen Job wechseln möchte.

Kündigung: mehr als das Beenden einer Arbeit

Für viele Frauen gestaltet sich die Kündigung beim alten Arbeitgeber herausfordernder als bei ihren männlichen Kollegen, denn sie lassen ihr dort häufig hart erarbeitetes Business-Netzwerk zurück. Sie geben sozialen Austausch, kollegiale Anerkennung und die Sicherheit eines Arbeitsplatzes auf, die sie bis zu diesem Zeitpunkt getragen haben. Viele Frauen zeigen sich ihrem ersten Arbeitgeber gegenüber loyaler, etwa weil er eine duale Ausbildung ermöglicht hat. Und selbst, wenn die Rahmenbedingungen eigentlich nicht mehr passen, es toxische Vorgesetzte, unterdurchschnittliche Bezahlung, eine veraltete technische Umgebung und wenig Förderung gibt, selbst dann also, wenn es viele triftige Gründe gibt, sich ein neues, förderndes Unternehmen zu suchen, fällt dies vielen Frauen noch schwer.

Ich bin immer wieder erstaunt, wie leiderprobt Frauen sind und in welchen Situationen sie nicht die Flinte ins Korn werfen, sondern wie ein Fels in der Brandung stehen bleiben. Je länger die Betriebszugehörigkeit ist, desto mehr arrangieren sich Frauen mit Job-Situationen, anstatt eine gute Lösung für ihre eigenen Wünsche, Bedürfnisse und Karrierepläne zu suchen.

Ich denke, die meisten Frauen wissen schon ziemlich genau, welche Rolle eigentlich zu ihnen passt und was ihnen berufliche Erfüllung geben könnte. Oft kollidieren zugeschriebene oder gelebte Rollen mit dem Wunsch nach Vereinbarkeit und dem Mental Load, den sich manche Frauen trotz Partnerschaft allein aufbürden.

Selbst das Wort »Karriere« schreckt viele Frauen ab, auch wenn sie einen spannenden Lebenslauf vorweisen können. Gleichzeitig erlebe ich im SAP-Kosmos eine neue Generation von Frauen – und das ist keine Frage des Alters –, die wissen, was sie beruflich wollen, die für das Ablegen beruflicher Rollen-Klischees kämpfen, die weibliche Business Power sichtbar machen und dabei andere inspirieren und mitreißen.

1:1-Gespräche

Ich kann Ihnen raten, Ihren Kandidatinnen genau zuzuhören und verstehen zu lernen, was genau diese Personen beruflich antreibt, welchen Stellenwert und Sinn ihre Arbeit hat. Zögernden und sicherheitsorientierten Frauen können Sie so als vertrauensvolle Ansprechperson zur Seite stehen. Wenn Sie aber erkennen, dass Sie gerade ein selbstbewusstes Role Model vor sich haben, das Ihr Unternehmen bereichern wird, geben Sie Gas!

Frauenfreundlicher Recruiting-Prozess

Versuchen Sie, so viele frauenfreundliche Elemente wie möglich in Ihrer Candidate Experience anzulegen. Bauen Sie z. B. noch einen weiteren persönlichen Kontaktpunkt ein. In Ihrer Stellenausschreibung und auf Ihrer Karriereseite können Sie einen Extra-Bereich einrichten, in dem Sie erklären, was Frauenförderung bei Ihnen bedeutet und wie diese gelebt wird. Nutzen Sie die Kraft von Bildern und arbeiten Sie mit authentischem Material. Verzichten Sie auf männliche Ausdrucksweisen im Text.

Netzwerkanlässe

Etablieren Sie auch gezielt Kontaktpunkte von Frauen für Frauen. Das könnte z. B. eine SAP-Frauen-Mocktail-Night mit Musik, einem Fach-Impuls und einem Live-Bartender sein. Versuchen Sie, Frauen aus Ihrem SAP-Team mit neuen Gesichtern zusammenzubringen. Ein mögliches Format könnte auch »Bring Your Friend« lauten, bei dem die Frauen aus ihrem Team ihr persönliches Netzwerk mitbringen können. Bei solchen Veranstaltungen sollte es nicht direkt um Jobs gehen. Vielmehr können Sie Ihre Kultur zeigen und mit Frauen offen über deren Karriere sprechen. Versuchen Sie, sich selbst als niedrigschwellige Ansprechperson und Karrierebegleiter*in für Frauen zu positionieren. Üben Sie vielleicht sogar, wie Sie sich selbst mit dem Fokus auf die weibliche Zielgruppe am besten vorstellen können. Nutzen Sie dafür z. B. die Methode des Elevator Pitches, vorgestellt in Abschnitt 7.3.2, »Das Job-Offering-Gespräch«.

10.3.5 Perfektionismus lässt grüßen: Wie viel Übereinstimmung muss ein?

Frauen bewerben sich häufig erst bei perfektem Matching

In Abschnitt 7.1, »Matching: Vom Anforderungsprofil bis zum echten Menschen«, habe ich bereits ausführlicher über das Matching gesprochen. Mein persönlicher Eindruck, der von vielen Laufbahncoaches geteilt wird, ist, dass Frauen diesen Aspekt sehr genau nehmen und sich erst bei einem Matching von mindestens 80 %, manchmal sogar erst bei 90 % auf eine Stelle bewerben. Vielleicht haben Sie selbst auch schon die Erfahrung gemacht, dass sich männliche Bewerber dagegen auch bei einem sehr niedrigen Grad an Übereinstimmung mit der Stellenanforderung zutrauen, die Anforderungen in einem ausreichenden Maße zu erfüllen. Wenn z. B. exzellente Englischkenntnisse gefordert werden, geht die Selbsteinschätzung und die Definition eines »souveränen Business English« bei männlichen und weiblichen Bewerbenden oft weit auseinander. Auch das *Impostor-Syndrom*, also das psychologisch nachgewiesene Phänomen, dass Frauen ihre Skills tendenziell niedriger einschätzen als es der Wirklichkeit entspricht, spielt hier eine Rolle.

Anforderungen zurückhaltend formulieren

Mit sehr hohen Anforderungen und Superlativen in Ihren Stellenausschreibungen werden Sie Frauen vermutlich eher davon abhalten, sich bei Ihnen zu bewerben. Meine Empfehlung lautet daher, den Fokus Ihrer Ausschreibung auf das Team und die Aufgaben zu legen und bei den Anforderungen lieber zurückhaltend zu sein. Formulieren Sie, worum es konkret bei dieser Stelle geht. Greifen Sie auf weibliche Testimonials zurück, die über das Thema »Förderung von Frauen« in Ihrem Unternehmen authentisch berichten. Diese könnten z. B. erzählen, wie sehr Vereinbarkeit von Familie und

Beruf bei Ihnen Hand in Hand mit einer erfüllenden Laufbahn gehen kann. Stellen Sie Benefits, die Vereinbarkeit fördern, in den Fokus.

Gender Pay Gap vorbeugen

Frauen schätzen auch ihr mögliches Gehalt häufig niedriger ein. Vielleicht ist Ihnen dieses Phänomen schon einmal begegnet. Personalverantwortliche aus der alten Welt haben sich darüber vielleicht gefreut: so viel Kompetenz und Engagement von Heidi für deutlich weniger Geld als von Stefan. Das ist allerdings sehr kurzfristig gedacht, denn spätestens, wenn Heidi erfährt, wie viel Stefan verdient, kommt es zu einem laut ausgetragenen Konflikt oder einer leisen Kündigung. Beides wollen Sie natürlich nicht. In Ihrer Rolle sitzen Sie zumindest bei den SAP-Fachrollen am Hebel und wissen über die üblichen Gehälter Bescheid.

Auch wir haben bei unserer Arbeit mit Klient*innen aus dem SAP-Kosmos mittlere bis große Unterschiede bei den Gehaltserwartungen oder realen Gehältern für ein und dieselbe Stelle wahrgenommen. Auf Basis dieser Erfahrungen würde ich schätzen, dass ca. 30 % der Frauen, die mit uns arbeiten, ihr Gehalt tendenziell niedriger einschätzen als die männlichen SAP-Consultants.

Sehr schwierig wird es, wenn eine Frau intern in eine Führungsrolle aufsteigt, in diesem Zuge jedoch nicht ihr Gehalt nachverhandelt – was tatsächlich keine Seltenheit ist. Dann kann es vorkommen, dass Neuzugänge das Gleiche oder mehr verdienen als ihre Teamleitung. Solchen Gehaltsgebirgsketten gilt es vorzubeugen und direkt beim Einstieg in Ihr Unternehmen auf eine einheitliche Gehaltsspanne zu achten. Wenn erforderlich, sollten Sie die Gehaltseinschätzungen von Frauen dazu nach oben hin korrigieren.

Selbstbestimmter Arbeitsumfang oder Teilzeitfalle?

Sie sollten jede Rolle auch in einem reduzierten Stundenumfang anbieten. Insbesondere Führungsrollen sollten unbedingt in verschiedenen Zeitmodellen ermöglicht werden (siehe auch Abschnitt 9.5, »Neue Organisations- und Führungsmodelle«).

Sie schließen ansonsten einen sehr hohen Anteil an weiblichen Talenten für Ihre Vakanz aus. In unserem »SAP Gehälter Report« haben wir ermittelt, dass rund 33 % der Frauen im SAP-Kosmos in Teilzeit arbeiten, wobei Teilzeit in unserer Studie alles zwischen 20 und 35 Wochenstunden umfasst.

Phasen einer Laufbahn von Frauen

Jede Laufbahn besteht aus verschiedenen Phasen. Für viele Eltern gibt es eine Phase, die je nach Konstellation weniger Zeit für die Arbeit zulässt und eben mehr für den Nachwuchs beansprucht. Das hat vielfältige Gründe, von Kita-Öffnungszeiten bis zu der ganz persönlichen Entscheidung, die Zeit gemeinsam mit den Kindern zu verbringen. Mütter werden in diesen Phasen zu wahren Organisationstalenten und erlangen häufig eine neue

Perspektive auf die Arbeit, ihren Arbeitgeber und ihre Rolle. Diese neu erworbenen Fähigkeiten können Sie für sich nutzen, indem Sie Ihren bestehenden Mitarbeiterinnen, aber auch neuen Kolleginnen, flexible Modelle nach der Elternzeit ermöglichen. Es gibt spezielle Netzwerke, die Sie dabei unterstützen, die ich Ihnen im folgenden Abschnitt vorstelle.

[»]

Teilzeitfalle

Lassen Sie nicht zu, dass Teilzeit zur Falle wird: Das Reduzieren von Stunden sollte genauso möglich sein wie das spätere Aufstocken. Es liegt an Ihnen und Ihrem Unternehmen, ob Sie Frauen und Mütter als Talente wahrnehmen und fördern oder in die zweite Reihe stellen.

10.4 Netzwerke und Influencing für Frauen im SAP-Bereich

Sollten Sie etwas mehr Orientierung benötigen, finden Sie in diesem Abschnitt eine Auswahl der meiner Meinung nach spannendsten Netzwerke und Menschen, die sich mit Female Empowerment im Bereich SAP und IT auseinandersetzen.

Zunächst einmal folgt eine Übersicht der interessantesten Netzwerke:

- **SheTransformsIT**

  SheTransformsIT (*https://www.shetransformsit.org/*) ist ein starkes Netzwerk mit vielen Unterprojekten und Initiativen, wie der Konferenz *Women in Tech*. Der Geschäftsführerin Alexandrea Swanson können Sie direkt auf LinkedIn folgen. Es finden regelmäßig Veranstaltungen statt, von denen Sie als Partnerunternehmen oder einfach als Mitmachende profitieren, z. B. digitale Job-Events in Kooperation mit der Bundesagentur für Arbeit und SAP, um jungen Talenten und Quereinsteigerinnen Unternehmen und »FRIDAs« (Frauen in der digitalen Arbeitswelt) als Rollenvorbilder vorzustellen.

- **Die AllBright Stiftung**

  Die *AllBright Stiftung* (*https://www.allbright-stiftung.de/*) ist eine gemeinnützige Stiftung mit Sitz in Stockholm und Berlin. Sie setzt sich für mehr Frauen und Diversität in den Führungspositionen der Wirtschaft ein. Gleiche Karrierechancen für Männer und Frauen und bessere Unternehmensresultate durch gemischte, moderne Führungsteams sind das Ziel. Die Gleichstellung von Männern und Frauen ist nach dem Verständnis der Stiftung nicht nur eine Frage der Gerechtigkeit, sondern stärkt auch die Profitabilität und Wettbewerbsfähigkeit der Unternehmen. Dazu präsentiert die AllBright Stiftung Fakten, sensibilisiert und fordert Handeln ein. Es lohnt sich, auch der LinkedIn-Unternehmensseite zu folgen.

- **Women@DSAG**

  Die Initiative *Women@DSAG* (*https://dsag.de/netzwerk/womendsag/*) hat es sich zum Ziel gesetzt, die Position und Rolle von Frauen innerhalb der DSAG sowie im SAP-Umfeld zu stärken. Sie vernetzt weibliche Mitglieder und unterstützt sie bei der persönlichen Weiter- und Kompetenzentwicklung. Frauen sollen ein aktiver Teil innerhalb der DSAG und in allen besetzbaren Funktionen vertreten und sichtbar sein. Ich selbst bin auch Mitglied in diesem Gremium.

- **SAP Women in Tech**

  SAP hat sich das Ziel gesetzt, bis zum Jahr 2030 die Hälfte aller Positionen im Unternehmen mit Frauen zu besetzen. Die Initiative *SAP Women in Tech* (*https://community.sap.com/t5/sap-women-in-tech/gh-p/Women-in-Tech*) sorgt für mehr Sichtbarkeit von Frauen und zeigt, wie vielfältig und attraktiv berufliche Laufbahnen aussehen können.

Influencer

Neben diesen Netzwerken gibt es einige Influencer, die sich Themen wie Frauen- und Nachwuchsförderung, Diversität und Quereinstieg annehmen:

- **Magdalena Rogl**

  Diversity and Inclusion Lead und Mitglied des Advisory Board, Chairwoman und Autorin, Keynote Speakerin im internationalen Umfeld und »Botschafterin für Emotionen« (STERN).

- **Fränzi Kühne**

  Chief Digital Officer (CDO) der edding Group, Unternehmerin und Speakerin

- **Dr. Julia Freudenberg**

  CEO Hacker School mit dem Motto »Hack the world a better place«

- **Amanda Maiwald**

  CEO und Co-Gründerin von Complori. Macht es sich zur Aufgabe, Kinder fit für die Zukunft zu machen. Auf der Forbes-Liste »30 Under 30«, FOCUS-Expertin für Digitale Bildung, Female Edtech Fellow (FEF3) und Speakerin.

- **Jeanine Morina**

  Head of IT und IT Area Lead. Als Quereinsteigerin in den Technologiebereich gekommen. Role Model für Vereinbarkeit.

- **Lisa Ihde**

  Auf der Forbes-Liste »30 Under 30«, ausgezeichnet im MINT-Bereich, Software Engineer, Bestseller-Autorin, Speakerin, Technical Account Managerin bei Google.

- **Nicolai Andersen**

  Will das Consulting der Zukunft so gestalten, dass es sinnvolle Beiträge zur Gesellschaft leistet und Innovation kontinuierlich vorantreibt.

- **David Kaselow**

  Erklärt IT für jedermann! Dolmetscher zwischen Geschäfts- und IT-Sprache. Freiberuflicher IT-Projektleiter und -Berater. Führt erfolgreich IT-Projekte durch. WIT Male Ally. Autor von »IT für Anfänger«

- **Freya Wester-Ebbinghaus**

  Consultant bei Milliarum, Mitglied des Partner Advisory Boards der DSAG, Mentorin bei CyberMentor.

- **Marla Alschweiki**

  Senior SAP Data Analytics and AI Developer. Expertin für die SAP Business Data Cloud, SAP-Mentorin und #womenInTech.

- **Lili Rothmann**

  Women in SAP, SAP-Consultant und Eventmanagerin, steht für Female Empowerment Solidarität und Feminismus.

- **Barbara Schafarczyk**

  Alliance Manager für SAP und starke Netzwerkerin. Geht offen mit ihrer bekämpften Hautkrebserkrankung um.

Engagement in der weiblichen SAP-Community

Die von den Netzwerken und Influencern behandelten Themen können Sie als Inspiration nutzen, um gezielt Trends aufzugreifen. Kommentieren Sie selbst Beiträge, vertreten Sie Ihre eigene Meinung und verbinden Sie sich mit Menschen, die mit Ihnen matchen. Achten Sie bei der Kommunikation auf LinkedIn unbedingt auf Ihre Unternehmensrichtlinien oder klären Sie diese proaktiv (siehe Abschnitt 6.3.2, »Risiken von Personal Branding«). Werden Sie gegebenenfalls selbst Mitglied eines dieser Netzwerke und versuchen Sie, sich aktiv einzubringen. Auch in Ihrem Unternehmen können z. B. Netzwerktreffen stattfinden. Dadurch erhalten Sie die Chance, spannenden Menschen einen Einblick in Ihr Unternehmen zu geben. Netzwerkarbeit heißt nicht, zu formulieren, was Sie haben wollen, sondern was Sie geben können. Damit erreichen Sie trotzdem Ihr Ziel, denn Ihr eigenes Netzwerk wird bald über viele Frauen aus dem SAP-Kosmos verfügen.

10.5 Mentoring und Förderung von Frauen in technischen Berufen

Mentoring ist für mich der Gegenpart zu Heldenreise. Ich weiß nicht, wie es Ihnen geht, aber ich kann keine muskelbepackten Superhelden in Strumpfhosen in Verbindung mit Stellenausschreibungen oder überhaupt im Business mehr sehen. Auch keine kleinen Jungs, die mit einer Brille und im Superheldenanzug auf einer Rakete reiten, und auch keine Männer, die auf einem Raketenstuhl in den Karrierehimmel befördert werden. Vielleicht finden manche Menschen solche Bilder immer noch lustig, aber in meiner Bubble hat die Heldenreise in dieser oder anderer Art aufgehört, zu funktionieren.

[«]

Heldenreise

Die Heldenreise ist ein Element im Storytelling und basiert auf der klassischen Erzählforschung. Ein in der Regel männlicher Held zieht aus, meistert große Gefahren kurz vor knapp, geht fast zugrunde und nimmt dann doch alle Kräfte zusammen, um das große Hindernis zu überwinden. Manchmal bedient er sich dazu auch Zauberern oder anderer Wesen. Doch machen wir uns nichts vor: In der VUKA-Welt und im SAP-Kosmos wird ein einzelner Held rein gar nichts bewirken können.

Frauen führen in Zirkeln

Frauen wissen, welche Kraft Zirkel, Teams, Netzwerke und Kollaborationen entfalten können. Sie wollen nicht als einzelne Superheldinnen auftreten und auch nicht so angesprochen werden. Sie wollen gefördert werden und haben häufig genug eine intrinsische Motivation, selbst andere zu fördern, nach dem Prinzip »Empowered women empower women«.

Mentoring

Doch auch das Wort *Mentoring* hat eine männliche Prägung. Vielleicht passen folgende Begriffe besser zu Ihnen, den Frauen in Ihrem Team und Ihrem Vorhaben:

- Begleiter*in (betont die partnerschaftliche Unterstützung)
- Coach (fokussiert auf Entwicklung und Förderung)
- Wegbegleiter*in (betont nachhaltige Unterstützung)
- Impulsgeber*in (fokussiert Inspiration)

Mit Förderung früh ansetzen

Mit dem Mentoring kann man gar nicht früh genug beginnen, denn Mädchen werden schon früh Geschlechterstereotypen ausgesetzt. Als ich eine Tochter zur Welt gebracht hatte, wurde ich mit rosa-pinken Wäschebergen (geschenkt oder aus zweiter Hand) überhäuft. Bei der Tagesbetreuung hieß es, die Mädchen säßen lieber ruhig in der Leseecke, während die Rabauken-

Jungs mit Duplo-Steinen in der Activity-Zone um sich werfen. Ich selbst wurde in der Informatik-AG in der Schule trotz eines gewissen Interesses in keiner Weise unterstützt, einen Fuß in die Tür zu bekommen, da ich keine »Gamerin« war. Doch das liegt nun schon Jahrzehnte zurück, und die Berufsorientierung ist hoffentlich einen Schritt weiter. Aufschlussreich finde ich Versuche wie den von Rudi Mantler, Gründer des Unternehmens codefryx (*https://codefryx.de/*), der Programmierkurse speziell für Mädchen anbietet. Und siehe da, die Anzahl der Interessentinnen hat deutlich zugenommen.

Personal Branding von IT-Frauen

Sie können sich bei Instagram von IT-Frauen inspirieren lassen, die – aktuell noch außerhalb des SAP-Kosmos – eine ganz eigene Brand aufgebaut haben und damit sicherlich vielen jungen Frauen als Role Models dienen. Indem sie in sozialen Medien aktiv sind, in denen sich die jungen Menschen ohnehin aufhalten, können sie sie zu Technologie und IT hinführen.

[zB]

Tiffany Janzen, Magdalena Treciak u. a.

Tiffany Janzen ist Programmiererin und Technical Consultant. Mit ihren fachlich inspirierten Themen erreicht sie über 600.000 Followern auf Instagram. Sie ist eine von wenigen sehr erfolgreichen IT- und Technologie-Influencernnen.

Schauen Sie sich auch einmal den Account @travellingprogrammer von Magdalena Treciak auf Instagram an, die als digitale Nomadin und Software Engineer um die Welt reist und dies mit tollen Bildern begleitet. Oder folgen Sie der Frontend-Entwicklerin und Coding-Streamerin @Joeel56 aus Paderborn, die fast 200.000 Follower hat.

Vielleicht schaffen Sie es in Ihren Unternehmen, Ähnliches auch für den SAP-Kosmos zu kreieren.

Gleichberechtigung ist kein Frauenthema

Um echte Gleichberechtigung herzustellen, also einen Zustand, der alle Geschlechter gleichermaßen unterstützt und niemanden ausgrenzt, braucht es den Dialog und auch eine gewisse Durchlässigkeit. Aktuell ist der Männeranteil in SAP-Lead-Rollen und auch auf dem C-Level noch sehr hoch. Diese Männer-Power darf von Frauen auch konstruktiv genutzt werden. Wenn die Führungsriege das Thema Female Empowerment mitträgt, ist vieles schneller möglich. Budgets können freigegeben und manch eine scheinbar verschlossene Tür wieder aufgestoßen werden.

Male Allys

Aber auch auf der einfachen Consulting-Ebene ist es gut, Verbündete zu haben. Das können SAP-Väter sein, die auch auf die Kinder aufpassen, sich abmelden, wenn das Kind krank ist, und darauf bestehen, dass reguläre Meetings nur zu Kita-Öffnungszeiten stattfinden. Zu den Male Allys gehören auch Väter, die Elternzeit nehmen, ihre Stunden nach der Geburt eines Kindes reduzieren und damit das Gewicht der Care-Arbeit auf mehrere Schultern verteilen. Die Sichtbarmachung von Male Allys wird auf LinkedIn vermutlich sogar eine höhere Wirkung erzielen als das Storytelling von starken Frauen, die als Mentorinnen agieren. Es kann sein, dass dieser Effekt in ein paar Jahren vorüber sein wird, aber aktuell nimmt man als Male Ally im SAP-Business-Umfeld noch eine Exotenposition ein, die sich sicherlich positiv auf die weibliche Besetzungsquote auswirkt.

Selbst SAP-Frauenlaufbahnen fördern

Und last, not least: Nehmen Sie auch selbst eine Mentorenrolle ein, z. B. um den SAP-Kosmos für junge Frauen sichtbar zu machen und sich als jemand zu etablieren, der Möglichkeiten schafft. Sie haben es stellenweise selbst in der Hand, wenn Sie z. B. den Lebenslauf einer jungen Frau vor sich sehen, deren Profil vielleicht nicht ganz matcht oder die eine Teilzeitstelle bevorzugt, obwohl Sie die Stelle in Vollzeit ausgeschrieben haben. Lassen Sie sich auch in so einem Fall auf ein Gespräch mit der Bewerberin ein und nehmen Sie sich die Zeit, sie kennenzulernen. Sollte sie Sie fachlich und menschlich überzeugen, setzten Sie sich unbedingt für diese Frau ein. Seien Sie auch Karrierecoach und Sparringspartner*in für die Bewerberin, und versuchen Sie, Ihre Ziele und Motivation zu verstehen, vermeintliche Vorbehalte zu durchbrechen und Stereotype abzubauen. Auch Sie selbst sind Teil der SAP-Community und haben einen starken Einfluss auf die Besetzung von Stellen und weibliche Laufbahnen. Werden Sie zur Stimme, die vorausdenkt und Karrieren fördert, und tragen Sie Ihre Ideen nach außen.

10.6 Wie man ein frauenfreundliches Arbeitsumfeld schafft und im Recruiting sichtbar macht

Sicherheit und Vertrauen im Recruiting-Prozess

Im Recruiting geht es immer auch um die Kultur und Organisation. Ihre Kampagnen und Botschaften müssen glaubwürdig sein und im Unternehmensalltag gelebt werden. Gleichzeitig braucht es externe Sichtbarkeit, damit neue weibliche Talente auf Sie als Arbeitgeber aufmerksam werden.

In meinen zahlreichen Gesprächen mit SAP-Consultants habe ich erlebt, dass Frauen – nicht immer, aber häufig – ihr Sicherheitsbedürfnis stärker gewichten. Sie als Arbeitgeber müssen im Rahmen Ihrer Kontaktpunkte daher noch mehr Vertrauen aufbauen und glaubhaft einen sicheren Raum schaffen. Die Bewerberinnen prüfen aufgrund Ihrer Worte, Ihrer Bilder und Ihrer Inhalte, ob Sie authentisch sind, Frauen sich Ihnen öffnen und Ihre Laufbahn in die Hände Ihres Unternehmens legen können.

Häufig hängt nicht nur ein bestimmtes Karriereziel mit der neuen Rolle zusammen. Bei einem Scheitern rückt nicht nur dieses Karriereziel in weitere Ferne. Oft hängt viel mehr daran – von Kinderbetreuung und Care-Arbeit bis zu früheren kollegialen Netzwerken, in denen wertvolle Verbindungen entstanden sind. Viele Frauen beziehen all dies in ihre Überlegungen ein – selbst bei Entscheidungen, die auf den ersten Blick ganz individuell wirken, wie etwa einem Jobwechsel.

10.6.1 Weibliche Job-Testimonials

Frauen ziehen andere Frauen an

Machen Sie Frauen aus Ihrem SAP-Team sichtbar und unterstützen Sie weibliche Role Models aus Ihrem Unternehmen, um andere Frauen zu adressieren. Sie können z. B. Recruiting-Videos drehen, in denen eine Frau ihre Rolle in Ihrem Unternehmen erklärt und auch beschreibt, was sie motiviert, wie sie als Frau in Ihrem Unternehmen gesehen und gefördert wird. Lassen Sie die Person die Inhalte ihres Videos selbst skripten. Sie können im Vorfeld ein lockeres Gespräch in einem Videokonferenzsystem wie Microsoft Teams mit ihr führen, das Sie nach Absprache aufzeichnen lassen, um möglichst authentische Aussagen zu erhalten. Wenn sich die Person bei der Aufnahme des Videos nicht wohlfühlt, können Sie immer noch einen starken Satz aus dem Teams-Gespräch vorschlagen und vom Marketing-Team in eine passende Testimonial-Vorlage bringen lassen.

Raum für Ihre weibliche SAP-Community

Schaffen Sie Räume für regelmäßigen Austausch, um Ihre weibliche SAP-Community zu stärken. Dies kann ein von Ihnen moderiertes Event sein, aber auch die Teilnahme an externen Frauennetzwerk-Veranstaltungen, wie ich sie in Abschnitt 10.4, »Netzwerke und Influencing für Frauen im SAP-Bereich«, aufgelistet habe. Auch ein persönliches Gespräch mit einer SAP-Frauenvertretung ist denkbar, um zu eruieren, wo die Pain Points bei ihnen liegen, welche Themen die Frauen in Ihrem Unternehmen gerade umtreiben und was Sie im Storytelling nach außen hin gegebenenfalls aufgreifen können.

Frauen ziehen andere Frauen an

Auch ein bestimmtes LinkedIn- oder anderweitiges Social-Media-Format, bei dem Ihre weibliche SAP-Community eine Plattform bekommt und für die Sichtbarkeit Ihres Mentoring-Ansatzes sorgt, wird sich positiv auf Ihr Recruiting auswirken. Frauen ziehen andere Frauen an. Mit diesem charmanten Schachzug haben Sie einen neuen Recruiting-Kanal eröffnet, ohne dabei die männlichen Kollegen vor den Kopf zu stoßen, denn diese sind schlichtweg nicht die Zielgruppe und werden daran daher wenig Anstoß nehmen.

10.6.2 Umgang mit Müttern

Die Zeit rund um die Geburt eines Kindes zählt wohl zu den prägendsten Veränderungsphasen im Leben einer Frau – vermutlich noch bedeutsamer oder zumindest vergleichbar mit der Adoleszenz und der ersten Berufsorientierung.

Amerikanische Wissenschaftler sprechen über alle Berufssparten hinweg von einer *Motherhood Penalty*. Frei übersetzt heißt das Mutterschaftsstrafe und betrifft einen Großteil der arbeitenden Frauen. Gemeint ist damit die wirtschaftlich starke Benachteiligung von Müttern, zu denen u. a. auch der Gender Pay Gap beiträgt. Aber auch Teilzeitanstellung oder die Aufgabe des bisherigen Jobs, Altersarmut durch Scheidung oder Verwitwung und das Nicht-Emporsteigen in Lead-Rollen zählen zu den Strafen der Mutterschaft. Männer hingegen werden nach ihrem ersten Kind häufig befördert und erhalten sogar mehr Gehalt.

Im Rahmen einer Podcast-Folge von Alice im Serverland diskutierten Host Katrin Bauer und Wiebke Arning, HR-Expertin in einem SAP-Beratungshaus, über Karrierekiller und luden das Publikum ein, selbst solche Karrierekiller zu nennen. Abbildung 10.1 zeigt die genannten Begriffe in einem Mentimeter-Board. Das Thema Kinder erhielt hier sehr viele Stimmen.

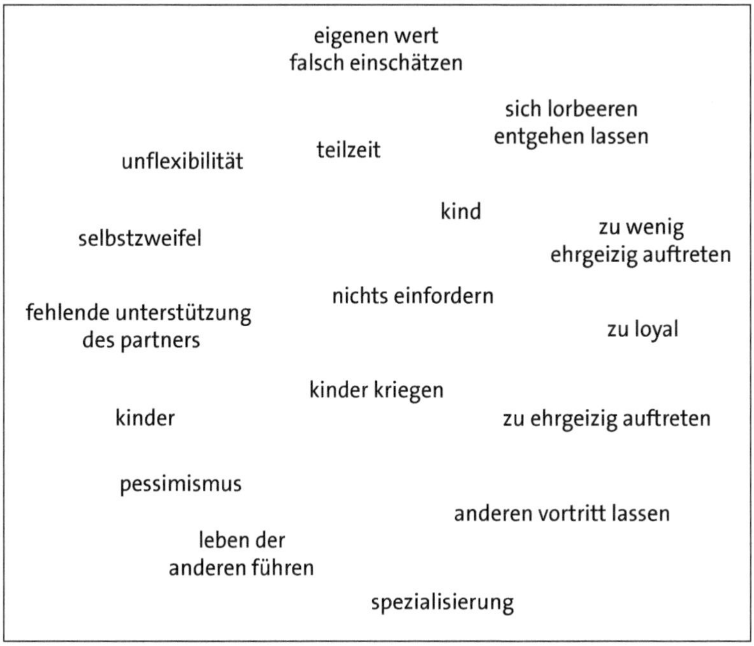

Abbildung 10.1 Voting von Frauen aus der IT und SAP-Welt, gefragt nach ihren Karrierekillern

Daneben wurden andere Bereiche genannt, die von äußeren Bedingungen abhängen, z. B. »zu wenig Unterstützung vom Partner«, »Inflexibilität« oder »Teilzeit«. Ein anderer sehr großer Anteil der genannten Themen beruht auf den Eigenschaften der teilnehmenden Frauen, die auch bei sich selbst Veränderungspotenzial sahen, z. B. »sich Lorbeeren entgehen lassen« oder »anderen den Vortritt lassen«.

Individuell unterstützen

Als Frau Kinder zu bekommen oder sich gegen eigene Kinder zu entscheiden, in Teilzeit zu gehen oder nicht, ein oder fünf Kinder zu bekommen – dies alles sind höchst persönliche Entscheidungen. Sie als Unternehmen können jedoch den richtigen Rahmen geben, um die Frauen zu unterstützen, egal, für welchen Karrierepfad sie sich entscheiden. Wenn Sie Ihre Mitarbeiterinnen auch nach der Elternzeit halten wollen, müssen Sie als Organisation Anreize bieten und auf die neue Lebensphase reagieren.

Momboarding Card

Ich habe als Prototyp für mein eigenes Unternehmen eine *Momboarding Card* entwickelt. Dies ist eine Übersicht der Leistungen, die wir als Unternehmen für Mütter erbringen. Die (werdende) Mutter kann von einem oder allen der aufgeführten Angebote Gebrauch machen. Das Tickt kann physisch zusammen mit einem Blumenstrauß oder einem kleinen Baby-Geschenk überreicht werden, sobald die Frau ihre Schwangerschaft anzeigt. Die Momboarding Card als Idee ist für Frauen bestimmt, die Kinder bekommen, aber auch ihre berufliche Laufbahn weiter voranbringen möchten. Sie adressiert werdende Mütter, kann aber auch direkt beim Start im Unternehmen als Teil Ihrer Unternehmenskultur kommuniziert werden. Es handelt sich um eine Mitarbeiterbindungs-Maßnahme mit Strahlkraft für neue Talente. Ich würde sie daher als Benefit mit auf die Karriereseite nehmen. Die Momboarding Card lässt sich leicht für Ihr Unternehmen adaptieren. Einzelne Bereiche können gestrichen oder auch ergänzt werden. Die Card schafft Sicherheit und Orientierung in der veränderten Lebensphase.

Das von mir auf der Momboarding Card eingesetzte Leistungsspektrum beinhaltet:

- Momboarding-Talk mit dem oder der direkten Vorgesetzten oder Kolleginnen über Wünsche, Pläne, berufliche Fragen und mögliche Herausforderungen
- Babypausen-Gespräch
- Wieder-Einstiegs-Coaching, das die Frage adressiert, ob die bisherige Rolle noch zu der Person und ihrer Laufbahn passt
- Mom-Booster: Incentivierung bei Rückkehr in Vollzeit oder mit mindestens 35 Wochenstunden

- Sport-Karte mit Zugriff auf familienfreundliche Studios/Onlinekurse, um gut mit sich und dem After Baby Body umzugehen
- Weiterhin volle zeitliche Flexibilität und Möglichkeit von Remote-Work

Als Arbeitgeber können Sie Präsenz zeigen: indem Sie sich offen für Gespräche zeigen, beim Laufbahn-Coaching und beim Schaffen von Möglichkeiten. Als Recruiter*in können Sie mit der Momboarding Card Ihre geballte Kompetenz einsetzen, und wenn es für alle Seiten passt, haben Sie ein neues Gesicht für Ihre Female-Empowerment-Erfolgsstory.

10.6.3 Attraktivitätskriterien für frauenfreundliche Unternehmen

Frauen brauchen eine Arbeitsumgebung und Rahmenbedingungen, die ihnen so viel Flexibilität ermöglicht, dass sie nicht das Gefühl haben, sich zwischen Karriere und Kindern entscheiden zu müssen. Insbesondere gilt dies für SAP-Fachkräfte.

Kernarbeitszeiten

Eine Teilzeit-Mutter kann und wird sehr viel Leistung zeigen, wenn wichtige Meetings zu den Zeiten abgehalten werden, in denen die Kinder in der Kita oder in der Schule sind. Mit etwas Vorlaufzeit sind auch Termine an den Randzeiten möglich. Diese sollten aber nur in Ausnahmefällen stattfinden, da die Mütter mitunter sehr viel Organisationsaufwand betreiben müssen, um eine Kinderbetreuung sicherzustellen. Natürlich gilt dies auch für Väter, nur ist es eben heute oft noch so, dass die Frauen einen deutlich größeren Anteil der Care-Arbeit leisten und daher auch beruflich oft zurückstecken. Versuchen Sie, die Frauen durch Ihre Arbeitszeitgestaltung einzuschließen. Flexibilität umfasst z. B. auch, dass es keine starren Anfangs- und Endzeiten, sondern eine Kernarbeitszeit gibt, in der Meetings stattfinden können.

Mehr geteilte Care-Arbeit durch Homeoffice

Auch ein höherer Homeoffice-Anteil gehört seit Corona zu der Lebenswirklichkeit vieler SAP-Consultants. Durch den Wegfall überflüssiger Bürozeiten kann mitunter sogar mehr gearbeitet, aber auch mehr Quality-Time mit der Familie verbracht werden. Im Homeoffice kann auch der Partner schnell einmal im Bereich der Care-Arbeit unterstützen, z. B. in der Mittagspause die Kinder von der Schule abholen, während die Partnerin noch wichtige Aufgaben erledigen kann.

Weniger Reisen

Auch das Arbeiten von SAP-Consultants vor Ort beim Kunden hat sich bei den meisten unserer Partnerunternehmen auf ein Level von 20–30 % Reisetätigkeit eingependelt, manchmal auch deutlich weniger. Damit sind wir, was die Vereinbarkeit angeht, im SAP-Consulting einen großen Schritt weiter, um aus der ehemaligen Männerdomäne auch einen Wirkungskreis für

Frauen mit Kindern zu machen. Denkbare und gelebte Praxis sind mittlerweile auch umgedrehte Rollenmuster, bei denen der Mann zu Hause bleibt oder einen Teilzeitjob hat und die Frau die Hauptverdienerin ist und auch zum Kunden reist. Alles ist möglich, und Sie als SAP-Personalverantwortliche sollten offen an dieses Thema herangehen und bestimmte Karrierewege nicht verurteilen. Ohne die aktuelle Zurück-ins-Büro-Debatte aufgreifen zu wollen, möchte ich hervorheben, dass das Büro für Frauen auch ein Ort sozialen Austauschs und eine kinderfreie Zone sein kann.

Vereinbarkeit ist für mich persönlich keine reine Frauensache, sondern ein Partner- und auch ein gesellschaftliches Thema. Die richtige Partnerwahl kann für Frauen sogar ein zentraler Karrierebooster – oder eben Karrierehemmer – sein.

[+]

Was können Unternehmen noch tun?

Unternehmen können Spielzimmer, hauseigene Kitas oder ein bestimmtes Kontingent von Betreuungsplätzen für ihre Angestellten bereitstellen oder Ferienprogramme anbieten. Das funktioniert zumindest bei Angestellten, die im näheren Umkreis wohnen. Meine Beobachtung ist, dass sich entsprechende Maßnahmen und das Vertrauen in die Mütter und Eltern am Ende wieder durch Loyalität und viel Einsatz auszahlen. Dazu müssen Sie als Unternehmen glaubhaft vermitteln, dass Sie die Herausforderung von Vereinbarkeit wahrnehmen und ganz konkrete Lösungsansätze vorstellen.

Stillen im Job

Viele Frauen haben den Eindruck, dass sie abstillen müssen, sobald das Arbeitsleben nach der Elternzeit oder dem Mutterschutz wieder losgeht. Das sorgt für größeren Druck und Anspannung in einer Phase des beruflichen Wiedereinstiegs und lässt manche stillende Frau bei der Beantwortung der Frage zögern, wann sie wieder in den Job zurückkehren möchte. Denn Stillen ist weit mehr als Nahrungsaufnahme.

Auch für das Stillen gilt, dass es sich um eine sehr individuelle Entscheidung handelt. Es gibt Frauen, die gar nicht stillen möchten oder können oder die direkt nach den ersten Monaten wieder damit aufhören, sobald Beikost gegeben wird. Es geht mir nicht um eine Glorifizierung der stillenden Working Mom. Zumindest können Sie als Arbeitgeber jedoch für eine offene Einstellung und eine stillfreundliche Umgebung sorgen.

Laut Mutterschutzgesetz hat der Arbeitgeber die stillende Frau auf Verlangen für 2 × 30 Minuten oder 60 Minuten pro Arbeitstag freizustellen. Dies gilt allerdings nur für die ersten 12 Monate, in denen wiederum ein Großteil der Frauen ihre Arbeit noch gar nicht wieder aufgenommen haben. Stillen geht häufig jedoch weit über das erste Lebensjahr hinaus. Sie können hier durch einen ruhigen, blickgeschützten Ort mit bequemer Sitzgelegenheit unterstützen, gegebenenfalls auch mit Energy Balls, Wasser und Obst, in dem die Frau je nach Wohnsituation entweder stillen oder Muttermilch abpumpen kann. Für letzteren Fall stellen Sie am besten auch einen eigenen kleinen Kühlschrank oder ein gesondertes Fach zur Verfügung, denn nur gekühlt ist die Milch später auch sicher verwendbar.

Ich habe von Frauen gehört, die dieses Unterfangen auf der Toilette sitzend betreiben, und finde es nicht richtig, an diesen Ort gehen zu müssen, weil es keinen anderen gibt. Frauen den Druck zu nehmen, einen Teil ihrer Beziehung zum Kind wegen der Arbeit aufgeben zu müssen, obwohl beide noch nicht so weit sind, ist eine große Chance. Ich könnte mir vorstellen, dass manche Frauen sogar früher wieder einsteigen, wenn sie weiterhin stillen können. Arbeiten und Stillen muss sich nicht ausschließen. Hinweisplakate oder ein informierender Artikel zu diesem Thema in Ihrem Wiki oder Ihrer Wissensmanagement-Plattform können hier Aufklärungsarbeit leisten.

Die Kinder sind krank – und jetzt?

Ich habe gezögert, das Thema »Krankheit von Kindern« speziell in diesem Kapitel zum Female Recruiting aufzugreifen, denn Erziehung und Care-Arbeit ist in meiner Lebenswirklichkeit gemeinsame Elternsache. Doch weiß ich, dass aktuell die meisten Frauen noch einen größeren Anteil daran haben. Durch eine väter- und elternstärkende Kultur können Sie daher auch die Frauen fördern.

Wer kleine Kinder zu Hause hat, weiß, dass gerade die Zeit zwischen November und April von laufenden Nasen, Husten, Fieber und allerlei mehr geprägt ist. Diese Phase ist für Eltern nervenaufreibend, wenn beide berufstätig sind. Die gesetzlich geregelten 15 Kind-Krank-Tage (ab 2026 vermutlich wieder 10) pro Elternteil sind schnell erreicht.

Sie als frauenfreundliches und elternstärkendes Unternehmen sollten dafür zunächst einmal Verständnis aufbringen und z. B. kürzere tägliche Arbeitszeiten ermöglichen, wenn der Elternteil es wünscht und etwa die Großeltern zur Betreuung des kranken Kindes einspannen konnte. Genauso sollten Sie es auch akzeptieren, dass es Phasen gibt, in denen es zu mehr Ausfällen kommt. Beschäftigte könnten in solchen Phasen ihren Jahresurlaub verbrauchen oder unbezahlten Urlaub nehmen. Aber seien wir ehrlich, es ist keine Erholung, kranke Kinder zu betreuen. Wenn die SAP-Fachkraft sämtlichen Jahresurlaub zugunsten von Kinderbetreuung verbraucht hat, ist der vorgesehene Erholungsfaktor gleich null.

Vielleicht fallen Ihnen im Einzelfall noch andere Optionen ein, wie Sie in herausfordernden Phasen als Arbeitgeber unterstützen können. Seien Sie offen und ermutigen Sie auch zu längeren Auszeiten wie einer Eltern-Kind-Kur.

Die gute Nachricht: Es wird mit den Jahren besser. Die ersten Jahre sind meist die krankheitsintensivsten, und wenn Sie in dieser Phase unterstützen, werden das Ihre Mitarbeitenden auch später wertschätzen.

10.7 Erfolgsgeschichten von Frauen in SAP-Positionen

Ich möchte dieses Kapitel mit einigen inspirierenden Erfolgsgeschichten von Frauen im SAP-Kosmos abschließen. Für mich fordert Female Empowerment eine Trias aus Politik, Unternehmen und Frauen stärken. Erfolge können auf allen dieser drei Ebenen erreicht werden. Sie persönlich haben aber vor allem direkten Einfluss auf Ihre Organisation und auch auf die Frauen in Ihrem Netzwerk. Als Recruiter*in können Sie auf Ihre Recruiting- und Organisationskultur Einfluss nehmen, wofür ich in diesem Kapitel unterschiedliche Ansatzpunkte aufgeführt habe.

Sie lernen in diesem Abschnitt starke Frauen und ihre Storys kennen. Diese Beispiele sollten Sie dafür sensibilisieren, welchen Unterschied die richtige Unterstützung zum richtigen Zeitpunkt machen kann. Vielleicht erkennen Sie Ihre eigenen Erfahrungen oder Verhaltensweisen wieder, mit denen Sie ganz direkt eine Wirkung auf Frauen im SAP-Kosmos ausüben.

10.7.1 Marla Alschweiki: Eine Zukunftsgestalterin in der Welt der Daten

Marla Alschweikis Karriere geht weit über die einer klassischen IT-Expertin hinaus. Als SAP-BI-Analytics-Expertin macht sie komplexe Datenstrukturen verständlich, entwickelt leistungsfähige Dashboards und trägt dazu bei, dass Unternehmen fundierte Entscheidungen treffen können.

Ihr Weg in die Welt der Datenanalyse war jedoch alles andere als vorhersehbar. Geboren und aufgewachsen im Libanon, führten sie ihr Wissensdurst und ihre Leidenschaft für Technologie über Umwege in die SAP-Welt. Heute ist sie nicht nur eine erfolgreiche Expertin auf ihrem Gebiet, sondern auch ein Vorbild für Frauen, die in der IT ihre Zukunft sehen.

Vom Wirtschaftsstudium zur IT-Karriere

Schon früh interessierte sich die als Marwah Shwaiki geborene Frau, die seit der Einbürgerung in Deutschland Marla Alschweiki heißt, für Technik. In der Schule weckte ein IT-Kurs ihre Neugier:

»Ich wollte immer wissen, wie Dinge funktionieren. Wie kann man z. B. eine Website entwickeln?«

Doch in einer Gesellschaft, in der Frauen in technischen Berufen oft unterschätzt werden, erschien ein klassisches Wirtschaftsstudium als sicherer Weg.

»Ich dachte, ich mache BWL – IT kann ja ein Hobby bleiben.«

Erst mit dem Umzug nach Deutschland bot sich ihr eine neue Chance. Sie entdeckte den Studiengang Wirtschaftsinformatik, entschied sich für einen Neustart und erkannte schnell:

»Das war die beste Entscheidung, die ich treffen konnte.«

Expertise im Bereich Business Intelligence

Das Studium legte den Grundstein für ihre heutige Karriere in der IT. Als SAP-BI-Analytics-Expertin ist es nicht nur ihre Aufgabe, Daten zu sammeln, sondern sie in wertvolle Erkenntnisse zu übersetzen.

»Mein Beruf ist es, Daten zum Leben zu erwecken.«

Besonders wichtig ist ihr dabei die Brücke zwischen Technik und Business. Sie versteht es, komplexe Informationen für verschiedene Stakeholder zugänglich zu machen und Unternehmen dabei zu helfen, ihre Strategien auf Basis fundierter Analysen zu optimieren.

Trotz ihrer technischen Kompetenz wurde sie zu Beginn ihrer Karriere nicht immer als Expertin wahrgenommen.

»Ich war im Team die einzige Frau auf meinem Level, und plötzlich wurden mir administrative Aufgaben wie Protokoll schreiben zugeteilt – obwohl ich die Fachexpertin war.«

Doch sie hat gelernt, sich zu behaupten und ihre Position als BI-Expertin in ihrem Umfeld zu etablieren.

Daten, Diversität und die Zukunft

Marla ist davon überzeugt, dass der IT-Bereich von mehr Vielfalt profitiert.

»Ich merke, dass sich immer mehr Frauen für IT interessieren und dass es nicht so schwer ist, wie es oft dargestellt wird.«

Mit ihrer eigenen Geschichte zeigt sie, dass der Weg in die Technologiebranche nicht linear sein muss und dass es sich lohnt, neue Chancen zu ergreifen.

Ihr Engagement geht über ihre eigene Karriere hinaus: Sie teilt ihre Erfahrungen in der SAP-Community, vernetzt sich mit anderen Fachleuten und setzt sich für mehr Sichtbarkeit von Frauen in der IT ein.

»Ich hatte nie gedacht, dass ich irgendwann in der IT arbeiten würde – und jetzt bin ich genau da, wo ich sein will.«

Ihre Geschichte beweist: Mut, Neugier und Fachwissen sind die besten Werkzeuge, um in der SAP-Welt erfolgreich zu sein.

10.7.2 Paulina Sperling: Die Fachlaufbahn – als bewusster Schritt gegen den Karriere-Strom

Viele streben im SAP-Consulting danach, die klassische Karriereleiter zu erklimmen: vom (Junior-)Consultant über den Senior zum Team Lead und ins Management. Doch Paulina Sperling hat einen anderen Weg gewählt – und zwar ganz bewusst. Sie entschied sich gegen eine klassische Aufwärtsbewegung und für eine Rückkehr in die Fachlaufbahn. Ihre Geschichte zeigt, dass Karriere mehr ist als ein hierarchischer Aufstieg und dass Erfolg nicht immer in Führungspositionen münden muss.

Vom Shared Service in die SAP-Beratung

Paulina begann ihre berufliche Laufbahn nicht in der Beratung, sondern in der Industrie. Acht Jahre lang arbeitete sie in einem Unternehmen, das seine Aufträge projektbasiert abwickelte. Als Prozessverantwortliche und Key-User begleitete sie IT-Projekte, darunter eine umfassende ERP-Umstellung auf SAP. In dieser Zeit wuchs in ihr der Wunsch, sich stärker auf das Projektgeschäft zu konzentrieren und näher an die Kunden heranzurücken. So entschied sie sich für den Wechsel in die externe SAP-Beratung.

> *»Ich habe lange aus der zweiten Reihe unterstützt. Dann wollte ich ins Projektgeschäft eintauchen und selbst gestalten.«*

Der Übergang in die Beratung war eine Herausforderung: Neben dem fachlichen Know-how musste sie sich in die neue Dynamik des Kundenmanagements, der Projektsteuerung und des Reisens einfinden. Doch Paulina meisterte diese Umstellung – nicht zuletzt, weil sie sich schnell in ihre neue Rolle einarbeitete und wertvolle Soft Skills aus ihrer bisherigen Tätigkeit mitbrachte.

Führung als vermeintlicher »Rettungsanker«

Nach einigen Monaten bot sich ihr eine neue Gelegenheit: Die Position der stellvertretenden Teamleitung wurde ihr angetragen. Ihr Vorgesetzter erkannte ihre Stärke in der Zusammenarbeit mit dem Team und den Kunden und sah in ihr eine ideale Führungskraft. Für Paulina fühlte sich dieses Angebot zunächst wie eine Erleichterung an:

> *»Es war ein vertrautes Terrain. Ich wusste, was mich erwartet, und konnte dort zur Ruhe kommen.«*

Doch mit der Zeit merkte sie, dass sich die Führungsrolle nicht mit ihrer eigentlichen Motivation deckte. Sie stellte sich immer häufiger die Frage: Mache ich das, weil es meiner Leidenschaft entspricht, oder nur, weil es von mir erwartet wird? Meetings und Management-Aufgaben, die sie früher als selbstverständlich empfunden hatte, kosteten sie plötzlich Energie. Ihr wurde klar, dass ihre berufliche Erfüllung nicht in der Führung lag, sondern in der tiefen fachlichen Arbeit mit SAP.

Die Entscheidung für die Fachlaufbahn

Trotz innerer Zweifel fasste Paulina den Mut, mit ihrem Vorgesetzten über ihre Entscheidung zu sprechen. Überraschenderweise wurde ihr Anliegen mit großer Offenheit aufgenommen. Ihr Team, ihre Kolleg*innen und ihr Unternehmen unterstützten den Schritt, auch wenn das private Umfeld mit Sorge reagierte.

> *»Während mein Arbeitgeber gelassen reagierte, dachten Freunde und Familie zunächst, dass etwas Schlimmes passiert sei. Da wurde mir erst bewusst, wie sehr unsere Gesellschaft die Karriereleiter mit Erfolg gleichsetzt.«*

Paulina kehrte in die Fachlaufbahn zurück und war sich sicherer denn je, dass es die richtige Entscheidung war. Heute arbeitet sie mit großer Leidenschaft als SAP-Beraterin für CO/PS/IM und setzt ihre Management-Erfahrungen dort ein, wo sie wirklich gebraucht werden: in der Kundenführung und der Steuerung komplexer SAP-Projekte.

Karriere ist individuell

Paulinas Geschichte zeigt, dass Erfolg nicht immer mit Aufstieg gleichzusetzen ist. Karriere bedeutet Entwicklung, und diese kann auch horizontal oder sogar vermeintlich »rückwärts« verlaufen.

> *»Es ist wichtig, sich ehrlich zu fragen: Was motiviert mich wirklich? Wo kann ich meine Energie sinnvoll einsetzen? Und wer sagt eigentlich, dass Führung die einzige Form von Erfolg ist?«*

Sie schließt eine Rückkehr in eine Führungsrolle nicht aus, aber sie weiß, dass sich ihre Karriere nach ihren eigenen Maßstäben entwickeln wird, und nicht nach den Erwartungen anderer.

10.7.3 Lili Rothmann: Mit Haltung, Solidarität und Intuition in der SAP-Welt

Lili Rothmann steht für eine neue Generation in der SAP-Beratung: fachlich exzellent, reflektiert und sozial engagiert. Als Assistant Managerin bei KPMG verantwortet sie Themen rund um den Bereich Testmanagement. Doch was sie wirklich besonders macht, ist ihr Blick auf Karriereförderung, Chancengleichheit und gelebte Solidarität. Lili Rothmann ist nicht nur SAP-Expertin, sondern auch Botschafterin für eine inklusive Arbeitskultur.

Vom Berliner Arbeiterkind in die Big Four

Lilis Weg beginnt in Berlin-Kreuzberg. Sie wuchs unter schwierigen Bedingungen auf, wurde früh Vollwaise und erlebte eine Jugend mit vielen Umwegen.

»Ich war ein Problemkind, kann man sagen. Aber ich bin immer wieder Menschen begegnet, die ihre Privilegien genutzt haben, um mich zu stärken und zu schützen.«

Diese Begegnungen prägten sie nachhaltig und formten ihre Haltung.

Ihre Entscheidung, zunächst eine Ausbildung zur Veranstaltungskauffrau zu machen, basierte auf ihren kommunikativen und organisatorischen Stärken und dem Wunsch nach Sicherheit. Doch der entscheidende Schritt erfolgte, als eine Freundin sie motivierte, ein Studium zu wagen.

»Ich hätte nie gedacht, dass jemand wie ich studieren kann.«

Lili bewarb sich, wurde angenommen und erschloss sich eine Welt, die ihr zuvor verschlossen war. Heute nutzt sie ihre Position, um anderen den Weg zu ebnen.

Karriere mit Haltung: Zwischen Technik und Teamgeist

Bei ihrem Arbeitgeber findet sie nicht nur ein Arbeitsumfeld, in dem sie sich fachlich entfalten kann, sondern auch ein Team, das ihre Werte teilt:

»Mir geht es nicht um Geld. Ich brauche ein Team, auf das ich mich verlassen kann.«

Als SAP-Beraterin bringt sie nicht nur technisches Know-how ein, sondern auch eine ausgeprägte Sensibilität für zwischenmenschliche Dynamiken. Sie erkennt Spannungen, vermittelt, nimmt Stimmungen auf und reagiert mit Empathie und Pragmatismus.

Ihre Kreuzberger Herkunft macht sich vor allem in Konfliktsituationen bemerkbar:

»Berliner meckern sich halt an. Ich nehme das nicht persönlich. Morgen sieht die Welt schon wieder anders aus.«

Diese Klarheit und Resilienz sind selten und machen sie zu einer geschätzten Beraterin in Kundenprojekten.

Allyship, Empowerment und Mikrofeminismus im SAP-Consulting

Ein zentrales Thema für Lili ist Allyship – das bewusste Einsetzen der eigenen Privilegien für andere.

»Ich hatte immer wieder Menschen, die gesagt haben: Ich glaube an dich. Wir machen das zusammen.«

Heute gibt sie dieses Vertrauen weiter. Ob beim Coaching junger Kolleg*innen, bei der Unterstützung von Werkstudierenden oder als SAP Women Ambassador für Berlin: Lili schafft Räume, in denen sich andere entwickeln dürfen.

Ein besonderer Fokus liegt dabei auf Mikrofeminismus – kleinen, aber wirksamen Gesten im beruflichen Alltag: weibliche Icons in PowerPoint, gezielte Dienstleisterinnenwahl, bewusste Sprache im Bewerbungsgespräch.

> *»Wenn bei meinem Arbeitgeber konsequent von Business Partnerin gesprochen wird statt des generischen Maskulinums, selbst beim Kunden, dann macht mich das als Einzelperson glücklich.«*

Solidarität als Berufung

Was Lili antreibt, ist mehr als nur Karriereambition. Es ist ein tiefes Verständnis für strukturelle Benachteiligung und die feste Überzeugung, dass es anders gehen kann.

> *»Solidarität ist mein Top-Wert. Und mit Gerechtigkeitssinn geht das für mich Hand in Hand.«*

Sie fordert ein Umfeld, in dem Gefühle und Intuition Platz haben dürfen:

> *»Wir trainieren uns unser Bauchgefühl oft ab, dabei ist das unser größter Schatz.«*

Ihre Geschichte ist ein Appell an die SAP-Community: Förderung ist keine Einbahnstraße. Wer sich sichtbar für andere einsetzt, gestaltet aktiv die Zukunft einer diverseren und menschlicheren Arbeitswelt. Lili zeigt, dass man mit Mut, Haltung und Herz Großes bewegen kann, auch in der oft technokratischen SAP-Welt. Sie in ein Vorbild für alle, die mehr wollen als nur Karriere: nämlich Wirkung.

[+]

Podcast-Tipp zum Nachhören

Diese und weitere Storys erfolgreicher und gleichzeitig höchst unterschiedlicher Laufbahnen von Frauen können Sie im Podcast »Alice im Serverland« nachhören. Die Geschichte von Paulina Sperling finden Sie in Episode 80 der SAP Sommeliers.

10.8 Zusammenfassung: Ihr 5-Punkte-Plan für mehr Female Empowerment im SAP-Umfeld

Starten Sie einfach!

Starten Sie am besten direkt in Ihrem Wirkungskreis damit, leicht umzusetzende Maßnahmen durchzuführen, und nehmen Sie die Quick Wins als Erfolge mit. Dokumentieren Sie auch Ihre Kennzahlen. Wenn Sie Ihre ersten Erfolge nachweisen können, können Sie wiederum auf Organisationsebene und bis ins C-Level Größeres bewirken.

Starten Sie ohne einen umfangreichen Strategie-Plan. Holen Sie dessen Erstellung lieber in handlicher Form und mit smarten Zielen versehen nach und korrigieren Sie ihn im laufenden Betrieb auf Basis Ihrer neuen Erfahrungen. So können Sie der dynamischen Community-Arbeit gerecht werden.

Machen Sie im besten Fall eine starke, authentische Frau zu einer sichtbaren SAP-Lead-Rolle. Werfen Sie dabei das Klischee über Bord, dass solche Rollen nur in Vollzeit zu erfüllen seien, um Ihren Talente-Pool so weit wie möglich zu vergrößern. Holen Sie sich für diesen Schritt gegebenenfalls auch externe Unterstützung durch eine SAP-Personalberatung mit nachweislich weiblichem Netzwerk auch auf der Führungsebene, denn es wird Ihnen dann leichter fallen, Ihre neuen SAP-Vakanzen divers zu besetzen.

5-Punkte-Plan

Für den einfachen Start habe ich Ihnen im Folgenden einen 5-Punkte-Plan zusammengestellt.

1. **Karriereförderung und Weiterbildung gezielt unterstützen**
   - Programme entwickeln, die Frauen aktiv auf Führungspositionen vorbereiten
   - Mentoring und Nachwuchsförderung etablieren, um Karrieren gezielt zu begleiten
   - Frauen proaktiv Weiterbildung ermöglichen, damit sie auch technisch auf dem neuesten Stand bleiben
2. **Female IT-Community stärken**
   - Vernetzung gezielt fördern – intern und extern durch Events und Netzwerke
   - Austausch und gegenseitige Unterstützung zwischen Frauen ermöglichen
   - Frauen-Netzwerke aktiv unterstützen und neue Initiativen anstoßen
3. **Transparente Gehaltsstrukturen etablieren**
   - Gehaltsbänder in Stellenausschreibungen offen kommunizieren
   - Proaktive Gehaltsanpassungen für Frauen ermöglichen, um Ungleichheiten zu vermeiden
4. **Vereinbarkeit von Familie und Karriere sicherstellen**
   - Elternzeit für Väter fördern und flexible Arbeitsmodelle etablieren
   - Mit Frauen offen über ihre Pläne in der Babypause sprechen und ein strukturiertes Momboarding anbieten

5. **Weibliche Vorbilder sichtbar machen**
   - Weibliche Führungskräfte gezielt in die Außenkommunikation einbinden
   - Role Models als Shecruiting-Botschafterinnen positionieren, um mehr Frauen für SAP-Karrieren zu gewinnen

Dieser 5-Punkte-Maßnahmenplan wird Ihr Unternehmen dabei unterstützen, eine attraktive und chancengerechte Arbeitsumgebung für Frauen im SAP-Bereich zu schaffen, neue weibliche Talente zu gewinnen und Ihre bestehende Frauen-Truppe zu binden.

Kapitel 11

SAP-Quereinstieg: Von der Anwendung zur Beratung

Im SAP-Umfeld, und damit auch beim SAP-Recruiting, fällt häufig der Begriff des Quereinstiegs, der jedoch unterschiedlich ausgelegt wird. Dieses Kapitel beleuchtet, welche Arten von Quereinstiegen es im SAP-Umfeld gibt.

Mein Ziel in diesem Kapitel ist es, zu reflektieren, wann ein Quereinstieg in Ihr Unternehmen erfolgreich sein kann. Wir werden dabei besonders auf SAP-Anwender*innen schauen, die sich mit etwas Upskilling hervorragend für die Beratung eignen. Außerdem stelle ich typische Karrierepfade bei einem SAP-Quereinstieg vor.

Nach der Lektüre dieses Kapitels werden Sie Ihren Blick dafür geschärft haben, wie ein High Potential aussehen kann und wie Sie als Unternehmen Quereinstiege generell fördern können.

11.1 Die Rolle von SAP-Anwender*innen und ihr Potenzial für die Beratung

Im SAP-Umfeld wird viel über Quereinstiege gesprochen. Was genau darunter verstanden wird, ist jedoch tatsächlich ein weißes, noch zu kartografierendes Stück auf der SAP-Berufslandkarte. Es ist dringend notwendig, praxisnah und einheitlich zu definieren, was wir unter diesem Begriff verstehen, um sowohl für Unternehmen als auch für potenzielle Fachkräfte Klarheit hinsichtlich der Chancen und beruflichen Optionen zu schaffen.

Große Gruppe der Anwender*innen

Ein Blick auf die Zahlen in Tabelle 11.1, wie viele Menschen derzeit annäherungsweise das SAP-System aktiv in Deutschland nutzen, macht deutlich, wie viel Potenzial sich bei der großen Gruppe der Anwender*innen befindet. Verstehen Sie diese grobe Schätzung als Einladung Ihren Talenteteich mehr als Ozean zu sehen.

Kategorie	Geschätzte Zahl	Erläuterung
SAP-Kundenunternehmen (DE)	ca. 6.800	mit mehr als 250 Mitarbeitenden
Passive SAP-Nutzer*innen	ca. 5–8 Mio.	inklusive Self-Service, z. B. HR, Reisekosten
Aktive SAP-Fachanwender*innen	ca. 500.000–1.500.000	z. B. in Controlling, Einkauf, Logistik
Key-User und Power-User	ca. 50.000–150.000	hoher Systembezug, oft in Projektrollen

Tabelle 11.1 Übersicht: SAP-Anwenderzahlen in Deutschland annäherungsweise Potenzialschätzung für SAP-Talente im Bereich Quereinstieg, basierend auf der Annahme, dass der Marktanteil von SAP im ERP-Bereich von Unternehmen mit mehr als 250 Mitarbeitenden in Deutschland rund 48 % beträgt (Quellen: https://erpscout.de/erp-anbieter; https://www.ifm-bonn.org/fileadmin/data/redaktion/statistik/mittelstand_im_einzelnen/dokumente/Unt_2019-2023_D_BL.pdf)

Für das SAP-Recruiting sind meiner Erfahrung nach die aktiven SAP-Fachanwender*innen eine vielversprechende Zielgruppe. Gleiches gilt für die Key-User, die auch Power-User genannt werden.

Quereinstieg ≠ Berufseinstieg

Fachkräfte, die in den SAP-Bereich wechseln, haben gemeinsam, dass sie berufliche Vorerfahrung haben und als nächste Berufsstation eine Rolle im SAP-Kosmos wählen. Dies ist der größte Unterschied zu Menschen am Karrierebeginn: Wer über einen Quereinstieg in die SAP-Welt kommt, hat eine berufliche Vorprägung. Diese kann ganz unterschiedlich ausfallen und mehr oder weniger Bezug zur späteren SAP-Rolle haben. Häufig wird der Begriff *Quereinsteiger*in* jedoch generalistisch für alle Menschen verwendet, die beruflich Fuß im SAP-Kosmos fassen möchten, meist ganz unabhängig von ihrer Vorerfahrung. Um Ihnen die Unterschiede vor Augen zu führen, habe ich anhand von drei zentralen Kompetenzfeldern eine Übersicht erstellt und für die Anfänger*innen den Begriff *Neustarter*innen* gewählt.

Drei zentrale Kompetenzfelder im SAP-Umfeld

Aus Recruiting-Sicht lassen sich hier drei zentrale Kompetenzfelder unterscheiden:

- **Kompetenzfeld 1: Prozess- und Fachwissen inklusive Branchen-Know-how**
  - *Neustarter*in*: Bringt meist noch kein tieferes Prozess- oder Branchenverständnis mit. Häufig handelt es sich um Menschen, die gerade ins Berufsleben starten oder ihr Studium abgeschlossen haben und sowohl die SAP-Welt als auch die Fachlogik (z. B. Logistik, Finanzen, HR) erst kennenlernen.

  - *Quereinsteiger*in*: Verfügt bereits über ausgeprägtes Fach- und Prozesswissen aus anderen Rollen oder Branchen (z. B. Logistikleitung, Controller, HR-Sachbearbeitung), aber ohne tiefen SAP-Systemkontext.

  Quereinsteiger*innen bringen hier also erste Kompetenzen mit – Neustarter*innen müssen diese erst aufbauen.

- **Kompetenzfeld 2: SAP-Systemwissen inklusive Customizing, gegebenenfalls Coding, Standards**
  - *Neustarter*in*: Beginnt in der Regel bei null oder fast bei null. Das SAP-System ist neu, inklusive Customizing-Logik, Transaktionen und Abgrenzung zu Standardprozessen. Hat gegebenenfalls als Werkstudent*in bereits damit gearbeitet.
  - *Quereinsteiger*in*: Hat möglicherweise erste Berührungspunkte mit SAP als Key-User, aus der Beteiligung an einem SAP-Projekt oder aus angrenzenden IT-Rollen. Die Systemlogik ist oft nicht fremd, aber das Customizing oder die Entwicklerperspektive und das Verständnis des SAP-Standards fehlen meist noch.

  Beide Gruppen müssen Wissen aufbauen – aber Quereinsteiger*innen profitieren häufig von einer schnelleren Anschlussfähigkeit, müssen allerdings verstehen, dass die eine bei Ihnen im Betrieb existierende SAP-Lösung nicht die einzig wahre ist und teilweise sogar auf einem 20 Jahre alten System fußt, das über sehr viele Z-Transaktionen verfügt.

- **Kompetenzfeld 3: Projekt-Methodik inklusive Stakeholder-Management und Beratungstools**
  - *Neustarter*in*: Hat oft noch keine Erfahrung mit IT-Projekten, Projektrollen oder Stakeholder-Kommunikation. Agiles Arbeiten, Rollouts oder Change-Prozesse sind Neuland.
  - *Quereinsteiger*in*: Bringt häufig implizite Projekt- oder Führungserfahrung mit, etwa aus der Fachabteilung, aus Change-Prozessen oder durch Linienverantwortung. Besitzt ein oft unterschätztes Erfahrungswissen, das im SAP-Projektumfeld Gold wert ist, um auf Augenhöhe mit dem Fachbereich zu sprechen und die Projekte souverän anzugehen.

Umschulung ist kein Quereinstieg

Neustarter*innen müssen alle drei Kompetenzfelder erst aufbauen. Sie starten bei null, bringen dafür aber häufig viel Lern- und Entwicklungspotenzial mit. Sie können gerade ihr Studium abgeschlossen haben und fallen dann in die Kategorie SAP-Nachwuchstalente, die in Kapitel 13, »SAP-Nachwuchstalente für sich gewinnen«, noch ausführlicher behandelt werden. SAP-Neustarter*innen können aber auch aus vollkommen anderen beruflichen Richtungen kommen, z. B. Musiker, Pädagoginnen oder Bäcker. Auf diese fachlich häufig sehr weit entfernten Hintergründe treffen Sie manchmal bei geförderten Weiterbildungsmaßen. Auch bei Zertifizierungen zum »SAP-Consultant« fehlt das erste Kompetenzfeld häufig völlig. Dann wird innerhalb der Umschulung zwar Kompetenzfeld 2 entwickelt, dieses basiert aber nicht auf gelebter Berufserfahrung und Prozesswissen, weshalb ich auch hier nicht von einem Quereinstieg, sondern tatsächlich immer noch von einem Neustart sprechen würde.

Prozess-, Fachwissen und weitere Kompetenzen

SAP-Quereinsteiger*innen hingegen bringen mindestens eins der Kompetenzfelder mit und können dadurch schneller produktiv eingesetzt werden, wenn sie gezielt weiterqualifiziert werden. In der Vergangenheit habe ich vorwiegend das erste Kompetenzfeld als notwendige Bedingung für den erfolgreichen Quereinstieg wahrgenommen. Häufig findet es sich sogar in Kombination mit anteiligen Kompetenzen aus dem zweiten und dritten Feld.

Laufbahnentwicklung mit neuem SAP-Fokus

Möglich, wenn auch in der Praxis eher selten, sind Quereinstiege aus einer Projektleitungsrolle außerhalb der IT, z. B. aus einer anderen Tech-Umgebung wie PHP oder anderen Programmiersprachen. Wenn jemand bereits in einer SAP-spezifischen Rolle arbeitet und dann sein Thema, Modul oder auch die Art der Laufbahn wechselt, würde ich nicht mehr von einem Quereinstieg sprechen, sondern einer Laufbahnentwicklung mit neuem SAP-Fokus.

Generation 50+

Es ist ebenfalls nicht unüblich, dass die Generation 50+ sich für einen Quereinstieg im SAP-Kosmos interessiert. Auch das kann ein Win-win für Bewerbende und Unternehmen sein, wenn die Rahmenbedingungen stimmen und die berufliche Vorerfahrung, die Einarbeitung sowie die finanzielle Ausgangslage passen. SAP-Quereinsteiger*innen verfügen häufig bereits über ein attraktives Einkommen bei ihrem jetzigen Job. Eine Fach- oder Abteilungsleitung kann im sechsstelligen Bereich verdienen. Je nach Führungsgrad und Organisationsgröße können auch im Nicht-SAP-Bereich bereits Gehälter von bis zu 120.000 € und mehr erreicht worden sein. Die SAP-Quereinsteiger*innen, mit denen ich bisher sprechen durfte, gehörten nicht selten zu den Besser- bis-Exzellent-Verdienenden. Mehr Gehalt war selten der Antreiber für ihren Quereinstiegswunsch. Eine hohe intrinsische Motivation, z. B. der Wunsch, sich noch einmal weiterzuentwickeln und in die eigene Laufbahn zu investieren, wenn die Kinder aus dem Haus sind, sowie Lust auf Lernen und Veränderung tauchen hingegen häufig als Quereinstiegsmotive auf.

Typische Wechselmotive

Neben den positiven Hin-zu-Zielen, also den Gründen für die Hinwendung zu neuen positiven Erfahrungen und Erwartungen an die neue SAP-Rolle, gibt es aber auch die Weg-von-Motive. In Gesprächen habe ich von viel Frust in der alten Rolle oder auf Organisations- oder Führungsebene gehört. Mitunter gab es eine neue Geschäftsleitung, die nun auf Mikromanagement setzte und wenig wertschätzend in der Führung war. Es gab auch manche, die sich als Fachmenschen wahrgenommen haben und gerne Projekte und Teams leiteten, aber keine administrative Führung übernehmen und die alte Organisation daher mit dem Ziel eines *Downsizings* verlassen wollten. Meist erlebe ich eine Mischung aus positiven und negativen Wechselmotiven und häufig einen Entscheidungsprozess, der sich über mehrere Jahre zieht.

[+]

Motivation für den Wechsel in die SAP-Beratungsrolle verstehen

Notieren Sie im Auswahlprozess mit SAP-Quereinstiger*innen besonders, welche Hin-zu- und Weg-von-Wechsel-Motive genannt werden.

Sie erkennen bereits eine große Bandbreite, warum sich Arbeitnehmende trotz festem Angestelltenverhältnis und häufig langjähriger Mitarbeit bei ihrem Arbeitgeber auf das Abenteuer SAP-Quereinstieg einlassen möchten. In Ihrer Recruiting-Rolle sind Sie hier ganz besonders gefragt, um SAP-Laufbahnen zu ermöglichen. Sie sollten sich als Sparringspartner*in für diese Menschen anbieten und wirklich jeden Fall individuell betrachten.

11.2 Weiterbildungsmöglichkeiten und Zertifizierungen für Quereinsteiger*innen

Die Deutschen sind auch im internationalen Kontext für ihre Leidenschaft in Bezug auf Zertifizierungen bekannt. Es gibt verschiedene Weiterbildungsträger, die einen Fokus auf das SAP-Umfeld legen. Doch Vorsicht: Die besten SAP-Quereinsteiger*innen, die ich bisher in ihren neuen SAP-Job begleiten durfte, hatten keinerlei offizielle Zertifikate, dafür aber jede Menge SAP-Projekterfahrung und tiefe Fachexpertise in ihrer alten Rolle.

Anhaltspunkte, keine Voraussetzung

Zertifikate und Badges können Ihnen als Anhaltspunkte dienen, um auf neue Talente aufmerksam zu werden und so Zugang zu neuen Zielgruppen zu bekommen. Verlassen Sie sich jedoch nicht auf ein Zertifikat als Beleg oder Garant für einen erfolgreichen SAP-Quereinstieg.

Weiterbildungsanbieter

Abhängig von Ihrer regionalen Ausrichtung und Ihrem SAP-Personalbedarf ergibt unter Umständen eine Kooperation mit einem Weiterbildungsinstitut Sinn. Sie könnten einen regelmäßigen Austausch mit der Standortleitung avisieren und Ihre Wunsch-Quereinstiegsprofile mitteilen. Da viele der Teilnehmenden aus der Erwerbslosigkeit heraus an Umschulungen teilnehmen, etwa weil sie in ihrem alten Beruf aus gesundheitlichen Gründen nicht mehr arbeiten können, sind die Leitungen solcher Institute meist hocherfreut, wenn Unternehmen realistische Bedarfe mitteilen und Menschen zum Kennenlernen einladen. In Tabelle 11.2 habe ich die bekanntesten Weiterbildungsanbieter aufgeführt. Bestimmt kennen Sie noch weitere aus Ihrer Region.

Anbieter	Standort/Angebot	Programmtyp	Modul-Schwerpunkte
alfatraining (alfatraining Bildungszentrum)	Bundesweit (virtueller Klassenraum, viele Standorte)	SAP-Consultant-Weiterbildungen; SAP-Key-User- und Power-User-Kurse (Live-Online)	Finanzbuchhaltung (FI), Controlling (CO), Personalwirtschaft (SAP ERP HCM), Materialwirtschaft (MM), Vertrieb (SD), Data Warehouse (SAP BW/4HANA) u. a.
DEKRA-Akademie	Bundesweit (viele Standorte) und online	SAP-Key-User- und Anwender-Schulungen (SAP-S/4HANA-Grundlagen und Modulkurse)	SAP S/4HANA Foundation (Grundlagen mit SAP Fiori); Fachmodule wie Einkauf/Materialwirtschaft (MM), Finanzbuchhaltung (FI), Controlling (CO) usw.
IBB (Institut für Berufliche Bildung AG)	Bundesweit (über 30 Standorte) und online (Viona Virtual Campus)	SAP-Anwender-Qualifizierungen und Key-User-Kurse (Kompetenzpass); SAP-Grundlagen (»SAP-Führerschein«)	Rechnungswesen: Buchhaltung (FI) und Controlling (CO); Materialwirtschaft/Einkauf (MM); Vertrieb (SD); weitere Anwender-Themen
TÜV-Rheinland-Akademie	Bundesweit (über 30 Standorte) und online	SAP-Anwender- und Consultant-Weiterbildungen (Einsteiger bis Profi)	SAP S/4HANA Finance (FI) und Controlling (CO), z. B. kombiniert als »Fachkraft Rechnungswesen SAP«; Logistikmodule (MM/PP/SD); übergreifende integrierte Geschäftsprozesse (SAP BPI) usw.
WBS Training	Bundesweit (zahlreiche Standorte) und online (WBS LearnSpace 3D)	SAP-Consultant-Umschulungen; kaufmännische Weiterbildungen mit SAP-Anteil; SAP-Key-User-Kurse	Finanzbuchhaltung (FI) und integrierte Prozesse (z. B. Beraterkurs FI und BPI); Vertrieb und Einkauf (SD/MM) für Anwender; Produktionsplanung (PP) und Logistik; HR/HCM etc.

Tabelle 11.2 Bekannte Anbieter für SAP-Weiterbildungen, i. d. R. mit Bildungsgutschein und Abschluss/Zertifikat

Ein weiterer Kooperationstipp für Sie: Greifen Sie auf den Talente-Pool der Bundeswehr zurück. Viele Recruiter*innen wissen nicht, dass die Bundeswehr auch SAP-Lösungen und die klassischen Module im Einsatz hat. Sicherlich sind die Rahmenbedingungen und die Art, wie das System aufgesetzt ist, sehr besonders, trotzdem werden hier Kompetenzen im Kompetenzfeld 2, also zum SAP-System, erworben. Das eigentlich Spannende für SAP-Recruiter*innen ist jedoch der Wiedereintritt ins zivile Arbeitsleben, der stellenweise durch eine mehrmonatige Übernahme der Gehälter gefördert wird.

Talente-Pool Bundeswehr: Wiedereintritt ins zivile Arbeitsleben

11.3 Erfolgreiche Karrierepfade: Erfahrungsberichte von Quereinsteiger*innen

Die Erfahrungsberichte in diesem Abschnitt möchte ich Ihnen als Kompass an die Hand geben. Sie sollen Ihnen zeigen, wann ein Quereinstieg erfolgreich verlaufen ist und warum. Dafür habe ich drei typische Fälle herausgestellt, die Sie motivieren sollen, mit offenen Augen auf Menschen und Lebensläufe zu schauen, um Ihre Chancen zur Gewinnung neuer SAP-Talente zu erhöhen.

11.3.1 Von der Inhouse-Entwicklung in die externe Beratung

In diesem ersten Fall möchte ich anonymisiert einen erfolgreichen Quereinstieg skizzieren, bei dem eine ABAP-Entwicklerin aus einem SAP-Anwenderunternehmen zu einem externen SAP-Dienstleister gewechselt ist.

Herausforderungen

Folgende Herausforderungen ergaben sich bei diesem Wechsel:

- **Von der Generalistin zur Modul-Spezialistin**

  Die Umstellung von einer ABAP-Generalistin auf eine Modul-Spezialistin wurde von der Kandidatin als herausfordernd bewertet. Zuvor hatte die Person breit über mehrere Module gearbeitet. Nun musste sie vertieftes Modulwissen aufbauen.

- **Wechsel der Arbeitskultur**

  Inhouse war die Arbeit der Entwicklerin stark durch das Tagesgeschäft geprägt, während Projekte in der Beratung stärker von Zeit und Budget limitiert sind. Sie musste sich an strukturiertere Projektmethodiken (z. B. Scrum) und regelmäßige Kommunikation mit Kunden gewöhnen.

- **Kommunikationsanforderungen**

  Im Beratungskontext ist der Austausch mit Kunden und anderen Consultants deutlich intensiver. Die Entwicklerin betonte im Karrieregespräch die Wichtigkeit offener Kommunikation, regelmäßigen Feedbacks und Wertschätzung. Als Entwicklerin beim SAP-Dienstleister musste sie nun auch beratend tätig sein und technische Konzepte verständlich vermitteln.

- **Technologische Anforderungen und Mindset**

  Die agile Arbeitsweise erfordert ein entsprechendes Mindset. Wer sich nicht darauf einlässt, gefährdet den Projekterfolg. Besonders in der SAP-Beratung sind technologische Entwicklungen wie ABAP Cloud, Eclipse/ABAP Development Tools und Clean Code zentrale Herausforderungen, auf die sich die Entwicklerin aktiv einstellen musste.

Persönliche Learnings

Als persönliche Learnings gab die Entwicklerin an, dass sie die Zusammenarbeit auf Augenhöhe zwischen Entwicklung, Beratung und Kunden nun anders bewertet als in ihrer Inhouse-Rolle. Die technische und menschliche Berufserfahrung ihres Teams sei für sie eine wichtige Quelle, um sich noch weiter entwickeln und in anspruchsvollere Rolle hineinwachsen zu können.

Fazit für Ihr Recruiting

Dieser Fall zeigt: Der Wechsel aus der Inhouse-Entwicklung in die Beratung ist ein lohnender, aber anspruchsvoller Schritt, sowohl für die Kandidat*innen als auch für die Unternehmen. Wer erfolgreich sein will, benötigt technisches Können, kommunikative Stärke, ein agiles Mindset und die Bereitschaft, kontinuierlich zu lernen. Unternehmen profitieren, wenn sie solche Wege aktiv begleiten und ihre Entwicklungsteams nicht nur als Ausführende, sondern als Mitgestalter verstehen.

11.3.2 Interner Wechsel vom Fachbereich in die IT

In diesem Fall möchte ich einen SAP-Quereinstieg schildern, der für Anwenderunternehmen sehr interessant sein kann. Es geht um einen Laufbahnwechsel vom betriebswirtschaftlichen Fachbereich in die IT. Der Berater in diesem Beispiel kam ursprünglich aus der Supply-Chain-Abteilung und war dort zunächst SAP-Anwender.

Herausforderungen

Folgende Herausforderungen ergaben sich bei diesem Wechsel:

- **Unsicherheit beim Wechsel in die IT**

  Der Wechsel in die IT war mit Unsicherheit verbunden: Kann ich das überhaupt? Werde ich ohne tiefes technisches Know-how ernst genommen? Als besonders kritisch wurde der Punkt aufgefasst, kein ABAP programmieren zu können.

- **Interner Wechsel sorgte für bekannte Prozesse**

  Der interne Wechsel war ein Vorteil: Der Kandidat kannte die Prozesse, das neue Team und die Unternehmenskultur bereits. Dennoch wurde in internen Bewerbungsgesprächen die Wechselmotivation genau geprüft.

- **Kleinteiliger Wissensaufbau**

  Der Quereinsteiger eignete sich viel Wissen durch »Learning by Doing« an und nutzte auch das Wissen von Kolleg*innen und externen Consultants. Er stellte viele Fragen, beobachtete genau. Zwar las die Person auch SAP-Fachbücher, bevorzugte aber die praktische Wissensaneignung, unterstützt durch gezielte Schulungen.

Persönliche Learnings

Die Person hat es geschafft, ihre Erfahrung als Anwender als klaren Vorteil in der internen SAP-Beratung zu nutzen: Sie kennt bereits die Abläufe, die typischen Probleme und die Nutzerperspektive. Vom SAP-Team wurde insbesondere die Fähigkeit geschätzt, Anforderungen der Fachbereiche in SAP-Prozesse zu übersetzen, ohne gleich in ABAP-Code zu denken. Stattdessen wurde zeitgemäß nah am Standard gedacht. Mit der Zeit akzeptierte der Bewerber, dass im SAP-Kosmos nicht jeder programmieren muss. Der gegenseitige Respekt und das bestehende Vertrauen zum Fachbereich seien ebenfalls sehr wertvoll.

Fazit für Ihr Recruiting

Dieser Fall zeigt, dass der Weg von der Fachabteilung in die interne SAP-Beratung nicht nur möglich, sondern auch wertvoll für beide Seiten ist. Unternehmen tun gut daran, solche Talente zu sehen und zu fördern und ihre IT-Teams mit ergänzendem Fach-Background entsprechend divers aufzustellen.

11.3.3 Vom Key-User zum externen SAP-Consultant

Dass Anwender*innen in die Beratung wechseln, kam in meiner SAP-Community tatsächlich gleich mehrmals vor. Als Beispiel ziehe ich hier eine Bewerberin heran, die vom SAP-Anwenderunternehmen in ein SAP-Beratungshaus wechselte.

Herausforderungen

Folgende Herausforderungen ergaben sich bei diesem Wechsel:

- **Rollenbild und Erwartungshaltung**

  Die Bewerberin hatte zu Beginn ein verzerrtes Bild von der SAP-Beratung – technischer, entfernter von der Betriebsrealität und formalistischer, als sie tatsächlich ist. Die Bandbreite der Aufgaben seien zunächst schwer einschätzbar gewesen: Kommunikationsfähigkeiten, Empathie und betriebswirtschaftliches Verständnis seien mindestens ebenso wichtig wie technische Skills.

- **Verlust der Vertrautheit und der Netzwerke**

  Der doppelte Wechsel in ein anderes Unternehmen und eine andere Rolle bedeutete für die Kandidatin auch einen Ausstieg aus einer vertrauten Unternehmenswelt mit gewachsenen Netzwerken und tiefem Systemverständnis – was sich manchmal auch als »Betriebsblindheit« offenbarte.

- **Technischer Reifegrad und Wissenslücken**

  Customizing, Debugging, Protokolle oder länderspezifische Anforderungen mussten neu erlernt werden. Die Kandidatin reflektiert, dass eine gute Key-Userin nicht automatisch auch eine technisch versierte Beraterin sein muss.

- **Arbeitsbelastung und Selbstorganisation**

  Der Beratungsalltag verläuft nicht nach dem Modell 9 to 5, wie es die Person von ihrem Anwenderunternehmen kannte. Intensive Projektphasen mit hoher Selbstverantwortung trafen auf die Notwendigkeit häufigen Lernens. Gefordert war eine große Portion Flexibilität. Die Kraft des Austauschs mit Kolleg*innen, also Peer Learning, aktives Fragenstellen und informelle Kommunikation (z. B. beim Abendessen im Projekt) sind Schlüssel zum Erfolg. Auch ein Scheitern als Teil des Wegs anzunehmen, sich nicht zu sehr unter Druck zu setzen und den persönlichen Entwicklungen Raum zu geben, seien essenziell.

Fazit für Ihr Recruiting

Der Wechsel vom Key-User in die Beratung gelingt, wenn die Person intrinsisch motiviert und lernbereit ist, sie strukturiert begleitet und Raum für Entwicklung geschaffen wird und sowohl Führung als auch das Team Entwicklung ermöglichen.

Doch Unternehmen dürfen Key-User auch nicht überschätzen. Die Praxisausbildung ist hilfreich, aber technisch und im Bereich der Methodik muss in der Regel noch viel nachgeholt werden.

11.4 Wie Unternehmen den SAP-Quereinstieg fördern können

Warum scheitern Quereinstiege?

Nach diesen inspirierenden Erfolgsstorys lassen Sie uns einmal den Realitätscheck machen. Realistischen Angaben zufolge scheitern rund 80 % der Quereinstiege, zumindest solche, bei denen es um einen Wechsel in die externe Beratung geht. Ich habe hierfür hauptsächlich folgende Gründe wahrgenommen:

- falsche Versprechen und Zusagen rund um die Rolle
- keine Zeit für Mentoring
- zu geringe Projektauslastung oder keine fachlich passenden Projekte
- Body Leasing statt Teamarbeit

Mentoring, passende Projekte und maßgeschneiderte Weiterbildung

Der SAP-Quereinstieg ist kein Berufseinstieg; vielmehr handelt es sich um Menschen, die schon ein großes Ansehen in ihrem Bereich und eine eigene berufliche Identität entwickelt haben. Bei dieser beruflichen Vorerfahrung müssen Unternehmen ansetzen und diese als Basis für die neue Rolle ausschöpfen. Ihre Expertise und das Fachwissen positionieren die SAP-Quereinsteiger*innen als Fachleute auf ihrem bisherigen Gebiet. Gleichzeitig sollte das Know-how in den neuen Entwicklungsfeldern etwa durch ein gesondertes Mentoring systematisch und zügig aufgebaut werden. Punktuell kann eine Weiterbildungsmaßnahme entlang der drei in Abschnitt 11.1, »Die Rolle von SAP-Anwender*innen und ihr Potenzial für die Beratung«, genannten Kompetenzfelder erfolgen. Ziel dabei ist es meistens, das SAP-Systemwissen zu vertiefen.

Wenn Sie diese Menschen wie *Rookys*, also wie Berufseinsteiger*innen, behandeln, werden Sie ihnen nicht gerecht, und es kommt zu Frust oder einem *Bore-out*, also dem berufsbezogenen Gefühl von Langeweile und ständiger Unterforderung. Es ist ein Drahtseilakt, einerseits eine große und auch nutzbare Expertise anzuerkennen, und andererseits den nötigen Raum für Entwicklung, Fehler, Feedback und Reflexion zu geben. Denn Zeit ist gerade in der externen Beratung häufig absolute Mangelware. Kundenunternehmen bezahlen hohe Tagessätze nicht für Versuch und Irrtum, sondern für Lösungen und Ergebnisse.

Zeit und Führung investieren

Der Faktor Zeit wird meines Erachtens am meisten unterschätzt, wenn Unternehmen auf SAP-Quereinsteiger*innen setzen. Gerade für die Hiring Manager bei SAP-Dienstleistern bedeutet das Einstellen dieser Talente einen erheblichen zeitlichen Mehraufwand. Es erfordert ein besonderes Skillset, diese Personen zu führen und ihnen Raum für Entwicklung und Fehler zu lassen. Gleichzeitig möchten Sie früh in die Wertschöpfung gehen, da der finanzielle Druck durch die im Vergleich zu SAP-Juniors bereits hohen Gehälter stark ist.

Technische Seite der SAP-Beratung transparent machen

Manche Quereinstiege scheitern auch an der technischen Seite. Das überrascht Sie vielleicht, weil Sie denken: »Es ist doch logisch, dass ein SAP-Berater oder eine -Beraterin sehr technisch arbeiten muss.« Menschen, die sich bisher ausschließlich auf der Fachebene bewegt haben und die Prozesse ihres Unternehmens sehr gut kennen, haben jedoch manchmal ein zu einseitiges Berufsbild vor Augen. Ein *Job-Shadowing*, also das Begleiten einer einzelnen Person in ihrem Arbeitsalltag über einen definierten Zeitraum hinweg oder ein klassischer Schnuppertag, kann zu mehr Transparenz und einem realistischeren Berufsbild für die entsprechende Rolle führen.

Mythos MINT und Studium

Wer einen erfolgreichen SAP-Quereinstieg meistert, muss nicht immer einen universitären oder IT-Hintergrund haben. Es hält sich der hartnäckige Mythos, dass nur ein Informatik-Studium den Weg in den SAP-Kosmos oder generell in die IT ebnet und dass man mindestens ein abgeschlossenes Studium aufweisen muss, um Karriere in SAP-Berufen zu machen. Es gibt sicherlich einen großen Anteil an SAP-Professionals mit IT- oder auch naturwissenschaftlichem Hintergrund, gerade, wenn wir auf das SAP-Entwicklungsumfeld oder auf die SAP-Basis schauen. Doch gibt es von BWL bis zu den Geisteswissenschaften eine große Bandbreite weiterer Fachrichtungen oder Berufsausbildungen. Spätestens nach der ersten beruflichen Station zählt meines Erachtens diese Vorerfahrung deutlich mehr als ein IT-Studium.

Empfehlungen für Unternehmen

Zusammenfassend kann ich im Kontext von Quereinstiegen folgende Empfehlungen für Unternehmen festhalten:

- **Interne Talente fördern und Quereinstieg für Externe sichtbar machen**

  Unternehmen sollten gezielt Mitarbeitende mit Potenzial aus Fachabteilungen identifizieren und ihnen den Wechsel in die IT-/SAP-Abteilung ermöglichen. Auch können manche Rollen explizit für den SAP-Quereinstieg ausgeschrieben werden.

- **Technische Anforderungen differenzieren**

  Nicht jede SAP-Rolle benötigt vertiefte ABAP-Kenntnisse. Unternehmen sollten ihre Anforderungen überdenken und auf den konkreten Beratungsbedarf zuschneiden. Prozess-Consultants können durch Schulungen in Debugging oder Customizing unterstützt werden. Sie müssen nicht von Anfang an alles können.

- **Weiterbildung und Wissenstransfer aktiv gestalten**

  Firmen sollten strukturiert Zeit und Ressourcen zur Verfügung stellen, um Know-how in Bezug auf SAP und Prozesse aufzubauen. Entscheidend sind ein strukturiertes Onboarding und Coaching durch erfahrene Kolleg*innen.

- **Faktor Zeit nicht unterschätzen**

  SAP-Beratungsunternehmen sollten bewusst Zeiträume einplanen, in denen neue Consultants wachsen dürfen, ohne direkt liefern zu müssen.

- **Zertifikate und auch Rollenbezeichnungen wie Key-User nicht überschätzen**

  Blicken Sie realistisch auf die vorhandenen Kompetenzen und Entwicklungsfelder. Gerade beim Quereinstieg und auch bei den verschiedenen Key-User-Rollen gibt es große Unterschiede, die Sie im besten Fall in einem Gespräch klären.

[«]

#SAPFamily: eine Initiative für Recruiting und Weiterbildung speziell für SAP-Partnerunternehmen

Neben dem gezielten Weiterbildungsansatz sollten Sie als Unternehmen auch auf Sichtbarkeit setzen und das Thema SAP-Quereinstieg mit anderen Unternehmen gemeinsam angehen. Die Initiative *#SAPFamily* (*https://jtsf.net/*) ist ein gelungenes Beispiel, wie Talente über eine gemeinsame Idee unternehmensübergreifend adressiert und geteilt werden können. #SAPFamily ist eine gemeinschaftliche Recruiting- und Bildungsplattform von SAP und teilnehmenden SAP-Partnern, die seit 2021 kontinuierlich ausgebaut wird. Ziel ist es, dem Fachkräftemangel im SAP-Beratungsumfeld mit einer kraftvollen Initiative zu begegnen – durch gezielte Gewinnung, Ausbildung und Vermittlung von Talenten.

Die Initiative richtet sich sowohl an Menschen am Karrierebeginn als auch an erfahrene Fachkräfte. Ein besonderer Fokus liegt auf Personen, die einen Quereinstieg suchen und bereits Branchenwissen vorweisen können, Studierenden sowie Personen mit Hochschulabschluss, die bislang keine SAP-Karriere in Erwägung gezogen haben.

#SAPFamily bietet Zugang zu einem kuratierten Talente-Pool (über 7.000 Professionals und > 1.000 Studierende), gemeinsame Employer-Branding-Kampagnen, kostenfreie SAP-Trainings über SAP-Learning-Angebote, Sichtbarkeit über eine zentrale Landing-Page, Matching-Prozesse über eine Talent-Hub-Plattform sowie die Zusammenarbeit mit Universitäten.

Die Initiative folgt einem Give-and-Get-Modell. Das heißt, die Partner bringen sich aktiv ein (z. B. durch Beiträge, Gastvorträge, Teilnahme an Events) und profitieren im Gegenzug vom Zugang zu Talenten, Reichweite und Recruiting-Services.

Ich habe Ihnen diese Initiative vorgestellt, weil sie auf drei Ebenen für Sie interessant ist:

- Zunächst haben Sie Zugang zu neuen Talenten, die immerhin so motiviert sind, selbst Teil der #SAPFamiliy werden zu wollen und sich dort ein Extra-Profil angelegt haben.

- Als weiteren sinnvollen Aspekt nehme ich das Give-and-Get-Modell wahr. Sie müssen verhältnismäßig wenig Aufwand investieren, dafür aber aktiv am Netzwerk, auf Social Media und Events partizipieren.
- Für innovativ halte ich außerdem die unternehmensübergreifende Zusammenarbeit. Es ist meiner Ansicht nach überaus sinnvoll, nicht nur an das eigene Unternehmen zu denken, sondern gemeinsam das System zu verändern und den Berufswunsch SAP-Consultant zu fördern.

11.5 Quereinsteiger*innen mit hohem Potenzial erkennen

Es ist an Ihnen in Ihrer Rolle als Recruiter*in, die rund 20 % High Potentials unter den Quereinsteiger*innen zu identifizieren. Gleichzeitig sollten Sie durch sinnvolle Maßnahmen die Abbrecherquote von rund 80 % reduzieren. Hier müssen Recruiting und Retention Management wieder einmal Hand in Hand gehen, um erfolgreiche SAP-Quereinstiege zu ermöglichen.

11.5.1 Externe High Potentials finden

High Potentials identifizieren

Starten wir beim Identifizieren der High Potentials. Wie können Sie Zugang zu besonders vielversprechenden Talenten finden, die sich für mehr als nur für die reine Nutzung des SAP-Systems interessieren? An dieser Stelle lohnt sich Active Sourcing (siehe auch Kapitel 9, »Headhunting von SAP-Führungskräften bis ins C-Level«) mit LinkedIn, denn in diesem überaus großen Business-Netzwerk können die Mitglieder ihre Interessen und Fähigkeiten auf Basis einer Selbsteinschätzung angeben. Unter dem Stichwort »SAP« finden wir dort mehr als fünfmal so viele SAP-Anwender*innen als bei den IT-Dienstleistern (siehe Abbildung 11.1). Für das Active Sourcing ist dieser Talent-Pool mehr als vielversprechend.

In diesem Abschnitt möchte ich Ihnen noch weitere Variablen an die Hand geben, die Ihnen helfen können, den am besten passenden Quereinstieg auszumachen. Die LinkedIn-Selbsteinschätzung zeugt jedoch schon einmal von einer erhöhten Motivation und Identifizierung mit SAP. Manche Profile geben sogar einen entsprechenden Berufswunsch an, auf den Sie im Recruiting eingehen könnten.

Ansprache mit Storytelling und Role Models

Sie können in den sozialen Medien wie LinkedIn auch Inhalte über erfolgreiche SAP-Quereinstiege in Ihrem Unternehmen posten und auch hier mit Storytelling und Role Models arbeiten. Sie erreichen so die Zielgruppe, die sich grundsätzlich mit der Option eines SAP-Quereinstiegs auseinandersetzt. Erzählen Sie, wie Menschen in Ihr Unternehmen gefunden haben, was sie vorher beruflich gemacht haben und welche Rolle sie nun bei Ihnen ausüben. Führen Sie Interviews und bereiten Sie dazu eine Slideshow auf Ihrer Karriereseite oder einen Fokusbeitrag auf LinkedIn mit den gängigen Vorurteilen vor und wie Sie diese aktiv entkräften.

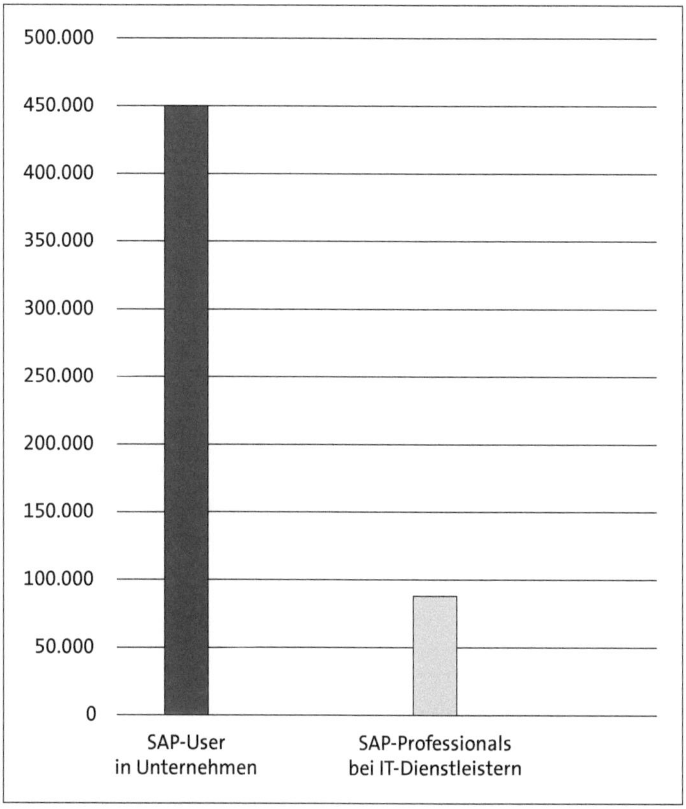

Abbildung 11.1 LinkedIn-Suche nach dem Stichwort »SAP« aufgeteilt nach Anwenderunternehmen und IT-Dienstleistern (Selbstauskunft, Stand Mai 2025, bundesweit)

Quereinsteiger*innen reagieren häufiger

Sie werden vermutlich die Erfahrung machen, dass sich Menschen, die beruflich wechseln möchten, ebenso wie solche, die neu starten, häufig proaktiv bei Ihnen melden. Sie schreiben Ihnen Nachrichten, stellen Fragen unter ihren einschlägigen Postings auf LinkedIn und anderen Social-Media-Kanälen oder bewerben sich sogar ganz klassisch auf Ihre ausgeschriebenen Stellen. Das sorgt für Erleichterung im Recruiting-Team, wenn sonst wenig Bewerbungen eingehen. Im Auswahlprozess und im Onboarding erfordert es jedoch viel Zeit, diesen Menschen gerecht zu werden und sie für die entsprechende Rolle auszubilden. Wie viel Zeit dies nach dem Sourcing erfordert, sollten Sie definitiv nicht außer Acht lassen.

Mögliche Stichwörter für die Suche

Wenn Sie proaktiv passende Talente identifizieren möchten, können die folgenden Keywords Ihnen helfen, Menschen zu identifizieren, die meiner bisherigen Erfahrung nach häufig zu den High Potentials unter den Quereinsteiger*innen gehören:

- **Lean Six Sigma Black Belt**

  Die Zertifizierung *Lean Six Sigma Black Belt* qualifiziert für die Leitung komplexer Verbesserungsprojekte. Vermittelt werden Methoden wie die DMAIC-Phasen (Define, Measure, Analyze, Improve, Control) und statistische Analysen zur Fehlerreduktion. Für den SAP-Quereinstieg ist diese Zertifizierung ideal, um Geschäftsprozesse besser zu verstehen und gezielt zu optimieren, gerade bei SAP-Einführungen oder Systemanpassungen. Sie baut analytisches Denken auf und lehrt, faktenbasiert zu entscheiden. Wer diese Zertifizierung erworben hat, leistet so einen spürbaren Beitrag zur Effizienzsteigerung in Ihrem Unternehmen.

- **Agile Coach**

  Als Agile Coach begleiten Sie Teams bei der Einführung agiler Methoden wie Scrum oder Kanban. Die Ausbildung vermittelt Frameworks, Coaching-Techniken und Change-Management-Kompetenz. Besonders im SAP-Kontext sind agile Ansätze (etwa SAP Activate) zunehmend gefragt. Diese Zertifizierung erleichtert den Quereinstieg: Sie vermittelt moderne Arbeitsweisen, fördert agile Prozesse und befähigt zur Führung von Teams durch Transformationen – auch ohne tiefes technisches Vorwissen.

- **ITIL 4**

  ITIL 4 ist der Standard für IT-Service-Management und zeigt, wie IT-Leistungen zuverlässig und nutzbringend gestaltet werden. Die Zertifizierung vermittelt zentrale Konzepte wie Service-Wertschöpfung, Rollen und Prozesse. Für den SAP-Quereinstieg bietet sie einen strukturierten Einstieg ins Zusammenspiel von IT und Business. Wer sie erwirbt, lernt z. B., wie Störungen im SAP-Betrieb organisiert werden – ein klarer Vorteil für Rollen mit Schnittstellenverantwortung.

- **Projektmanagement (z. B. PMP, PRINCE2)**

  Eine Projektmanagement-Zertifizierung wie PRINCE2 vermittelt das systematische Planen, Steuern und Abschließen von Projekten. Sie stärkt das Verständnis für Strukturen und Risiken. Es handelt sich um eine ideale Qualifikation, um SAP-Projekte sicher zu begleiten und Führungsverantwortung zu übernehmen.

Berufsbegleitendes Studium

Interessant und ein Hinweis auf eine klare Positionierung oder Spezialisierung kann auch ein berufsbegleitendes Studium sein. Auch ein Master, der einen Bereich der in Abschnitt 11.1, »Die Rolle von SAP-Anwender*innen und ihr Potenzial für die Beratung«, genannten Kompetenzfelder vertieft, kann ein gutes Zeichen sein. Wenn sich eine SAP-Projektleitung eine berufsbegleitende Change-Management-Zertifizierung gönnt oder einen Doctor of Business Administration (DBA) neben dem Beruf absolviert, sind das für Sie Hinweise auf eine überdurchschnittliche Life-Long-Learning-Haltung, einer der Top-Future-Skills (siehe auch Abschnitt 4.7, »Bewährtes Mindset oder Next Generation? Future Skills, die im SAP-Kosmos wirklich zählen«).

11.5.2 Der Blick auf den internen Talente-Pool

Der Talente-Blick nach innen

Nach einem Blick auf den externen Talente-Pool gilt es, gerade im Bereich SAP-Quereinstieg auch den Blick nach innen zu richten.

Wie Sie anhand der Erfolgsgeschichten in Abschnitt 11.3, »Erfolgreiche Karrierepfade: Erfahrungsberichte von Quereinsteiger*innen«, gesehen haben, kann ein vielversprechender Quereinstieg auch innerhalb eines Unternehmens stattfinden. Ein typischer Fall ist ein Wechsel vom Fachbereich in die interne IT. Manchmal sind es die Key-User, manchmal einfach engagierte SAP-Anwender*innen, die den Wunsch haben, sich in Richtung Beratung weiterzuentwickeln. Teamleitungen und HR sollten hier Hand in Hand arbeiten, nicht zuletzt, damit solche Talente nicht das Unternehmen verlassen, wenn ihr Wunsch nach Weiterentwicklung und Entfaltung nicht ernst genommen wird. Für den jeweiligen Fachbereich mag das Ausscheiden dieser Personen ein Verlust sein. Auf Organisationsebene bedeutet es jedoch, dass eine exzellent eingearbeitete Person mit viel Kompetenz und Motivation in einen Bereich hineinwachsen kann, in dem es einen enormen Fachkräftemangel gibt. Zwar ist es auch in vielen betriebswirtschaftlichen Fachbereichen nicht leicht, versiertes Personal zu finden, aber gegebenenfalls etwas weniger schwer als für den SAP-Bereich.

SAP-Karrieregespräche für den Fachbereich

Die Person muss jedoch zunächst einmal Kenntnis darüber erlangen, dass eine solche interne Karriereoption in Ihrem Unternehmen existiert. Machen Sie daher auch intern auf Ihre SAP-Vakanzen und -Optionen aufmerksam und bieten Sie regelmäßig SAP-Karrieregespräche für die Fachabteilungen an. Auch ein maßgeschneidertes Angebot speziell für Frauen kann sinnvoll sein, um möglicherweise vorhandene Stereotypen zu durchbrechen.

Wenn Sie intern eine Person mit hohem Potenzial identifiziert haben, machen Sie einen mit der Herkunftsabteilung und dem SAP-Team abgestimmten Karriereplan, um ein strukturiertes Ausscheiden aus der alten und das

Hineinwachsen in die neue Rolle zu ermöglichen. Die Teamleitungen des alten und des neuen Einsatzorts sollten involviert werden, um den zeitlichen Horizont zu verankern, ein Mentoring zu planen und mögliche externe Weiterbildungen zu bestimmen. Dies gibt allen Mitarbeitenden Halt und Struktur in einer solchen Veränderungssituation.

Schnell-Check im Bewerbungsprozess

Findet sich in einem Lebenslauf noch überhaupt kein Hinweis auf SAP-Fachkenntnisse, vermuten Sie jedoch Potenzial, kann Ihnen folgender Schnell-Check im Bewerbungsprozess helfen, einzuschätzen, ob ein Quereinstieg innerhalb Ihrer Organisation zum aktuellen Zeitpunkt wirklich tragfähig wäre. Vergeben Sie für folgende Fragen zu den drei in Abschnitt 11.1, »Die Rolle von SAP-Anwender*innen und ihr Potenzial für die Beratung«, vorgestellten Kompetenzfeldern jeweils eine Bewertung von 0 bis 3. 0 bedeutet dabei »keine Erfahrung« und 3 bedeutet »größtmögliche Expertise«. Lassen Sie sich die jeweiligen Antworten unbedingt erklären und mit konkreten Beispielen belegen.

Frage	Bewertung		
Kompetenzfeld 1: Prozess- und Fachwissen inklusive Branchen-Know-how	**1**	**2**	**3**
Kennen Sie typische Prozesse in Ihrem Fachbereich (z. B. Controlling, Logistik, Personal)?			
Verstehen Sie, wie Unternehmen in Ihrer Branche funktionieren?			
Haben Sie schon mal Prozesse dokumentiert, optimiert oder gesteuert?			
Kompetenzfeld 2: SAP-Systemwissen (Standard, Customizing, gegebenenfalls Coding)	**1**	**2**	**3**
Haben Sie schon mit einem SAP-System gearbeitet (z. B. als Key-User)?			
Wissen Sie, was die Begriffe *Transaktion*, *Customizing*, *Modul* oder *Standard*- vs. *Z-Logik* bedeuten?			
Können Sie sich systematisch und analytisch in Softwarelogiken einarbeiten?			

Frage	Bewertung		
Kompetenzfeld 3: Projektmethodik und Stakeholder-Management	1	2	3
Haben Sie bereits in Projekten gearbeitet (klassisch oder agil)?			
Wissen Sie, wie man mit internen und externen Stakeholdern kommuniziert?			
Trauen Sie sich zu, Teil eines Teams zu sein, das ein IT-System einführt oder verändert?			

Auswertung

Den Schnell-Check können Sie anschließend wie folgt auswerten:

- **Mindestens zwei Säulen mit je ≥ 2 Punkten**
  Es besteht eine gute Ausgangslage für einen fundierten SAP-Quereinstieg.
- **Nur eine Säule ≥ 2 Punkte oder überall < 2**
  Achtung: Es sollte erst das fachliche Basis- oder gegebenenfalls Methodenwissen aufgebaut werden. Bleiben Sie mit dieser Person in einem lockeren Austausch und machen Sie einen konkreten Termin nach der nächsten Maßnahme aus.
- **Gesamtpunktzahl < 5**
  Es sollte lieber zuerst ein Grundwissen aufgebaut werden. Bei einem guten Matching auf menschlicher Ebene und Bedarf im Fachbereich wäre ein Einstieg in der Sachbearbeitung mit einem klaren Entwicklungsplan hin zum SAP-Consultant denkbar. Unter Umständen wäre auch ein Einstieg als Junior zu entsprechenden Rahmenbedingungen möglich.

Dieses Raster eignet sich für eine grobe Standortbestimmung im Karrieregespräch mit potenziellen SAP-Quereinsteiger*innen.

11.6 Zusammenfassung

Sie sollten jeden Quereinstieg individuell betrachten und sich dafür ausreichend Zeit nehmen. Im SAP-Recruiting können Sie zweite Karrieren möglich machen, und der Pool an Menschen, die wechseln möchten, ist groß. Diese Zielgruppe reagiert auf entsprechende Beiträge bei LinkedIn und auch auf Active Sourcing deutlich aktiver als SAP-Professionals. In den Bereichen Auswahl und Weiterbildung gibt es nach dem Sourcing jedoch eine Bandbreite an Aufgaben zu erledigen, um einen erfolgreichen SAP-Quereinstieg wahrscheinlich zu machen. Ein individuell abgestimmter interner Karriereplan mit bestimmten Meilensteinen ist hilfreich.

Vermeiden Sie den Fehler, die Personen, die in den SAP-Bereich wechseln, wie jemanden zu behandeln, der gerade die Karriere beginnt, und das Onboarding entsprechend zu gestalten.

Als Vorschlag zur Bewertung habe ich Ihnen das Modell der Kompetenzfelder vorgestellt. Sie müssen selbst gemäß Ihrer Arbeitsumgebung und Organisationskultur entscheiden, wie viel Kompetenz vorhanden sein muss und welche Sie entwickeln können. Meine Erfahrung zeigt, dass das Fachwissen und die aktive Anwendung des SAP-Systems eine gute Basis für einen erfolgreichen SAP-Quereinstieg sind. Die positiven Beispiele, die ich Ihnen mitgebracht habe, demonstrieren, wie Ihr SAP-Team wachsen kann, wenn ein SAP-Anwender oder eine -Anwenderin in die IT wechselt, aber auch, dass ein Inhouse-Berater oder eine -Beraterin die eigene Laufbahn bei einem externen Dienstleister weiterführen kann.

[+]

Mein persönliches Go-to-SAP-Quereinstiegsprofil für Prozess-Consultants und Projektleitungen für FI/CO

Persönlich habe ich hervorragende Erfahrungen mit Quereinstiegen von Teamleitungen aus der Buchhaltung oder dem Controlling gemacht, die in einem mittelständischen SAP-Anwenderunternehmen ein kleines Team auch disziplinarisch geführt haben. Sie konnten als FI/CO-Prozess-Consultants bei einer externen Boutique-Beratung noch einmal richtig durchstarten. Häufig sind diese Menschen älter als 50 Jahre und verdienen auch bereits knapp 100.000 € jährlich, und damit überdurchschnittlich gut. Ihre fachliche Vorerfahrung wird durch Führungserfahrung und meist durch eine hemdsärmelige Mentalität ergänzt.

Wenn Unternehmen auf diesen Typus für einen Quereinstieg setzen, sollte ihre Projektlage schnell eine Auslastung ermöglichen, um Frustration und Langeweile zu vermeiden, aber auch, um ein entsprechend hohes Gehalt zahlen zu können. Gleichzeitig muss das SAP-Systemwissen häufig noch nachgeschult werden. Trotz der Seniorität ist ein Mentoring für das Onboarding also notwendig. Beratungshaltung und Denkweise sollten darüber hinaus zentrale Bausteine im individuellen Karriereplan sein.

Kapitel 12
Internationales Recruiting

*Bedingt durch den Fachkräftemangel findet als Alternative zum Near- und Offshoring, also Verlagerung von Teams oder Aufgaben ins Ausland, immer häufiger ein gezieltes Recruiting im Ausland statt. In diesem Kapitel möchte ich Ihnen Tipps geben, wie man geeignete Kandidat*innen im Ausland identifizieren und was man tun kann, damit diese den Weg in Ihr Unternehmen finden.*

Die Entwicklung des *Global Hiring* ist mehr als ein kurzfristiger Trend: Sie eröffnet strategische Chancen – vorausgesetzt, die Prozesse sind gut geplant und die Menschen werden ganzheitlich begleitet. In diesem Kapitel erhalten Sie konkrete Einblicke in die Besonderheiten, Herausforderungen und Erfolgsfaktoren internationaler SAP-Rekrutierung. Es geht um behördliche Anforderungen, kulturelle Unterschiede, Sprache als Barriere und eine ganzheitliche Unterstützung, die je nach Ausreiseland und Situation des Einzelnen weit über einen Standard-Auswahl- und -Onboarding-Prozess hinausgeht. .

12.1 Besonderheiten des internationalen Recruitings im SAP-Umfeld

SAP-Professionals weltweit

Internationale Rekrutierung ist im SAP-Bereich kein exotischer Sonderfall mehr, ich verstehe das Vorgehen als eine logische Konsequenz des demografischen Wandels und der hohen Spezialisierung der Branche. Weltweit gibt es über 22.000 SAP-Partnerunternehmen, darunter Beratungshäuser und unabhängige Softwareanbieter. Diese Partnerunternehmen beschäftigen eine Vielzahl von SAP-Professionals. Angesichts der globalen Präsenz von SAP in über 140 Ländern und der Vielzahl an Partnerunternehmen ist die Anzahl der SAP-Fachkräfte weltweit erheblich höher als die in Deutschland.

Basierend auf den verfügbaren Daten kann geschätzt werden, dass in Deutschland zwischen 120.000 und 150.000 SAP-Fachkräfte arbeiten. Das Land stellt damit etwa 10–15 % der weltweiten SAP-Professionals (siehe Abbildung 12.1). Global Hiring ermöglicht es also, in bisher bisher nicht durchdrungene Tiefen des Talente-Ozeans vorzudringen.

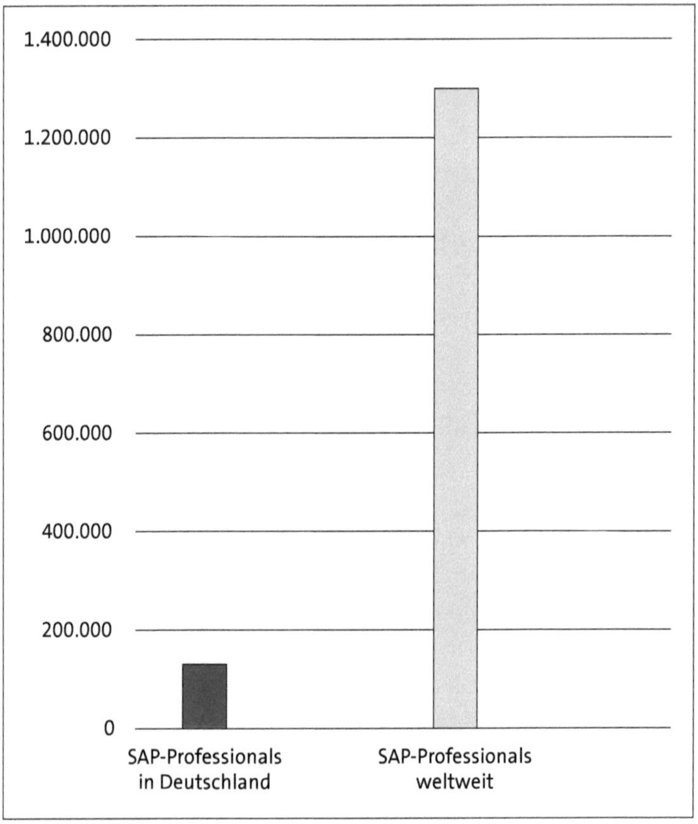

Abbildung 12.1 Anzahl der SAP-Professionals in Deutschland und weltweit im Vergleich (geschätzt und gemittelt, Stand Juni 2025)

SAP-Consulting-Rollen international vielfältig

Gleichzeitig bringen internationale Kandidat*innen nicht nur andere Qualifikationsprofile mit, sondern häufig auch ein anderes Verständnis ihrer Rolle im Projekt. So zeigt die Erfahrung, dass SAP-Consultants aus der Türkei oder Indien oft im Support oder Ticketmanagement tätig waren, während in Deutschland Projektarbeit mit Kundennähe und Prozessverantwortung im Vordergrund steht.

[»]

Begriff »SAP-Consultant« muss immer hinterfragt werden

Aus der Praxis lässt sich mitnehmen: Verlassen Sie sich nicht allein auf Rollenbezeichnungen – der Titel »Consultant« kann sehr Unterschiedliches bedeuten.

Daher ist es essenziell, sich die jeweilige Projektrolle in Interviews konkret schildern zu lassen. Welche Aufgaben wurden übernommen? Wurden Workshops moderiert? Gab es direkten Kundenkontakt? Erst, wenn diesbezüglich ein vollständiges Bild entsteht, kann ein realistisches Matching erfolgen.

Auch bei der Unterscheidung zwischen technischen und prozessualen Rollen zeigt sich ein Unterschied im internationalen Vergleich: Während sich international leichter Menschen finden lassen, die gut entwickeln können, gestaltet sich die Suche nach erfahrenen Fachkräften in der Prozessberatung deutlich schwieriger. Letzteres erfordert eine bewusste Anpassung der eigenen Suchstrategie.

Active Sourcing für technische Rollen

Active Sourcing eignet sich besonders für die Besetzung hoch spezialisierter technischer Rollen, bei denen klassische Ausschreibungen oft nicht zum Ziel führen oder Sie gegebenenfalls zu viele nicht passende Bewerbungen bekommen würden. Dazu zählen:

- SAP-Entwicklung (z. B. ABAP, SAP Fiori/SAPUI5, SAP BTP)
- SAP-Architektur
- SAP-Basis-Administration
- SAP-Security
- SAP-Integrationsentwicklung (z. B. CPI, PI/PO)

In diesen Rollen ist eine gezielte Recherche auf LinkedIn häufig Erfolg versprechend. Ein entscheidender Erfolgsfaktor ist es, Kandidat*innen zu identifizieren, die eine der folgenden Kriterien erfüllen:

- Sie haben bereits für deutsche Unternehmen gearbeitet (z. B. in internationalen Rollout-Projekten oder über Nearshore-Kooperationen).
- Sie haben an Universitäten studiert, an denen deutschsprachige Lehrveranstaltungen angeboten wurden.

Solche Erfahrungen deuten darauf hin, dass erste kulturelle und sprachliche Brücken bereits gebaut wurden – ein wichtiger Vorteil im Hinblick auf Integration und Projekterfolg.

[+]

Geeignete Keywords für die LinkedIn-Suche

Die folgenden Stichwörter könnten bei einer aktiven Suche auf LinkedIn zu Erfolgen führen:

- »SAP Developer« AND »Germany«
- »Worked with German clients«
- »German-speaking university«
- »Fluent in German« OR »Deutschkenntnisse«

Gesprächstermine und Rücklauf

Anders als bei den SAP-Talenten aus Deutschland ist die Rückläuferquote beim Active Sourcing im internationalen Kontext sehr hoch. Sie werden auf Ihre Nachrichten deutlich mehr Antworten erhalten und schnell Gesprächstermine ausmachen können. Wenn es um die passgenaue Besetzung einer SAP-Position geht, ist es dagegen nicht unbedingt sinnvoll, eine englischsprachige Stellenausschreibung auf Ihrer Homepage zu veröffentlichen, denn Sie werden zwar deutlich mehr Bewerbungseingänge verzeichnen, die leider jedoch häufig nicht vielversprechend sind. Active Sourcing ist meiner bisherigen Erfahrung nach die zeitschonendste Möglichkeit des internationalen Recruitings.

Erst-Interview

Als ersten Kontakt empfehle ich Ihnen ein kurzes Erstgespräch von 30 Minuten per Video, das sehr zeitnah avisiert werden kann. Vor diesem Termin lassen Sie sich am besten den Lebenslauf und eine Projektliste schicken.

[»]

Nicht im ersten Schritt als SAP-Karriereexpert*in positionieren

Versuchen Sie in diesem Termin noch nicht so sehr vorzupreschen und zu stark Ihre SAP-Karrierekompetenz zu betonen. Besser ist es, nach einem sehr kurzen Intro die Deutschkompetenzen und die fachliche Kompetenz des Gegenübers zu überprüfen, indem Sie sich ihre konkrete Rolle erklären lassen und was genau die Person an einem typischen Tag macht.

Wurden Deutschkenntnisse auf einem soliden Niveau angegeben, können Sie auch versuchen, das Interview direkt auf Deutsch zu führen, um zumindest einen Eindruck vom tatsächlichen Sprachniveau zu bekommen. Referenzangaben wie »B1« werden hier nicht immer gleich bewertet, wie die Erfahrung zeigt.

Zeit für detaillierte Projekterklärung nutzen

Ein Drittel der Zeit sollten Sie auf die Erläuterung der Projekte legen sowie auf die Aufgaben, die Ihr Gegenüber in diesen Projekten übernommen hat. Lassen Sie sich schildern, was die Ziele des jeweiligen Projekts waren oder welche Probleme gelöst werden sollten. Auch welche Personen noch im Projektteam mitgewirkt haben, ist hier interessant. Versuchen Sie, gerade auf Projekte mit deutschen Unternehmen zu sprechen zu kommen sowie sprachliche und kulturelle Schnittmengen herauszuarbeiten.

[+]

Projekte erklären lassen

Die Schilderung der Projekte sollte in größerer Detailtiefe erfolgen als beim nationalen Recruiting, da es hier international größere Abweichungen gibt. Vermeiden Sie unerwartete Überraschungen im laufenden Auswahlprozess oder nach dem Start in Ihrem Unternehmen.

Im letzten Drittel des Erstgesprächs sollten Sie den Recruiting-Prozess erläutern und erklären, wie es weitergehen könnte, wenn beide Seiten ihr Okay geben. Seien Sie hier sehr klar und betonen Sie dabei auch noch einmal den Standort Ihres Unternehmens. Sagen Sie deutlich, dass es sich nicht um einen Remote-Job handelt, sondern dass ein Umzug erwartet wird. Sichern Sie hierbei jedoch Unterstützung zu und erklären Sie auch gerne schon, wie Sie bei diesem Umzug und der Einarbeitung unterstützen würden. Geben Sie im Nachgang des Gesprächs noch einmal die Stellenausschreibung und Ihren Plan für das weitere Vorgehen heraus, wenn Sie möchten, dass es in die nächste Runde geht.

Betonung: kein Remote-Job

[«]

Häufig mehr Stationen im Lebenslauf

Seien Sie auch nicht irritiert, wenn sich in dem Lebenslauf ein paar mehr Stationen finden, als das in Deutschland üblich ist. Dies kann unterschiedliche Gründe haben, von schlechter Wirtschaftslage eines Landes hin zu zeitlich befristeten Arbeitsverträgen, die an Projektlaufzeiten gekoppelt sind.

Vergessen Sie nicht, nach der aktuellen Kündigungsfrist zu fragen. Erklären Sie am besten beispielhaft, was Brutto- und was Nettogehalt in Deutschland bedeutet, wie hoch eine ungefähre Miete an Ihrem Standort ist und wie das System Krankenversicherung funktioniert. Am besten stellen Sie ein PDF mit diesen essenziellen Information zusammen, das die Person im Nachgang erhält. Sie können auch entsprechende FAQ auf Ihrer Karriereseite formulieren, wenn Sie vorhaben, mehrere Stellen über internationales Recruiting zu besetzen.

Erklären Sie Brutto- und Nettogehalt, Krankenversicherung usw.

Wenn eine Person vielversprechend erscheint, zeigen Sie Verbindlichkeit und vereinbaren direkt im ersten Gespräch einen neuen Termin. Sagen Sie diesen ab, falls Sie sich doch anders entscheiden sollten, und nutzen Sie den Zeit-Slot für eine kurze persönliche Absage. Wenn Sie mehrere SAP-Rollen international besetzen wollen, fragen Sie direkt nach guten SAP-Kolleg*innen, die gegebenenfalls nach Deutschland ziehen wollen. Das Empfehlungssystem ist international häufig deutlich offener als in Deutschland. Auch das Führen des Erstgesprächs in den Räumen des alten Arbeitgebers ist keine Seltenheit, was in Deutschland aktuell undenkbar wäre.

Verbindlichkeit zeigen

12.2 Visa und rechtliche Anforderungen – mit Fokus auf EU, Türkei und Indien

Zwei Hauptpfade für Arbeitserlaubnis

Ein häufig unterschätzter Aspekt bei der Einstellung internationaler Fachkräfte ist die Dauer und Komplexität des Visaprozesses. In der Praxis existieren zwei Hauptpfade, um ein Arbeitsvisum für Deutschland zu erhalten:

- **Der klassische Weg über die Botschaft im Heimatland**

  Der oder die Bewerber*in vereinbart einen Termin, reicht die vom Arbeitgeber ausgestellten Unterlagen ein und durchläuft den behördlichen Prozess. Unserer Erfahrung nach liegt die Bearbeitungsdauer meist zwischen drei und vier Monaten. In Einzelfällen kann sie jedoch deutlich länger sein. In der Türkei kam es in der Vergangenheit einmal zu einer Phase mit erhöhtem Antragsaufkommen, in der die Botschaft Bearbeitungszeiten von bis zu elf Monaten kommunizierte.

- **Das sogenannte beschleunigte Fachkräfteverfahren**

  Hier übernimmt die deutsche Ausländerbehörde auf Antrag des Unternehmens die Koordination der Genehmigung. Theoretisch ist dies ein schnellerer Weg, praktisch jedoch sind diese Behörden häufig überlastet, Termine kaum zu bekommen und der Ablauf vielerorts nicht digitalisiert. In einem der Fälle, mit denen wir es in der Vergangenheit zu tun hatten, scheiterte das Verfahren daran, dass die zuständige Behörde nicht erreichbar war. In der Theorie handelt es sich also um eine gute Alternative, die in der Praxis jedoch mitunter nicht so gut funktioniert.

[»]

Checkliste für den Visaprozess

Folgendes müssen Unternehmen vorbereiten, um ein Arbeitsvisum zu organisieren:

- gültiger Arbeitsvertrag
- Qualifikationsnachweise (z. B. SAP-Zertifikate)
- Mietvertrag oder Wohnungsangebot (für spätere Anmeldung)
- Krankenversicherung
- Ansprechperson im Unternehmen
- Sprachkursnachweise (optional, aber hilfreich)

[»]

Visa und rechtliche Anforderungen für Indien, die Türkei und die EU

Diese folgenden Informationen sollen Ihnen einen Überblick über die aktuellen Visa und rechtlichen Anforderungen für die Rekrutierung von Fachkräften aus Indien, der Türkei und der EU geben. Beachten Sie, dass sich gesetzliche Bestimmungen ändern können und es ratsam ist, stets die aktuellen Informationen bei den zuständigen Behörden einzuholen.

Indien

- *Visumspflicht*: Indische Staatsangehörige benötigen ein nationales Visum zur Einreise nach Deutschland.
- *Antragsverfahren*: Die Beantragung erfolgt bei der zuständigen deutschen Auslandsvertretung in Indien.
- *Erforderliche Unterlagen*:
  - gültiger Reisepass
  - Arbeitsvertrag oder verbindliches Jobangebot
  - Nachweis über Qualifikationen (z. B. anerkannter Hochschulabschluss)
  - Krankenversicherung
  - Finanzierungsnachweis für den Aufenthalt
- *EU Blue Card*:
  - anerkannter Hochschulabschluss
  - Mindestgehalt (Stand 2025): 48.300 € jährlich; für Mangelberufe (z. B. IT, Ingenieurwesen): 43.759,80 € jährlich
  - Antragstellung zunächst auf nationales Visum, anschließend EU Blue Card bei der Ausländerbehörde in Deutschland
  - Aktuelle Änderung: Ab dem 1. Juli 2025 entfällt für indische Antragsteller die Möglichkeit des informellen Remonstrationsverfahrens bei Visumablehnungen. Künftige Einsprüche müssen formal juristisch erfolgen, was den Prozess komplexer gestalten kann.

Türkei

- *Visumspflicht*: Türkische Staatsangehörige benötigen für Aufenthalte über 90 Tage ein nationales Visum.
- *Antragsverfahren*: Die Beantragung erfolgt bei der zuständigen deutschen Auslandsvertretung in der Türkei.
- *Erforderliche Unterlagen*:
  - gültiger Reisepass
  - Arbeitsvertrag oder verbindliches Jobangebot
  - Nachweis über Qualifikationen
  - Krankenversicherung
  - Finanzierungsnachweis für den Aufenthalt

- *Sonderregelung ARB 1/80*: Türkische Arbeitnehmer, die bereits legal in Deutschland beschäftigt sind, können unter bestimmten Voraussetzungen ihre Aufenthalts- und Arbeitsrechte erweitern. Diese Regelung gilt jedoch nicht für Neueinreisende.
- *EU Blue Card*:
  - Mindestgehalt: 48.300 € jährlich; für Mangelberufe: 43.759,80 € jährlich
  - Anerkannter Hochschulabschluss erforderlich
  - Antragstellung zunächst auf nationales Visum, anschließend EU Blue Card bei der Ausländerbehörde in Deutschland

EU

- *Visumspflicht*: Bürger der EU-/EFTA-Staaten benötigen kein Visum und haben uneingeschränkten Zugang zum deutschen Arbeitsmarkt.

12.3 Kulturelle Unterschiede und Integration von internationalen Talenten

Kulturelle Missverständnisse

Internationale Recruiting-Prozesse scheitern selten an fachlicher Eignung, sondern häufiger an kulturellen Missverständnissen. Das Arbeitsverständnis, die Feedbackkultur, die Erwartung an Hierarchien – all das unterscheidet sich von Land zu Land. Während es in Deutschland üblich ist, Defizite offen anzusprechen, erleben wir z. B. bei Kandidat*innen aus Indien eine stärkere Fokussierung auf das, was sie können. Was sie (noch) nicht können, wird seltener erwähnt, aus Höflichkeit oder infolge kultureller Prägung.

Deutsche Interviewtradition nicht immer sinnvoll

Auch bei Fragen wie »Warum möchten Sie ausgerechnet bei uns arbeiten?« zeigt sich, dass deutsche Interviewtraditionen nicht immer sinnvoll ins internationale Recruiting übertragbar sind. Wer von außerhalb Europas nach Deutschland wechselt, tut dies infolge einer Lebensentscheidung, nicht nur wegen der Arbeitgebermarke. Umso wichtiger ist es, sich bewusst mit kulturellen Unterschieden auseinanderzusetzen, Interviews strukturiert zu führen und auch Lebensentscheidungen (z. B. familiär bedingte Umzüge) aktiv anzusprechen. Es geht dabei nicht um kulturelle Anpassung, sondern um gegenseitiges Verstehen.

Interkulturelles Arbeiten

In einem Interview mit Auslands- und Arbeitsexperten Dr. Stefan Chrobot wurde mir sehr deutlich, wie vielschichtig kulturelle Differenzen im Arbeitsleben sein können. Dieses Interview hatte ich zur Eruierung von Nearshore-, Farshore- oder Offshore-Möglichkeiten für IT-Unternehmen geführt. Mir ging es auch darum, welche verdeckten Kosten damit verbunden sein können, in einem Niedriglohnland z. B. zu entwickeln oder zu produzieren. *Nearshore* bedeutet, dass Unternehmen Standorte im näheren Ausland ansiedeln, wohingegen mit den Begriffen *Farshore* oder *Offshore* eine weitere Distanz gemeint ist.

In manchen Ländern sei es z. B. nicht üblich, Vorgesetzten zu widersprechen oder Teammitglieder direkt zu kritisieren, sagte Dr. Stefan Chrobot. Wer solche Kontexte nicht kennt, riskiert Missverständnisse im Team oder eine falsche Einschätzung der Kompetenzen. Eine gute Vorbereitung auf kulturelle Fragen ist daher für das internationale Recruiting oft wichtiger als Sprachkenntnisse.

Zudem verändert sich die Kultur. Sie ist nicht statisch, sondern, wie Dr. Stefan Chrobot es formuliert, »zähflüssig«. Gesellschaften entwickeln sich oft schneller als angenommen. Was gestern galt, muss heute nicht mehr stimmen. Deshalb sollte man auch bei langjährigen Erfahrungswerten regelmäßig prüfen, ob diese noch aktuell sind.

Nicht zuletzt ist es ein Bias, die deutsche Arbeitsweise als alternativlos oder überlegen zu betrachten. Auch wenn viele Kulturen die deutsche Direktheit und Zielstrebigkeit bewundern, empfinden sie diese Art zu arbeiten nicht zwingend als praktikabel. Und das zu Recht. Was wir unter Effizienz verstehen, kann anderswo als Engführung erlebt werden. Offenheit für andere Arbeitsstile erweitert nicht nur den eigenen Horizont, sondern stärkt auch die Zusammenarbeit in diversen Teams.

12.4 Die (scheinbare) Sprachbarriere und die Rolle von Englisch als Projektsprache

Die Sprache stellt bei internationalen Arbeitskräften oft die erste große Hürde dar, insbesondere im SAP-Mittelstand, wo viele Projekte weiterhin auf Deutsch abgewickelt werden. Wer kein Deutsch spricht, gilt schnell als »nicht einsetzbar«. Doch diese Sichtweise greift zu kurz. Denn viele internationale SAP-Talente verfügen über exzellente fachliche Skills, nur eben (noch) nicht auf Deutsch.

Dabei sind Alternativen längst praktikabel: In den USA ist SAP-Projektarbeit mit internationalen, multilingualen Teams und der Projektsprache Englisch gelebte Realität. Auch in Deutschland können Projekte so gestaltet werden, dass Englisch als Arbeitssprache funktioniert, zumindest für bestimmte Rollen oder Teams.

Sprachförderung

Zugleich sollte nicht übersehen werden, dass Sprachförderung bereits vor dem ersten Arbeitstag ansetzen kann. Onlinekurse über Plattformen wie *Preply* ermöglichen es, schon während der Visumsbearbeitung gezielt Deutsch zu lernen.

[+]

Sprachförderung pragmatisch gestalten

Mit folgenden Maßnahmen können Sie das Erlernen der deutschen Sprache gezielt fördern:

- Zugang zu digitalen Sprachkursen vor Ankunft
- Sprachbudgets im Onboarding verankern
- Projektrollen identifizieren, bei denen Englisch ausreicht
- Sprachziele definieren und transparent kommunizieren

Auch eigene Sprachkompetenzen verbessern

Ich verrate Ihnen etwas: Meine ersten Interviews mit englischsprachigen Kandidat*innen waren nervenaufreibend. Ich war immer froh, wenn wir mit dem Gespräch durch waren. Empowerment und saubere Gesprächsführung? Fehlanzeige. Obwohl ich heute eine Zertifizierung für Advanced Business English habe, weiß ich, dass ich in meiner Rolle als SAP-Recruiterin besser bin, wenn ich die Gelegenheit habe, das Gespräch auf Deutsch zu führen. Ihnen muss das jedoch nicht so gehen. Sie können jetzt auch ohne perfektes Business-Englisch souverän interkulturell rekrutieren. Und nicht nur im Recruiting, sondern auch innerhalb Ihrer Teams muss Sprache kein Ausschlusskriterium mehr sein. Unter den folgenden Links finden Sie mehr Informationen zu einem Tool von Google, das Echtzeit-Übersetzung in Video-Calls ermöglicht:

- *https://cloud.google.com/translate?hl=de*
- *https://mashable.com/article/google-io-google-meet-ai-powered-live-voice-translation*

Englisch dank moderner KI-Lösungen

Im Zeitalter von KI haben Sie technisch ganz andere Methoden zur Verfügung, um international zu rekrutieren. Sie müssen nicht perfekt Englisch sprechen und schreiben können, um international rekrutieren zu können. Tabelle 12.1 stellt einige hilfreiche Tools aus dem Google-Portfolio zusammen, die Sie bei Ihrer Arbeit unterstützen können. Diese KI-Lösungen werden ständig weiterentwickelt. Ähnliche Tools werden auch von anderen Anbietern angeboten. Nutzen Sie Tabelle 12.1 als Übersicht und Inspiration für bereits mittels KI gelöste Übersetzungsprobleme und überprüfen Sie bei Ihrem aktuellen Softwareanbieter, was dort in diesem Bereich passiert.

Herausforderung	KI-Lösung	Vorteil für HR
Bewerbungen, Lebensläufe oder Anschreiben auf Englisch	Cloud Translation API/Translation Hub	Automatische, konsistente Übersetzung auch SAP-spezifischer Begriffe
Interviewführung mit fremdsprachigen Kandidat*innen	Live-Übersetzung mit Agent Assist	Echtzeit-Übersetzung, Antwortvorschläge und Gesprächsführungshilfen
Unsicherheit im englischsprachigen Austausch	Conversational Agents mit Gemini-Logik	KI-geführter Dialog, z. B. in Videointerviews, Chatbots oder Pre-Screening
SAP-Trainings, Onboarding und Teamkommunikation	Speech-to-Text AI und Text-to-Speech	Transkription, Übersetzung und Vertonung von Schulungen und Projekt-Calls
Multilinguale Recruiting-Formulare und Karriereseiten	Adaptive Translation und Formatbeibehaltung	Einheitliches Employer Branding in mehreren Sprachen ohne Mehraufwand
Interkulturelle Missverständnisse erkennen	Conversational Insights und AI Coach	Analyse von Gesprächsverläufen, Live-Coaching für HR- und Fachverantwortliche

Tabelle 12.1 Hilfreiche Sprachtools, die beim internationalen Recruiting unterstützen

Wenn Sie es Ihrem Gesprächspartner mit solchen Tools ermöglichen, sich seiner Muttersprache zu bedienen, schaffen Sie bei ihm ein Gefühl von Sicherheit. Ihr Gegenüber kann sich auf seine Skills und die relevanten Informationen konzentrieren und muss nicht immer in eine andere, oft nicht ganz perfekt beherrschte Fremdsprache übersetzen. Dies erledigt das Tool. Sie können sich damit ebenfalls ganz auf die Inhalte und das Kennenlernen konzentrieren.

12.5 Ganzheitliche Unterstützung von der Wohnungssuche bis zur kulturellen Integration

Registrierbare Wohnung

Ein unterschriebener Arbeitsvertrag reicht nicht aus, damit internationale Talente wirklich ankommen. Vielmehr braucht es ein strukturiertes *Arrival Management*, das über klassische Onboarding-Prozesse hinausgeht. Die

Kandidat*innen benötigen ganz praktische Unterstützung: Ohne eine registrierbare Wohnung gibt es z. B. kein Bankkonto, und damit kann kein Lohn ausgezahlt werden. Airbnb-Lösungen oder möblierte Übergangswohnungen ohne Vermieterbescheinigung führen zu erheblichen Problemen.

Mittelgroße Städte und ländlichere Regionen im Vorteil

Vor allem in Ballungszentren ist es für internationale Talente nahezu unmöglich, aus dem Ausland heraus eine feste Wohnung zu finden. Hier haben mittelgroße Städte und ländlichere Regionen klare Vorteile: Wohnungen sind verfügbarer, Netzwerke oft persönlicher, und auch das Image dieser Städte ist international nicht schlecht, vor allem, wenn eine Großstadt in Bahnreichweite liegt.

Die Mobilität muss ebenfalls mitgedacht werden: Wie kommt die Person zur Arbeit? Gibt es öffentliche Verkehrsmittel oder müssen übergangsweise Fahrdienste organisiert werden? In Einzelfällen haben wir bei Ankerkopf sogar Möbel organisiert. Da zu unterstützen, wo es möglich ist, zeigt, dass es Ihnen eben nicht nur um die Arbeitskraft, sondern um den Menschen geht. Auch das Ankommen im Team und die Situation der Familie, die gegebenenfalls mitzieht oder eben in der Heimat bleibt, Einsamkeit, die möglicherweise aufkommen könnte – all das sind Aspekte, die sich auf vielfältige Wege in Ihr Onboarding integrieren lassen.

Socializing nach Feierabend

Das gezielte Socializing nach Feierabend –auch im Homeoffice – können Sie aktiv fördern. Erprobte Beispiele, wie Sie dabei vorgehen können, gibt es in Kapitel 15, »Recruiting Best Practices: 4 innovative Ansätze und ein Tool«. Die Person, die aus dem Ausland in ihr Unternehmen kommt, braucht nicht nur einen Job-Buddy, sondern im Grunde auch einen Cultural Buddy für ganz alltägliche Themen wie Arzt-System, Kinderbetreuung, Schule und Co.

[»]

Arrival Management: Was wirklich hilft

Folgende Maßnahmen haben sich beim Arrival Management als besonders hilfreich erwiesen:

- Unterstützung bei der Wohnungssuche mit registrierbarer Adresse
- regelmäßige Kontaktpunkte vor Arbeitsbeginn (z. B. via WhatsApp)
- Hilfe bei Kontoeröffnung und Versicherungsfragen
- Willkommenspaket mit Informationen zu Alltag, Kultur, Verwaltung
- Einbindung in eine (interne oder externe) Expat-Community

12.6 Zusammenfassung

Internationales SAP-Recruiting ist eine echte Zukunftsstrategie, wenn sie ganzheitlich gedacht wird. Die größte Herausforderung ist dabei nicht die Sprache, sondern die Mentalität auf der Unternehmensseite: Sprachförderung, Integration und individuelle Begleitung sind zentrale Säulen im Global Hiring. Es gilt es, unterstützende Strukturen und eine globale SAP-Recruiting-Strategie zu schaffen, um den Ozean der globalen SAP-Talente auch für Unternehmen in Deutschland ausschöpfen zu können. Ausschöpfen heißt hier zusammengefasst:

- sprachliche Unterschiede nicht als Problem zu werten, sondern die vielfältigen Möglichkeiten zu nutzen, die es gibt
- gesetzliche Regularien im Auge zu behalten und sich selbst einen Weg zu bahnen
- Erfolge zu dokumentieren und als Best Practices anzunehmen

Das Recruiting-Tool des Active Sourcings kann erfolgversprechender sein als die internationale Stellenausschreibung. Die ganzheitliche Betreuung der besonderen Zielgruppe, vom Beginn des Kennenlernprozesses über die Auswahl bis zum Onboarding, gilt es feinmaschiger und noch stärker am Individuum auszurichten. Internationales Recruiting erfordert länderspezifisches Know-how und interkulturelle Kompetenz, wie in diesem Kapitel anhand von Indien und der Türkei verdeutlicht.

Kapitel 13
SAP-Nachwuchstalente für sich gewinnen

Ich bin überzeugt: Wer heute gezielt in SAP-Nachwuchs investiert, sichert sich die Consultants, Führungskräfte und die Innovationskraft von morgen. In diesem Kapitel zeige ich, warum der Einstieg ins SAP-Umfeld oft unnötig schwer ist – und wie wir das ändern können.

Unser Blick auf den Talente-Ozean wäre unvollständig, wenn wir nicht auch auf den Nachwuchs blickten. Ich stelle Ihnen in diesem Kapitel praxisnahe Ideen, Programme und Kooperationsmöglichkeiten vor, mit denen Sie junge Talente begeistern, gewinnen und nachhaltig entwickeln können. Denn gute SAP-Karrieren beginnen nicht von selbst. Sie benötigen Strukturen, Vorbilder und offen stehende Türen. Ich möchte Ihnen zeigen, wie Sie Einstiegshürden minimieren und tragfähige Juniorprogramme aufsetzen können. Sie sollten auch erfahren, was auf der Unternehmensseite passieren muss, um die jungen Menschen zu halten und weiterzuentwickeln. Kooperationen können hilfreich sein, aber als Arbeitgeber auch die Entscheidungskriterien zu kennen, die die neue SAP-Generation erwartet, ist ein Teil von Nachwuchsförderung.

13.1 Aller Einstieg ist schwer: Zugänge schaffen

Kindergarten-traumberuf »SAP-Consultant«?

Fragen Sie einmal Menschen aus der SAP-Community, wie sie in die SAP-Welt eingestiegen sind. Die meisten werden Ihnen antworten, dass es reiner Zufall war. Wenn man sich in einem Kindergarten nach Wunschberufen umhört, werden vielleicht die Tierärztin, der Feuerwehrmann oder die Astronautin genannt – aber der SAP-Consultant?

Nehmen Sie diese Frage nicht ganz so ernst, denn natürlich gibt es neben dem SAP-Consultant noch viele weitere weniger greifbare und sichtbare Berufe. Festzuhalten ist jedoch, dass es Interessierten schwerer fällt, ihren Weg in solche Jobrollen zu finden. Hat man diesen Weg erst einmal eingeschlagen, ist die Verweildauer im SAP-Ökosystem jedoch sehr lang. Es gibt mannigfaltige Möglichkeiten, Rollen, Projekte und Themen, um sich beruflich auszuleben, und nicht zuletzt überdurchschnittlich gute Verdienstmöglichkeiten, gemessen am Bundesdurchschnitt. Wenn Sie in einer Schule, an einer Universität oder Fachhochschule fragen, wer so richtig Lust auf den Einstieg ins SAP-Consulting hat, werden trotzdem nicht allzu viele Hände nach oben schießen. Und blicken wir mal weg von den MINT-Fächern hin zu den Geisteswissenschaften, wird der Berufswunsch »SAP-Consultant« noch seltener – und auch die Chancen, in diese Welt einzusteigen, sinken deutlich.

Einstieg SAP – aller Anfang ist schwer

Ich möchte nicht sagen, dass das SAP-Ökosystem elitär ist, denn die Menschen, die ich kennenlernen durfte, vertreten größtenteils genau gegenteilige Ansichten. Trotzdem gibt es so etwas wie eine Barriere – oder besser gesagt: eine ziemlich hohe Hürde –, um als junger Mensch den Einstieg zu schaffen.

Wir wurden als SAP-Personalberatung schon gefragt, ob wir geeignete Junior*innen, Absolvent*innen oder Werkstudent*innen in Trainee- bzw. Juniorenrollen vermitteln könnten. Diese Anfragen zeugen meines Erachtens davon, dass es für viele Unternehmen nicht mehr so leicht ist, ihre dualen Ausbildungsstellen oder Einstiegsstellen zu besetzen.

Frustrierende Suche nach Junior-Stellen

Gleichzeitig haben wir in unserer SAP-Karriereberatung von vielen jungen Menschen erfahren, dass sie sich monatelang vergeblich beworben haben. Manche Fälle haben sogar eine gewisse Reichweite auf LinkedIn erzielt und Mitleid mit den Betroffenen geweckt, die so hart gesucht und Dutzende Absagen bekommen haben.

Die häufigsten Ablehnungsgründe waren, dass die Person zu alt sei, kein Studium oder kein Studium in einem MINT-Fach aufweise (Mathematik, Informatik oder Naturwissenschaft und Technik) oder zu wenig Deutschkenntnisse habe. Die Menschen, die wir begleitet haben, sind aber trotzdem drangeblieben und haben teilweise eine beeindruckende Entwicklung im SAP-Umfeld gemacht. Aber ihre Einstiege verliefen sehr holprig, mühsam, frustrierend und waren durch starke Ablehnung gekennzeichnet.

Niedrigschwellige Zugänge schaffen

Wäre die Fachkräftesituation eine andere, gäbe es weniger Vakanzen, weniger Bedarf und eine ausreichende Anzahl an Nachwuchskräften, wäre das Thema des Einstiegs in die SAP-Welt zwar sicherlich auch relevant, aber nicht so dringlich, wie es heute der Fall ist. In der aktuellen Situation ist es jedoch wichtiger denn je, Nachwuchskräfte zu gewinnen. Das erfordert vor allem, niedrigschwellige Zugänge zu schaffen. Machen Sie aus dem Zufall ein System.

In den folgenden Abschnitten skizziere ich einige Maßnahmen, die Sie dabei unterstützen können, mehr SAP-Nachwuchs für Ihr Unternehmen zu finden.

13.2 Generation Z als SAP-Nachwuchs verstehen

Wenn es um die richtige Ansprache von Nachwuchskräften geht, ist es Zeit, über die spezifischen Merkmale der Generation Z zu sprechen, also den zwischen 1995 und 2012 geborenen Menschen. Um diese jungen Talente zu erreichen, müssen Sie ihre Sprache sprechen, ihre Werte verstehen und auch ihr Verhältnis zur Arbeit begreifen.

Generation Z auf einen Blick

Jeder Mensch ist einzigartig. Dies gilt es immer zu beachten, wenn wir über große und letztlich heterogene Gruppen wie die Babyboomer, die Millennials oder auch die Generation Z sprechen. Immer wieder werden die Unterschiede und teilweise Widersprüche innerhalb dieser Generation hervorgehoben. Die wichtigsten gemeinsamen Merkmale, die ihr zugeschrieben werden, fasst Abbildung 13.1 zusammen.

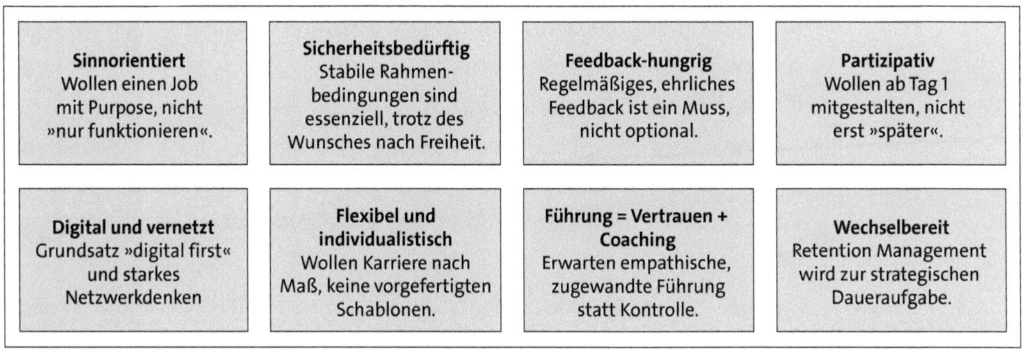

Abbildung 13.1 Was Sie über die Generation Z wissen sollten

Viele Thesen über die Generation Z

Die Generation ist digital aufgewachsen und hat ein starkes Sicherheitsbedürfnis. Sie ist geprägt von der Erfahrung mit gewaltigen Krisen, wie 9/11, der Corona-Pandemie oder Klimawandel-Dynamiken. Jobs sollen erfüllend sein und Sinn stiften. Unternehmen sind auch Spielfelder für den eigenen Gestaltungswillen, wenn sie als vertrauenswürdig und offen wahrgenommen werden. Gleichzeitig ist den Mitgliedern dieser Generation eine Trennung von Arbeit und dem restlichen Leben sehr wichtig. Auch nehmen sie negative Erfahrungen mit ihrem Arbeitgeber nicht mehr einfach hin, da sie auf ein breites Angebot an Unternehmen treffen, die sich um sie bewerben.

Es gibt einige Studien und Statistiken rund um die Generation Z. Das Paper »Generation Zukunft« der Managementberatung *allfoye* kann ich Ihnen speziell für das Recruiting empfehlen. Es steht zum Download unter *https://www.allfoye.com/de/downloads/paper-generation-zukunft/* bereit. Ein Zitat aus der Studie der Managerin für Kulturtransformation Kristina Ghalari:

> *»In der Begegnung mit der Gen Z fällt mir immer wieder eines auf: Sie betrachtet Themen kontextuell ganz anders als ältere Generationen. Zumindest tendenziell kann gesagt werden: Die Gen Z nimmt intensiver wahr, was sich bei einem Thema oder Projekt links und rechts tut, integriert viel mehr Faktoren in ihre Arbeit. Die jungen Leute interpretieren ständig ihr Umfeld; das ist sehr spannend.«*

Ich habe dieses Zitat herausgegriffen, um Ihnen aufzuzeigen, was die Generation Z für die SAP-Consulting-Branche mitbringt. Menschen, die bewusst nach links und rechts, also über den berühmten Tellerrand schauen, die alte Strukturen und Abläufe hinterfragen und auf ihre Sinnhaftigkeit hin überprüfen, können sehr wertvoll sein. Viele von ihnen haben auch eine umweltbewusste und nachhaltige Grundeinstellung, wie die Aktionen rund um Fridays for Future zeigen. Dies scheint für mich eine ideale Basis für SAP-Consultants zu sein, die nicht nur ausführen, was der Kunde will, oder nur verkaufen wollen, sondern die sinnvoll beraten und Hilfestellung geben wollen.

Das ERP-System wird von dieser Genreration genauso infrage gestellt wie die Kultur und die Geschäftsvorgänge Ihres Unternehmens. Und das ist gut, denn radikale Veränderung und digitale Transformation brauchen genau das.

Bedeutung für das Recruiting

Für die Personalgewinnung von Juniorkräften erfordert das, digital zu denken, sich also als Unternehmen dort zu positionieren, wo sich die jungen Menschen ohnehin aufhalten. Auch muss die Candidate Experience Sicherheit vermitteln und transparent sein. Diese Generation will wissen, was konkret passieren wird und welche Werte ihr zukünftiges Unternehmen vertritt. Sie sollten sich auch die Fragen stellen, wie Sie die berufliche Zukunft dieser jungen Menschen positiv beeinflussen können.

Führungsverständnis

Für die Wahl der Mentor*in oder der Führungskraft gibt das zitierte Paper den Hinweis, auf einen weniger delegierenden und unterweisenden Führungsstil zu achten, ohne dabei ins Mikromanagement zu verfallen. Besser sei es, über Ziele und Partizipation zu führen. Die Führungskraft als empathischer, mit emotionaler Intelligenz ausgestatteter Coach, der Türen öffnet und Perspektiven für das persönliche Wachstum im Blick behält – das ist die Form von *New Leadership*, in der die Generation Z aufblüht und die sie voraussichtlich selbst als Führungsnachwuchs praktizieren wird. New Leadership ist eine Führung, die im Grunde das Gegenteil von Mikromanagement vertritt. Lesen Sie zum Thema New Leadership im SAP-Kosmos mit Fokus auf neue Modelle von Führung auch Abschnitt 9.5, »Neue Organisations- und Führungsmodelle«.

Mitarbeiterbindung – eine echte Herausforderung bei der Generation Z

Die Generation Z zu sich zu holen, ist sicherlich keine kleine Herausforderung, sie aber zu halten, ist eine ganz andere Sache. Einen guten Vorschlag macht die Themenschmiede (*https://www.themenschmiede.com/fachkraeftemangel-und-human-resources*):

- Schaffen Sie flexiblere Stellen- und Arbeitskonzepte, um die Neugierde und den Gestaltungswillen der Generation zu bedienen, aber auch der *Fear of Missing out* (FOMO), die Angst, etwas zu verpassen, vorzubeugen. Denn selbst, wenn Jobs zufriedenstellen, kann es ansonsten zur Kündigung kommen.
- Die Rolle von HR sollte unbedingt in Richtung des HR Business Partners überdacht werden.
- Die Werte, die in Ihrem Unternehmen gelebt werden, sollten ins Zentrum der Kommunikation gestellt werden.

Gestaltungswillen nutzen und Räume schaffen

Machen Sie sich den Gestaltungswillen und den Wunsch, aktiv an der Zukunft Ihres Unternehmens mitzuwirken, zunutze. Stellen Sie Ihren Juniorkräften nicht nur ein souveränes Mentoring an die Seite, also Menschen, die gut darin sind, diese Generation zu führen, sondern schaffen Sie auch Möglichkeiten, Verbesserungsideen einzubringen. Der bereits genannte Artikel der Themenschmiede bezeichnet das Rotieren zwischen mehreren verschiedenen Jobs innerhalb eines Unternehmens als *Gig Economy*. Bieten Sie durch interdisziplinäre Projekte, Netzwerke und Arbeitsgruppen und auch mit einem internen Job-Board Anreize, in Ihrem Unternehmen zu bleiben.

Hohe Wechselbereitschaft bei Gen Z

Ein kleiner Trost für Sie, wenn Sie nicht alle Juniorkräfte nach dem Juniorprogramm für viele Jahre halten können: Eine Studie des Capgemini Research Institutes aus dem Jahr 2022 bestätigt den hohen Wechselwillen dieser Generation (*https://www.capgemini.com/wp-content/uploads/2022/10/People-Experience-Research_Report_web.pdf*).

Zum Zeitpunkt der Befragung erwogen 49 % der Mitarbeitenden aus der Generation Z, ihren Arbeitsplatz in den folgenden zwölf Monaten zu wechseln (siehe Abbildung 13.2) – deutlich mehr als in der Vergleichsgruppe der Millennials (33 %) und der Generation X (31 %). 59 % der Befragten aus der Generation Z würden sogar ohne Aussicht auf eine bessere Vergütung gehen.

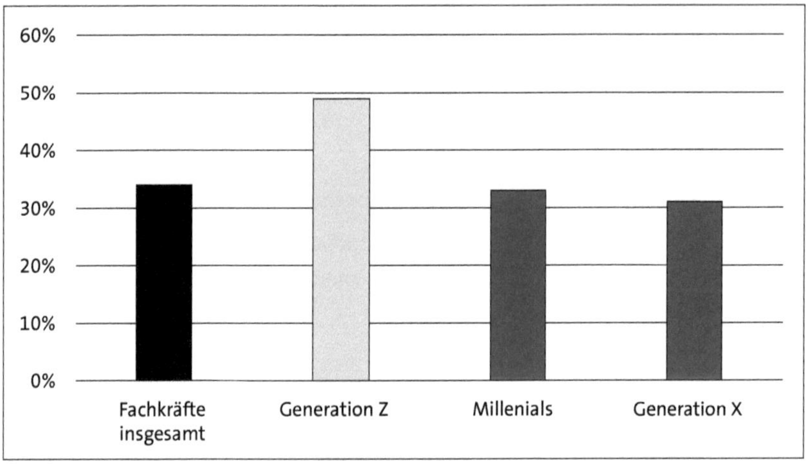

Abbildung 13.2 Wechselbereitschaft nach Altersgruppe im Generationenvergleich (Quelle: Gapgemini Research Institute: The People Experience Advantage, 2022)

Die hohe Wechselbereitschaft der Generation Z hat zwei Seiten: Sie erschwert die Mitarbeiterbindung, bietet aber auch Chancen für Ihr Recruiting. Immerhin ist etwa die Hälfte dieser Generation bereit für einen Jobwechsel.

Sie sollten Ihre Juniorprogramme auch nach den Bedürfnissen, Werten und Wünschen dieser Generation ausrichten. Im folgenden Abschnitt zeige ich Ihnen auf, welche Bausteine ein funktionierendes SAP-Juniorprogramm beinhalten sollte, um dieser Generation gerecht zu werden und gleichzeitig Ihre betriebswirtschaftlichen Ziele zu erreichen.

13.3 Juniorprogramme etablieren

Merkmale guter SAP-Juniorprogramme

Wenn ich mit Klient*innen arbeite, die richtig durchstarten, haben diese häufig an einem *Juniorprogramm* teilgenommen. Was ein gutes SAP-Juniorprogramm aus meiner Sicht auszeichnet und wie Sie ein solches Programm bei sich etablieren können, bespricht dieses Kapitel.

Ansatzpunkte

Zunächst setzten solche Programme an verschiedenen Punkten an. Sie können etwa folgende Bereiche abdecken:

- Onboarding
- SAP-Fachwissen
- Soft Skills, Coaching und Präsentieren
- Projektmethodiken

- (Offizielle) Zertifikate und Schulungen, intern wie extern
- Zeitgemäßes Blended Learning und Community
- Ein hoher Praxisbezug mit echten Kundendaten
- Häufig Hand in Hand mit einem Job-Buddy oder Mentoring
- Einstiegsgehalt mit rund 48.000–55.000 €
- Sämtliche Benefits, die das Arbeiten als SAP-Consultant erfordert, und eine solide Ausstattung sowie Infrastruktur

Die Dauer solcher Traineeprogramme beträgt zwischen 3 und 6 Monaten, manchmal auch 8 Monate. Bei größeren Unternehmen starten diese Programme mehrmals im Jahr.

Beispiel für ein Programmkonzept

Ein erfolgreiches Juniorprogramm endet nicht mit der ersten Zertifizierung oder dem ersten Kundeneinsatz. Unternehmen, die SAP-Talente strategisch aufbauen wollen, müssen über die klassische Einarbeitung hinausdenken. Das folgende Programmkonzept kombiniert Theorie, Praxis, Mentoring und Soft-Skill-Entwicklung in einem strukturierten Fahrplan. Abbildung 13.3 zeigt seine neuen Bausteine im Überblick.

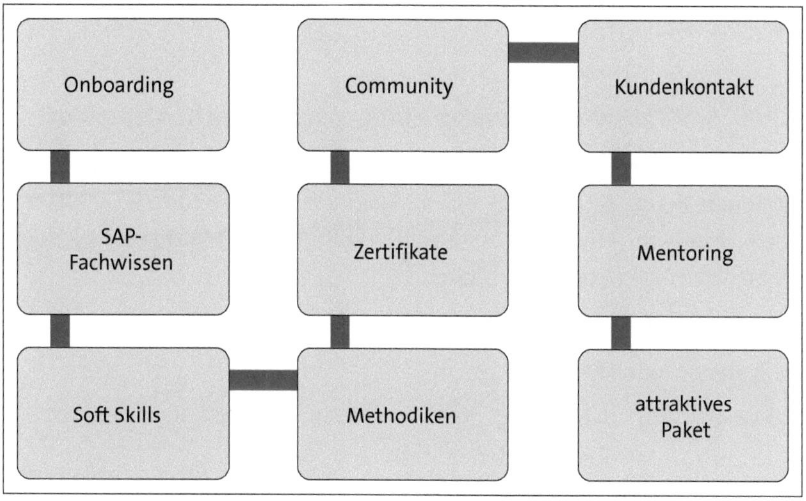

Abbildung 13.3 Mögliche Bausteine für Ihr SAP-Juniorprogramm

13.3.1 Onboarding: Der Grundstein für den Erfolg

Orientierung, Selbstvertrauen und erste Netzwerke

Der Einstieg entscheidet alles. Die ersten Wochen im Unternehmen prägen, wie sich eine SAP-Juniorkraft langfristig entwickelt. Ein gutes Onboarding sorgt für Orientierung, Selbstvertrauen und erste Netzwerke im Unternehmen.

Folgende Ideen für das SAP-Onboarding von Juniorkräften haben sich bewährt:

- **Kick-off-Event**
  Vorstellung der Unternehmenskultur, der Werte und internen Prozesse
- **Mentoring- oder Buddy-Programm**
  Ein erfahrener Kollege oder eine erfahrene Kollegin begleitet die Juniorkraft aktiv.
- **SAP-Grundlagen in 10 Tagen**
  Ein strukturiertes Training führt in die Systemlogik, Customizing-Grundlagen und typische Prozessabläufe ein.
- **Erster Einblick in Kundenprojekte**
  Job-Shadowing und der Einblick in Projekte sollten ab dem ersten Monat ermöglicht werden.

Transparente Erwartung

Es sollte bereits im Auswahlprozess transparent kommuniziert werden, was im ersten Jahr erwartet wird und welche Entwicklungsstufen vorgesehen sind. Ziel der Onboarding-Maßnahmen sollte es sein, dass sich die Junior*innen gut aufgehoben fühlen und verstehen, wie ihr Weg im Unternehmen aussehen wird.

13.3.2 SAP-Fachwissen: Fundament für nachhaltige Karrierepfade

Solides SAP-Fundament

Juniorkräfte müssen früh ein solides Fundament für ihr SAP-Fachwissen aufbauen. Doch SAP ist mehr als nur das IT-System. Es bildet Geschäftsprozesse ab. Ein strukturiertes Fachtraining hilft daher, Theorie und betriebswirtschaftliche Praxis zu verbinden.

Zentrale Lerninhalte des Juniorprogramms sollten sein:

- **System-Logik verstehen**

  Wie arbeiten Customizing, Stammdaten und Prozesse zusammen?
- **Kernprozesse durchspielen**

  Die Juniorkräfte sollten sich mit den durch das SAP-System gestützten Abläufen im Vertrieb, der Logistik, der Produktion oder der Finanzbuchhaltung vertraut machen können.
- **Erste Customizing-Aufgaben**

  An einem Testsystem sollten die Juniorkräfte Änderungen vornehmen und die Auswirkungen beobachten können.
- **SAP-Projekte aus Kundenperspektive**

  Wie sehen typische Einführungs- oder Transformationsprojekte bei den Kunden aus?

Mögliche Lernformate

Auch Lernformate haben Einfluss auf die Motivation und sollten der Erwartung und den Erfahrungen der neuen Generation angepasst werden. Folgende Lernformate wären z. B. möglich:

- interaktive Trainings anhand von echten Kundenszenarien
- Lern-Sprints mit wöchentlichen Challenges, orientiert an den Sprints in agilen Projekten
- Erfahrungsberichte von Seniorkräften zu deren SAP-Karrierewegen

Eine Juniorkraft muss nicht sofort alles können. Sie muss jedoch lernen, wo sie nachschlagen kann und wie sie die richtigen Fragen stellt, um herauszufinden, was sie wissen möchte.

Mentoren-Karrierecheck

Flankierend zu den oder als Abschluss der fachlichen Weiterbildungsmaßnahmen bietet sich ein Karrierecheck mit dem oder der Mentor*in an. Dabei sollte grundsätzlich hinterfragt werden, ob der eingeschlagene Pfad noch der richtige ist oder ob es andere Rollen, Fachthemen oder Module gibt, die besser zu der jeweiligen Person passen. Dieser Check ist hilfreich, um das bereits Gelernte und auch die Vielfältigkeit der möglichen Karrierepfade zu reflektieren und mit den eigenen Vorstellungen abzugleichen. Denn erst mit dem Eintreten in das SAP-Ökosystem erschließen sich Schritt für Schritt Rollen oder Themen, die die Programmteilnehmenden vorher bisher nicht auf dem Schirm hatten. Gleichzeitig entwickeln sich die eigenen Kompetenzen und Stärken im Job. Mit einem Karrierecheck kann nach einer kurzen Zeit der Berufstätigkeit noch einmal nachjustiert werden, was Frust oder einem schnellen Ausstieg nach der Traineezeit vorbeugt.

13.3.3 Soft Skills, Coaching und Präsentieren

Von der Juniorkraft zum Consultant

Die beste technische Lösung bringt nichts, wenn sie den Kunden gegenüber nicht verständlich kommuniziert wird. Deshalb ist die Entwicklung von kommunikativen Soft Skills für Nachwuchskräfte in der Beratung essenziell.

Im Folgenden führe ich einige mögliche Trainingsmodule für solche in der SAP-Welt benötigten Soft Skills auf:

- **Präsentationstechniken**
  Wie erkläre ich einem Kunden ein SAP-Feature in fünf Minuten?
- **Storytelling im Consulting**
  Wie formuliere ich Empfehlungen so, dass sie überzeugen?

- **Kommunikation auf Management-Ebene**
  Wie stelle ich technisch komplexe Sachverhalte verständlich und auf Augenhöhe dar?
- **Feedback-Kultur**
  Lernen, mit kritischen Rückmeldungen umzugehen und sich weiterzuentwickeln

Persönlichkeitsentwicklung

Auch Coaching-Elemente, die nicht direkt den Job betreffen, lassen sich gut in ein Juniorprogramm einbauen – und können die Persönlichkeitsentwicklung, die meist erst Ende zwanzig abgeschlossen ist, noch einmal besonders fördern.

Folgende Maßnahmen können dabei helfen:

- **Selbstreflexion**
  Wo sind meine Stärken und Entwicklungspunkte?
- **Mentoring durch erfahrene SAP-Consultants**
  Persönliche Sparringspartner*innen helfen bei Herausforderungen.
- **Peer-Feedback in kleinen Gruppen**
  Passende Treffen können regelmäßig für ein gegenseitiges Coaching und den Austausch von Best Practices stattfinden.

Juniorkräfte, die früh lernen, souverän zu kommunizieren, haben langfristig größere Karrierechancen, sei es als Consultant oder auch in ganz anderen Rollen.

13.3.4 Projektmanagement-Methoden

Projektmanagement-Methoden

SAP-Projekte sind keine reinen IT-Vorhaben. Es sind Change-Projekte, die Prozesse, Systeme und Menschen betreffen. Deshalb müssen Juniorkräfte neben Fachwissen auch Methodenkompetenz aufbauen.

Folgende Methoden sollten SAP-Juniorkräfte beispielsweise kennenlernen:

- **SAP Activate und agile Methoden**
  Wie läuft eine SAP-S/4HANA-Transformation ab? Wie funktionieren agile Entwicklungsprojekte?
- **Klassische Wasserfall-Modelle**
  Wie wurden SAP-Projekte früher umgesetzt?
- **Hybride Ansätze**
  Wann sollte welche Methode sinnvollerweise eingesetzt werden?
- **Change Management**
  Wie hilft man Kunden, mit Veränderungen umzugehen?

Praktische Umsetzung

Die praktische Umsetzung solche Methoden ist das A und O im SAP-Kosmos. Und daran scheitern viele Weiterbildungsanbieter, da manchmal nicht einmal die Trainer*innen selbst im SAP-Consulting oder gar auf Kundenseite gearbeitet haben. Folgende Ansätze können helfen, nicht nur die Theorie, sondern auch die praktische Umsetzung der erlernten Methoden sicher zu beherrschen:

- **Ein internes SAP-Projekt simulieren**

  Vom Kick-off bis zum Go-live in kleinen Teams an einem Projekt arbeiten
- **Juniorkräfte aktiv in echte Kundenprojekte einbinden**

  Mit Job-Shadowing starten, dann eigene Teilaufgaben übernehmen lassen
- **Erste Verantwortung übernehmen**

  Ein kleines SAP-Rollout-Szenario selbst betreuen

Juniorkräfte lernen am meisten, wenn sie eigenständig denken und mitgestalten dürfen. Und dies entspricht auch den Wünschen der Generation Z.

13.3.5 Offizielle Zertifikate und Schulungen als Kompetenznachweis

Zertifikate für die avisierte Rolle

Ein SAP-Junior oder eine SAP-Juniorin sollte innerhalb der ersten Monate eine erste Zertifizierung anstreben. Unternehmen sollten diesen Prozess aktiv unterstützen. Dies kann auch gerne auf LinkedIn oder intern als Erfolg und Meilenstein gefeiert werden. Sie sollten sinnvolle Zertifikate für die avisierte Rolle im Blick haben.

Folgende Bereiche könnten diese Zertifikate beispielsweise abdecken. Sie werden etwa von *SAP Learning* angeboten (*learning.sap.com*):

- SAP S/4HANA (z. B. Sales, Finance, Procurement, Manufacturing)
- SAP Business Technology Platform (SAP BTP) für Cloud-nahe Karrieren
- ABAP und Entwicklung für technische Juniorkräfte

Lernumgebung

Als Unternehmen sollten Sie die bestmögliche Lernumgebung für Ihre SAP-Juniorkräfte bereitstellen. Dazu gehört Folgendes:

- SAP-Learning-Hub-Zugänge bereitstellen
- Prüfungsvorbereitungen mit internen Mentoren organisieren
- interne Schulungen mit Zertifikatscharakter etablieren

Zertifizierungen helfen Ihren Juniorkräften nicht nur, von den Kunden akzeptiert zu werden, sondern geben ihnen auch das Selbstvertrauen, ihr Wissen bewiesen zu haben. Ein schöner Nebeneffekt ist, dass sie das erfolgreiche Bestehen einer Weiterbildung auf LinkedIn sichtbar machen könnten.

Hier lesen Ihre Kunden mit, aber auch das Netzwerk Ihres Trainees und damit weitere mögliche Neuzugänge für Ihr Juniorprogramm.

13.3.6 Blended und Community Learning: Lernen über das Juniorprogramm hinaus

Kontinuierliche Weiterentwicklung

Die SAP-Welt ändert sich ständig, daher muss auch eine Juniorkraft lernen, sich kontinuierlich weiterzuentwickeln. Als Unternehmen sollten Sie daher ein nachhaltiges Lernumfeld schaffen, das Ihren Juniorkräften und anderen Mitarbeitenden dieses kontinuierliche Lernen ermöglicht. Die folgenden Bausteine sind wichtige Maßnahmen:

- **Wissensplattformen nutzen**

  Sorgen Sie dafür, dass Ihre Mitarbeitenden Zugriff auf interne und externe Wissensressourcen haben.
- **SAP-Communitys fördern**

  Unterstützen Sie die Teilnahme an User-Groups, Meetups oder Online-Foren.
- **Blended-Learning-Modelle etablieren**

  Blended Learning ist eine Kombination aus Online- und Offline-Lernen.
- **Interne Knowledge-Sessions organisieren**

  Ermöglichen Sie den regelmäßigen Austausch mit erfahrenen Professionals in internen Knowledge-Sessions.

Je aktiver Juniorkräfte in die SAP-Community eingebunden sind, desto schneller wächst ihr Wissen. Dem Wunsch nach Weiterbildung kommen Sie direkt mit dem Start ins SAP-Berufsleben nach und sorgen damit für eine höhere Mitarbeiterzufriedenheit, -produktivität und -bindung. Die Förderung des Einzelnen bringt Unternehmen in ihren Zielen weiter, die Kunden gut zu betreuen und zeitgemäß zu beraten oder das eigene Unternehmen durch den zeitgemäßen Einsatz des SAP-Systems in eine sichere Zukunft zu führen. Wissen führt zu Kompetenz und gepaart mit praktischer Projektarbeit und persönlicher Motivation letztlich auch zu Exzellenz. Die resultierenden High Performer sind das, was sich Organisationen wünschen und brauchen, um in der VUKA-Welt erfolgreich zu bestehen.

13.3.7 Hoher Praxisbezug mit echten Kundenszenarien

Ohne Praxis bleibt SAP-Theorie abstrakt. Deshalb müssen Juniorkräfte so früh wie möglich in echten Kundenprojekten mitarbeiten oder mit realistischen Szenarien arbeiten.

Praxisnahe Lernmethoden wären z. B.:

Praxisnahe Lernmethoden

- mit anonymisierten Kundendaten in einem Sandbox-System arbeiten
- »Mini-Projekte« mit realen Herausforderungen aus echten SAP-Projekten durchspielen
- echte Kundenmeetings begleiten und später selbst leiten

Je näher an der Praxis eine Juniorkraft arbeitet, desto schneller gewinnt sie an Sicherheit und ist in der Lage, wertschöpfend tätig zu sein. Damit ist die SAP-Fachkraft nach einer bestimmten Zeitspanne extern oder intern einsetzbar und steht dem Unternehmen als Arbeitskraft, die nun auch für wirtschaftlichen Erfolg sorgen kann, zur Verfügung. Für einen mehrmonatigen Zeitraum verursachen Juniorkräfte jedoch zunächst vor allem Kosten, ohne dass dafür eine profitable Tätigkeit gegengerechnet werden kann.

13.3.8 Mentoring: der Schlüssel zu langfristigem Erfolg

Mentoring-Programme

Alle erfolgreichen SAP-Consultants hatten einmal Unterstützung von erfahrenen Kolleg*innen. Unternehmen sollten Mentoring-Programme daher ganz gezielt aufbauen.

Ein starkes Mentoring-Programm sollte folgende Elemente beinhalten:

- Ein erfahrener SAP-Consultant wird der Juniorkraft als feste Ansprechperson zur Seite gestellt.
- Juniorkraft und Mentor*in führen regelmäßige Check-in-Termine zur Standortbestimmung durch.
- Sie arbeiten dabei gezielte Herausforderungen heraus, um eigenständig zu wachsen.

Ein starkes Mentoring kann aus einer talentierten Juniorkraft eine zukünftige Führungskraft machen. Ich habe in meinem Netzwerk einige starke SAP-Persönlichkeiten kennengelernt. Viele von ihnen hatten früh in ihrer Karriere Mentoring-Unterstützung – entweder unternehmensintern oder durch Menschen, die sie sich proaktiv außerhalb der eigenen Organisation gesucht haben.

13.3.9 Attraktive Rahmenbedingungen: Gehalt, Ausstattung und Entwicklungsperspektiven

Modernes und attraktives Arbeitsumfeld

SAP-Juniorkräfte erwarten heute ein modernes und attraktives Arbeitsumfeld. Unternehmen sollten daher folgende Rahmenbedingungen bieten:

- Einstiegsgehalt zwischen 48.000 und 55.000 €
- flexible Homeoffice-Politik
- moderne technische Ausstattung
- klare Karrierepfade

Wenn sich Juniorkräfte langfristig wertgeschätzt fühlen, bleiben sie dem Unternehmen länger erhalten und tragen nachhaltig zur Wertschöpfung bei. Kommunizieren Sie deshalb auch klare Gehaltsbänder für die verschiedenen Stationen ihrer Laufbahn in Ihrem Unternehmen.

Ansonsten kann es passieren, dass die Juniorkraft nach Ablauf des Traineeprogramms schnell wieder weg ist, da sie von Konkurrenzunternehmen abgeworben wird.

Arbeitgeberwechsel in den ersten zehn Berufsjahren

Gerade in den ersten zehn Berufsjahren erleben wir im Durchschnitt zwei bis drei Arbeitgeberwechsel, manchmal auch noch mehr. In dieser ersten beruflichen Phase treibt es die jungen Menschen einfach hin zu neuen beruflichen Perspektiven, selbst wenn Sie als Unternehmen den besten Job als Arbeitgeber machen. Der Wunsch nach Weiterentwicklung ist ein intrinsisches Hin-zu-Ziel. Als Arbeitgeber sollten Sie natürlich versuchen, Abwechslung und Entwicklungsmöglichkeiten zu bieten, gleichzeitig aber akzeptieren, dass es in der jungen Generation nicht üblich ist, für immer bei einem Arbeitgeber zu bleiben.

Wechselwunsch kein illoyales Verhalten

Werten Sie diese Wechsel daher bitte nicht als illoyales Verhalten. Auch nach einem Wechsel ist Loyalität zum ersten Arbeitgeber möglich – etwa indem im eigenen Netzwerk positiv über Sie gesprochen und Sie weiterempfohlen werden. Loyalität im Arbeitskontext sollte in dieser Richtung neu gedacht werden. Es bedeutet nicht zwingend, bei einer einzigen Berufsstation zu bleiben. Und manche ehemalige Juniors kehren nach dem ersten Wechsel auch wieder zu ihrem ersten Arbeitgeber zurück. Lesen Sie auch Abschnitt 8.4, »Umgang mit Karrierewechseln: Offboarding mit Wiederkehrpotenzial«, um eine gute Strategie für diese Zielgruppe zu entwickeln.

[»]

Mehr als nur Einarbeitung

Der Erfolg eines Juniorprogramms zeigt sich nicht nach sechs Monaten, sondern in der langfristigen Entwicklung der Talente. Wenn Sie die in diesem Abschnitt vorgestellten neun Bausteine richtig umsetzen, ziehen sich nicht nur SAP-Professionals heran, sondern entwickeln auch direkt die zukünftigen SAP-Führungskräfte aus Ihrem Unternehmen heraus.

13.4 Was können Unternehmen nach dem Juniorprogramm leisten?

Juniortitel erst nach 3 Jahren ablegen

Wenn Ihre Trainees und Juniors einen guten Start in den SAP-Kosmos hatten, sind sie immer noch keine fertigen SAP-Consultants. Zwar können Sie in der Kommunikation mit dem Kunden den Juniortitel fortan weglassen, Sie sollten die Absolvent*innen Ihres Juniorprogramms jedoch nicht direkt ins kalte Wasser stoßen und allein laufen lassen. Meiner Wahrnehmung nach kann der (inoffizielle) Juniortitel erst nach rund 2 bis 3 Jahren Berufserfahrung wirklich abgelegt werden. Denn das Juniorprogramm diente nur der ersten Orientierung, ob die SAP-Laufbahn und die Zusammenarbeit grundsätzlich von beiden Seiten aus funktionieren.

Nächste Station aufzeigen

Viele Juniorkräfte sind nach dem Abschluss eines solchen Programms unsicher, was als Nächstes kommt. Vielleicht ist die erste fachliche Ausrichtung bisher nicht ganz die richtige gewesen. Um einen Überblick über die vielen Möglichkeiten in Ihrem Unternehmen zu geben, sollten Sie individuelle Entwicklungsgespräche führen und gemeinsam mit den Juniorkräften herausfinden, ob sie in die Modulberatung, ins Projektmanagement oder in einen technischen Bereich gehen wollen. Es ist wichtig, sowohl horizontale als auch vertikale Karriereschritte anzubieten. Wer sich nicht gleich als SAP-Professional sieht, kann über unterstützende Rollen wie das Project Management Office (PMO) oder interne Rollout-Projekte weiter wachsen.

Juniors bewusst in Projekte integrieren

Ein direkter Einstieg in Kundenprojekte ist wichtig, sollte aber strukturiert erfolgen. Juniorkräfte brauchen die richtige Balance aus Verantwortung und Unterstützung, um sicher agieren zu können. Eine mögliche Herangehensweise ist es, sie durch Job-Shadowing-Ansätze an eigene Projekte heranzuführen. Zunächst begleiten sie erfahrene Kolleg*innen, dann übernehmen sie schrittweise selbst Aufgaben, während weiterhin ein erfahrener Berater oder eine erfahrene Beraterin als Absicherung bereitsteht.

SAP-Netzwerk aktiv fördern

Nachwuchskräfte müssen schnell wissen, an wen sie sich mit Fragen wenden können. Unternehmen sollten deshalb auch über das Einstiegsprogramm hinweg Mentoring-Programme etablieren und den internen Austausch fördern. Formate wie *Lunch and Learn*, interne Stammtische oder Wissensaustauschgruppen können dazu beitragen, dass sich (ehemalige) Junior*innen gegenseitig unterstützen. Ein fester SAP-Buddy als Ansprechperson kann den Einstieg zusätzlich erleichtern.

Hybrid-Weiterbildung anbieten

Nach dem Juniorprogramm sollte das Lernen nicht vorbei sein. Neben klassischen SAP-Schulungen sollten Unternehmen praxisorientierte Weiterbildungsformate schaffen. *SAP-Hackathons* oder interne Mini-Projekte erlauben, neues Wissen in praxisähnlichen Szenarien auszuprobieren, bevor es in Kundenprojekten eingesetzt wird. Auch die Förderung von Selbstlernformaten durch den Zugriff auf E-Learning-Plattformen kann eine sinnvolle Ergänzung sein.

Juniors gezielt sichtbar machen

Wer nicht sichtbar ist, wird übergangen. Unternehmen sollten gezielt dafür sorgen, dass ihre Nachwuchstalente intern und extern wahrgenommen werden. Das kann durch interne Blogbeiträge, Vorträge oder Knowledge-Sharing-Sessions geschehen. Auch die gezielte Vorstellung neuer Juniorkräfte in internen Meetings oder auf firmeninternen Plattformen kann hilfreich sein. In Kundenprojekten können Juniorkräfte zunächst Meetings moderieren oder Workshops begleiten, bevor sie eigenständig Verantwortung übernehmen.

Feedback-Schleifen einbauen

Nach Abschluss des Juniorprogramms sollte ein strukturiertes Feedback-Gespräch stattfinden. Unternehmen sollten gemeinsam mit den Juniorkräften reflektieren, welche Erfahrungen sie gemacht haben, welche Unsicherheiten noch bestehen und welche nächsten Schritte sinnvoll sind.

Regelmäßige Check-ins nach sechs und zwölf Monaten helfen dabei, Entwicklungspfade individuell anzupassen und sicherzustellen, dass sich die ehemaligen Juniors langfristig im Unternehmen weiterentwickeln.

Cross-Company Learning

Unternehmen können Juniorkräfte weiter fördern, indem sie Möglichkeiten zum Austausch mit Mitarbeitenden anderer Firmen oder in SAP-User-Groups schaffen. Eine *Job-Rotation* zwischen verschiedenen Unternehmensbereichen oder sogar ein zeitlich begrenzter Einsatz bei Partnerunternehmen kann wertvolle Perspektiven eröffnen; das bezeichne ich als *Cross-Company Learning*. Besonders spannend ist dies für interdisziplinäre Karrierepfade in Richtung Architektur- oder Prozessmanagement, da ein breiteres Verständnis der Unternehmensprozesse erforderlich ist.

[+]

Juniorkräfte und der Kunde

Nutzen Sie als SAP-Partner Ihr Netzwerk aus Anwenderunternehmen, und integrieren Sie Ihre Juniorkräfte in Projekte oder bestimmte Aufgaben, kommunizieren Sie diese Einsätze jedoch explizit als Teil Ihres Juniorprogramms. Machen Sie Ihrem Kunden klar, wie zentral die Förderung von SAP-Nachwuchskräften für das gesamte SAP-Ökosystem ist. Der Kunde möchte schließlich auch morgen noch von Ihnen betreut werden, und das geht nur mit neuen SAP-Talenten, die in echten Projekten lernen.

Sie können auch Ihre Juniorkräfte zum Hospitieren an ein fachlich passendes Sachbearbeitungsteam des Kunden ausleihen und diese Business-Station als strukturierten Teil Ihres Programms einplanen. Ihr Trainee kann so wertvolle Erfahrungen auf der Anwenderseite machen, und Ihr Kunde erhält für zeitweise Unterstützung für leichtere Tätigkeiten.

Ab wann dürfen Juniorkräfte zum Kunden?

Juniorkräfte und Unternehmen wünschen sich in der Regel, dass die Nachwuchskraft immer gemeinsam mit einem Senior-SAP-Consultant zum Kunden geht, dabei lernt und erste Aufgaben übernimmt. Sie soll somit auch eine Entlastung für die Seniorkraft werden. Dies stößt jedoch regelmäßig auf Widerstände seitens der SAP-Anwenderunternehmen. Diese sind nicht bereit, für eine Juniorkraft zu zahlen und hohe Tagessätze an Menschen zu zahlen, die beruflich noch am Anfang stehen. Der Ruf nach mehr erfahrenen SAP-Consultants wird immer lauter, gerade jetzt, da die Transformationsprojekte auf SAP S/4HANA in die heiße Phase gehen. An dieser Stelle stehen wir vor einem klassischen Henne-Ei-Problem: Ohne neue Kräfte einzuführen und sie Erfahrungen sammeln zu lassen, kann es auch zukünftig nicht ausreichend Consultants mit Erfahrung geben. SAP-Anwenderunternehmen müssen also zulassen und aushalten, dass auch bei Ihnen Juniorkräfte tätig werden.

Keine Juniorkräfte als Seniorkräfte verkaufen

Für die SAP-Dienstleister gilt jedoch, dass es wichtig ist, sich transparent zu zeigen und keine Juniorkräfte als Seniorkräfte zu verkaufen und zu bepreisen. Ich plädiere daher für mehr Offenheit in alle Richtungen: Juniorkräfte sollten früh Projekterfahrung sammeln können. Sie können durch ihre Verständnisfragen dazu beitragen, dass auch die Seniorkraft genötigt ist, Zusammenhänge besser zu erklären und das eigene Arbeiten noch einmal auf den Prüfstand zu stellen. Die noch unvoreingenommene Sicht einer Juniorkraft kann viele neue und frische Perspektiven in ein Projekt einbringen, von denen auch Anwenderunternehmen profitieren können. Das breite Wissen, der große Erfahrungshorizont und die Selbstsicherheit der Seniorkraft werden von der Juniorkraft perfekt ergänzt. Meine persönliche Ansicht ist, dass ein Mehrgenerationen-SAP-Beratertandem eine hervorragende Arbeitsstruktur ermöglicht.

[«]

Trainee-Stellen für den Quereinstieg anpassen

Für Personen, die über einen Quereinstieg zu Ihnen kommen, empfiehlt sich ein angepasstes Programm statt des Standard-Verfahrens für Juniorkräfte (siehe Abschnitt 11.4, »Wie Unternehmen den SAP-Quereinstieg fördern können«). Sie an einem Juniorprogramm teilnehmen zu lassen, kann schnell demotivierend wirken. Anstelle der Bestätigung, die eigenen Stärken zeitnah für Ihr Unternehmen einsetzen zu können, könnte es zu Langeweile oder Unterforderung kommen. Ein Juniorprogramm sollte sich an

Berufseinsteiger*innen richten und inhaltlich auf diese Zielgruppe ausgerichtet sein.

So machen es andere Unternehmen

Das Start-up *papaguys* (*https://papaguy-careers.com/*) hat einen Karriere-Navigator zusammengestellt. Aufgeführt werden jeweils die Anzahl der Mitarbeitenden und die Klassifizierung. Vor allem Dienstleister unterschiedlicher Größen haben demnach Juniorprogramme etabliert. Sollten Sie dieses Buch aus der SAP-Anwenderperspektive lesen, können Sie mit Ihrem Dienstleister über dessen Juniorprogramm sprechen, um sich zu informieren. Denn warum sollten nicht auch für Ihren Junioren-Bedarf Synergieeffekte möglich sein? Als Recruiter*in oder Hiring Manager können Sie Kontakt zu papaguys knüpfen und das Juniorprogramm Ihres Unternehmens dort platzieren.

[+]

Schließen Sie sich mit anderen Anwenderunternehmen zusammen

Als SAP-Anwenderunternehmen können Sie sich mit anderen Anwenderunternehmen zusammentun, um gemeinsam ein Juniorprogramm auf die Beine zu stellen. Sie müssen nicht allein aufbrechen, und auch nicht nur mit Ihrer eigenen Crew. Es gibt genügend Unternehmen, die dasselbe Ziel erfolgen, mehr Nachwuchs für die Arbeit im SAP-Umfeld zu qualifizieren.

13.5 Sinnvolle Kooperationen

Positionierung im Bildungssystem

Die Gewinnung von Nachwuchskräften kann nicht früh genug beginnen. Sie könnten dazu z. B. einen SAP-Consultant (gerne eine Frau) auf den nächsten Berufsorientierungstag Ihrer lokalen Schule schicken oder mit lokalen und regionalen Berufsschulen, Fachhochschulen und Universitäten kooperieren. In der Regel können Sie sich als Unternehmen ein kostenloses Profil auf den Career-Service-Seiten der Hochschulen anlegen, um Werkstudierendentätigkeiten auszuschreiben. Sie können auch Abschlussarbeiten unterstützen, am besten solche mit einem Bezug zu Ihrem Geschäft. Meist finden Sie die entsprechenden Seiten Ihrer Hochschule unter dem Suchbegriff »Career Service«.

[»]

Universitäten und Hochschulen mit speziellen Studiengängen mit SAP-Bezug ausfindig machen

Einzelne Universitäten und Hochschulen bieten eigens Studiengänge und -module mit SAP-Bezug an. Sie finden sie in den Studium-Navigator von papaguys (*https://papaguy-careers.com/sap-studium-navigator/*). Überprüfen Sie, welche Hochschulen in Ihrer Nähe bereits einen starken SAP-Bezug im Curriculum haben.

Studienabbrecher*innen

Doch gerade die Absolvent*innen dieser Einrichtungen sind heiß begehrt, und Sie stehen in einem Konkurrenzverhältnis zu anderen Unternehmen. Eine Chance bietet das Netzwerk *Studienabbrecher.com* (*https://www.studienabbrecher.com/*). Denn immerhin beenden rund 30 % der Deutschen ihr Studium ohne Abschluss. Das heißt nicht, dass diese Menschen nicht ausgezeichnete SAP-Consultants werden können. Als Unternehmen können Sie in diesem Netzwerk ein Kurzprofil veröffentlichen und Ihre Stelle ausschreiben.

Weiterbildungszentren

Auch Weiterbildungszentren für berufliche Umorientierung, die SAP-Zertifizierungen mithilfe von Bildungsgutscheinen der Bundesagentur für Arbeit durchführen, können für Sie interessante Anlaufstellen für das Recruiting von Juniorkräften sein. Nehmen Sie Kontakt zu den Programmverantwortlichen in Ihrem Einzugsgebiet auf und klären Sie, welche Profile und Menschen für Ihre Programme interessant sein könnten.

Mir ist die *WBS Training AG* mehrfach begegnet. Achten Sie darauf, dass die fachliche Zuteilung der Weiterbildungsteilnehmenden nicht immer zu deren Vorerfahrung passt. Seien Sie daher flexibel, und gehen Sie z. B. auch mit Absolvent*innen aus dem FI/CO-Bereich in den Austausch, wenn Sie eigentlich ein anderes Modul bevorzugen. Zu diesem sehr frühen Zeitpunkt können Sie den Juniorkräften noch ganz andere Inhalte vermitteln, die besser zu Ihrem Bedarf oder auch den Interessengebieten der Bewerbenden passen. Durch die erfolgreiche Durchführung einer einschlägigen Weiterbildung zeigen diese Personen zumindest ein Grundinteresse sowie Durchhaltevermögen – also beste Voraussetzungen, um auch den Einstieg bei Ihnen hinzubekommen.

Bundesagentur für Arbeit

Natürlich können Sie als Arbeitgeber eine Juniorstelle auch in der größten Jobdatenbank Deutschlands veröffentlichen, nämlich der der *Bundesagentur für Arbeit*. Es schadet nicht und macht wenig Aufwand. Sie haben als Arbeitgeber aber auch die Möglichkeit, mit einem Ansprechpartner bei der Agentur in detailliertere Gespräche zu Ihrem Bedarf zu gehen und so z. B. speziell Profile zu erhalten, die einen akademischen Hintergrund haben und dennoch bereits seit längerer Zeit auf Jobsuche sind. Je nach Situation gibt es sogar Zuschüsse zum Gehalt, wenn diese Personen ein Beschäftigungsverhältnis bei Ihnen aufnehmen.

Wir als Arbeitgeber haben wiederholt erfrischende Menschen kennengelernt und auch eine Person eingestellt. Nicht selten haben sie Bachelor- oder Master-Abschlüsse in Richtung Marketing, Medien, Social Media oder ganz anderen Bereichen.

[+]

Kostenfreien Arbeitgeberservice nutzen

Unter der Adresse *https://www.arbeitsagentur.de/unternehmen/arbeitgeber-service* finden Sie einen Navigator, über den Sie die richtige Ansprechperson bei der Agentur für Arbeit finden können.

Co-Working-Center

Wir haben unser Büro innerhalb des Pioneers Clubs im Herzen von Bielefeld. Bei diesem Co-Working-Center sind nicht nur die Räumlichkeiten klasse und die Lage großartig; vor allem treffen wir hier auch auf Menschen und eine Community, die unser Arbeitsleben bereichern – und neue Inspiration fürs Recruiting schaffen. Die Anmietung eines Flexdesks für Sie, Teammitglieder oder Juniors kann sich lohnen, um Ihr Netzwerk zu erweitern und über relevante Zukunftsthemen zu diskutieren. Auf folgender Seite können Sie nach einem passenden Co-Working-Center suchen: *https://coworkingmap.de/*.

Mitunter lohnt sich eine Mitgliedschaft in einem Business-Netzwerk für Gründer*innen für Ihr Unternehmen, um locker mit jungen Menschen in den Austausch zu kommen und auch mit einem interessanten Talent-Pool in Berührung zu kommen. Denn nicht jedes Start-up ist erfolgreich. Manche Personen beenden auch aus anderen Gründen die Selbstständigkeit und suchen dann wieder eine Festanstellung. Auch Entlassungen von Teammitgliedern sind bei Start-ups zwar nicht immer gewollt, gehören aber dazu.

DSAG 4 Young Leaders

Die Initiative *DSAG 4 Young Leaders* möchte frischen Talenten aus dem SAP-Kosmos neue Perspektiven und einen Austausch bieten. Als Mitglied bei der DSAG haben Sie Zugang zu dieser Initiative. Ein tolles erstes Projekt ist das Programm *SAP Educate to Employ*, eine Kooperation zwischen Startsteps, SAP und der DSAG Academy. Ziel dieser Kooperation ist es, innerhalb von sechs bis acht Monaten SAP S/4HANA Tech Finance Consultants auszubilden und für den Arbeitsmarkt zur Verfügung zu stellen. Diese Ausbildung wird über einen Bildungsgutschein finanziert. Für DSAG-Mitglieder steht dieser Talente-Pool kostenfrei zur Verfügung. Dies ist gerade für Anwenderunternehmen oder kleine Boutique-Beratungen eine schöne Gelegenheit, gut vorbereitete Juniorkräfte für das eigene Unternehmen zu gewinnen. Mehr Informationen zu diesem Programm finden Sie unter *https://dsag.de/dsag-academy/sap-educate-to-employ/#mitgliedervorteile*.

Wir als Personalberatung haben wiederholt auch Anfragen von Unternehmen bekommen, meist kleineren SAP-Dienstleistern, ob wir auch SAP-Juniorkräfte vermitteln, haben uns jedoch auf das Senior- bis Management-Level spezialisiert. Generell haben Personaldienstleister trotz des Fachkräftemangels häufig Zugriff auf einen größeren Pool an SAP-Talenten, die noch nicht so recht zu den Vakanzen gepasst haben. Ein Nachfragen lohnt sich, wenn Sie bereit sind, diesen Weg zu gehen. Ich persönlich empfehle für Nachwuchskräfte Sonderkonditionen mit den Dienstleistern zu verhandeln. Sie wissen natürlich selbst am besten, wie viel Budget Sie für das Gewinnen einer Nachwuchskraft aufbringen möchten. Im Einzelfall kann sich diese Entscheidung für Sie lohnen. Bei einem wiederholten Bedarf und mit der richtigen Strategie bin ich jedoch überzeugt davon, dass auch Sie selbst gute Chancen haben, sich eigenständig als begehrter Arbeitgeber für SAP-Juniorkräfte zu positionieren. Hier kann mitunter auch die richtige Ansprache helfen, wie der folgende Abschnitt zeigt.

SAP-Personalberatungen für Junioren?

13.6 Die Babyboomer, die Generation Z und die Veränderungen in der Arbeitswelt

Der absehbare Weggang der letzten Babyboomer, die der Arbeitswelt noch zur Verfügung stehen, verschärft die Fachkräftesituation gleich mehrfach. Der Verlust dieser »letzten SAP-Allrounder« sorgt für Wissenslücken, die durch neue Talente nicht einfach ersetzt werden können. Die Herausforderung für Unternehmen wächst, denn SAP-S/4HANA-Transformation und Wissenstransfer müssen nun gleichzeitig bewältigt werden. Es fehlt uns schon bald an einer Generation, die SAP nicht nur technologisch versteht, sondern auch die Brücke zwischen IT und Business schlagen konnte und den Dialog zwischen Jung und Alt ermöglichte.

Wegfall der Babyboomer

Andererseits bietet auch diese Situation ihre Chancen. SAP und die Beratung sollten neu gedacht werden. Eine Generation, die das SAP-Feld anders bestellt, offen für Innovation und zukunftsfähig ist, vermag es vielleicht, eine ganz eigenständige Haltung zu entwickeln.

[«]

Babyboomer als Träger des »alten SAP-Systems«

Die Babyboomer haben die SAP-Welt stark beeinflusst:

- **Generation der »SAP-Pioniere«**

  Viele Boomer haben SAP seit den Zeiten von R/2 und R/3 geprägt. Sie waren dabei, als SAP sich von einer Finanzsoftware zu einem globalen ERP-Giganten entwickelte. Ihr Wissen ist tief in den alten Systemen

(ECC, ABAP und den klassischen Modulen wie FI/CO, SD, MM) verwurzelt.

- **Erfahrung schlägt Zertifikate**

  Während jüngere SAP-Fachkräfte oft Zertifizierungen als Türöffner nutzen, haben die Boomer ihre Expertise in jahrzehntelanger Praxis aufgebaut. Sie kennen SAP nicht nur technisch, sondern haben auch das Geschäftsprozesswissen, das man nicht einfach nachlesen kann.

- **Oft Generalisten, keine Spezialisten**

  Früher gab es nicht für jede Nische einen Consultant. Viele der späten Boomer mussten sich flexibel in mehreren Modulen bewegen, haben ABAP-Code gelesen, Customizing gemacht und zugleich Fachbereiche beraten. Heute sind viele SAP-Rollen hochgradig spezialisiert, was ihre Nachbesetzung erschwert.

Generationswechsel trifft SAP besonders hart

In der klassischen IT gibt es ebenfalls einen Fachkräftemangel, aber oft sind die verbreiteten Technologien von Natur aus anpassungsfähiger. SAP hingegen ist verhältnismäßig träge, weil viele Unternehmen noch die alten ECC-Systeme und über Jahrzehnte angehäufte Eigenentwicklungen nutzen. Wenn die Boomer gehen, fehlt das Wissen über diese Systeme – und die jüngeren Generationen haben wenig Lust, in veralteten Systemen zu arbeiten.

Zögern Sie also nicht, auf Nachwuchsförderung zu setzen, denn in den kommenden fünf Jahren wird der demografische Wandel volle Wirkung zeigen. Das Statistische Bundesamt gibt als mögliches Ergebnis der 15. koordinierten Bevölkerungsvorausberechnung an, dass die Zahl der Erwerbstätigkeiten bis Mitte der 2030er-Jahre bundesweit um 4,8 Millionen sinken könne. Nur durch starke Zuwanderung und Zunahme von Geburten könne der Fachkräftemangel auf 1,6 Millionen Personen abgefedert werden (Quelle: *https://www.destatis.de/DE/Im-Fokus/Fachkraefte/Demografie/_inhalt.html*).

Lange schon wird über den Fachkräftemangel gesprochen, doch führen Sie sich vor Augen: Noch ist dessen Höhepunkt nicht erreicht. Sie können die jetzt noch verbleibende Zeit nutzen, um Ihre Personalstrategie zukunftsfähig zu machen und SAP-Talente zu entwickeln.

13.7 Zusammenfassung

Eine Lösung, Ihr Fachkräftethema nachhaltig anzugehen, ist es, für mehr Nachwuchs im SAP-Job-Ökosystem zu sorgen. Dies hilft nicht nur Ihrer

Organisation und macht diese zukunftsfähig, es ist auch mit Blick auf das gesamte SAP-Ökosystem dringend notwendig, mehr Menschen zu motivieren, Ihre Karriere hier voranzutreiben. Die meisten jungen Menschen sind sich nicht darüber bewusst, wie vielfältig und auch zukunftsgerichtet das SAP-Umfeld ist. Dank überdurchschnittlich guter Arbeitsbedingungen kann es jedoch sehr attraktiv für sie sein, Ihre berufliche Laufbahn dahingehend auszurichten. In dieser Hinsicht ist an vielen Stellen wirklich noch Missionsarbeit notwendig. Umso besser, dass es bereits erste Initiativen gibt, die auf der Zusammenarbeit verschiedener Organisationen beruhen. Das ist ein toller Ansatz und ein wichtiger Schritt für die Branche.

[«]

Die 6 wichtigsten Learnings für das Recruiting von SAP-Nachwuchstalenten

Folgendes sollten Sie aus diesem Kapitel mitgenommen haben:

1. **Machen Sie aus Zufällen gezielte Einstiege**

   Viele Talente »stolpern« zufällig in die SAP-Welt. Hier sollten Sie ansetzen und systematisch niedrigschwellige Zugänge schaffen, z. B. durch Juniorprogramme, Werkstudierendenstellen oder Kooperationen mit Hochschulen und Weiterbildungsanbietern.

2. **Gestalten Sie Juniorprogramme als Karrierefundament**

   Ein gutes Programm verbindet technisches Know-how, Projektmethodik, Soft Skills, Mentoring und echte Praxiserfahrung und dient nicht bloß der Einarbeitung. Es macht SAP greifbar, bietet Orientierung und schafft Perspektiven für die Laufbahn der zukünftigen SAP-Consultants.

3. **Verstehen Sie die Generation Z**

   Diese Zielgruppe sucht Sinn, Gestaltungsspielraum und Wertschätzung. Um diese Zielgruppe anzusprechen, müssen Sie digital denken, im Recruiting-Prozess transparent kommunizieren, Führung als New Leadership und Ihre Werte authentisch leben.

4. **Denken Sie in Kooperationen**

   Nutzen Sie bestehende Netzwerke und Initiativen, von DSAG 4 Young Leaders über lokale Co-Working-Spaces bis zu Jobplattformen für Studienabbrecher*innen. So erweitern Sie Ihre Reichweite und sprechen neue Zielgruppen an.

5. **Planen Sie die Mitarbeiterbindung von Anfang an mit ein**

   Recruiting endet nicht mit der Unterzeichnung des Arbeitsvertrags. Schaffen Sie Sichtbarkeit für Ihre Juniorkräfte, Gestaltungsmöglichkeiten auch jenseits des ursprünglichen Jobprofils und nutzen Sie den

Dialog zwischen den scheidenden Boomern und den neuen Mitarbeitenden der Generation Z.

6. **Generation Z heißt Generation Zukunft**

   Merken Sie sich diese Aussage und tragen Sie sie zu Ihren Partnerunternehmen, zu Ihren Kunden und zu SAP als Anbieter. Wer heute keine SAP-Junioren einstellt, riskiert, morgen keine SAP-Seniors mehr zu haben. Warten Sie nicht und starten Sie selbst mit mehr Engagement im Recruiting von Juniorkräften – und seien Sie auch als Anwenderunternehmen offen, wenn diese Nachwuchskräfte in Ihren Projekten mitarbeiten.

Wie wollen Sie starten?

Zum Abschluss: Notieren Sie die drei wichtigsten Veränderungen im Recruiting von SAP-Nachwuchstalenten, die Sie nach der Lektüre dieses Kapitels vornehmen möchten:

1. ______________________________
2. ______________________________
3. ______________________________

Kapitel 14

Die Zukunft des Recruitings

Wir sind fast am Ende unserer gemeinsamen Reise angekommen, haben über die große Transformation im SAP-Kosmos, aktuelle Rollen, Medien und Formate gesprochen und einzelne Zielgruppen in den Blick genommen. Es ist ein gut gefüllter Rucksack für eine zeitgemäße Personalstrategie gepackt worden. Wie aber sieht die Zukunft des Recruitings aus? Lassen Sie uns zur Klärung dieser Frage noch tiefer hinabtauchen.

Recruiting und HR-Arbeit sind großen Veränderungen und zukünftigen Trends unterworfen. Wobei »unterworfen« vielleicht das falsche Wort ist. Vielmehr ergeben sich heute viel mehr Möglichkeiten, Recruiting zu betreiben, als noch vor zehn Jahren. Und in zehn Jahren? Was denken Sie, wie Ihr Arbeitsalltag aussehen wird? Was immer wir uns heute vorstellen – natürlich kann und wird vieles ganz anders kommen. Wer hätte vor fünf Jahren oder zehn Jahren eine derart tiefgehende Veränderung der Arbeitswelt vorausgesehen – außer vielleicht einige Visionäre oder Tech-Pioniere?

In diesem Kapitel lege ich den Fokus darauf, was speziell im SAP-Recruiting in Zukunft zu beachten sein wird. Dazu habe ich mit verschiedenen Fachleuten und Koryphäen gesprochen. Besonders inspiriert haben mich Alexander Greb und Martin Koch, beide ebenfalls Autoren bei SAP PRESS, mit denen ich mich u. a. im Rahmen des Podcasts SAP Sommeliers austauschen konnte.

Künstliche Intelligenz (KI), Big Data, Digitalisierung und Automatisierung werden das Recruiting verändern. Aber auch spezifische SAP-Trends haben Einfluss auf die klassischen Rollen im SAP-Consulting, der SAP-Entwicklung, der SAP-Basisadministration oder der SAP-Projektleitung. Nach der Umstellung auf SAP S/4HANA werden voraussichtlich neue Rollen entstehen oder in den Vordergrund treten, die ich in Abschnitt 14.1, »Auswirkungen von Digitalisierung, Automatisierung, KI und Big Data auf das Recruiting«, schon einmal skizzieren möchte.

Überdies stelle ich Ihnen in Abschnitt 14.2 ein Tool vor, das im Laufe dieses Buchs entstanden ist, Ihre persönliche SAP-Recruiting-KI-Assistenz SARA. Ein vergleichbares Tool könnte Sie zukünftig als nimmermüde Wegbegleiterin unterstützen.

Nach einer Einschätzung der voraussichtlichen SAP-Marktentwicklung in Abschnitt 14.3 möchte ich Sie in Abschnitt 14.4 zu einem Gedankenexperiment einladen, wie Recruiting im Jahr 2035 aussehen könnte.

14.1 Auswirkungen von Digitalisierung, Automatisierung, KI und Big Data auf das Recruiting

Ihr digitaler Reifegrad

Das Recruiting steht derzeit an einem technologischen Wendepunkt. Der digitale Reifegrad von Organisationen und insbesondere der HR-Abteilungen ist dabei extrem unterschiedlich. Das stelle ich immer wieder fest, wann immer mir Menschen aus verschiedenen Organisationen begegnen. Hier stellt sich daher die Frage, wo Sie sich persönlich und Ihr Recruiting auf einer Skala von 1 bis 10 einsortieren.

Ihr persönlicher digitaler Reifegrad											
Nicht digitalisiert											Vollständig digitalisiert
Digitaler Reifegrad Ihres Recruitings											
Nicht digitalisiert											Vollständig digitalisiert

Die *Digitalisierung* ermöglicht gänzlich neue Formen der Organisation und strategischen Personalplanung. Automatisierung entlastet HR-Prozesse an den Stellen, an denen sie standardisierbar sind. KI bringt viele Chancen und Entlastung, sofern sie reflektiert und rechtskonform eingesetzt wird. Big Data bleibt vermutlich ein ambivalentes Feld, das zwischen Datenschutz, Compliance und Effizienzpotenzialen pendelt. Datengetriebenes Recruiting wird voraussichtlich eine zentrale Säule der Personalstrategie werden. Doch bei aller Technik: Am Ende wird es – auch im Recruiting der Zukunft – immer noch um den Menschen gehen und darum, dass Menschen lernen, souverän, ethisch und kontrollierend mit der Technik umzugehen.

Zu den im Folgenden beschriebenen Zukunftstrends und aktuellen Themen im SAP-HR-Bereich habe ich mich mit Fabian Groß, Gründer und Geschäftsführer von Xayambe, unterhalten. Sollte ich etwas nicht richtig dargelegt haben, liegt der Fehler ganz bei mir.

Digitalisierung: vom Workflow zur strategischen HR-Arbeit

Digitalisierung wird das Recruiting weiterhin tiefgreifend verändern. Sie beginnt nicht erst mit der Ausschreibung, sondern bereits viel früher, d. h. mit der strategischen Personalplanung. Die Herausforderung liegt darin, digitale Prozesse ganzheitlich zu denken: von der Planstelle über Genehmigungsschleifen bis zur Ausschreibung und Rückmeldung an die Kandidat*innen.

Aktuell werden viele dieser Abläufe unnötig verkompliziert, obwohl technische Lösungen zu ihrer Vereinfachung, z. B. durch SAP SuccessFactors, bereits existieren. Der Schlüssel liegt nicht nur in der Implementierung, sondern in der prozessualen Klarheit und organisatorischen Bereitschaft, sich auf digitale Workflows einzulassen.

Automatisierung: Entlastung, wo es sinnvoll ist

Automatisierung ist kein Allheilmittel, aber ein wichtiges Werkzeug, um HR-Abteilungen von repetitiven Aufgaben zu entlasten. Solche Maßnahmen werden in Zukunft noch deutlich ausgeweitet werden. In typischen HR-Prozessen, wie Einstellungen, Gehaltsrunden, Beförderungen oder Jubiläen, ist die automatisierte Erstellung und Verwaltung von Dokumenten (z. B. Arbeitsverträge, Gratulationsschreiben) ein zentraler Hebel für mehr Effizienz. Besonders deutlich wird dies am Beispiel von Reisekostenabrechnungen mit SAP Concur, wo ein großer Teil der Anträge automatisiert freigegeben werden kann. Stichprobenkontrollen über Zufallsgeneratoren dienen gleichzeitig der Qualitätssicherung.

Ein weiteres wichtiges Thema ist das *Empowerment der Fachbereiche*: Prozesse werden effizienter, wenn Entscheidungen dort getroffen werden können, wo die Fragen auftreten, ohne immer wieder die oberste Führungsebene einbeziehen zu müssen.

KI: zwischen Hype und Verantwortung

Der sicher noch lang anhaltende Hype um *KI* führt dazu, dass viele Unternehmen KI-Tools implementieren wollen, ohne zu prüfen, ob diese tatsächlich zur Unternehmensgröße oder Zielgruppe passen und ob sich die Kosten für den Einsatz überhaupt lohnen. Manche KI-Tools sind erst ab einer bestimmten Unternehmensgröße sinnvoll.

Ein noch viel zentralerer Punkt ist die Verantwortung für KI-Entscheidungen im Recruiting: In Deutschland gibt es bislang keine klaren rechtlichen Grundlagen für automatisierte Auswahlentscheidungen. Die Geschäftsleitung haftet persönlich für diskriminierende Entscheidungen, die durch KI getroffen würden. Deshalb kehrt manch ein großes Unternehmen nach einer Experimentierphase wieder zurück zu menschenzentrierten Auswahlprozessen. Dennoch kann KI sinnvoll eingesetzt werden, etwa als Assistenz zur Reflexion und Biaserkennung, nicht zur finalen Entscheidung. KI könnte als digitaler Sparringspartner dienen, der HR-Fachkräfte bei Stellenausschreibungen, Interviews und Bewertungen unterstützt, ohne menschliche Intuition und Empathie zu ersetzen.

Big Data: eine stille Reserve?

Big Data ist im HR-Kontext mit Vorsicht zu genießen. Zwar arbeiten Unternehmen mit großen Datenmengen, etwa bei Gehaltsbenchmarks oder Performance-Daten, doch von Big Data im klassischen Sinne ist man oft noch weit entfernt. Datenschutzbedenken bremsen weiterhin viele Entwicklungen aus. Gleichzeitig besteht eine Ambivalenz: Während Unternehmen zögern, ihre eigenen Daten für ein Benchmarking zu teilen, kaufen sie teure Marktdaten von Dienstleistern.

Erste Anwendungen zeigen jedoch Potenziale: SAP nutzt mit *Joule* innerhalb von SAP SuccessFactors ein KI-Tool, das Empfehlungen und Auswertungen auf Basis von HR-Daten liefern kann. Solche Assistenten können vorsichtig und transparent eingesetzt werden.

14.2 SARA, Ihre persönliche KI-basierte SAP-Recruiting-Assistenz

In einer Welt, in der Technologien schneller lernen, als wir denken können, stellt sich nicht mehr die Frage, *ob* wir künstliche Intelligenz im Recruiting nutzen – sondern *wie sinnvoll und menschlich* wir es tun und welche Arten von zeitraubenden, wiederholenden und mühsamen Aufgaben von einer generativen KI erledigt werden können. Ziel dabei ist es, dass wir den Fokus auf unsere eigenen Stärken und Kompetenzen im SAP-Recruiting legen können.

Mein digitaler Zwilling

Auf meiner eigenen Reise durch den SAP-Recruiting-Kosmos hat mich dabei eine Figur begleitet, die ich Ihnen in diesem Abschnitt vorstellen möchte. Sie ist keine reale Person und auch noch kein fertiges Tool. Sie ist eine Idee – und in gewisser Weise mein digitaler Zwilling. Ihr Name: SARA. Sie finden sie in der ChatGPT-Bibliothek (aktuell nicht öffentlich, jedoch limitiert für Sie als Leser*in nutzbar unter *http://ankerkopf.de/sara*).

Die Abkürzung SARA steht für SAP-Recruiting-Assistenz. Sie steht aber auch für die Perspektive, mit der ich auf das Recruiting blicke: eine Mischung aus Klarheit, Neugier und Warmherzigkeit sowie Professionalität mit Haltung.

Was SARA kann

SARA ist eine KI-basierte Recruiting-Begleiterin, die speziell für den SAP-Markt denkt, schreibt, vorbereitet und unterstützt. Sie ist dabei auf Ihre konkreten Herausforderungen zugeschnitten. Was SARA tut:

- Sie formuliert zielgruppenspezifische SAP-Stellenanzeigen vom SAP-S/4HANA-Architekten bis zu Basis-Administratorin – modern, gendergerecht und passend zum Ton Ihrer Organisation.
- Sie analysiert Ihre Recruiting-Kommunikation, erkennt, ob Sie eher formal oder locker, einladend oder distanziert wirken möchten, und gibt Verbesserungsvorschläge.

- Sie hilft Ihnen, Active Sourcing mit präzisen Suchbegriffen, booleschen Operatoren oder Prompt-Vorlagen für LinkedIn und Co. zu professionalisieren.
- Sie denkt mit bei Onboarding-Plänen, Karriereseiten, Leitfäden, Kampagnenideen oder Eventkonzepten, also an allen Stellen, an denen Kommunikation auf Karriere trifft.

Das alles leistet sie in Sekundenschnelle. Aber nur, wenn Sie wissen, wie Sie mit ihr sprechen.

Prompten mit KRAFT

SARA arbeitet am besten, wenn Sie sie gut briefen. Das gelingt mit dem sogenannten *KRAFT-Modell*. Dieses habe ich im Rahmen eines Workshops zum Thema »KI im Recruiting« bei der Haufe-Akademie von Referentin Jana Oetken kennengelernt:

- *K – Kontext*: In welchem SAP-Bereich bewegen wir uns? Was ist die Herausforderung?
- *R – Rolle*: Wer soll SARA sein? Recruiterin, Texterin, Beraterin?
- *A – Aufgabe*: Was genau ist zu tun? Formulieren, strukturieren, bewerten?
- *F – Form*: In welchem Format soll die Antwort erscheinen? Fließtext, Stichpunkte, LinkedIn-Beitrag?
- *T – Ton*: Wie soll es klingen? Locker, seriös, motivierend, inspirierend?

Nur wenn Sie diese fünf Elemente klar angeben, kann SARA richtig gut für Sie arbeiten. Wenn nicht, bleibt das Ergebnis eine Skizze – ein Elefant mit drei Beinen, um es mit einem Bild aus dem Prompten zu sagen.

Daten ziehen, aus Mustern lernen, Strukturen erkennen

SARA analysiert nicht mit Bauchgefühl. Sie zieht Daten, lernt aus Mustern und erkennt Strukturen. Aber sie kann keine Entscheidung für Sie treffen und sollte dies auch nicht tun. Denn so leistungsfähig KI heute ist: Die Verantwortung im Recruiting bleibt beim Menschen.

Auch deshalb ist SARA kein Bewertungstool, sondern ein Begleitinstrument. Sie hilft beim Sortieren, Denken und Kommunizieren, nicht beim Entscheiden.

Entwickeln Sie die Idee weiter!

Ich habe SARA erfunden, weil ich an die Möglichkeit glaube, Recruiting besser, gerechter und intelligenter zu machen, weil ich die Vereinbarkeit von Intuition und Technologie für realistisch halte und weil ich möchte, dass Sie eine Partnerin haben, die mitdenkt. SARA ist mein digitaler Zwilling – nicht im Sinne einer Kopie, aber als konzentriertes Abbild meiner Haltung. Sie ist noch kein Tool, sondern erst mal nur ein Prototyp. Sie dürfen Sie gerne weiterentwickeln, und vielleicht haben Sie bald eine neue Kollegin, die Sie auf Ihrer Reise ins SAP-Recruiting von morgen begleitet.

14.3 Voraussichtliche Entwicklung des SAP-Markts und Auswirkungen auf das Recruiting

Wo stehen wir heute im Recruiting? Morgen kann – typisch VUKA – die Welt eine völlige andere sein. Niemand kann ernsthaft die Zukunft vorhersehen, aber wir können Annahmen treffen und Stimmen vieler Professionals zusammentragen. Sie bilden zusammen mit meiner und Ihrer eigenen Position schon einmal eine gute Grundlage.

14.3.1 Neue Rollen

Ich gehe davon aus, dass neue Rollen entstehen und sich klassische Rollen in Bezug auf ihre Aufgaben und die geforderten Kompetenzen verändern werden. Sowohl in der Breite in Richtung einer Generalisierung als auch in der Tiefe in Richtung einer Spezialisierung hinsichtlich Themen, Prozessen oder Technologielösungen. Klassische Rollenprofile werden ein Up- oder Reskilling benötigen. Wir haben in Abschnitt 4.7, »Bewährtes Mindset oder Next Generation? Future Skills, die im SAP-Kosmos wirklich zählen«, die Kompetenzen diskutiert, die in Zukunft zählen werden. Es werden jedoch auch ganz neue Rollen entstehen. Von diesen Rollen möchte ich im Folgenden ein paar andenken, von denen ich behaupte, dass Sie zukünftig mit ihnen Bekanntschaft machen werden. Als Pionier*in im SAP-Recruiting kennen Sie vielleicht sogar bereits erste Talente in diesen neuen Rollen.

DevOps Engineer: das fehlende Glied zwischen SAP-Basis und -Entwicklung

Schnittstelle zwischen Entwicklung und Betrieb

Im Zuge der SAP-Transformation hin zu SAP S/4HANA, Cloud-Lösungen und der SAP Business Technology Platform (SAP BTP) entsteht ein neues Berufsbild: der *DevOps Engineer*. Diese Rolle verbindet Entwicklung und Betrieb – zwei Bereiche, die früher oft getrennt waren. DevOps Engineers sorgen dafür, dass neue Funktionen und Anwendungen im SAP-System nicht nur gebaut, sondern auch stabil, sicher und automatisiert in Betrieb genommen werden können. Sie arbeiten mit Tools, die Abläufe vereinfachen, Fehler frühzeitig erkennen und schnelle Reaktionen ermöglichen, um etwa neue Programme zu testen oder Updates auszurollen.

Dabei arbeiten DevOps Engineers eng mit anderen Rollen zusammen: Die SAP-Entwicklung erstellt neue Funktionen, die durch DevOps automatisiert getestet und ausgeliefert werden. SAP-Basis-Teams betreiben die technische Infrastruktur, während DevOps Engineers ergänzend für Automatisierung, Überwachung und reibungslose Abläufe sorgen.

Die Integrationsentwicklung verknüpft SAP mit anderen Systemen. DevOps hilft, diese Verbindungen stabil und ausfallsicher zu machen. Und auf strategischer Ebene setzen DevOps Engineers die Zielbilder der Solution und Enterprise Architects praktisch um: Sie sind diejenigen, die technische Konzepte in verlässliche, wiederholbare Prozesse übersetzen.

In einer SAP-Welt, die immer modularer, dynamischer und cloudbasierter wird, sind DevOps Engineers unverzichtbar: Sie halten das System beweglich, leistungsfähig und bereit für die Zukunft. Es handelt sich um einen Beruf mit wachsender Bedeutung und vielen spannenden Entwicklungsmöglichkeiten.

SAP-Change-Management: Mehr als Newsletter schreiben

Begleitung organisatorischer Veränderungen

Ich selbst habe berufsbegleitend eine Ausbildung zur Change Managerin an einem zertifizierten Institut der Universität Köln absolviert. Beim SAP-Change-Management geht es speziell um die Begleitung organisatorischer Veränderungen, die mit der Einführung oder Umstellung von SAP-Systemen einhergehen. Denn ein neues System allein bringt noch keinen Erfolg – entscheidend ist, dass die betroffenen Mitarbeitenden das neue System verstehen, akzeptieren und in ihrer täglichen Arbeit sinnvoll nutzen können.

Das SAP-Change-Management entwickelt Maßnahmen, um genau das sicherzustellen. Sie planen Kommunikationsformate, erstellen Schulungskonzepte, identifizieren Schlüsselpersonen (Key-User) und gestalten das Stakeholder-Management. Sie analysieren, wie groß die Veränderung für einzelne Bereiche ist, und sorgen dafür, dass Ängste abgebaut, Fragen geklärt und Beteiligte rechtzeitig eingebunden werden.

Im SAP-Umfeld ist Change Management besonders wichtig, weil ERP-Systeme tief in die Arbeitswelt eingreifen: Prozesse ändern sich, Rollen verschieben sich, Gewohnheiten werden hinterfragt. Change-Consultants arbeiten eng mit der Projektleitung, den Fachbereichen und HR zusammen. Sie sind damit ein Bindeglied zwischen Projektteam und Organisation.

Für das SAP-Recruiting ist es wichtig, festzuhalten, dass Change-Management-Rollen keine rein kommunikativen Positionen sind. Sie erfordern strukturiertes Arbeiten, methodisches Wissen (z. B. die Kenntnis von Methoden und Tools wie ADKAR, Kotter, SAP Enable Now), Erfahrung im Stakeholder-Management und ein gutes Verständnis dafür, wie Menschen Veränderungen erleben. SAP-spezifisches Know-how ist von Vorteil, aber nicht zwingend. Wichtiger ist Erfahrung im Change Management für große IT- oder Transformationsprojekte.

SAP-Sustainability-Consultant: Nicht nur ökologisch und nachhaltig, sondern auch wirtschaftlich

Beratung zu Nachhaltigkeit mit SAP-Lösungen

Ein *SAP-Sustainability-Consultant* berät Unternehmen dabei, Nachhaltigkeit strategisch und technologisch mit SAP-Lösungen umzusetzen. Die Rolle verbindet regulatorisches Fachwissen mit technischer SAP-Kompetenz und spielt eine zentrale Rolle, wenn es darum geht, ESG-Ziele (Environmental, Social and Corporate Governance) in konkrete IT-Lösungen zu übersetzen.

Im Beratungsalltag agieren SAP-Sustainability-Consultants an der Schnittstelle zwischen Nachhaltigkeitsabteilung, IT, Projektmanagement und Unternehmensleitung. Sie begleiten Kunden bei der Analyse von Nachhaltigkeitszielen (z. B. CO_2-Reduktion, Kreislaufwirtschaft oder Lieferkettentransparenz) und leiten daraus konkrete Handlungsfelder ab. Mithilfe von Tools wie dem SAP Sustainability Control Tower, SAP Sustainability Footprint Management oder Reporting-Lösungen für das Lieferkettensorgfaltspflichtengesetz (LkSG) werden belastbare Szenarien entwickelt und bewertet.

In der Konzeptionsphase wählen SAP-Sustainability-Consultants geeignete SAP-Lösungen aus, die meist im Zusammenspiel mit SAP S/4HANA, Cloud-Technologien und gegebenenfalls Drittanbietersystemen eingesetzt werden. Sie sorgen dafür, dass Nachhaltigkeitsaspekte systemisch in bestehende Prozesse integriert werden, und entwickeln gemeinsam mit dem Kunden eine klare Roadmap, häufig auf Basis von SAP Activate oder agilen Methoden.

In der Umsetzungsphase übernehmen diese Consultants das Customizing der relevanten SAP-Lösungen, begleiten technische Integrationen in Zusammenarbeit mit Entwicklerteams und unterstützen beim Aufbau von Reporting-Strukturen, etwa mit SAP Analytics Cloud. Die Rolle umfasst zudem Projektverantwortung, sowohl in Teilprojekten als auch in den einzelnen Phasen größerer Transformationsprogramme. Führungserfahrung gegenüber Junior-Consultants oder internen Projektteams sowie die Steuerung relevanter ESG-Stakeholder auf Kundenseite gehören häufig zu den Anforderungen.

Enterprise Architect: steigender Bedarf

Verantwortlich für die IT- und Geschäftsarchitektur

Ein *Enterprise Architect* ist verantwortlich für die übergreifende IT- und Geschäftsarchitektur eines Unternehmens, also dafür, dass alle Systeme, Prozesse und Technologien strategisch zusammenpassen. Im SAP-Kontext stellt der Enterprise Architect sicher, dass die SAP-Landschaft in das Gesamtbild der Unternehmensarchitektur eingebettet ist – sowohl heute als auch mit Blick auf zukünftige Entwicklungen.

Im Unterschied zum Solution Architect, der sich auf die Architektur innerhalb eines Projekts oder Systems konzentriert, hat der Enterprise Architect eine unternehmensweite Perspektive. Er oder sie analysiert Ist- und Zielarchitekturen, bewertet technologische Optionen (z. B. Cloud-Strategien, SAP BTP, Integrationslandschaften), entwickelt Standards und Governance-Regeln und sorgt für die langfristige Weiterentwicklung der IT-Landschaft im Einklang mit den Unternehmenszielen.

Enterprise Architects beraten das Management bei strategischen IT-Entscheidungen, definieren Architekturprinzipien, bewerten neue Technologien und begleiten SAP-Großprojekte wie z. B. SAP-S/4HANA-Transformationen, Merger and Acquisitions oder Plattformwechsel.

Für das SAP-Recruiting ist es wichtig, zu wissen, dass Enterprise Architects über strategisches Denken und tiefes Technologieverständnis verfügen sollten, aber auch über hohe Kommunikations- und Beratungskompetenz auf Entscheider-Ebene. Sie bewegen sich an der Schnittstelle zwischen Business, IT und Architektur und bringen idealerweise sowohl SAP-Know-how als auch Erfahrung mit Architektur-Frameworks mit.

[«]

Weitere Rollen, die im SAP-Consulting zukünftig an Bedeutung gewinnen werden

Neben den vier in diesem Abschnitt ausführlicher vorgestellten Rollen möchte ich einige weitere skizzieren, die meiner Ansicht nach an Bedeutung gewinnen werden:

- **SAP Lizenzberater*in**

  Spezialisiert auf Lizenzmodelle, Vermessung und Compliance. Unterstützt Unternehmen dabei, Kostenfallen zu vermeiden und den Überblick über komplexe Lizenzlandschaften zu behalten.

- **SAP Master Data Management Specialist**

  Verantwortlich für die Qualität, Struktur und Governance von Stammdaten. Eine Schlüsselrolle für alle datengetriebenen Prozesse und automatisierten Abläufe.

- **SAP Cloud Integration Architect**

  Plant und gestaltet die Anbindung von SAP-Cloud-Systemen an On-Premise- und Drittanwendungen. Entscheidend für hybride Landschaften und moderne Systemarchitekturen.

- **SAP BTP Solution Architect**

  Gestaltet Erweiterungen, Workflows und neue Lösungen auf der SAP Business Technology Platform (SAP BTP). Verbindet technisches Know-how mit Architekturverständnis.
- **SAP Integration Architect**

  Verantwortlich für die Integration von SAP- mit Nicht-SAP-Systemen. Entwickelt API-Strategien und orchestriert Datenflüsse.
- **SAP Data and Analytics Consultant**

  Nutzt Tools wie SAP Analytics Cloud oder Datasphere, um Business-Entscheidungen datenbasiert zu unterstützen. Bringt Reporting, Visualisierung und Strategie zusammen.
- **SAP AI and Prompting Consultant**

  Spezialisiert auf KI-Einbindung im SAP-Kontext (z. B. via Joule oder SAP Build). Entwickelt Prompts und begleitet Use Cases zur Automatisierung.
- **SAP Security and Compliance Specialist**

  Sorgt für Sicherheit und Regelkonformität in zunehmend vernetzten SAP-Landschaften. Setzt Prüfungen, Berechtigungskonzepte oder Audits um.

14.3.2 Demografischer Wandel: SAP-Altersteilzeit trifft auf Interkulturalität

Der demografische Wandel führt zu einer Verschärfung der Fachkräftesituation. Immer weniger erfahrene SAP-S/4HANA-Consultants werden auf dem deutschen Arbeitsmarkt zu finden sein. Vermutlich werden Unternehmen nach der Umstellung auf SAP S/4HANA noch neue Anforderungen haben, z. B. um die Prozesse nach einer Migration nach dem Brownfield-Ansatz nun doch noch stärker an den Standard anzupassen. Auch Expertise in Zukunftsthemen und der Cloud werden voraussichtlich weiterhin gefragt sein.

Beschäftigung nach Eintritt in das Rentenalter

Es ist ratsam, Anreize zu schaffen, damit Personen auch mit Eintritt in das Rentenalter noch weiter arbeiten, z. B. in Teilzeit als Principles oder in Mentoring-Rollen. Sie könnten so als zentrale Anlaufstellen für die neue und noch wenig erfahrene Generation an SAP-Consultants fungieren. Freiwillig länger in die gesetzliche Rente einzuzahlen, kann sich für die Arbeitnehmer lohnen. Ziehen Sie zu diesen Themen am besten einen Finanz- bzw. Renten-Experten oder eine -Expertin hinzu.

Remote Work, globale Projekte und internationale SAP-Communitys machen außerdem kulturelle Diversität zur Voraussetzung. Wer heute SAP-Fachkräfte gewinnen möchte, benötigt Folgendes:

Interkulturalität

- interkulturelle Kompetenz im Recruiting-Team
- sprachlich und kulturell diverse Candidate Journeys
- ein migrationssensibles Employer Branding

Das Ziel sollte es nicht bloß sein, Vielfalt abzubilden, sondern echte Zugehörigkeit zu stiften.

Die SAP-Community wird im Recruiting zum Spielfeld der Zukunft. Menschen folgen Menschen, nicht Marken. Daher braucht es:

Stärkeres Community-Building

- Corporate SAPfluencer, die als Brückenbauer zwischen Unternehmen und Community agieren
- Dialogformate wie Podcasts, Netzwerktreffen, Co-Creation Sessions
- Recruiting-Fachkräfte nehmen aktiv teil und kommunizieren nicht bloß passiv

Recruiting wird damit zur Community-Funktion, zur Beziehungspflege, nicht zum kurzfristigen Funnel-Management.

Der Frauenanteil im SAP-Consulting wird 2035 stark zugelegt haben. Die Recruiting-Strategien der Zukunft setzen an dieser Stelle gezielt an:

Mehr Frauen ins SAP-Team

- Teilzeitmodelle, Führung in Elternzeit, Role Models
- Female Recruiting Journeys: individuelle Ansprache, Karriereförderung, psychologische Sicherheit
- Bewusstseinsarbeit gegen Gender-Bias in Stellenprofilen und Interviewprozessen

Ein Unternehmen, das es schafft, Frauen in ihrer Lebensrealität zu adressieren, gewinnt an Diversität als auch an Leistungsfähigkeit.

Auch das Thema Arbeitszeit wird eine neue Herangehensweise erfordern. Das klassische Modell der fakturierbaren 5-Tage-Woche wird in Zukunft an Attraktivität einbüßen. Stattdessen wird *Flexwork* der neue Standard werden, also eine flexiblere Arbeitszeitgestaltung. SAP-Consultants von morgen fordern:

Arbeitszeit neu denken

- selbstbestimmte Arbeitszeitgestaltung
- transparente Erwartungen, auch zur Verfügbarkeit
- mehr Fixgehalt, weniger Abhängigkeit von variablen Anteilen

Das Recruiting muss Arbeitsmodelle als Differenzierungsmerkmal verstehen – und mitgestalten.

SAP-Recruiting als essenzielle Business-Funktion

Auch das Recruiting selbst wird sich wandeln: von einer eher verwaltenden Rolle hin zu einer geschäftskritischen, interdisziplinären Funktion:

- Das Recruiting ist Sparringspartner des Managements.
- Es steuert aktiv Wertschöpfung über Personalgewinnung.
- Es beeinflusst Produktivität, Innovationsfähigkeit und Kundenbindung.

Kurzum: SAP-Recruiting wird zur Business-Disziplin werden. Und wer diese Disziplin meistert, sichert die Zukunft des Unternehmens.

14.4 Eine kleine HR-Utopie: Recruiting im Jahr 2035

Wir schreiben das Jahr 2035

Ein Gedankenexperiment: Wir schreiben das Jahr 2035. Recruiting ist nicht mehr der operative Akt der Besetzung, sondern eine strategische, technologiegestützte und Community-basierte Gestaltungsaufgabe. Die Recruiterin ist keine Vermittlerin zwischen HR und Fachbereich, sondern wird zur Möglichmacherin von Karrieren, zur Business-Partnerin auf Augenhöhe und zur Content-kuratierenden Gastgeberin von SAP-Talenten im Unternehmen.

Profitcenter HR

Das datengetriebene Arbeiten mit Recruiting-KPIs wird nicht mehr nur genutzt, um die perfekte und individuelle Candidate Journey von SAP-Consultants entlang des kompletten Employee Lifecycles abzubilden und zu optimieren. Stattdessen wird HR selbst zum Profitcenter, das durch den Nachweis von Wertschöpfung einen hohen Stellenwert innerhalb der SAP-Anwender- und -Partnerunternehmen hat, auf Augenhöhe mit dem Vertrieb. Endlich kann in ganz konkreten Controlling-Zahlen ausgedrückt werden, welchen Wert Einsparungen im Bereich der Talent-Akquise, ein Onboarding mit niedriger Abbrecherquote oder ein schnelles Upskilling im Rahmen von Quereinstieg und Berufsstart haben.

Diese Entwicklung wird Hand in Hand mit der Entwicklung von KI stattfinden, die sich in 10 Jahren auf einem ganz neuen Level befinden wird, um z. B. ein biasfreies Matching zu gewährleisten und administrative Aufgaben wie Abrechnung, Gehälter- und Dokumentverwaltung zu übernehmen. HR-Abteilungen haben so ganz viel Zeit, um mit den Menschen innerhalb der eigenen Organisation, aber auch mit denen in anderen Unternehmen und neuen SAP-Talenten im Dialog zu stehen.

Die Bewerbung infolge einer Stellenausschreibung wird durch ganz neue Formate ersetzt worden sein: Video, Audio, aber auch *Augmented Reality* (AR). Anhand von AR-Glasses oder Hologramm-Projektionen wird auch die Arbeit im Homeoffice wieder mehr Bürocharakter aufweisen. Soziale Bedürfnisse und ein lockerer Austausch im Team und bei Bewerbungen wird zunehmend über unsere *Aliasse*, unsere digitalen Zwillinge, geschehen. Barrierefreiheit und Inklusion werden grenzenlos sein.

Stellenausschreibung ersetzt durch Work-Begegnungen in AR

Die Teams und damit die Organisationen werden deutlich internationaler sein, weshalb es im HR-Team eine neue Rolle, die *Intercultural People Manager*, geben wird. Es wird nicht mehr die eine Kultur und die eine Employer Brand geben, die von der Corporate Communication, der Geschäftsführung und dem Vorstand vorgegeben wird, sondern viele Kulturen, Religionen, Sprachen, Herkünfte und Arbeitsweisen. Die interkulturellen Beschäftigten werden sich nicht an die Main Culture anpassen, sondern nebeneinander bestehen wie die Zutaten in einer bunten Salatschale – und doch gemeinsam eine einzigartige vielfältige Organisations-DNA erschaffen.

Deutlich internationaleres Arbeiten

Das SAP-Recruiting wird zunehmend in den Fachbereichen arbeiten, weil dort auch die SAP-Professionals sitzen. Abteilungen und Teams werden stärker nach Themen als nach Aufgaben und Rollen geclustert. Es kommt vermutlich sogar zu einer immer weiteren Spezialisierung, z. B. für die Besetzung von Stellen im Bereich Sales and Distribution. Von diesem Themenkomplex ausgehend wird man dann u. a. die SD-Fachkräfte sourcen.

SAP-Recruiting zunehmend im Fachbereich

Unternehmen werden sich verstärkt zusammenschließen und gemeinsam über eine datenschutzkonforme Plattform die Talente miteinander teilen, auch weil die Standorte von SAP-Consultants durch die virtuelle Realität immer weniger relevant werden. Ein SAP-Experte könnte bei zwei oder mehreren Arbeitgebern flexibel eingesetzt werden oder je nach Bedarf unterschiedlich viel Projekte betreuen. Das Wir-Gefühl der SAP-Anwender- und -Partnercommunity wird noch stärker ausgeprägt sein. Es wird weniger in Kategorien wie »Kunde« oder »Dienstleister« gedacht werden, sondern auch hier werden sinnvolle Austauschräume und Talente-Pools sowie ganz neue Arten zur Zusammenarbeit geschaffen.

Mehr Kollaboration von Unternehmen

[«]

Das SAP-Recruiting von morgen

Was werden die SAP-Recruiter*innen von morgen konkret anders machen als heute?

- **Nicht mehr suchen, sondern gefunden werden**

  Durch aktives Community-Building, Corporate Influencing und punktgenaue Sichtbarkeit in Zielgruppen wird Reichweite erzeugt. Recruiter*innen werden Hosts, nicht Jäger*innen.

  Beispiel: Statt Jobanzeigen zu schalten, wird eine Panel-Diskussion zum Thema »SAP-Karrierepfade für den Quereinstieg« mit 300 Teilnehmenden durchgeführt und generiert darüber 10 Leads.

- **Nicht mehr besetzen, sondern kuratieren**

  Aus dem Talent-Funnel wird eine Karrierereise, die im Hinblick auf Werte, Entwicklungswünsche und Cultural Fit optimiert ist und am Puls der Digital-Marketing-Technik bleibt. Personalverantwortliche begleiten diese Reise als Mitgestaltende, nicht als Prozess-Manager.

- **Nicht mehr verwalten, sondern gestalten**

  Prozesse werden mithilfe von Echtzeitdaten, Kandidaten-Feedback und KI-Analysen iterativ verbessert.

  Beispiel: Ein Dashboard zeigt, an welcher Stelle im Prozess Talente abspringen. Das Recruiting reagiert sofort, testet neue Interviewformate und wertet deren Effektivität datenbasiert aus.

- **Nicht mehr allein, sondern im Netzwerk**

  Das Recruiting wird Teil eines interdisziplinären Systems mit Rollen wie Career Designer, Content Creator, HR Tech Developer, Community Manager und Diversity Coach. Sie oder er ist in diesem Netzwerk die verbindende Schnittstelle mit maximaler Kommunikationskompetenz.

Zukunfts-kompetenz-Felder

Welche neuen Skills benötigen Recruiter*innen im Jahr 2035? Notieren Sie, welche der in Tabelle 14.1 genannten Future Skills Ihnen noch fehlen. Wie dicht sind Sie dran und wo möchten Sie sich persönlich in Zukunft noch stärker positionieren?

Kompetenzfeld	Konkrete Ausprägung
Tech-Literacy	Umgang mit KI-Tools wie SARA, ATS-Systemen, Predictive Analytics, Skills-Graphen, Matching-Algorithmen
Datenkompetenz	KPIs interpretieren, Candidate Journeys analysieren, Entscheidungen datenbasiert treffen

Tabelle 14.1 Future Skills für das Recruiting

Kompetenzfeld	Konkrete Ausprägung
Community-Kommunikation	Storytelling auf LinkedIn (oder zukünftigen Portalen), Moderation von Panels, Podcasts, Dialog auf Augenhöhe
Systemisches Denken	Unternehmensziele verstehen, Veränderungen aktiv vorantreiben, Candidate Personas und Business-Zusammenhänge gezielt einbeziehen
Interkulturelle Sensibilität	Verständnis für Zielgruppen weltweit, Berücksichtigung kultureller Unterschiede, Wertschätzung vielfältiger Hintergründe und Profile
Werte- und Kultur-Matching	Erkennen von Soft Skills, Analyse kultureller Kompatibilität, Werteorientierung
UX-Denken im Recruiting	Kontaktpunkte und Candidate Experience gestalten, Recruiting-Prozesse konsequent aus Sicht der Bewerbenden optimieren
Business-Verständnis	Konstruktives Hinterfragen, Rollen aktiv mitgestalten, SAP-Zukunft im Blick.

Tabelle 14.1 Future Skills für das Recruiting (Forts.)

14.5 Zusammenfassung

Das Fazit: Recruiting steht vor einem grundsätzlichen Haltungswandel. Statt »Ich brauche ein Profil« wird es zukünftig »Ich baue ein Beziehungsnetzwerk« heißen. Anstelle von Prozessorientierung wird Erlebnisorientierung im Vordergrund stehen. Statt um Hierarchien wird es um eine Zusammenarbeit auf Augenhöhe gehen. Man wird vom 100%-Matching weggehen, hin zu einem entwicklungsorientierten Recruiting. Kurz gesagt: Das Recruiting verlässt das Backoffice und wird öffentlich sichtbar.

Technisch affin, nah an der Community und strategisch wirksam

Wer im Recruiting von morgen tätig ist, muss mehr können, hat aber auch mehr Einfluss. Das Arbeitsfeld ist nicht mehr nur HR, sondern das gesamte Ökosystem aus SAP-Consulting, Talententwicklung, Diversity, Technologie und Business Value. Wer diese Rolle annimmt, wird HR Change Agent für die Arbeitswelt von morgen.

[zB]

Stellenanzeige: SAP-Recruiter*in im Jahr 2035 (mit SARA als Co-Pilotin)

Ich habe SARA eine Stellenausschreibung für den oder die SAP-Recruiter*in von morgen formulieren lassen:

- *Arbeitsort*: flexibel/remote
- *Eintritt*: ab sofort
- *Level*: mit erster bis fortgeschrittener Erfahrung im SAP-Recruiting oder HR-Technologie
- *Teamgröße*: interdisziplinär, mit Technologie, HR, Community und Kommunikation
- *Ziel*: SAP-Talente finden, binden, begleiten – jenseits klassischer Joblogik
- *Deine Mission*: Du kuratierst individuelle Karrieren, statt Stellen zu »besetzen«. Du denkst in Netzwerken, Communitys, Lebensphasen – nicht in Profilen. Du nutzt SARA, unsere KI-Recruiting-Partnerin, um psychologische Sicherheit, Cultural Fit und Skills-Potenziale sichtbar zu machen. Du führst Menschen durch immersive Candidate Journeys – mit Wertschätzung, Storytelling und Haltung. Du gestaltest Recruiting-Prozesse als Erlebnis – mit Daten, Mut und Empathie.
- *Was du mitbringst*
  - Du verstehst SAP-Rollen, SAP-S/4HANA-Transformation, SAP BTP oder willst genau das lernen.
  - Du nutzt KI-Tools wie SARA mit Verstand und Verantwortung.
  - Du interessierst dich für Diversität, New Work und Inklusion.
  - Du arbeitest interdisziplinär auf Augenhöhe mit technischen Teams, Kommunikation und Fachbereichen.
  - Du willst nicht nur Prozesse optimieren, sondern Menschen langfristig gewinnen.
- *Deine Tools*
  - SARA (SAP-Recruiting-KI)
  - Biasfreie Matching-Algorithmen
  - Skills-Graphen und Predictive Hiring KPIs
  - Community-Plattformen (SAP, LinkedIn, interne Formate)
  - Immersive Kommunikation (Podcasts, interaktive Jobformate, Co-Creation)

- *Was dich erwartet*
  - Freiheit in der Ausgestaltung deiner Prozesse
  - Zugang zu einer engagierten SAP-Community
  - Trainings in systemischem Recruiting, Diversität, KI-Ethik
  - Ein Team, das Recruiting neu denkt – mit Haltung und Herz
  - Und: echte Karrierepfade für dich – nicht nur für andere
- *Klingt nach deinem nächsten Schritt?*
  Dann lass uns in unserem virtuellen AR-Recruiting-Raum treffen und brainstormen, wie du SAP-Recruiting neu gestalten würdest.

Kapitel 15

Recruiting Best Practices: 4 innovative Ansätze und ein Tool

In diesem Kapitel möchte ich Ihnen vier innovative Ansätze vorstellen, wie andere Unternehmen erfolgreich SAP-Recruiting betreiben. Außerdem präsentiere ich Ihnen ein Tool, mit dem Sie direkt loslegen können, sobald Sie dieses Buch aus der Hand gelegt haben.

Bei den Erfolgsbeispielen in diesem Kapitel habe ich bewusst ganz unterschiedliche Ansätze gewählt und diese ungefiltert in Interviewform bereitgestellt. Diese Beispiele sollen Sie inspirieren, Ihren eigenen Weg zu finden und zu gehen. Ich möchte allen Interviewpartner*innen mein ganz herzliches Dankeschön für ihre Zeit und Offenheit aussprechen. Das ist im »War of Talents« alles andere als selbstverständlich und zeigt einmal mehr, wie die SAP-Community zusammenhält und zusammenarbeitet.

Nach der Vorstellung der Recruiting Best Practices erwartet Sie am Ende dieses Kapitels noch ein Tool, das es Ihnen ermöglicht, Erkenntnisse über sich selbst und Ihr eigenes Recruiting-Unterfangen zu gewinnen. Das sind sozusagen Ihre Wanderstiefel, mit denen Sie den weiten Weg bis zum Ozean der SAP-Talente schaffen werden. Denn Theorie ist sicherlich die Basis, aber erst in der Praxis werden Sie Ihren Recruiting-Erfolg auch spüren und einen der wesentlichen Pain Points Ihres Unternehmens lösen können: die richtigen Menschen zu finden, zu holen und zu halten.

15.1 Interkulturelles Recruiting in Magdeburg: Interview mit Anna Hartmann, in4MD Service GmbH

Interkulturelles Arbeiten

Den Anfang macht Anna Hartmann, Geschäftsführerin von in4MD Service in Magdeburg.

Sarah Niesel: Liebe Anna, ich habe dich als Geschäftsführerin von in4MD um ein Interview im Rahmen meiner Publikation gebeten, weil ich finde, dass deine Company ein echtes Vorbild ist, SAP-Rollen auch interkulturell zu besetzen – und als Team und Organisation Mehrwerte daraus zieht. Wie empfinden deine aus Indien stammenden Kolleg*innen die deutsche Arbeitskultur und ihre neue Heimat?

Anna Hartmann: Liebe Sarah, danke, dass ich dir Fragen für dieses Interview beantworten darf.

Ich würde sagen, dass das ein zweischneidiges Schwert ist. Bei uns sind alle sehr offen und nehmen alle Kolleg*innen aufgeschlossen auf. Dadurch fühlen sich Neuankömmlinge, übrigens auch aus Deutschland, vom ersten Tag an bei uns komplett wohl und angekommen. In unserem Büro gibt es auch immer wieder Leckereien aus aller Welt, die die Kolleg*innen mitbringen. Sie bringen uns somit auch oft ihre Kultur näher, ich finde das wirklich spannend.

Lustig ist auch immer, wenn wir Kolleg*innen mit auf die erste Dienstreise nehmen. In Deutschland ist dann für sie alles neu und interessant, und sie machen ununterbrochen Fotos. Man lernt dann Deutschland noch mal auf eine andere Weise kennen, dass wir hier in einem sehr schönen Land leben, wo es viel zu erleben gibt.

Auf der anderen Seite kann ich natürlich nicht verheimlichen, dass unsere Firma ihren Hauptsitz in Sachsen-Anhalt hat. Das ist für die Kolleg*innen auch oft eine Herausforderung. Neben Gängen zur Ausländerbehörde, die oft langwierig und schwierig sind, gab es auch schon öffentlichen Hass und Rassismus, wo wir natürlich im Alltag eher machtlos sind.

Wie die Kolleg*innen die deutsche Arbeitskultur und Heimat selbst empfinden, habe ich einmal nachgefragt:

> *»Ich bin überrascht, dass man bei der Arbeit eine eigene Handynummer hat, die ich vorher gar nicht kannte. Der Grund, warum ich hier bin, liegt in der deutschen Arbeitskultur, denn ich habe diese Erfahrung 2015 gemacht, als ich für ein Upgrade-Projekt nach Deutschland kam.«*

> *»In Deutschland legen wir Wert auf unser Privatleben, indem wir die Arbeit außerhalb der Arbeitszeit ruhen lassen. Ich sehe dies als ein wertvolles Geschenk, um mich um meine Familie zu kümmern und Zeit mit der Familie zu verbringen.«*

> *»Ein bestes Beispiel für die deutsche Arbeitskultur, auf die ich stolz sein kann, ist die Zeit, die mir mein Vorgesetzter oder meine Kollegen geben, damit ich meine Aufgaben in Ruhe erledigen kann. Das motiviert mich auch, etwas mehr zu tun.«*

Sarah Niesel: Welche interkulturellen Unterschiede gibt es, was etwa Arbeitsorganisation, Projektmethodik oder auch die Zusammenarbeit mit euren Kunden angeht?

Arbeitsorganisation, Projektmethodik und Zusammenarbeit

Anna Hartmann: Hierzu sagt ein indischer Kollege:

> *»Ich kann die ergonomische Arbeitsmethode hervorheben, z. B. mit einem separaten höhenverstellbaren großen Schreibtisch mit zwei Monitoren. Wir haben diese Einrichtungen auch in Indien, aber nicht in Reichweite jedes Mitarbeiters.*
>
> *In Bezug auf die Projektmethodik kann ich sagen, dass wir alle großen Dinge Schritt für Schritt mit detailliert dokumentierten Verfahren angehen, was mir am besten gefällt.*
>
> *Was die Zusammenarbeit mit den Kunden betrifft, so sehe ich 90 % gute Beziehungen zu Kunden, die unsere Arbeit wertschätzen. Es ist nicht so wie bei den US-Kunden, die direkt am Telefon schimpfen und von uns erwarten, dass wir wie Sklaven arbeiten.«*

Sarah Niesel: Wie würdest du die Bedeutung der deutschen Sprachkenntnisse bewerten? Ist konversationssicheres Deutsch notwendig oder reicht aus deiner Sicht auch ein solides Englisch für den Start?

Sprachkenntnisse

Anna Hartmann: Ich halte grundlegende Deutschkenntnisse, die dann bei uns natürlich noch ausgebaut werden können, absolut für notwendig. Das Level sollte wenigstens B2 sein, damit die neuen Mitarbeitenden dem alltäglichen Gespräch folgen können. Wir handhaben es so, dass wir im ersten Jahr meist einen Mix aus Deutsch und Englisch sprechen. Wenn sich der oder die Kolleg*in dann aber eingelebt hat, versuchen wir, vollständig auf die deutsche Sprache zu wechseln. Nach ca. einem Jahr sind dann die meisten auch für Kundentermine einsetzbar.

Sarah Niesel: Ich habe von anderen Menschen aus der Community gehört, dass gerade SAP-Menschen aus Indien richtige Techies seien. Kannst du das bestätigen?

Technikaffinität

Anna Hartmann: Ja, ich kann bestätigen, dass das meistens so ist. Wir haben auch viele Studierende aus Indien, und die meisten sind sehr technikinteressiert. Das kann aber auch meine Brille sein, weil das bei uns an der Informatikfakultät so ist.

Sarah Niesel: Ihr habt in eurem SAP-Team auch Menschen aus Osteuropa, die ebenfalls ihre alte Heimat, Familie und Freunde zurückgelassen und sich in ein neues Leben begeben haben. Ist der Einstellungsprozess vergleichbar mit dem deutscher Arbeitnehmer*innen oder gibt es Fallstricke, auf die Unternehmen achten sollten, z. B. Hilfe bei der Wohnungssuche?

Praktische Unterstützung

Anna Hartmann: Das kommt wirklich immer auf den Menschen an und was er schon erlebt hat. Da kann es dann auch mal notwendig sein, ein offenes Ohr zu haben oder sogar dabei zu unterstützen, psychologische Betreuung anzunehmen. Das sind aber Extremfälle. Meistens helfen wir bei der Wohnungssuche, vermitteln auch bei den Wohnungsgesellschaften oder Vermietern und helfen beim Ausfüllen von Dokumenten. Beim letzten Kollegen haben wir auch bei der Kinderarztsuche für seine mitgezogene Tochter unterstützt. Meistens benötigt es etwas Hilfe im Alltag, aber wir bekommen dann immer viel Dankbarkeit zurück, und deshalb machen wir das sehr gerne!

Sarah Niesel: Wie bewertest du die bürokratischen Vorgänge, wenn ein indischer SAP-Consultant in Deutschland bei einem Arbeitgeber starten möchte: kompliziert und langwierig oder eigentlich doch eher überschaubar?

Anna Hartmann: Vor einem solchen Vorhaben hat man durchaus Respekt, denn es ist mit viel Verantwortung und hohen Erwartungen von allen Seiten verbunden. Besonders die Kommunikation mit dem zukünftigen Kollegen und die Recherche zu den bürokratischen Hürden in Indien erfordern Zeit, Sorgfalt und eine gute Organisation. Der Einwanderungsprozess, von der Beantragung der nötigen Dokumente bis hin zur Ankunft in Deutschland, ist zwar überschaubar, verlangt jedoch eine gut geplante Herangehensweise und jede Menge Abstimmung – sowohl mit den Behörden als auch mit dem neuen Kollegen.

Zusammenfassend kann gesagt werden: Der Prozess ist gut zu bewältigen, wenn man ihn strukturiert, gewissenhaft und mit ausreichend Vorlauf angeht.

Onboarding und Retention

Sarah Niesel: Habt ihr im Onboarding und vielleicht auch als Retention-Strategie ein bestimmtes Angebot, das Bezug nimmt auf das interkulturelle Miteinander?

Anna Hartmann: Wir legen großen Wert darauf, neu zugewanderten Kolleginnen und Kollegen den Einstieg bei uns so angenehm wie möglich zu gestalten. Deshalb vermitteln wir bereits vor und auch während des Onboardings den Kontakt zu Kolleginnen und Kollegen mit gleicher Herkunft oder mit eigener Einwanderungsgeschichte. So möchten wir den neuen Mitarbeitenden den Einstieg erleichtern und sie dabei unterstützen, die zahlreichen organisatorischen Hürden des neuen Alltags besser zu meistern. Der persönliche Austausch mit erfahrenen Kolleginnen und Kollegen hilft dabei, Fragen schnell zu klären, wertvolle Tipps zu erhalten und sich schneller im neuen Umfeld einzuleben.

Da so ein Einwanderungsprozess mit großem Vertrauen und Erwartungen verbunden ist und mit einer erheblichen Lebensveränderung einhergeht, kann die Zwischenmenschlichkeit nicht nur als beste und wertvollste Retention-Strategie bezeichnet werden, sondern auch als nachhaltigste. Es braucht viel Kommunikation und auch Empathie, um gegenseitige Erwartungen zu klären, Unsicherheiten zu nehmen und die Ankunft in Deutschland bestmöglich vorzubereiten. Uns ist es wichtig, von Anfang an ein offenes Ohr zu haben und Unterstützung zu bieten, wo sie benötigt wird.

Sarah Niesel: Würdest du eine Veränderung im Talente-Pool während der letzten 5 bis 10 Jahre sehen? War es »früher« leichter, passende Menschen zu gewinnen?

Aktuelle Recruiting-Situation

Anna Hartmann: Ich würde sogar eher sagen, dass die aktuelle Situation gut ist, um passende Menschen zu finden. Wir erhalten deutlich mehr Bewerbungen als noch vor 1 bis 2 Jahren, und ich habe den Eindruck, dass auf dem Markt gerade sehr viel Bewegung ist. Viele Unternehmen entlassen Mitarbeitende, und es ist eine gute Chance, sich zu verstärken.

Sarah Niesel: Last, not least, was würdest du SAP-Recruiter*innen mitgeben, die lieber monate- bis jahrelang Stellen unbesetzt lassen, statt auch einmal international zu sourcen?

Anna Hartmann: Ich kann nur empfehlen, den Schritt zu wagen. Wir haben es nicht bereut. Allerdings sollte man allgemein einfach die Augen offen halten, das gilt für alle Menschen. Wir haben beispielsweise auch zwei Rentner bei uns (natürlich geringfügig) beschäftigt, und von beiden haben wir so viel gelernt, nicht nur fachlich, sondern auch menschlich.

Über das Unternehmen in4MD Service GmbH, Magdeburg

Die in4MD Service GmbH unterstützt mit umfassenden SAP-Dienstleistungen, um die komplexe Welt von SAP verständlicher zu gestalten. Mit mehr als 20 Jahren Erfahrung stellt die in4MD Service GmbH maßgeschneiderte IT-Lösungen zum Thema SAP-Software bereit. Zu den Kunden gehören mittelständische Unternehmen und öffentliche Einrichtungen. SAP-Technologie und SAP-Entwicklung sind Kernkompetenzen. In4MD Service begleitet die Kunden von Projektbeginn bis Projektabschluss und bietet permanenten Support auch darüber hinaus an. Außerdem verfügt das Unternehmen über ein breites Leistungsspektrum in den Bereichen SAP-Anwendung und SAP-Schulung.

15.2 Recruiting von SAP-Professionals bei einem produzierenden Anwenderunternehmen im ländlichen Raum: Interview mit Andreas Korff, Rose Systemtechnik

Als Zweites interviewte ich Andreas Korff, Leiter der HR-Abteilung von Rose Systemtechnik, einem Industrieunternehmen mit aktuell über 360 Mitarbeitenden, die an drei Vertriebs- und Fertigungsstandorten in Deutschland industrielle Gehäuselösungen fertigen.

Individuelles Kundensystem

Sarah Niesel: Herr Korff, Sie haben SAP im Einsatz und ein gut funktionierendes Inhouse-SAP-Team zusammengestellt. Vor welchen Herausforderungen standen Sie als SAP-Anwenderunternehmen ganz konkret in den letzten Jahren?

Andreas Korff: Wir haben SAP in den 1990er-Jahren eingeführt, mit einer Menge Ehrgeiz und angeeignetem Fachwissen. Mit sehr viel Wissen aller damals Beteiligten entstand ein sehr auf uns zugeschnittenes System, weit weg vom Standard. Viele dieser Kolleginnen und Kollegen sind heute nicht mehr da, auch das Wissen ist damit in vielen Fällen gegangen, ein Transfer war oft nur bedingt möglich. Somit fehlte uns das Wissen im Standardbereich. Die Herausforderung war und ist, dieses Wissen aufzubauen und das SAP-System wieder näher an den Standard zu bringen.

Sarah Niesel: Wie genau hatten Sie das SAP-System noch vor wenigen Jahren im Einsatz und wo wollten Sie hin?

Hin zum Standard

Andreas Korff: Wir wollen hin zu einem gut entwickelten SAP-System, möglichst nah am Standard, verbunden mit funktionierenden und verständlichen Prozessen für die Nutzer. Nennen wir es zusammengefasst »raus aus der Abhängigkeit«.

Sarah Niesel: Wie sah die Personalgewinnungsstrategie für Sie aus? Für welche Rollen haben Sie bei sich Bedarf festgestellt und welche haben Sie zeitweise auch besetzt? Wie schaut ihr Team heute aus?

Andreas Korff: Unser Team besteht heute aus Entwicklern und Fachleuten mit tiefgreifenden Kenntnissen in den verschiedenen Modulen. Eine Mischung, die zulässt, unser Ziel »näher an den Standard« zu erreichen. Die Installation von Key-Usern in den Fachbereichen wurde eingeführt und konsequent umgesetzt. Gerade diese Schnittstelle zwischen Anwendern und SAP-Team hat sich in der Praxis als sehr effiziente Maßnahme herausgestellt.

Herausfordernde SAP-Personalgewinnung

Sarah Niesel: Sie haben sehr unterschiedliche Rollen in ihrer Organisation. Wie beurteilen Sie das Gewinnen von SAP-Professionals – ist das für Sie noch herausfordernder als andere berufliche Backgrounds?

Andreas Korff: Ein uneingeschränktes Ja. Es ist für uns eine große Herausforderung, die passenden Kolleginnen und Kollegen zu finden.

Sarah Niesel: Ab wann treffen Sie die Entscheidung, einen Job über einen externen Dienstleister besetzen zu lassen?

Andreas Korff: Wir treffen diese Entscheidung immer individuell in Abhängigkeit von den potenziellen Verfügbarkeiten passender Interessenten und der Priorität der Stelle in unserer Organisation. Aber auch die personellen Ressourcen im HR-Bereich spielen in die Entscheidungsfindung mit hinein.

Gefragte Soft Skills

Sarah Niesel: Welche Soft Skills sind Ihnen bei der Auswahl speziell bei Ihrem SAP-Team besonders wichtig?

Andreas Korff: Diese Frage kann ich generell beantworten, unabhängig vom SAP-Team. Bewerbende müssen natürlich die fachlichen Anforderungen erfüllen, sie müssen aber auch ins Team passen. Sie müssen Spaß an der Arbeit haben und mit einer hohen sozialen Kompetenz ausgestattet sein. Ein gutes Betriebsklima und ein gutes Miteinander haben für uns einen hohen Stellenwert, weil wir im Übrigen der Überzeugung sind, dass dadurch auch ein Umfeld für gute Arbeitsergebnisse besteht.

Frauen in Führungspositionen

Sarah Niesel: In der Region Ostwestfalen, mindestens aber im Kreis Minden-Lübbecke sind Sie als familienfreundlicher Arbeitgeber bekannt und auch mehrfach ausgezeichnet. Als IT-Teamleitung mit der Verantwortung für das SAP-System haben Sie eine Frau als Nachfolgerin einer männlichen IT-Leitung eingestellt. Wie kam das in Ihrer Produktion an? Gibt es vielleicht auch eine positive Strahlkraft und Vorbildfunktion, die eine weiblich besetzte Schlüsselrolle ausübt?

Andreas Korff: Die Entscheidung haben wir unabhängig vom Geschlecht getroffen. Wir sind froh, dass wir eine Kollegin gefunden haben, die genau zu uns und unseren Werten passt und natürlich eine Menge fachliches Knowhow mitbringt. Durch ihre Art und ihr Wissen überzeugt sie und kommt bei allen gut an. Auch in anderen Bereichen haben wir Frauen in Führungspositionen – für uns eine ganz normale, eine gute Sache.

Über das Unternehmen ROSE Systemtechnik GmbH, Porta Westfalica

Die ROSE Systemtechnik GmbH entwickelt und produziert seit über 50 Jahren hochwertige Industriegehäuse und Systemlösungen »Made in Germany«. Das Unternehmen beschäftigt derzeit über 360 Mitarbeitende an drei deutschen Vertriebs- und Fertigungsstandorten, unter anderem in Porta Westfalica. Die Produkte von ROSE kommen branchenübergreifend zum Einsatz, insbesondere im Maschinen- und Anlagenbau, in der Automatisierungstechnik, der Mess-, Steuer- und Regeltechnik, in explosionsgefährdeten Bereichen sowie in der Nahrungs- und Genussmittelindustrie.

15.3 Female Leadership im SAP-Consulting: Interview mit Nicole Thielen, 4brands Reply

Dieses Gespräch führte ich mit Nicole Thielen, die seit 2023 als Senior Managerin und Bereichsleitung SAP S/4HANA beim SAP-Konsumgüterspezialisten 4brands Reply tätig ist.

Sarah Niesel: Liebe Nicole, in eurer Organisation sind nach meiner Beobachtung überdurchschnittlich viele Frauen als SAP-Beraterinnen tätig – und das auch auf Führungslevel. Wie nimmst du dein Team innerhalb des SAP-Ökosystems wahr? Gibt es noch manche Beratungen, die nach deiner Einschätzung noch komplette Männerdomänen sind?

Nicole Thielen: Liebe Sarah, dass es wirklich noch »reine« Männerdomänen in Beratungen gibt, kann ich mir nicht vorstellen. Es ist aber durchaus erkennbar, dass es oft ein Ungleichgewicht auf Führungsebene gibt. Nach wie vor sind bei vielen Beratungshäusern die Führungspositionen eher männlich besetzt. Bei der 4brands sind wir da vom Grundsatz her sehr ausgewogen unterwegs. Die Partner sind zwar beide männlich, aber ab Ebene der Senior Manager ist der Frauenanteil bereits ausgewogen. Im Management-Team meines Bereichs sind die Frauen sogar in der Überzahl, was man aktuell nicht so wahrnimmt, da sich eine Kollegin in Elternzeit befindet.

Sarah Niesel: Gab es bei euch einen bewussten Diversity- oder Gleichstellungsansatz – oder ist die Entwicklung organisch gewachsen?

Nicole Thielen: Ob das Thema Gleichstellung bei uns mal sehr bewusst vorangetrieben wurde, kann ich gar nicht beantworten, da ich so lange ja noch nicht bei 4brands bin. Meine Wahrnehmung ist aber, dass es bei uns vollkommen selbstverständlich ist und kein Thema, das besonders im Vordergrund steht. Für mich ist an einem Ereignis deutlich geworden, wie natürlich die Vereinbarkeit von Familie und Beruf bei uns ist:

Mein Kollege und ich hatten morgens einen gemeinsamen Kundentermin und ursprünglich die Idee, uns am Vorabend im Hotel nochmal entsprechend abzustimmen. Am späten Nachmittag hat mein Kollege mir im Teams-Chat geschrieben, dass er nicht ins Hotel kommt, sondern erst morgens anreist, da eins seiner Kinder aktuell Probleme mit dem Einschlafen hat und sich wünscht, dass er bei ihm bleibt. Allein die Tatsache, dass eine männliche Führungskraft das so selbstverständlich kundtut und lebt, hat mir gezeigt, dass bei 4brands eine wirkliche Gleichberechtigung gelebt wird.

Sarah Niesel: Welche Rolle spielen Werte wie Vereinbarkeit, Leadership-Kultur oder flexible Karrierepfade bei euch?

Nicole Thielen: Wir versuchen selbstverständlich, die Vereinbarkeit von Familie und Beruf zu fördern, und das auf unterschiedliche Art und Weise. Ein Ansatz sind natürlich flexible Karrierepfade, so kann man bis zu einem gewissen Job-Level bei uns recht unkompliziert zwischen Principal-Rollen (fachliche Führung/Themenverantwortung) und Management-Rollen (immer Personalverantwortung) wechseln. Teilzeit ist immer eine Option und das nicht nur nach der Elternzeit. Beim Thema Co-Leadership wird es aus meiner Sicht schwieriger, denn hier besteht die Kunst darin, auch wirklich Teams zu finden oder zu bilden, bei denen das funktioniert. Bisher gibt es das auf Bereichsleitungsebene bei zwei von vier Bereichen, aber wie gesagt, ist es hier nicht immer einfach, die passenden Paarungen zu finden.

Sarah Niesel: Welche Formate, Prozesse oder Rahmenbedingungen tragen bei euch konkret dazu bei, dass Frauen im SAP-Umfeld bleiben und aufsteigen, sich entwickeln können?

Nicole Thielen: Bisher habe ich mir über genaue Prozesse und Formate noch nie Gedanken gemacht oder diese nicht bewusst wahrgenommen. Das liegt vielleicht aber auch daran, dass mein Sohn schon erwachsen ist und ich ggf. die vorhandenen Prozesse bei 4brands nicht durchlaufen habe. Grundsätzlich ist es einfach wichtig, gerade in diesen Phasen im Austausch zu bleiben und auf die gegenseitigen Bedürfnisse einzugehen. Basis dafür ist eine Unternehmenskultur, in der man vertrauensvoll miteinander umgeht, es Verständnis für die verschiedenen Lebensphasen und deren Bedürfnisse gibt und in der ein hohes Maß an Flexibilität vorhanden ist.

Aus meiner Sicht wird das Thema Familie un Beruf auch heute noch immer viel zu sehr auf die erste Phase des Elternseins ausgerichtet. Working Parents zu haben, bedeutet, dass es immer wieder zu Phasen kommen kann, in denen die Rolle (z. B. Verzicht auf disziplinarische Führung) oder die Arbeitszeit reduziert werden muss, weil es gerade in der Familie Themen gibt, die mehr Aufmerksamkeit erfordern. Das heißt, es muss immer wieder möglich sein, den Fokus zu verschieben, und die Arbeit muss sich den Erfordernissen anpassen können, nur so kann eine dauerhaft funktionierende Vereinbarkeit geschaffen werden.

Wir sind bei Reply einfach sehr gut darin, sehr flexibel auf die Bedürfnisse unserer Mitarbeitenden zu reagieren und so ein hohes Maß an Vereinbarkeit und somit auch Zufriedenheit zu schaffen.

Sarah Niesel: Was würdest du anderen SAP-Dienstleistern raten, die ihren Frauenanteil steigern möchten – besonders in technischen Rollen?

Nicole Thielen: Ich glaube, dass es da keinen einfachen Rat gibt, denn eine Unternehmenskultur zu schaffen, in der es einfach normal ist, dass Menschen in Elternzeit gehen, ihre Rolle wechseln oder ihre Arbeitszeit verkürzen, ohne dass es einen negativen Einfluss auf die Karriere hat, schafft man nicht einfach so. So etwas muss aus meiner Sicht wachsen und dies gelingt nur, wenn an der Spitze der Unternehmen das entsprechende Mindset vorherrscht. Man muss das einfach wollen und dann auch vorleben.

[»]

Über das Unternehmen 4brands Reply GmbH & Co. KG, Minden

4brands Reply ist der Konsumgüterspezialist der Reply-Gruppe. Mit Fokus auf Customer Experience begleitet das Team Unternehmen ganzheitlich bei der digitalen Transformation – von der Prozessberatung bis zur Systemintegration. Dabei stehen innovative IT-Technologien und eine konsumentenorientierte Customer Experience im Fokus. In der Umsetzung setzt 4brands Reply konsequent auf agile Projektmethoden, um Anforderungen praxisnah, flexibel und effizient in nachhaltige Lösungen zu überführen. Das Reply-Netzwerk besteht aus rund 15.000 Expert*innen weltweit.

15.4 HR und Recruiting als Kulturthema: Interview mit Ariane Barleben, adesso business consulting

Ariane Barleben war seit 2021 bei der adesso business consulting AG zunächst als Managerin People and Culture tätig und ist dort heute Team Lead Recruiting.

Wachstum in Zeiten des Fachkräftemangels

Sarah Niesel: Liebe Ariane, verrate doch bitte, wie viel Wachstum ihr geschafft habt.

Ariane Barleben: Wir sind im April 2021 mit ca. 250 SAP-Expert*innen gestartet und zählen mittlerweile fast 1.000 Mitarbeitende. Eine solche Entwicklung im SAP-Markt ist außergewöhnlich, und wir sind unheimlich stolz auf diese Unternehmensleistung.

Sarah Niesel: Wie ist für dich das Zusammenspiel von Recruiting und Unternehmenskultur?

Unternehmenskultur als maßgeblicher Faktor

Ariane Barleben: Die Unternehmenskultur ist ein maßgeblicher Erfolgsfaktor für die Themen Recruiting und Retention. Gemeinsame, positive Werte im Miteinander bilden die Grundlage für das Finden und Binden von Talenten. Als Recruiterin kann ich meinen Arbeitgeber authentischer vertreten, wenn ich von der Kultur überzeugt und selbst Feuer und Flamme bin.

Sarah Niesel: Worauf achtest du bei SAP-Bewerber*innen, besonders im Bereich der Soft Skills oder auf der Werte-Ebene, um einen guten Cultural Fit zu euch herzustellen?

Ariane Barleben: Unsere Kultur ist einzigartig, und wir geben viel dafür, dass dies auch so bleibt. Daher ist der persönliche Fit genauso wichtig wie die Fachlichkeit. Wir sind hands-on, zielorientiert, packen an und legen Wert auf ein Miteinander, in dem man sich wohlfühlt und gern arbeitet.

Wir schauen bei Kandidat*innen vor allem darauf, ob sich jemand mit uns weiterentwickeln kann und möchte. Wachstum bedeutet Veränderung, auf die sich Mitarbeitende immer wieder einlassen müssen. Außerdem arbeiten wir als Dienstleister immer im Sinne des Kunden und suchen bei Kandidat*innen eben genau das Consulting Mindset, das es für eine erfolgreiche Arbeit mit dem Kunden braucht.

Recruiting als Vorstandsthema

Sarah Niesel: Wie hast du geschafft, woran andere so häufig scheitern: das Thema Recruiting als festes Vorstands-Thema zu positionieren?

Ariane Barleben: Ich habe von Anfang an sehr eng mit unserem Vorstand zusammengearbeitet, da Wachstum und Recruiting seit Beginn eines der Kernthemen der adesso business consulting AG waren. Wir schätzen kurze Dienstwege und brauchen bei unseren ambitionierten Zielen schnelle Entscheidungen. Die direkte Zusammenarbeit zwischen Recruiting und Vorstand ermöglicht uns außerdem ein besseres gegenseitiges Verständnis: Business und Recruiting können effektiver, schneller und erfolgreicher Hand in Hand arbeiten.

Sarah Niesel: Welches Tool, welcher Kanal oder welches Format ist dein persönliches Go-To, auf das du aktuell im Recruiting oder auch Retention-Bereich nicht verzichten wolltest?

Recruiting-Mix

Ariane Barleben: Für uns geht es vor allem darum, Kandidat*innen und Interessierten zu zeigen, wer wir als Arbeitgeber sind. Wenn wir dies klar positionieren können, werden wir am Markt wahrgenommen. Es gibt nicht *das* eine Tool oder *den* einen Weg. Der Mix aus unterschiedlichen Kanälen, Maßnahmen und Wegen führt dazu, dass Recruiting bei uns so gut funktioniert. Aus meiner Sicht spielen die Mitarbeitenden eine enorm große Rolle in der Rekrutierung. Sorge ich für einen Arbeitgeber, für den man gern arbeitet, hat man so eine große Kraft freigesetzt, die dem Recruiting ungemein zugutekommt.

Sarah Niesel: Du hast in deiner beruflichen Vergangenheit auch als externe Recruiting-Spezialistin gearbeitet. Hast du ein paar Key Learnings, die Inhouse-Recruiter*innen vielleicht weiterhelfen würden?

Ariane Barleben: Die Arbeit als externe Recruiterin lässt sich kaum mit meiner späteren Inhouse-Rolle vergleichen, denn Arbeitsweisen, Ziele oder Aufgaben waren zum Teil sehr unterschiedlich. Für beide Rollen gilt jedoch: Ein gutes Netzwerk ist unerlässlich für erfolgreiches Recruiting. Die enge Beziehung zu Hiring Manager*innen und Kandidat*innen bringt mich schneller zum Ziel und lässt mich die Anforderungen aus dem Business besser verstehen. Der Aufbau des Netzwerks dauert zum Teil viele Jahre und muss bewusst vorangetrieben werden. Aber es lohnt sich.

Storytelling

Sarah Niesel: Ich selbst schätze deine Fachbeiträge und dein Storytelling auf LinkedIn sehr. Wie hoch bewertest du persönlich den Faktor Visibilität für das Gewinnen neuer SAP-Talente?

Ariane Barleben: Aus meiner persönlichen Erfahrung kann ich sagen, dass Sichtbarkeit auf LinkedIn enorm dazu beiträgt, als Person und Arbeitgeber wahrgenommen zu werden. Sichtbarkeit schafft Vertrauen und Glaubwürdigkeit. Ich gebe meinem Arbeitgeber ein Gesicht und schaffe Nahbarkeit. Der zunächst anonyme mögliche neue Arbeitgeber wird attraktiver, denn ich erhalte einen Blick hinter die Kulissen. Und ich sehe, welche Leute dort arbeiten, wie sie sich ausdrücken, zum Teil auch, wie sie miteinander interagieren. All das trägt dazu bei, dass ich schon vor dem ersten Kontakt eine Idee meines potenziell nächsten Arbeitgebers bekomme.

Sarah Niesel: Last, not least: Was macht für dich eine exzellente SAP-Recruiterin oder einen exzellenten Recruiter aus? Welche Eigenschaften oder Kompetenzen sind aus deiner Perspektive wichtig?

Handwerkskoffer für Recruiter*innen

Ariane Barleben: Neben dem fachlichen Handwerkskoffer sind es vor allem persönliche Kompetenzen und Eigenschaften, die immer wichtiger werden: neugierig bleiben, Bestehendes hinterfragen, Anpassungsfähigkeit und Kommunikationsstärke im Stakeholder-Management.

Die SAP-Welt bleibt nicht stehen. Fortlaufend tauchen neue Technologien, Fachbegriffe oder Abkürzungen auf. Ich muss mich hier immer wieder updaten. Mindestens genauso wichtig ist die Auseinandersetzung mit KI-Themen, die unsere Arbeit revolutionieren. Außerdem müssen wir unsere Prozesse fortlaufend hinterfragen und anpassen. Im Wachstum passen Prozesse immer nur für eine gewisse Größe – für Kolleg*innen, Führungskräfte und Bewerbende. Um für den nächsten Wachstumsschub und Veränderungen vorbereitet zu sein, brauchen wir einen kritischen Blick auf Bestehendes und müssen Themen und Prozesse komplett neu denken können.

Wir arbeiten mit Führungskräften, dem Vorstand, Kolleg*innen aus anderen Teams und Kandidat*innen zusammen. Ich muss dabei in der Lage sein, meiner Zielgruppe entsprechend zu kommunizieren, Anliegen aufzugreifen, vor- und weiterzudenken. Ausgeprägte persönliche Kompetenzen werden zukünftig der Schlüssel zu erfolgreichem Recruiting sein.

[«]

Über das Unternehmen adesso business consulting AG, Hameln

Die adesso business consulting AG ist ein führendes Beratungshaus für ganzheitliche Business- und SAP-Lösungen. Als SAP Gold Partner vereint adesso business consulting branchenspezifisches Know-how mit tiefgreifender SAP-Expertise, um Kunden unterschiedlicher Branchen bei ihrer digitalen Transformation zu unterstützen – von der strategischen Prozessberatung über die technische Implementierung komplexer SAP-Lösungen bis zum Betrieb von SAP-Systemen.

15.5 Was Unternehmen aus diesen Beispielen lernen können

Zusammenstellung der Interviews und Auswahl der Fragen

Es gibt viele gelungene Recruiting-Ansätze, und ich habe Ihnen in den vorangegangenen Abschnitten vier Unternehmen und deren SAP-Recruiting-Best-Practices vorgestellt. Dabei habe ich verschiedene Perspektiven aus HR und Management gewählt, um zu verdeutlichen, wie wichtig, vielfältig und groß das Thema Recruiting und Retention innerhalb von Organisationen geworden ist. Im Rahmen der Interviewfragen habe ich jeweils einen zentralen Aspekt herausgegriffen, der das Unternehmen aus meiner Sicht ganz besonders auszeichnet. Ich habe den Fokus also auf einzelne Details gelegt, aber die Organisationen machen natürlich jeweils noch sehr viel mehr, um als attraktive Arbeitgeber im SAP-Ökosystem zu punkten.

Schlussfolgerungen

Internationale Talentgewinnung kann auch im SAP-Consulting hervorragend funktionieren und für das Team eine tolle Bereicherung sein, wie Anna Hartmann im Interview deutlich machte. Dabei hat sie sogar die einzelnen Teammitglieder selbst um ihre Meinung gebeten. Auch Anwenderunternehmen setzen auf eine offene, familienfreundliche Kultur. Sie suchen etwa die Nähe zum SAP-Standard und arbeiten mit einer entlastenden Key-User-Strategie. Dieses kann zu echten SAP-Recruiting- und Retention-Erfolgen führen, und das sogar in ländlich geprägten Regionen, wie Andreas Korff ausgeführt hat. Nicole Thielen hat Einblicke gewährt, wie im SAP-Consulting neue Modelle von familienfreundlicher Führung gelebt werden. Den Abschluss machte Ariane Barleben mit ihren inspirierenden Ausführungen, wie genau so eine einzigartige Kultur entstehen und trotz großem Wachstum erhalten bleiben kann.

Inspiration für Ihren eigenen Weg

Für Sie soll es in diesem Kapitel nicht einfach darum gehen, andere Ansätze zu kopieren, sondern darum, Ihren eigenen Weg zu finden, zu erkunden und dann selbstbewusst zu gehen. Die Best Practices sollen Sie dabei inspirieren. Nicht jedes Tool, jede Zielgruppe, jede Personalstrategie oder jedes Zukunftsthema passt zu Ihnen und Ihrem Unternehmen. Sie brauchen Ihren eigenen Recruiting-Mix, der für Sie funktioniert. Hier sind wir wieder bei einem zentralen Element im Recruiting angekommen – der Authentizität, Ihrer einzigartigen Unternehmens-DNA. Daher habe ich im folgenden Abschnitt auch noch ein Tool für Sie, mit dem Sie die für sich passende SAP-Personalstrategie entwickeln können.

15.6 Die passende SAP-Personalstrategie finden oder optimieren mit dem Recruiting Retention Model Canvas

Nutzen Sie Ihre neuen Ideen!

Nach der Lektüre von Fachliteratur bin ich häufig zunächst motiviert, habe eine Menge Ideen und Inspiration – und dann passiert nichts. Der Transfer bleibt aus, aus so vielen Gründen, z. B. weil das operative Business ruft. Bevor Sie die Zeit und den Aufwand, die Sie in die Lektüre dieses Buchs investiert haben, nun einfach verpuffen lassen und wieder zur Angel im altbekannten Talente-Teich greifen, bitte ich Sie, direkt die Wanderstiefel anzuziehen und mit kräftigen Schritten zu neuen Ufern zu schreiten.

Konkret meine ich damit: Nutzen Sie das in diesem Abschnitt vorgestellte Tool, das *Recruiting Retention Model Canvas*. Abbildung 15.1 finden Sie dafür als Vorlage zum Herunterladen unter *www.sap-press.de/6119* im Bereich **Materialien**.

Drucken Sie die Datei groß aus, schnappen Sie sich ein paar Post-its und Stifte und nehmen Sie sich etwa 30 Minuten Zeit für den ersten Schritt. Ja, jetzt direkt. Einfach nur Sie allein oder zusammen mit einer Kollegin oder einem Kollegen, wenn möglich. Im zweiten Schritt können Sie dann einen ausführlicheren Workshop mit mehr Beteiligten planen.

1. SAP Employee Value Proposition (SEVP)	2. Zielgruppen innerhalb der SAP-Talentpools
3. Kanäle der Ansprache	4. Beziehungspflege
5. Nutzen	6. Einnahmequellen
7. Schlüsselressourcen	8. Schlüsselaktivitäten
9. Schlüsselpartnerschaften	10. Kostenstruktur

Abbildung 15.1 Recruiting Retention Model Canvas

Ist-Analyse reichhaltiger, als Sie annehmen

Führen Sie eine Ist-Analyse rund um Ihr Personalthema durch. Schauen Sie, was Sie bereits tun, wie viele Ressourcen Sie tatsächlich zur Verfügung haben und welche Kanäle Sie für Ihr Recruiting vereinnahmen können? Wie viel Budget gibt es für Maßnahmen? Worauf möchten Sie den Fokus legen? Sie können davon ausgehen, dass Ihr Status quo bereits reichhaltiger ist, als Sie gerade annehmen. Zielgruppen, Content und die SAP-Community, Social Media, Advertising, ein Talente-Pool, Ihre eigenen (zukünftigen) SAPfluencern ... Notieren Sie einfach alles, was Ihnen einfällt.

Workshop durchführen

So gehen Sie bei der Erstellung Ihres Recruiting Retention Model Canvas konkret vor:

- **Arbeiten Sie visuell**

  Drucken Sie das Canvas in DIN A0 oder A1 aus und nutzen Sie Haftnotizen, um jedes Feld flexibel und idealerweise im Team zu befüllen.

- **Planen Sie ausreichend Zeit ein**

  Für ein erstes Reinfühlen reichen 30–60 Minuten. Für eine erste vollständige Ausarbeitung im Team sollten Sie etwa 2–3 Stunden einplanen, idealerweise im Zusammenspiel mit Geschäftsführung, HR und mindestens einer Person aus Ihrem SAP-Team.

- **Nutzen Sie das Canvas regelmäßig**

  Aktualisieren Sie das Modell im halbjährlichen Rhythmus. So etablieren Sie ein strategisches Frühwarnsystem für Recruiting- und Retention-Themen in Ihrem Geschäftsmodell.

Leitfragen für den Workshop

Tabelle 15.1 gibt eine Übersicht über die Leitfragen des Recruiting Retention Model Canvas.

Block	Leitfrage	Beispielhafte Inhalte
1. SAP Employee Value Proposition (SEVP)	Warum sollte jemand bei uns arbeiten? Was ist unser Versprechen an SAP-Talente? Für SAP-Anwender: Welcher Stellenwert im Geschäftsmodell/welche Ziele sind mit der Nutzung des SAP-Systems verbunden?	Purpose, Lernkultur, Projektarten, Work-Life-Balance, Führungsstil
2. Zielgruppen (Kandidaten-Segmente)	Wen wollen wir erreichen? Welche SAP-Profile sind für uns erfolgskritisch?	Young Professionals, Senior-Consultants, Mütter/Väter nach Elternzeit, SAP-Umsteiger*innen
3. Kanäle der Ansprache	Wo und wie erreichen wir unsere Wunschkandidat*innen?	LinkedIn, Podcasts, Events, Personalvermittler, Empfehlungen
4. Beziehungspflege (Candidate und Employee Experience)	Wie gestalten wir die Beziehung vom Erstkontakt bis zum Ausscheiden aus dem Unternehmen?	Bewerbungsprozess, Onboarding, Mentoring, Retention-Maßnahmen, Exit-Gespräche
5. Nutzen (für Kandidat*innen und Mitarbeitende)	Welches Problem lösen wir für unsere Mitarbeitenden? Was macht uns besonders?	Entwicklungspfade, familienfreundliche Strukturen, Planbarkeit, fachlicher Austausch

Tabelle 15.1 Leitfragen zur Selbsteinschätzung oder für die Moderation eines Recruiting-Retention-Model-Canvas-Workshops

Block	Leitfrage	Beispielhafte Inhalte
6. Einnahmequellen (Wertschöpfung auf menschlicher Ebene)	Wo entsteht durch gute Personalstrategie messbarer Wert?	Reduzierte Fluktuation, höhere Projektqualität, schnellere Besetzung, geringere Vakanzkosten
7. Schlüsselressourcen	Wer oder was ist entscheidend für erfolgreiches Recruiting und Retention Management?	HR-Team, Führungskräfte, Interviewprozesse, Arbeitgebermarke, Netzwerk
8. Schlüsselaktivitäten	Was müssen wir konkret tun, damit Menschen bleiben – und kommen?	Talent Acquisition, Active Sourcing, regelmäßige Feedbackrunden, interne Weiterbildungen
9. Schlüsselpartnerschaften	Mit wem arbeiten wir erfolgreich im Recruiting zusammen?	Personalberatungen, Hochschulen, SAP-Community, ehemalige Mitarbeitende
10. Kostenstruktur	Welche Investitionen sind nötig? Was kostet uns schlechte Bindung?	Recruiting-Budget, Fortbildungen, Retention-Programme, Opportunitätskosten bei Fluktuation

Tabelle 15.1 Leitfragen zur Selbsteinschätzung oder für die Moderation eines Recruiting-Retention-Model-Canvas-Workshops (Forts.)

Dieses Canvas eignet sich besonders gut für SAP-Dienstleister oder auch Anwenderunternehmen mit einem höheren SAP-Personalbedarf, um strukturiert die eigene Personalgewinnung, -bindung und -entwicklung zu analysieren. Es hilft, in diesen Bereichen inhaltlich, formal und auch medial moderne und innovative Wege einzuschlagen. Es kann selbstverständlich auch als Ausgangslage verwendet werden, um ganz andere Rollen zu rekrutieren und an Ihr Unternehmen zu binden. Nutzen Sie es und erweitern Sie es bei Bedarf. Lassen Sie mich auch gerne wissen, wie Sie damit arbeiten.

Workshop-Team

Das Recruiting Retention Model Canvas kann im Team aus HR, Geschäftsführung und SAP-Team bearbeitet werden, z. B. im Rahmen eines Strategie- oder Retention-Workshops. Diese Ist-Analyse zeigt Ihnen blinde Flecken und damit Möglichkeiten zur Optimierung und insgesamt zu Interventionsfeldern auf. Außerdem holen Sie mit einem gemeinsamen Workshop alle relevanten Stakeholder ab, falls Sie auf Ihrem Weg noch etwas Überzeugungsarbeit leisten müssen.

Ihren Fortschritt festhalten

Und darüber hinaus können Sie durch die Dokumentation Ihren Fortschritt festhalten und einen Projektplan oder Ihre Personalstrategie weiterentwickeln oder auch gegebenenfalls einmal niederschreiben. Eine Strategie ist nach meinem Verständnis kein starres Dokument, sondern dynamisch, iterativ und kollaborativ. Sie sehen, das Canvas zu erstellen, ist eine ideale Ausgangslage für Ihr weiteres Vorgehen.

Priorisieren Sie, was Sie verändern möchten

Nach der Ist-Analyse sollten Sie priorisieren, was Sie verändern möchten. Markieren Sie auch, was bereits gut läuft, was Sie bewahren möchten. Benutzen Sie dafür einfach zwei Farben oder Zeichen wie Plus und Minus. Setzen Sie dann einen Zeitplan auf und terminieren Sie die einzelnen Maßnahmen. Machen Sie daraus Projekte, mit einem Projektteam, einer groben ersten Zeitvorstellung, einem Budget usw., um alle Bereiche systematisch anzugehen und Ihre Personalstrategie zu erneuern.

Mit den Low Hanging Fruits starten

Sie können mit den »Low Hanging Fruits« direkt loslegen und haben so unmittelbare Ergebnisse. Gerade mit Blick auf die Abkürzungen aus Kapitel 2, »Recruiting-Hacks: 7 Abkürzungen für alle, die wenig Zeit zum Lesen haben«, werden Sie bestimmt ein paar Möglichkeiten finden, um Ihr SAP-Recruiting zu transformieren. Ich wünsche Ihnen damit viel Freude, viel Motivation und Inspiration – und natürlich viele passende SAP-Talente, die Ihr Unternehmen in die Zukunft bringen.

Anhang

Anhang A
Nützliche Ressourcen

Websites

Folgende Websites enthalten hilfreiche Informationen rund um den SAP-Kosmos:

- **IT-Online-Magazin**

  Die SAP-Szene hat nicht nur eigene Verlage, wie den Rheinwerk Verlag (SAP PRESS) oder Espresso Tutorials, und eigene Bücher, sondern auch eigene Fachmagazine, wie das IT-Online-Magazin. Sie können es als Newsletter abonnieren oder gelegentlich auf der Homepage in die Artikel schauen (*https://it-onlinemagazin.de/*). Auch das Thema »Fachkräfte« wird hier behandelt.

- **SAP-Community**

  In den Blogs der offiziellen SAP-Community unter *https://community.sap.com* können Sie sich nach spannenden Themen und Menschen umsehen. Hier sind über 1,2 Millionen Beiträge zu allen möglichen fachlichen Themen versammelt. Die Blogger geben in der Regel auch gerne weitere Auskunft.

- **Geschichte von SAP**

  Wenn Sie sich mehr mit der Geschichte des Unternehmens auseinandersetzen möchten, empfehle ich einen umfangreichen Artikel auf der Unternehmensseite *https://www.sap.com/germany/about/company/history.html*.

KI-Tools

Als KI-Tools, die Sie bei Ihren täglichen Aufgaben unterstützen können, habe ich in diesem Buch ChatGPT, die SAP-Recruiting-Assistentin SARA und SAPastian vorgestellt. SARA finden sie (aktuell) nicht öffentlich in der ChatGPT-Bibliothek, jedoch limitiert für Sie als Leser*in nutzbar unter *http://ankerkopf.de/sara*.

Für fachliche Nachfragen und smarte Erklärungen empfehle ich SAPastian von SAP-Projektleiter Michael Mohr, Geschäftsführer der Mohr Consulting & Management GmbH. Er hat der SAP Community diesen KI-Assistenten zur Verfügung gestellt. Sie finden ihn in der GPT-Bibliothek unter dem Stichwort »SAPastian« und weitere GPTs unter *https://chatgpt.com/gpts*.

SEO

Als SEO-Werkzeug empfehle ich den GPT SEO Assist, SEO GPT und SEO CORE AI von SEO Vendor , ebenfalls in der GPT-Bibliothek unter dem Stichwort »SEO Assist« aufgeführt und kostenfrei nutzbar.

HR-Blogs

Folgende Blogs beschäftigen sich mit HR- und Recruiting-Themen:

- Personio-Blog (alles rund ums Thema HR): *https://www.personio.de/blog/*
- Haufe-Akademie Blog (Leadership, Kompetenzen, digitale Transformation etc.): *https://www.haufe-akademie.de/blog*

Folgender LinkedIn-Account betreibt Corporate HR Influencing:

- Eduard Bergmann: *https://www.linkedin.com/in/eduard-bergmann-orgamax/*

Zum Thema Spracherwerb im internationalen Recruiting empfehle ich folgende Sprachkursplattform mit Business-Lösungen: *https://preply.com/de/sprachkurse-fur-unternehmen*.

Kreative und kollaborative Arbeitsweise

Zur Erstellung von Creatives, ohne die Marketing-Abteilung bemühen zu müssen, empfehle ich Canva (*https://www.canva.com/*). Hier können auch die eigenen Corporate Identity Guidelines mitgegeben werden.

Miro-Boards können für visuelles, digitales Arbeiten genutzt werden (*https://miro.com/de/*).

Menti-Boards dienen als interaktive Umfragen mit Live-Charakter (*https://www.mentimeter.com/de-DE*).

Literatur

Als weiterführende Literatur empfehle ich folgende Titel:

- Brings, Stefanie: Die Führungskraft der Zukunft – Innovative Führungstechniken und visionäres Management: Der Schlüssel zur langfristigen Mitarbeiterbindung, nachhaltigem Erfolg und Erfüllung. Orbita Media 2024.
- Laloux, Frédéric: Reinventing Organisations. Vahlen 2015.
- Pechstein, Arndt; Schwemmle, Martin: Future Skills Navigator: Ein neues Menschsein für die Welt von morgen. Vahlen 2023.
- Rheingans, Lasse: Die 5 Stunden Revolution. Campus Verlag 2019.
- Spiegel, Peter et al.: Future Skills: 30 zukunftsentscheidende Kompetenzen und wie wir sie lernen können, Vahlen 2021.
- Brandes-Visbeck, Christiane; Thielecke, Susanne: Fit für New Work: Wie man in der neuen Arbeitswelt erfolgreich besteht. Businessmodelle, Work-Life-Balance, Co-Working & Co. Redline Verlag 2018.

Whitepaper und Studien

Folgende Whitepaper und Studien haben wir bei Ankerkopf durchgeführt (*www.ankerkopf.de/papers*):

- Pink Paper »Frauen in der IT«
- SAP Yellow Paper »Väter in der SAP-Welt«
- SAP Gehälter Report

Folgende weitere Studienurheber habe ich in diesem Buch angesprochen:

- women@DSAG: verschiedene Umfragen, z. B. zur Chancengleichheit (*https://dsag.de/presse/einsatz-fuer-chancengleichheit/*)
- IT-Branchenverband bitkom: Reports (*https://www.bitkom.org/*)
- AllBright Stiftung: AllBright-Berichte (*https://www.allbright-stiftung.de/*)

HR-Podcast

Folgende Podcasts auf Spotify bieten interessante Einblicke:

- HR-Data Dudes
  (*https://open.spotify.com/show/7dyltbv1TjGBxqIHbGpfMG?si=7211d31b9f6e4292*)
- Entspannter Jobwechsel mit 50+ von Martina Frahn
  (*https://open.spotify.com/show/4AAutFXSZRNoVgLyweAZ3O?si=295eab9de6a94409*)

Events

Folgende Events rund um die Themen Recruiting empfehle ich:

- Schicht im Schacht: Messe für Recruiting-Innovationen im Ruhrgebiet (*https://schichtimschacht.info/*). Kann sich lohnen, um sich Inspiration fürs Recruiting zu holen.
- OMR: Ein fast schon eigenes Ökosystem für die Digital- und Marketingszene. Festival, Podcast, Reviews, Education, Reports und mehr (*https://omr.com/de*).

Soft-Skill- und fachliche Schulungen für SAP-Professionals

Auf folgende Anbieter für Schulungen zu Soft Skills und SAP-Fachthemen möchte ich hinweisen:

- Jansen Academy: Soft-Skills-Trainings für Consultants, Projektmanager und Führungskräfte in der IT-Beratung (*https://jansenacademy.biz/*).
- Synaworks Academy: Entwickelung und Training von relevanten Zukunfts-Kompetenzen für Berater, IT-Experten und Führungskräfte (*https://synaworks-academy.com/*).
- Synetz-Change-Consulting: Purpose, Teamentwicklung, Talent Coaching, Change Sparring (*https://www.synetz-cc.com/talentcoaching*).
- SAP Learning: Offizielle Weiterbildung von SAP für Partner und Studierende auf SAP Learning (*https://learning.sap.com/*)

Anhang B
Leitplan zur Erstellung eines Anforderungsprofils: HR Potential Workshop und Leitfragen

Das Vorgehen des Workshops sieht das visuelle Arbeiten mit Whiteboard, Miro-Board etc. vor. Die Dauer sollte 60–90 Minuten sein (bei Erstqualifikation). Teilnehmende sollten Teammitglieder aus den Fachbereichen oder der oder die Hiring Manager und eine HR-Vertretung sein.

Folgende Punkte sollten besprochen werden:

1. **Das Unternehmen als System verstehen (Ziele und Pain Points)**
   - Was macht das Unternehmen, und was ist das Spannende an den Produkten/Dienstleistungen?
   - Ziele von Unternehmen/Abteilung/Team in den nächsten 1–5 Jahren:
   - Welche Ziele sollen mit dieser Stelle verfolgt werden?
   - Welches Problem soll gelöst werden?
   - Gibt es einen zeitlichen Rahmen/Deadlines?
2. **Das Unternehmen als Arbeitgeber verstehen (Arbeitskultur)**
   - Arbeitsalltag
   - Tagesroutinen
   - Arbeitsplatz
   - Führung
   - Teamstruktur
   - Miteinander (Teamevents, Afterwork etc.)
3. **Das Unternehmen als Möglichmacher von Laufbahnpfaden verstehen (Entwicklung, Werte und Visionen)**
   - Karriereperspektiven
   - Weiterbildung
   - Mentoring/interne Communitys
   - Bestimmte corporate Unternehmenswerte, wie:
     - Digitalisierung

   - Nachhaltigkeit
   - Vereinbarkeit
   - KI und Automatisierung
4. **Umkreisung der Vakanz im Sparring-Prozess (Stellenprofil gemeinsam skizzieren/visualisieren)**
   - Welche Themen, Module, Prozess-Expertise?
   - Welche Technologie- und SAP-Skills sind für die Lösung des Problems erforderlich?
   - Welcher Hintergrund?
   - Welche Soft Skills wären hilfreich?
   - Wie viel Expertise ist nötig?
5. **Prüfung mit Gegenfrage**: Wer ist im SAP-Team schnell wieder weg?
6. **Realitätscheck**: Wie realistisch ist diese Person mit diesen Skills zu gewinnen?
   - gegebenenfalls Abgleich mit Stellenanzeige des Unternehmens: Was sind echte Must-haves und was sind Nice-to-haves?
   - gegebenenfalls iterativer Sparring-Prozess, bis das Profil geschärft ist und Sie realistisch damit arbeiten können
7. **SAP-Spezifika für Anwenderunternehmen**
   - Wie ist das SAP-System konkret im Einsatz?
   - Transformationsstatus: Wird bereits SAP S/4HANA eingesetzt?
   - Welche Migrationsart?
   - Haltung: nah am Standard oder viel Custom-Code?
   - Agieren gegenüber Fachanwender*innen/Key-Usern
   - Zusammenarbeit mit Partnern?
8. **SAP-Spezifika für SAP-Dienstleister**
   - Gibt es typische Kunden und Cases?
   - Welche Art von Projekten?
9. **Hard Job Facts**
   - Einsatzort
   - Reisetätigkeit
   - Arbeitszeitmodelle
   - Urlaubstage
   - Gehalt (unteres und oberes Ende ausloten)

10. **Realitätscheck**: Passen die geforderten Skills zum Gehalt?

    gegebenenfalls iterativer Sparring-Prozess
11. **Weitere Gehaltsfragen speziell für SAP-Dienstleister**
    - Zusammensetzung: variabler Anteil/fixer Anteil
    - Zu fakturierende Stunden
    - Auszahlungsrhythmus
    - Firmenwagen(-Regelung)
12. **Den Recruiting-Prozess verstehen und bestmöglich steuern (Bewerbungsverfahren, nächste Schritte und zeitlicher Horizont)**
    - Anzahl und Art der Gespräche
    - Rückmeldungen
    - Betriebsrat
    - Unternehmensspezifische Besonderheiten wie Tarifverträge/außertarifliche Regelungen
    - nächste Schritte und zeitlicher Horizont

Anhang C
Muster für eine Stellenanzeige für SAP-Fach- und Führungskräfte

Je nach Aufbau Ihrer Landingpage können Sie gegebenenfalls mit einem aussagekräftigen und authentischen Bild und Basisangaben rund um die Stelle starten.

Dann sollte ein suchmaschinenlesbarer und mit Adjektiven angereicherter Rollentitel folgen:

- **Ganzheitliche*r SAP-FI/CO-Berater*in (m/w/x)**

  Hier folgt ein Abstract oder Anleser: Für dich fängt der Prozess mit dem Teambuilding und dem ganzheitlichen Blick auf die Organisation an. Du verfügst über profunde Menschenkenntnisse, einen großen Erfahrungsschatz im Bereich Controlling, BWL oder Logistik und füllst regelmäßig deinen Methodenkoffer.

  Optional folgt ein aufmerksamkeitsbestärkender Hook: Die Frage ist: Wie hoch kannst und willst du die Stufen des Beraterdaseins erklimmen?

- **So bist du**

  *Hier geht es um die Persönlichkeit und den Team- und Kultur-Match. Auch Hinweise für z. B. Quereinsteiger*innen können hier untergebracht werden, z. B.*: Du kannst Menschen einschätzen, abholen und zu produktiven Teams zusammenstellen, um erfolgreich Projekte und Prozesse zu steuern.

  Du denkst Finance und Controlling als ganzheitliches System, das sich über die gesamte Organisation ausdehnt. Du findest Menschen, die im Thema FI/CO auf der Höhe sind. Als Quereinsteiger*in mit SAP-Know-how bist du aktuell möglicherweise als Teamleitung im Bereich Finanzen/Controlling unterwegs.

- **Deine Rolle**

  Jetzt geht es um die konkreten Aufgaben: Du betreust kundenseitig z. B. SAP-Einführungsprojekte oder Migrationsthemen. Hierfür kann es wichtig sein, für einen Workshop auch einmal direkt zum Kunden zu fahren (Faustregel: Bereitschaft zu Reisetätigkeit 1 x pro Woche, sonst remote).

Du kannst mit einer vielfältigen Kundenstruktur auf Augenhöhe arbeiten (alles außer Banken und Versicherungen).

NLP, eine detaillierte Auftragsklärung und Sollprozessmodellierung gehören (perspektivisch) zu deinem Consulting-Werkzeugkasten.

Du bist bereit, auch Mentor*in für andere zu sein, und kommst mit hierarchieloser Führung gut zurecht.

- **Deine Benefits**

  Hier wichtige Benefits auswählen und transparente Gehaltsangaben machen: Gehalt von bis zu 100.000 € je nach Senioritätslevel, 30 UT, Firmenwagen.

  Hybride Arbeitsweise mit Hauptanteil im Homeoffice und voraussichtlich wenigen Tagen im Monat beim Kunden.

  Deine persönliche Entwicklung und Weiterbildung werden gefordert und gefördert. Ausreichend Zeit dafür sichert dir dein Arbeitsvertrag zu.

Auf Ihrer Landingpage könnten Testimonials, Jobteaser sowie die oder der Vorgesetzte abgebildet oder auch Gründe angegeben werden, die für Sie als SAP-Arbeitgeber sprechen:

- Hinweis zum Bewerbungsverfahren und konkretes Vorgehen
- Persönlicher Ansprechpartner mit Bild und Kontakt

Es sollte ein ansprechendes Kontaktformular mit DSGVO-Hinweis folgen. Optional können Sie eine LinkedIn-Bewerbung ermöglichen, z. B. mit diesem Call to Action: »In nur 2 Minuten zu deiner fertigen Bewerbung«.

Denken Sie bei der Erstellung der Stellenanzeige an strukturierte Daten und alle wesentlichen Informationen für Suchmaschinen.

Anhang D
Candidate Persona

In Abbildung D.1 finden Sie eine Vorlage, wie Sie eine Persona für Ihre Zielgruppen anlegen können. Erstellen Sie gerne verschiedene Personas, z. B. eine pro Zielgruppe.

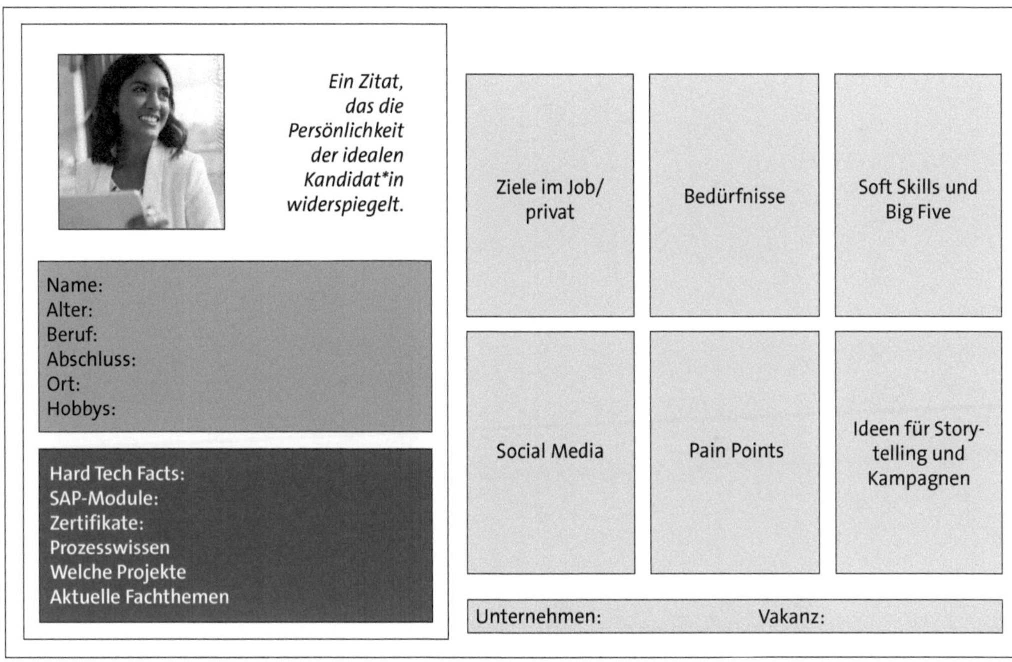

Abbildung D.1 Beispiel für eine Candidate Persona

Anhang E
Interviewleitfaden für SAP-Recruiting und Hiring Manager

An folgendem Ablauf können Sie sich in Kennenlerngesprächen mit Kandidat*innen orientieren.

1. **Einstieg und Beziehungsebene**
   - Kurze, offene Begrüßung
   - Ziel des Interviews als Start des Kennenlernprozesses benennen
   - Übergang zum Ice-Breaker: Positionierung als Möglichmacher*in von Karrieren, eigene Rolle und Verständnis von Karriere und Recruiting kurz darlegen
2. **Rückblick: Bisherige Laufbahn und fachlicher Fokus**
   - Was haben Sie bisher beruflich gemacht? Wie war Ihr Einstieg in die SAP-Welt?
   - Warum liegt Ihr fachlicher Schwerpunkt im SAP-Umfeld – und bei welchen Modulen oder Technologien?
   - Was finden Sie an Ihrem Spezialgebiet besonders spannend?
3. **Gegenwart: Aktuelle Rolle, Aufgaben, Projekte**
   - Was machen Sie aktuell konkret (Aufgaben, Rolle, Verantwortung)?
   - Welche SAP-Projekte betreuen Sie derzeit?
   - Was gefällt Ihnen an Ihrer aktuellen Position – und was eher nicht?
4. **Ausblick: Entwicklung und Zielbild**
   - Wohin möchten Sie sich beruflich weiterentwickeln?
   - Eher fachliche Vertiefung oder Führungsperspektive (Teamleitung, Stabsstelle)?
   - Was ist Ihnen im Arbeitsalltag besonders wichtig (z. B. Selbstorganisation, Wertschätzung, Innovation)?
   - Welche Faktoren würden eine neue Position langfristig attraktiv machen?

5. **Wechselmotivation und Veränderungsimpuls**
   - Warum sprechen wir gerade jetzt?
   - Gab es einen konkreten Auslöser oder schleichende Unzufriedenheit?
   - Was sagt Ihr Umfeld (z. B. Familie, Partner*in, Freunde)?
   - Haben Sie bereits mit Ihrer Führungskraft über Ihre Situation gesprochen?
   - Neben dem Gehalt: Welche ein bis zwei weiteren Gründe bewegen Sie?

   Geben Sie Raum für Schmerzpunkte. Hören Sie empathisch zu. Viele Kandidat*innen öffnen sich erst im zweiten Schritt.
6. **Next Step: Wunsch-Karriereposition verstehen**
   - Welche Werte und Prinzipien wünschen Sie sich von Ihrem nächsten Arbeitgeber?
   - Gibt es Branchen oder konkrete Unternehmen, die Sie besonders ansprechen?
   - Welche Perspektiven soll Ihnen der neue Arbeitgeber bieten (fachlich, persönlich)?
   - Welche Unternehmensgröße passt nach bisheriger Erfahrung am besten zu Ihnen?
   - Gibt es bestimmte Benefits, die Ihnen wichtig sind (z. B. Weiterbildung, Flexibilität, Kultur)?
   - Was schließen Sie explizit aus (Unternehmen, Branche, Arbeitsstil)?
7. **Bei Initiativbewerbungen oder verschiedenen Optionen: Positionen vorstellen**
   - Maximal drei konkrete Optionen präsentieren. Beste Reihenfolge: Matching 1. stark, 2. neutral, 3. schwach
   - Jobdetails, spannende Merkmale nennen und nach dem Gespräch den/die Favoriten schicken.
8. **Rahmenbedingungen und Erwartungen**
   - Gehaltswunsch, gegebenenfalls Untergrenze, unter der ein Wechsel nicht infrage käme
   - Gehaltsbestandteile: Boni, Firmenwagen (gegebenenfalls vorrechnen)
   - gegebenenfalls Umzugs- oder Pendelbereitschaft klären
   - Homeoffice, Remote Work/Zeit beim Kunden

- Reisetätigkeit: Wie viele Tage pro Monat wären okay?
- Arbeitszeitmodell: Kernarbeitszeiten, Flexibilität deutlich machen
- Aktuelle Kündigungsfrist
- Mögliche Parallel-Bewerbungsprozesse aufnehmen

9. **Weiteres Vorgehen skizzieren und ersten Entscheidungsimpuls aufgreifen**

Anhang F
Leitfaden für die Zusammenarbeit mit Headhuntern: 12-Punkte-Plan

Wenn Sie eine Vakanz mithilfe einer SAP-Personalberatung besetzen möchten, habe ich Ihnen einen Leitfaden mit 12 Punkten, basierend auf meiner eigenen Erfahrung als SAP-Personalberaterin, zusammengestellt. Wichtig ist, dass Sie von Anfang an ein gutes Gefühl haben, dass Sie auf einer Wellenlänge sind und auch Expertise und ein spezialisiertes Netzwerk im SAP-Kosmos vorhanden sind.

1. **Gemeinsames Ziel definieren**

   Die Besetzung der Vakanz ist ein Teamprojekt zwischen internem und externem Recruiting.

2. **Briefing-Termin einplanen**

   Führen Sie ein strukturiertes Kick-off-Gespräch, um die Rolle, Anforderungen, Zielkandidaten und Besonderheiten zu besprechen. Sie können auch Ergebnisse aus dem HR Potential Workshop (siehe Anhang B) einfließen lassen.

3. **Rahmenbedingungen klären**

   Legen Sie Recruiting-Zeitrahmen, Kommunikationsregeln, Feedbackfrequenz und Ansprechpersonen verbindlich fest.

4. **Erfolgsbasis oder Vorauszahlung?**

   Beide Modelle haben Vor- und Nachteile. Stimmen Sie das Vorgehen auf Ihre Struktur ab.

5. **Sourcing-Ausschlussliste definieren**

   Nennen Sie externen Recruiting-Dienstleistern klar die Unternehmen, bei denen kein Active Sourcing erfolgen darf, z. B. aus Compliance- oder Partnerschaftsgründen.

6. **Fachliche Expertise sicherstellen**

   Die Personalberatung sollte nachweislich SAP-Know-how mitbringen und die zu besetzende Rolle wirklich verstehen.

7. **SAP-Talente-Pool strategisch erweitern**

   Nutzen Sie die Chance auf neue Kandidatenzugänge, sehen Sie die externe Beratung jedoch nicht als einzige Lösung.

8. **Realistische Erwartung**

   Erwarten Sie keine Wunder, insbesondere nicht für gängige Stellenprofile; manchmal dauert es, bis der passende Fit gefunden ist.

9. **Stellenangebot reflektieren lassen**

   Betrachten Sie die Beratung auch als Realitätscheck: Stimmen Ihre Anforderungen, Ihr Gehaltsangebot und die Position mit dem Markt überein?

10. **Anzahl der Dienstleister begrenzen**

    Vermeiden Sie paralleles Arbeiten mehrerer Dienstleister. Doppelte Kandidatenansprachen schädigen Ihre Marke.

11. **Arbeitsweise verstehen**

    Lassen Sie sich zeigen, wie die Recruiting-Dienstleister arbeiten: Kanäle, Ansprache, Lebenslauf-Aufbereitung, Kommunikation mit Bewerbenden.

12. **Markenkonformität sicherstellen**

    Prüfen Sie, ob die Tonalität, Ansprache und Haltung der Personalberatung zu Ihrer Employer Brand passen.

Die strukturierte Zusammenarbeit schafft Klarheit, reduziert Streuverluste und erhöht die Erfolgschancen – gerade im anspruchsvollen SAP-Arbeitsmarkt.

Anhang G
SAP-Gehälterübersicht

Benchmarks zur Orientierung

Die Daten in diesem Anhang stammen aus der Langzeitstudie »SAP Gehälter Report«, die seit August 2023 laufend von Ankerkopf durchgeführt wird. Befragt wurden rund 300 Teilnehmende aus Deutschland mit 30 Fragen. Diese wurden anonymisiert ausgewertet, und ein Auszug wurde für diese Publikation aufbereitet. Weitere Informationen und Teilnahmemöglichkeiten finden Sie unter *https://ankerkopf.de/sap-gehalts-report/*.

Karrierelevel und Gehaltsbänder

Diese Tabelle zeigt ein zentrales Kriterium für Gehälter: die Berufserfahrung.

Karrierelevel	Berufserfahrung in Jahren	Durchschnitts-Jahreszielgehalt (brutto, ca.)	Typische Gehaltsbänder (innerhalb der Standardabweichung)
Absolvent/ Einsteiger/ Trainee	0	52.500 €	50.000–55.000 €
Junior	1–2	62.000 €	58.000–66.000 €
Consultant	3–5	73.500 €	68.000–79.000 €
Senior	6–10	88.000 €	80.000–96.000 €
Principal	11–15	105.000 €	95.000–115.000 €
Fellow	> 16	118.000 €	105.000–135.000 €

Tabelle G.1 Berufserfahrung und Gehälter von SAP-Professionals

Anmerkung zur Interpretation:

- Die Gehaltsbänder spiegeln typische Schwankungen innerhalb einer Standardabweichung wider. Sie basieren auf empirischen Beobachtungen aus dem SAP Gehälter Report.
- Abweichungen nach oben sind möglich bei Spezialisierungen, seltenen Modulkombinationen, Branchenzuschlägen (z. B. Pharma, Automotive) oder durch regionale Unterschiede.

- Führungsrollen können bis zu 40 % höher bezahlt werden. Ein Consultant ab 9 Jahren Berufserfahrung verdient z. B. durchschnittlich rund 94.000 € in der Fachrolle und 124.000 € durchschnittlich in der Führungsrolle.
- Je höher die Gehälter und auch die Führungsverantwortung, desto höher steigt der variable Anteil auf bis zu 50 % in Top-Managementrollen.
- Die Gehälter beim Anwenderunternehmen und beim Partnerunternehmen sind auf Fachebene vergleichbar, aber der variable Anteil liegt bei Partnerunternehmen im Durchschnitt über alle Karrierelevel hinweg bei 13 % und bei Anwenderunternehmen bei 4 %.

Karrierelevel	Modulbereich	Ø Jahresziel-gehalt brutto	Abweichung vom Mittelwert
Senior	Finance und Controlling	94.472 €	+4,4 %
Senior	Entwicklung und Technik	90.242 €	0,0 % (Referenzwert)
Senior	Logistik und SCM	86.241 €	–4,4 %

- Der Gender Pay Gap beträgt 16,6 % und bewegt sich damit ungefähr im Bundesdurchschnitt (Stand 2025), hochgerechnet auf Vollzeit beträgt er noch ca. 7 %.

Differenzierung nach SAP-Modulen

Je nach Modulbereich zeigt sich eine moderate Abweichung im Zielgehalt: Gehälter in den Bereichen Finance und Controlling liegen etwa 4 % über dem Durchschnitt, solche im Bereich Logistik und SCM etwa 4 % darunter. Technische Consultants (z. B. Entwickler*innen, Architekt*innen) bilden den Referenzwert (siehe Abbildung G.1).

Regionale Unterschiede in Deutschland

Es ist außerdem ein regionales Gefälle bei den SAP-Gehältern zwischen Nord, Süd, Ost und West erkennbar (siehe Abbildung G.2):

- Süddeutschland liegt mit +8,2 % über dem Bundesdurchschnitt von 85.600 € – vorwiegend durch starke Branchen in Bayern und Baden-Württemberg.
- Westdeutschland bildet den Referenzwert mit ±0 % (z. B. NRW, Hessen).
- Norddeutschland liegt 6,3 % unter dem Durchschnitt, z. B. durch kleinere SAP-Standorte und weniger Industriezentren.
- Ostdeutschland bildet das Schlusslicht mit –8,3 %, auch bedingt durch geringere Tariflöhne und strukturelle Unterschiede.

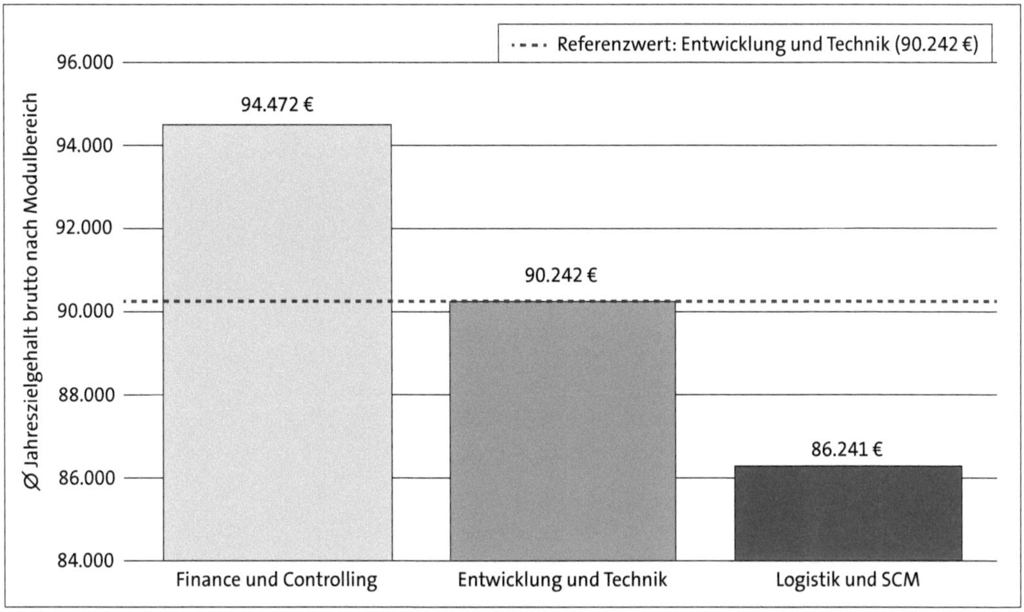

Abbildung G.1 SAP-Gehälter auf Senior-Level nach Modulbereich

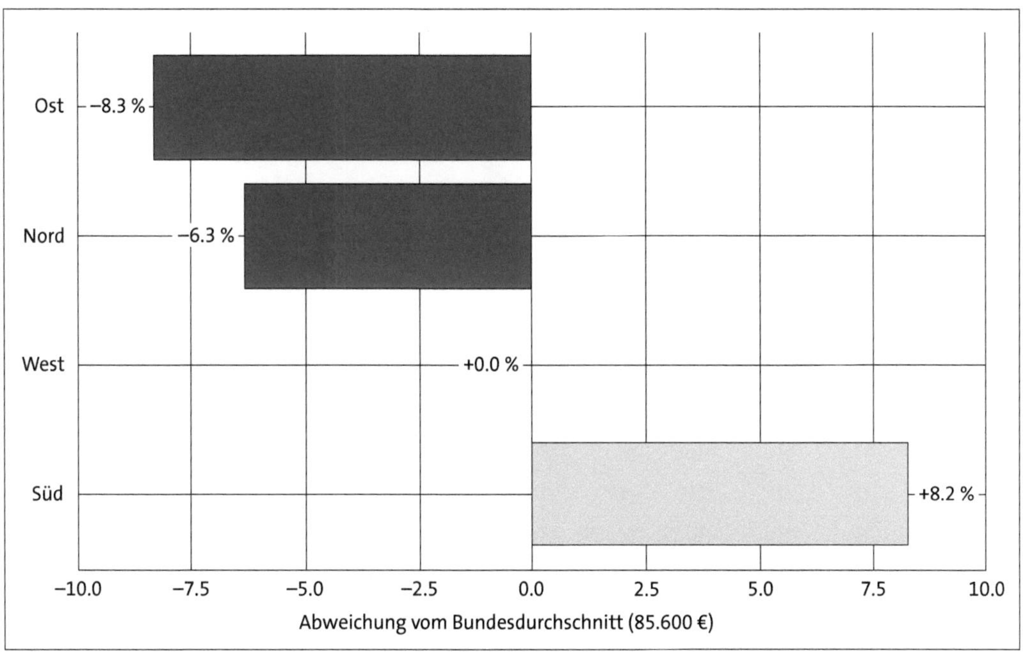

Abbildung G.2 Einfluss der Region innerhalb Deutschlands auf die SAP-Gehälter

Die Autorin

Sarah Niesel ist Gründerin und Geschäftsführerin von Ankerkopf, einer SAP-Recruiting-Agentur und mit entsprechendem Karrierenetzwerk für SAP-Fach- und Führungskräfte, mit Sitz im ostwestfälischen Bielefeld. Mit ihrem Hintergrund aus Kunst und Kommunikation bereichert sie die SAP-Szene um Ästhetik, Tiefgang und frische Perspektiven. Als Host des deutschlandweit meistgehörten SAP-Karrierepodcasts »SAP Sommeliers« gibt Sarah Niesel der Community neue Impulse rund um Technologie- und Karrierethemen. Als Host des Podcasts »Alice im Serverland« setzt sie sich darüber hinaus für die weibliche Seite der SAP-Welt ein. Ihre Studien wie das Pink Paper (Frauen in der IT) und Yellow Paper (Väter im SAP-Kosmos) sowie der »Große SAP Gehälter Report« bewegen die Community.

Auf Organisationsebene unterstützt Sarah Niesel SAP-Partnerunternehmen dabei, ihr eigenes Recruiting zu transformieren und als Kernkompetenz zu etablieren. Sie ist außerdem als Moderatorin tätig und initiiert innovative Social-Community-Aktionen wie den #SAPfluencer-Award.

Gemeinsam mit ihrem Mann lebt sie moderne Elternschaft und zeigt damit, wie Freiheit und Verantwortung im SAP-Umfeld vereinbar sind. Ihre Mission: SAP-Recruiting neu denken – kreativ, empowernd und zukunftsweisend.

Index

A

B

F

G

H

I

J

K

L

M

S

Y

Z